Otto Beneke

Von unehrlichen Leuten
Kulturhistorische Studien und Geschichten
aus vergangenen Tagen deutscher Gewerbe und Dienste

Aus Fraktur übertragen

Mit einem Vorwort von
Norina Kroll

Beneke, Otto: Von unehrlichen Leuten. Kulturhistorische Studien und Geschichten aus vergangenen Tagen deutscher Gewerbe und Dienste.
Aus Fraktur übertragen..
Hamburg, SEVERUS Verlag 2011.

ISBN: 978-3-86347-004-3
Lektorat: Norina Kroll, Esther Gückel
Druck: SEVERUS Verlag, Hamburg, 2011

Der SEVERUS Verlag ist ein Imprint der Diplomica Verlag GmbH.

Bibliografische Information der Deutschen Nationalbibliothek:
Die Deutsche Nationalbibliothek verzeichnet diese Publikation in der Deutschen Nationalbibliografie; detaillierte bibliografische Daten sind im Internet über http://dnb.d-nb.de abrufbar.

Die digitale Ausgabe (eBook-Ausgabe) dieses Titels trägt die
ISBN 978-3-86347-005-0 und kann über den Handel oder den Verlag bezogen werden.

© **SEVERUS Verlag**
http://www.severus-verlag.de, Hamburg 2011
Printed in Germany
Alle Rechte vorbehalten.

Der SEVERUS Verlag übernimmt keine juristische Verantwortung oder irgendeine Haftung für evtl. fehlerhafte Angaben und deren Folgen.

Vorwort 7

Einleitendes Vorwort des Autors 9

Erster Abschnitt 15

Erstes Kapitel: Von Hirten, Schäfern und Müllern 16

Zweites Kapitel: Von Spielleuten aller Art 23

Drittes Kapitel: Von Badern und Barbierern 60

Viertes Kapitel: Von den Leinwebern 68

Fünftes Kapitel: Von einigen anderen verkannten Handwerkern 73

Siebentes Kapitel: Von Nachtwächtern 90

Achtes Kapitel: Von Schergen, Gerichts- und Polizeidienern 102

Neuntes Kapitel: Vom Scharfrichter und seinen Gesellen 115

Anhang: Der Wehe schreiende Stein Husum's 181

Zweiter Abschnitt 191

Von unehrlichen Dingen 192

Dritter Abschnitt 229

Vom Ehrlichsprechen 230

Vorwort

„Von unehrlichen Leuten" - der von Beneke gewählte Titel ist heute genauso mißverständlich wie zu Zeiten des ersten Erscheinens des vorliegenden Werkes, geht es Beneke doch nicht um „Diebe, Meineidige, Spitzbuben, sowie andere Schelme und notorische Missetäter", die „aller Orten und zu allen Zeiten verdientermaßen ebenso moralisch unehrlich wie bürgerlich ungeehrt gewesen" sind. Es ist der Unterschied zwischen moralischer Ehrlichkeit und der „vollen Ehrenhaftigkeit eines freien Deutschen" zu Zeiten des Mittelalters bzw. der frühen Neuzeit, den Beneke thematisiert.

Tatsächlich ist der Begriff der Unehrlichkeit gekoppelt an ein spezielles Ehrkonstrukt, das im Mittelalter entstanden ist und seine Blüte im 16. und 17. Jahrhundert hatte, bis es sich im Zuge der Herausbildung einer bürgerlichen Gesellschaft gänzlich veränderte. Basis für dieses Ehrkonstrukt war die Ständegesellschaft mit der ihr eigenen Ordnung. Diese leitete sich nicht nur aus Interessen der feudalen Ökonomie ab, sondern steuerte das gesamte Leben der mittelalterlichen und frühneuzeitlichen Gesellschaft. Das Leben des Einzelnen in dieser Zeit war eingebettet in ein Kollektiv, das Identität und Handeln entscheidend bestimmte: ein ehrvolles Leben zu leben, galt als das oberste Ziel. Ohne gewisse materielle Ressourcen konnte ein bestimmter „Ehr-Level" zwar nicht erreicht werden, aber die alleinige Anhäufung von Vermögen machte noch keinen ehrhaften Menschen. Soziale Ehre konnte nicht erkauft werden.

Die Gesellschaft des Mittelalters sowie der frühen Neuzeit war eine Gesellschaft der Öffentlichkeit. Es reichte nicht, still für sich ein tugendhaftes und ehrbares Leben zu führen, sondern die Ehre des Einzelnen wurde durch die Gemeinschaft stetig neu definiert. An ihr galt es, sich zu reiben. Pierre Bourdieu hat in diesem Zusammenhang den Begriff der Dialektik von Herausforderung und Erwiderung der Herausforderung geprägt. In der Gemeinschaft gab es klare Verhaltensregeln und Umgangsformen, denen sich das Individuum zu unterwerfen hatte. Der Grad der Anpassung sowie die Menge der Verfehlungen bestimmten die persönliche Ehre, die wiederum in einem andauerndem Wechselspiel mit der Gruppenehre stand: Das Individuum hatte sich in seine Gruppe einzufügen und in ihr, mit ihr und durch sie die Ehre seines Standes zu repräsentieren und zu verteidigen. Die Gruppenehre schützte das Individuum gegen Angriffe. Genauso konnte ein Fehlverhalten des Einzelnen auf seine Gruppe zurückfallen. Allein diese Interdependenz macht deutlich, wie kostbar dieses Gut war, das sich Ehre nennt.

Ehrenhaftigkeit war nichts Statisches; kein Individuum war gegen einen Ehrverlust gefeit. (Vermeintliche) Ehrverletzungen führten zu einer Vielzahl von Konflikten in jener Zeit. Im gleichen Maße wie die Angst stieg, einen Ehrverlust zu erleiden, wurde auch das Bedürfnis nach Abgrenzung und Abwehr größer. Und hier kommt das Phänomen der Unehrlichkeit ins Spiel, welches Beneke zum Thema seines Buches gemacht hat. Unehre ist nicht in einer moralischen Dimension zu sehen, die alle Individuen, denen sie anhängig ist, zu Lügnern und Bösewichten macht. Vielmehr entsteht sie durch Abgrenzung, die im Zweifelsfall zur Ausgrenzung führt.

Als „unehrliche Leute" galten in jener Zeit alle unehelich Geborenen, alle Wenden, Juden und Zigeuner sowie das sogenannte fahrende Volk, das heißt alle Schausteller, Spielleute, Kleinhändler und Hausierer, ebenso Bettler. Darüber hinaus erfuhr eine Vielzahl von Berufen eine rechtliche Zurück- bzw. Herabsetzung, in dem sie mit dem Makel der Unehrlichkeit stigmatisiert wurden. Letzteren gilt Benekes volle Aufmerksamkeit.

Schäfer, Müller, Hirten, Bader, Zöllner, Pfeiffer, Barbiere – sie alle zählten zu den unehrlichen Berufen. Eine besondere Stigmatisierung im Rahmen des Konstrukts der Unehrlichkeit erfuhren zudem die Scharfrichter und Abdecker. Beneke widmet ihnen nicht nur ein sehr umfangreiches Kapitel. An ihnen zeigt er exemplarisch ein weiteres Phänomen jener Zeit auf: allein die Berührung eines Scharfrichters bzw. der Kontakt mit seinem Werkzeug konnte einen ansonsten ehrlichen Menschen sofort – und in vielen Fällen sogar unwiderruflich! - zu einer ebenso unehrlichen Person machen. Auch die Übertragung von Unehrlichkeit innerhalb einer Familie wird an diesem Beispiel deutlich gemacht.

Mit „Von unehrlichen Leuten" hat sich Otto Beneke (1812 – 1891), studierter Rechtswissenschaftler und ehemaliger Leiter des Hamburger Senatsarchivs, ein Herzensprojekt erfüllt. Sorgsam hat er verschiedenste Quellen zusammengetragen, die er in seiner fast anekdotenhaften Erzählweise miteinander verbindet. Er unternimmt weniger den Versuch, das Phänomen der Unehrlichkeit jener Zeit über seine einleitenden Worte hinaus zu erklären. Vielmehr ist es die Vielzahl der von ihm notierten kleineren und größeren Beispielgeschichten, die in ihrer Gesamtheit die Vielfältigkeit und Kompliziertheit des Ehrkonstrukts und insbesondere das Phänomen der Unehrlichkeit verdeutlichen, regionale Unterschiede inklusive.

Norina Kroll, Hamburg im Januar 2011

Einleitendes Vorwort des Autors

Diebe, Meineidige, Spitzbuben, sowie andere Schelme und notorische Missetäter sind aller Orten und zu allen Zeiten verdientermaßen ebenso moralisch unehrlich, wie bürgerlich ungeehrt gewesen. Daneben aber unterlagen in der Deutschen Vorzeit einem gewissen Rechts- und Ehrenmangel: die unehelich geborenen Kinder, die Leibeigenen, sowie alle Wenden, Juden, Türken und Heiden. Und endlich lastete auch ein teils gesetzlicher, teils herkömmlicher Makel auf verschiedenen Gewerben und Dienstverhältnissen, deren Ausübung sich ganz wohl mit der (moralischen) Ehrlichkeit nach unserem Sprachgebrauch, nicht aber mit der vollen Ehrenhaftigkeit eines freien Deutschen nach damaliger Anschauung vertrug. Die Auffassung der Sache: daß solch ein Makel nicht nur dem Genossen des anrüchigen Gewerbes oder dem Inhaber des mißachteten Dienstes persönlich, sondern auch seiner Frau und Nachkommenschaft anklebe, vermehrte ungemein die Zahl dieser Art unehrlicher Leute im heiligen Römischen Reiche Deutscher Nation. Mit wachsender Kultur der neueren Zeiten milderte sich der strenge Ehrbegriff der alten Germanen mehr und mehr; es kamen humane Reichsgesetze hinzu, welche die bemakelten Gewerbe und Dienste ihrer Unehrlichkeit entbanden, und diese lediglich auf das Henkertum, korrekter gesprochen: auf die mit demselben verbundene Abdeckerei, beschränkten, dergestalt, daß endlich nur noch im unweisen oder schalkhaften Volksmunde die traditionelle Unehrlichkeit einiger Gewerbe und Erwerbsbeschäftigungen fortlebt.

Die nachfolgenden Blätter überlassen nun die moralisch unehrlichen Leute ihrem Gewissen, wie dem dies- und jenseitigen Richterstuhle, — übergehen auch gänzlich die ferner genannten, durch Geburt, Nationalität oder Konfession verrufen gewesenen, jetzt rücksichtsvoll emanzipierten Mitmenschen, — und beschäftigen sich einzig mit der gewerblichen oder dienstlichen und oftmals sehr spießbürgerlichen Unehrlichkeit.

Ihre ersten Spuren finden wir schon bei den alten Deutschen, so weit deren einfaches Gemeinwesen eine Veranlassung dazu bot. Sie hing nämlich wesentlich mit der durch Waffenrecht und Waffenpflicht bedingten Standeseinteilung zusammen. Wer weder berechtigt, noch verpflichtet war, im Heer- oder Bürgerbann zu fechten, der gehörte auch zu keinem der anerkannten Stände, der war standeslos: und weil es außer der Waffenehre keine andere bürgerliche Ehre gab, so war er auch keiner Ehre teilhaftig, mithin, nach älterem Sprachgebrauch, unehrlich. Vom Standpunkte dieser Anschauung aus läßt es sich nicht verkennen, daß viel Schönes und Edles darin liegt, wenn jene Schwert- und Schildgenossen sagten: „Alle, die mit uns das Vaterland nicht verteidigen können oder mögen, item, die wir für unwürdig achten unsrer Wehrpflicht und Waffenbrüderschaft, die gehören nicht zu uns, die können unsrer Waffenehren nicht genießen." Die moralische Redlichkeit, sofern sie deren besaßen, blieb den Standeslosen unverkümmert, nur vom Genuß der Standes- und Ehrenrechte, welche den tapfern Angehörigen der sieben Heerschilde, kraft ihrer Kriegsbereitschaft und Hingebung für's Vaterland zu Teil wurde, mußten sie konsequenter Weise ausgeschlossen bleiben. „Das ist nun einmal so," sagen die frömmsten Nordamerikaner, wenn sie einen in ihre religiösen Conventikel eingedrungenen heilsbegierigen Neger zur Tür hinauswerfen. Das war nun einmal so bei den alten Deutschen, und die von ihnen hinausgeschobenen Ungeehrten, ja selbst die auf noch mißachteterer Stufe stehenden Leibeignen waren unendlich viel besser daran, als Uncle Tom's schwarz- und dunkelfarbige Sippschaft. Die Beteiligten wußten's und kannten's nicht anders, fügten sich, und trugen ihr Geschick (wie Justus Möser meint) mit demselben Gleichmut, mit welchem die Genossen des 7. oder letzten Heerschildes sich darein fanden, daß sie nun einmal schicksalsmäßig nur gemeine Bannalisten waren und weniger Ehre genossen, als die zum 6. Schilde Gehörigen u. s. f. Und mit demselben Gleichmut betrachten heutzutage schlichte, rechtschaffene Steuerpflichtige die glänzenden Ehrenvorzüge ihrer hochbewürdeten Mitmenschen, z. B. derjenigen, welche eines konstitutionellen Staates höchste Staffel erklommen haben, nämlich einen Parlaments-, Landtags- oder Bürgerschaftssitz. Mit demselben Gleichmut sieht der unbesteuerbare Proletarier dem ihm kaum verständlichen Drama eines Wahlkampfes zu, und weiß es nur nicht, daß er, der nicht einmal der ehrenvollen Beteiligung bei den Urwahlen teilhaftig sein darf, dem standeslosen Ungeehrten der Vorzeit völlig gleichgestellt ist. Und mit einem noch viel edleren Gleichmut wendet der besitzlose, dunkle Ehrenmann sich ab von den Huldigungen, welche die verblendete Menge fort und fort dem ersten Heerschilde der modernen Welt, dem goldenen Kalbe, freiwillig tributiert, in dessen Augen er noch viel weniger ist, als ein gemeiner Bannalist, nämlich ein armer Teufel! Das alles ist nun einmal so, das ist immer so gewesen, das wird auch, so lange die Erde steht, wenn auch in andern Ausdrucksformen, immer so bleiben.

Zu solchen standeslosen, ungeehrten Leuten der ältesten Vorzeit gehörten beispielsweise, sofern sie nicht schon als unfreie Hörige in noch schlimmerer Lage waren, die Hirten, die Schäfer und die Müller; durch ihren zwar sehr idyllischen, aber wenig Erhebung darbietenden Beruf, welcher sie in Kriegs- und Friedenszeiten an die heimatliche Scholle fesselte, waren sie absolut verhindert, ins Waffenfeld zu ziehen. Sodann aber die unter den Begriff der fahrenden Leute fallenden Kämpfer, Gaukler und Spielleute aller Art, deren Standeslosigkeit sich von selbst ergibt aus ihrer unsoliden, heimatlosen Lebensart. War der Ehrenmangel bei den Hirten und Müllern nur faktisch, so war derselbe bei den Gauklern schon grundsätzlicher Natur, denn außer der Heimatlosigkeit war bei ihnen der Umstand, daß sie für Geld und Gut ihre Künste trieben, der Hauptgrund ihres Ehrenmangels.

Das waren die ersten Anfänge der Unehrlichkeit, von welcher hier die Rede ist. Sie wurde systematisch ausgebaut sowohl durch die in den allmählich heranwachsenden Städten zur Blüte kommenden Zünfte, als auch durch das nach Deutschland verpflanzte Römische Recht.

Die Zünfte, über welche man jetzt den Stab bricht, ohne zu beachten, welche gültige Berechtigung ihnen innegewohnt hat, und welch einen Einfluß sie auf die Entwicklung des Kunst- und Gewerbefleißes, ja auf die frische Entfaltung des freien deutschen Bürgertums geübt haben, — die Zünfte nährten einen anerkennungswerten Geist der Ehrbarkeit und Ehrenhaftigkeit. Wer kann es einer ursprünglich auch zu gottesdienstlichen Zwecken verbrüderten Korporation makelloser Standesgenossen verargen, wenn sie nur solche Elemente in sich aufnehmen wollte, welche nach herrschender Anschauung ebenfalls im Vollbesitz bürgerlicher Ehre waren? Daß die wackern Zunftgenossen nun des Guten zu viel taten, daß sie viel Ehrenwertes wegen äußerer Zufälligkeiten ausschlossen, daß sie in einseitiger Verkennung des Kerns der Sache zu viel Gewicht auf die Schale legten, und allmählich ein eigenes Lehrgebäude von ehrlichen und unehrlichen Handwerkern aufstellten und eigensinnig verfochten, das soll nicht ungesagt bleiben.

Unterstützt, teilweise auch veranlaßt, wurden sie in diesem Bestreben durch den Einfluß des Römischen Rechts, welches das bis dahin in Deutschland unbekannte Institut des Scharfrichterdienstes mit allen seinen Konseqenzen hierher verpflanzt hatte. War bis dahin das Vollstrecken einer gesetzlichen Leib- und Lebensstrafe irgendeinem Gerichtsverwandten oder sonst einem achtbaren Baugenossen ohne den geringsten Abbruch seiner Ehre aufgetragen gewesen (wie wir unten genauer erfahren werden), so fiel es nun, wie in Rom, als gewerbmäßige Hantierung und knechtischer Dienst, leibeigenen Leuten, begnadigten Verbrechern und deren unehrlichen Deszendenten anheim, und wurde in durchgängiger Verbindung mit dem schimpflich geachteten Abdeckerdienst, durch eine Art römischer Infamie des Carnifex gebrandmarkt. Folgerichtig waren von derselben auch des Henkers Leute mitbetroffen, und dem schlecht distinguierenden Volksgeiste lag es nahe, nun auch verschiedene mit der Nachrichterei konnektierende Staats- und Gemeindedienste, z. B. die der Amtsbüttel, Gerichtsdiener, Gefängniswärter, ebenfalls in den Kreis der Unehrlichkeit zu ziehen, wodurch denn die Zünfte Ursache fanden, den Index der bei ihnen verrufenen Gewerbe ansehnlich zu erweitern. Gegen Ende des 16. und im Laufe des 17. Jahrhunderts kam das Unehrlichkeitswesen zu einer so üppig gefährlichen Blüte, daß, wie oben gedacht, die Reichsgesetzgebung und in ihrer Folge die Landesgesetzgebung dagegen einschritt, aber erst ihren oft wiederholten Mandaten, im Verein mit der fortschreitenden, bekanntlich selbst bis auf den Teufel sich erstreckenden Kultur, gelang der günstige Erfolg, dessen unsere vorurteilsfreieren Tage sich erfreuen.

Allerdings handelt es sich bei diesen Dingen hauptsächlich um die äußerliche Ehre, welche nur die Flügeldecke der inneren wahren Ehre ist. Aber auch jene ist eine Macht im Menschenverkehr und verdient Beachtung, weil ein Kern, eine Gesinnung darunter verborgen ist. Bei tieferem Eingehen in die vorliegende Sache werden wir leicht gewahren, daß es derselben an solch einem innern edelen Kern nicht gefehlt hat, da in den meisten Fällen dem Ehrenmangel eine durch herrschende Anschauung bedingte Annahme vorhandener Unmoralität, mindestens ein Darangrenzen, zum Grunde lag. In vielen Fällen hat die Volksmeinung als Judicium Parium den Ehrenmakel ausgesprochen über solche vom Gesetze unverbietbare Handlungsweisen, ja selbst über notwendige Dienststellungen, deren Ausübung entweder die gute Sitte mißbilligt, oder welche ein wahrhaft anständiger Mann mit seinem Ehrgefühl nicht zu vereinigen weiß. Das innere Wesen der Sache existiert noch heute, nur daß wir die praktischen Folgen der Vorzeit nicht mehr daran knüpfen.

Man denke sich nun auch die mit dem Ehrenmangel der Gewerbe verbundenen Nachteile nicht zu schreckhaft und grausam. Die ursprünglich einigen derselben anklebende Rechtlosigkeit war im späteren Mittelalter spurlos verschwunden. Der allgemeinen Menschenrechte, so viel deren damals entdeckt waren, entbehrte kein unehrlicher Gewerbsmann; sein Eid galt im Gericht, und bis die Obrigkeit seine moralische Unehrlichkeit erkannte, war er ihr so wert wie jeder andere Staatsbürger. Die Nachteile waren, abgesehen von dem versagten Eintritt in andere, nämlich in ehrlichgeachtete Gilden, von geringeren Stufen mitbürgerlicher Hochachtung und der daraus resultierenden stillschweigenden Unwählbarkeit zu den Ehrenämtern der Gemeinde, meist gesellschaftlicher Natur. Es waren Schwierigkeiten und Hindernisse des Unehrlichen bei der Wahl seiner Hausfrau, bei seinen Bemühungen um ansehnliche Gevatterschaften, um gute Kirchenplätze, und um ein stattliches Leichengefolge für den Fall seines dereinstigen Abtretens vom irdischen Schauplatze. Justus Möser, dessen freisinnige Denkungsart niemand bezweifelt, äußert in seinen patriotischen Phantasien (Bd. I. S. 367 und II. 159, 160) wiederholt seine Bedenken über die alle gewerblichen Ehrenunterschiede aufhebenden Reichsgesetze, und meint, daß jene, zweckmäßig von ihren Auswüchsen befreit, für die Ehrenhaftigkeit der löblichen Zünfte wie des ganzen Mittelstandes, also für den Kern des Deutschen Bürgertums, nur förderlich sein könnten. Auch dem sehr freidenkenden Dr. von Heß (in seiner Hamburger Topographie Bd. III. S. 376) erscheinen die auf Kosten der Handwerkerehre übertriebenen Humanitätsrücksichten für die sogenannten Unehrlichen eher zu tadeln, als zu loben, da das lebendige, eifrige Point d'honneur der Zünfte keineswegs als blindes Vorurteil beseitigt werden dürfe. — Den Gedanken aber, das ganze Zunftwesen wegzuradieren und bei heimatloser Freizügigkeit eine sogenannte Gewerbefreiheit ohne Bürgertum an die Stelle zu setzen, hätte von Heß wie Justus Möser sicherlich auf das Äußerste bekämpft.

Die nachfolgenden Mitteilungen können nun keineswegs auf das Verdienst einer erschöpfend gründlichen Behandlung des Gegenstandes Anspruch machen. Es sind die mehr oder minder ergiebig ausgefallenen Resultate gelegentlicher Studien, zu welchen die archivalische Beschäftigung des Verfassers Anlaß gegeben, aber keine ähnliche frühere Bearbeitung einigen Vorschub geleistet hat. Um so größer ist die Zahl der bei gegenwärtiger Zusammenstellung benutzten sachverwandten Werke aus älterer und neuerer Zeit, mit deren vollständiger Anführung der Verfasser seine Leser verschonen zu dürfen geglaubt hat.

Bei der Darstellung ließ sich die systematische Unterscheidung der unehrlichen Leute nach Gewerben und Diensten nicht durchführen, da die ältesten Erscheinungen dieser Art jedenfalls voranzustellen waren. Die höchste Staffel der Unehrlichkeit im ehrlichen Deutschland, die des Scharfrichters, erforderte sachgemäß die umfangreichste Behandlung.

Es lag nahe, in einem zweiten Abschnitte auch die mit der scharfrichterlichen Stellung zusammenhängenden unehrlichen Dinge darzustellen, durch deren Berührung sich, nach dem Volksglauben, die Schmach fortpflanzte, welchen Dingen sich dann eine Betrachtung über das unehrliche Begräbnis anreihen konnte.

Um endlich, nach so manchen peinlichen Mitteilungen, das Ganze mit einem wohltuenden Gegenstande schließen zu lassen, ist dann der letzte Abschnitt vom Ehrlichsprechen hinzugekommen.

Erster Abschnitt

Erstes Kapitel:
Von Hirten, Schäfern und Müllern

Der Ehrenmangel dieser poetischen, malerischen Gestalten der freien Natur will uns Stadt- und Büchermenschen anfangs gar nicht zu Sinn. Bei ihrer Nennung denken wir unwillkürlich an die patriarchalischen Zustände der Erzväterzeit, an die Hirten auf dem Felde bei Bethlehem; oder an Arkadiens Dämon und Phyllis, die sanften, liebevollen Hüter der Unschuldssymbole, schneeflockiger Lämmlein mit blauen Halsbändern; oder, wenn unsere Phantasie nicht soweit zurückfliegt, an die prächtigen Sennbuben des Alpenlandes, wie die Maler sie darstellen, — an die weißen wohlhabenden Besitzer romantischer Gebirgsmühlen am brausenden Gießbach.

Dennoch achtete die deutsche Vorzeit diese Leute für unehrlich, zunächst, wie in der Einleitung erwähnt, wegen ihrer durchweg unkriegerischen Standeslosigkeit, welche vielleicht bei den meisten mit ihrer angeborenen Unfreiheit zusammenfiel. Als die sieben Heerschilde längst vergessen waren, da blieb doch den inzwischen aufgeblühten Zünften der alte Makel dieser Leute so wohl im Gedächtnis daß sie ihnen und ihren Söhnen den Eintritt in ihre ehrbaren Korporationen versagten. Manche unangenehmen Erfahrungen, welche eine häufige Verirrung jener idyllischen Personen vom Pfade moralischer Redlichkeit dartaten, mögen dazu beigetragen haben. So mag denn die allzubequeme Gelegenheit manchen reinlichen Müller verlockt haben zu unsauberer Aneignung ungebührlicher Anteile des ihm anvertrauten Getreides, welch uraltes immer neues Vergreifen man „Moltern" nennt. Genug die Müller kamen schon sehr früh in den Geruch, daß sie ernteten, wo sie nicht gesäet, und zu Karls des Großen Zeit stand es um ihre Reputation so übel, daß ihre Söhne von allen geistlichen Ämtern und Würden ausgeschlossen waren. Auch in den folgenden Jahrhunderten dauerten die Bauernklagen über das Müllermoltern fort, was natürlich nicht geeignet war, die alten bösen Erinnerungen zu verwischen, und in den Städten nötigten die gleichen Unrechtfertigkeiten zu besonderen Sicherheitsmaßregeln, die sich z. B. in Ulm bis auf die Schweine erstreckten, deren nur drei zu mästen den Müllern verstattet war. In Betreff der Hühner waren sie an keine Zahl gebunden, ihr Federvieh konnte die Körnlein aus der Fülle picken und gedieh dabei nach dem Sprichwort: „Müllers Hennen sind die fettesten." Die Seltenheit der Storchnester auf Mühlen erklärt man aus der Furcht des klugen Vogels, vom Müller übervorteilt zu werden. — In Gailer von Kaiserberg's Predigten (1510), in Burkhart Waldi's Fabeln (1548), in Lauremberg's satirischen Gedichten (1659) findet man noch manche charakteristische Belege in Poesie und Prosa zur volkstümlichen Lehre von der zweifelhaften Ehrlichkeit der Müller. Vielfach floh man auch alle einsam gelegenen Mühlengewese, weil haarsträubende Sagen von alldort vorgefallenen grausamen Raub- und Mordtaten im Schwange gingen, und neben anmutigen Engelsmühlen gab's auch genug Schwarz-, Duster- und Teufelsmühlen. Überhaupt erscheinen in vielen Teufels-, Räuber- und Zaubergeschichten die Müller ziemlich kompromittiert, und jedenfalls teuflischen Anfechtungen nicht unzugänglich. So war der in der Lausitz und im Vogtlande nicht nur als Till Eulenspiegel, sondern vorzüglich als Hexenmeister bekannte Martin Pumphut, der auf Heupferdchen durch die Luft ritt, Mäuse machte, und, aus einem Nasloch blasend, alle Windmühlen bei Dresden in Bewegung setzte, seines Zeichens ein wandernder Müllerbursch.

Es kann die deutschen Müller nicht höher stellen, wenn man erfährt, daß ihre französischen Kollegen nicht besser waren wie aus Alphonse Daudet's provenzalischen Geschichten ersichtlich, wo erzählt wird, daß der würdige Pfarrer zu Cucugnan für die Beichte des Müllers der Gemeinde einen ganzen vollen Wochentag bestimmte, während die übrigen Pfarrkinder klassenweise an den vorherigen Tagen absolviert wurden.

Kein Wunder, wenn manche Landesherrschaft, bei Verteilung der Justizlasten, den Müllern die Lieferung aller benötigten Galgenleitern auflud, durch welche Angrenzung an den mit höchster Unehrlichkeit belasteten Henkerdienst, natürlich ein neuer dunkler Schlagschatten auf das helle Müllergewand fiel. Und wenn nun auch schon die Reichspolizeiordnungen von 1548 und 1577 die Müller samt anderen verkannten Ehrenmännern von aller Bemakelung vollständig freisprachen, so wurden sie derselben im Volksmunde doch nicht entbunden, so lange man ihnen nicht die fatale Galgenleiter abnahm, welche nun erst recht, nämlich kraft uralten Herkommens, ihnen verblieb.

Dies alles gilt, streng genommen, nur für die poetischen Wassermüller, da die prosaischen Windmühlen erst neueren Datums sind, weshalb ihre von jener Verpflichtung unbetroffenen Besitzer die volle Ehrlichkeit hätten beanspruchen können, wenn nur das Moltern nicht gewesen wäre.

Im Gegensatz zu obigen Volkswitzen muß das Streben der Müller, ihr geschmähtes Gewerbe wieder zu Ehren zu bringen, anerkannt werden. Wo Fleiß und Redlichkeit zum Wohlstande führen, da konnt's nicht fehlen. — Hier ist auch ein vergessenes Volksbuch zu nennen, betitelt: „Der Müller Ehrenkranz", gedruckt „in diesem Jahr". Der gewiß berechtigte Verteidigungstrieb der Unschuld gegen eingewurzelte Vorurteile mag das Buch veranlaßt haben, welches in schlichten einfachen Versen und Reimen, die wie ein klarer Mühlbach dahinfließen, seinen Zweck ohne Polemik verfolgt. Als Verfasser nennt sich Georg Bohrmann, ein Mühlknappe, der als beste Mühle die zu Arnstadt und als einen der drei besten Müllermeister den Hans Fromolt zu Plauen bezeichnet. —

In Hamburg, wo es vormals viele Wassermühlen gab, erfreuten sich die Müller einer sehr achtbaren Stellung. Sie bildeten ursprünglich zwei fromme Korporationen, die St. Martinsbrüderschaft und die Brüderschaft zum heil. Kreuz. Erstere hielt seit 1456 ihren Gottesdienst in der Martinskapelle der St. Petrikirche, an dem von ihr dotierten sogenannten Müller-Altar; sie hatte in diesem Tempel auch ihre eigenen Kirchensitze für Meister und Knappen, mitten unter den Gestühlen der ehrbarsten Ämter, und ein stattliches Erbbegräbnis erworben. Letztere war in ähnlicher Weise in der St. Marien-Magdalenen-Klosterkirche angesessen. Beide bildeten zusammen eine anerkannte Zunft, das Müllerامt, welches sich nicht nur „löblich", sondern auch „ehrbar" schreiben durfte, waren mithin schon vor den obengedachten Reichsgesetzen durchaus ehrlichen Rufes, wie sie denn auch mit der Galgenleiter nicht behaftet waren. Übrigens wurde im Jahre 1577 obrigkeitlich verordnet, daß auf allen Höfen der Stadtmühlen weder Schafe noch Schweine noch Hühner zu halten seien. Den letzten Rest des altertümlichen Makels ihres Gewerbes hatten sie längst durch ihre Wohltätigkeit ausgelöscht. Sie hatten es nämlich bis auf die neuere Zeit im guten Brauch, allwöchentlich in den Gestühlen ihrer Kirchen reichliche Geld-, Brot- und Butterspenden an die Armut auszuteilen, weshalb in ihrem Gestühl sich ein Schrank befand, aus welchem der Altgesell sonntags nach der Frühpredigt Brot und Butter an Arme auszuteilen pflegte.

Dennoch gab es eine Zunft in Hamburg, welche die Ehrlichkeit der Müller nicht anerkennen wollte. Es war das Amt der Repschläger (Seiler). Als i. J. 1686 ein aufgeklärter Meister eine Müllerstochter heiraten wollte, bedrohten ihn seine Kollegen mit Ausstoßung aus der Korporation, wenn er die Ehe vollzöge. Die Sache kam vor den Rat, der die Berufung des Amts auf die Satzungen der vereinigten Repschläger in den sogenannten wendischen Städten, welche alle 10 Jahre in Lübeck tagten, durchaus nicht als rechtsverbindlich erkannte. Er befahl die Zulassung der Müllerstochter und strafte das widerspenstige Amt, welches erfolglos beim Reichskammergericht Berufung dagegen einlegte.

Die Martinsbrüder zu St. Petri besaßen daselbst schöne Epitaphien und Gemälde. Und das noch jetzt dort zu beschauende Bild Bendixens, darstellend die Schreckensnacht am 24. Dezember 1813, als die Französische Gewaltherrschaft die brotlosen Armen hier einsperrte, um sie am nächsten Tage zur Stadt hinaus ins Elend zu stoßen, ist von der Martinsbrüderschaft des Mülleramtes der Kirche verehrt.

Auch den Hirten und Schäfern redete man früher viel Übles nach. Das Sprichwort sagt grob: „Schäfer und Schinder — Geschwisterkinder," und zielt damit vermutlich auf den Gebrauch der ersteren, ihren verlebten Schäflein eigenhändig diejenigen letzten Liebesdienste zu erweisen, welche man sonst durch den Abdecker verrichten läßt; und freilich ist's nach der Volksansicht ein unehrlich Tun, diesem verrufenen Mann in sein verächtlich Gewerb zu greifen. Außerdem mag ihrem Berufe die Verführung zur Aneignung des ihrer Hut anvertrauten fremden Eigentums so nahe liegen, daß die moralische Redlichkeit vieler Hirten und Schäfer reichlich zweifelhaft sein soll. Und leider war's in der grauen Urzeit der biblischen Patriarchen hiermit nicht besser bestellt. Das böse Beispiel des sonst so trefflichen Erzvaters Jacob, welcher in früher Jugend einmal in Betreff der Laban'schen Herde solcher Anfechtung in rätselhafter Weise unterlag (1. Mos. 30), kann als erstes Zeugnis gelten und hat gewiß viele Nachahmer gefunden. — Bogumil Goltz meint in seinen Typen der Gesellschaft: Der Schäfer werde durch die bequeme Gelegenheit, die guten herrschaftlichen Lämmer mit seinen eigenen schlechten zu vertauschen, ferner auch durch seinen Wollhandel und steten Verkehr mit Handelsjuden zum prädestinierten Hehler und Dieb des Dorfes.

Es kommt hinzu das eigentümliche schweigsame Wesen und Treiben der meisten dieser einsamen Nomaden, die bei ihrem einförmig beschaulichen Lebensberuf einzig die Kunst des Strumpfstrickens üben können, weshalb der Fibelvers ihren Fleiß anerkennt:

„Der Hirte strickt den Strumpf, gibt Achtung auf die Heerde,
Damit zu gleicher Zeit er zwiefach nützlich werde, —"

Dem verborgenen Schaffen und Wirken der Mutter Natur allzunahe, um ihr nicht einige als Heilmittel oder Weissagung verwertete Geheimnisse abzulauschen, haben sie von jeher bis heutigen Tages in dem bedenklichen Ruf als „kluge, weise Leute", d.h. als Zauberer und Hexenmeister gestanden, — wegen ihrer unfehlbaren Sympathien und Prophetengabe von vielen gesucht, befragt, beschenkt, aber von allen aufrichtig gescheut und sorgsam gemieden. Wie viele Hexen haben in ihren Verhören auf Hirten und Schäfer, als ihre Lehrmeister, ausgesagt. Abelke Bleken, die im Jahre 1583 in Hamburg verbrannte Hexe, hatte von Peter Went, dem Schäfer zu Ochsenwerder, ihre Künste erlernt, wie von dem alten Hirten Rolf Moller, der bereits auf seinen Zauberglauben gestorben war. Und wenn auch nur wenige sich geradezu dem Teufel verschreiben, so mögen's doch manche mit dem Schäfer Hans halten, welcher die Frage seines Pastors, ob er dem Teufel absage, mit einem wohlüberlegten feierlichen Nein beantwortete. Den Grund, weshalb er Bedenken trug, sich als dessen Feind zu erklären, gab er dahin an: „Ihr wisset wohl, Herr Pastor, daß ich ein armer Schäfer bin, und muß Tag und Nacht im Felde liegen. Nun aber ist der Teufel ein Schelm, der könnt mir gar leicht einmal einen argen Possen tun." So erzählt Dr. Balthasar Schuppius, der berühmte Theologe, in seinem Traktätlein Salomo, 1657.

In der Tat, es liegt sogar in der Atmosphäre manches silberhaarigen Viehhüters der Gegenwart etwas Unheimliches, und im Volk steht ein solcher nach wie vor in dem Geruch, daß sein Wissen und Können nicht immer mit rechten Dingen zugeht. In einer waldigen Hügelgegend der Stift-Bremischen Heide vor etlichen Jahren vollständig verirrt, war die malerische Erscheinung eines alten Schäfers auf der Höhe eines Hünengrabes, gelehnt an den Stab, den klugen Spitz zur Seite und die Herde zu seinen Füßen, weniger dem Fuhrmann, als vielmehr dessen Passagieren höchst erfreulich. Wunderlich genug war dem Alten die ganze Irrfahrt bis hieher genau bekannt. Mit durchdringendem Seherblick seiner klaren Augen und mit einem fast moquanten Lächeln seines intelligenten Gesichts (vielleicht über die sonderbare Schwärmerei einer Luftfahrt in diesen Heiden) wies er die Reisenden zurecht, welche dann nach mehr als einstündiger Fahrt genau wiederum zu demselben Hünengrab kamen, auf welchem der identische Alte in unveränderter Stellung nach wie vor seine Herde weidete. Der Fuhrmann, ein hannöverscher rotröckiger Postillon aus der aufgeklärten Stadt Buxtehude, war anfangs wie versteinert, dann murmelte er leise einige grimmige Worte in den Bart, die wie „verdammter Hexenmeister" klangen, wollte auch nicht vom Wagen, um den Alten von Neuem zu konsultieren. Dieser sagte ihm nun so genau, als wenn er dabei gewesen, an welcher Stelle er vor einer halben Stunde fehlgefahren sei, und nach Anleitung einer neuen Belehrung, welche der Postillon nur zwangsweise befolgte, kamen die Reisenden endlich zum Ziel. Er blieb dabei, der alte Schäfer habe ihn verzaubert, daß er den unverfehlbaren Weg nicht gesehen, und beteuerte, er werde in seinem Leben solch einen unehrlichen Schäferkerl nicht wieder als Wegweiser benutzen. Der Tourist hatte bei dem entschiedenen Seherblick des Alten anfangs vermutet, in demselben die Person des „alten Schäfers Thomas" entdeckt zu haben, dessen Prophezeiungen damals Jahr für Jahr in allen Zeitungsläden und Buchhandlungen gedruckt zu finden waren, — indessen für solche Kulturstufe literarischer Spekulation war jener allzu naturwüchsig.

Die mittelalterlichen Dorf- und Stadthirtendienste waren durch genaue Vorschriften und strenge Strafen geregelt; vielfach ungeschrieben sind doch einige solcher Instruktionen den Stadtrechten einverleibt. Wenn der Berlinerische Hirte um 1400 das Vieh auf Saatfeldern grasen ließ, so mußte er der Stadt Brüche zahlen. Geschah dies zum vierten Male, so ging es ihm sonder Gnade an den Hals. Auch das verlaufene Vieh mußte er entgelten, sogar das vom Wolf oder Räuber erbeutete, sofern er die Tat nicht sofort „mit Gerüchte beschrien" hatte.

Hirten und Schäfer sind ebenfalls schon durch die erwähnten Reichsgesetze von 1548 und 1577 ehrlich gesprochen, aber mit so geringem Erfolg, daß die Erwählung des Sauhirten zum Schultheißen eben nur in Schilda passieren konnte, wie es denn auch noch später vielfacher Erinnerungen und einer ausdrücklichen kaiserlichen Erklärung über ihre vollkommene Zulässigkeit zu allen ehrlichen Zünften und Gilden bedurfte, was in dem Patent über abzustellende Handwerksmißbräuche vom Jahre 1731 wiederholt ist. Etwas früher, im Jahre 1699, hatte Kaiser Leopold sich auch der früher übersehenen sogenannten Schweineschneider erbarmt, und sie mildiglich für ehrliche Leute erklärt.

In großen städtischen Gemeinwesen kommen Hirten und Schäfer nicht häufig und gewöhnlich nur etwa in Diensten spekulativer Schlächtermeister vor, welche ihren lebendigen Vorrat weiden lassen, bis er reif ist zur Schlachtbank. Aus Hamburgs Kulturgeschichte ist daher wenig beizubringen. Indessen gab's hier doch im Jahre 1723 einen Fall, welcher bewies, daß die alte Vorstellung vom unehrlichen Schäfer noch hie und da spukte. Damals pflegte nämlich in der mit Heidekraut bewachsenen Umgegend der einsamen Sternschanze ein baumlanger Schäfer, fast so groß wie „Lewerenz sein Sohn", eine Herde Schafe und Hammel zu weiden. Als er eines Morgens daselbst seines Berufes pflegt, wird er von Preußischen Werbeoffizieren, unter Anführung des königlichen Residenten Peter Evens, überfallen, bewältigt, in eine vierspännige Kalesche geworfen und über Eppendorf und Wandsbek in das Holsteinische Dorf Trittau entführt, wo wegen Pferdemangel ein langer Aufenthalt entsteht. Der lange Schäfer, welchem das Glück, in der Potsdamer Riesengarde zu dienen, entschieden weniger lockend erschien, als sein idyllisches Stilleben bei der Sternschanze, nahm hier seine Gelegenheit wahr, entsprang durch's Fenster, durchwatete bei Nacht und Nebel den Bach und einige Sümpfe, und entkam glücklich seinen Nachsetzern. Der Rat zu Hamburg, welcher die Entwältigung seines längsten Stadtkindes als Menschen- und Straßenraub charakterisierte, unternahm sofort die erforderlichen Satisfaktionsschritte in Berlin. Inzwischen versuchten einige Freunde des Residenten eine Beilegung des Handels zu ermitteln, und fanden es unbegreiflich, wie man so viel Aufhebens um einen armseligen Kerl mache, der sich hätte freuen müssen, durch den ehrlichen Soldatenrock aus seiner miserablen, unehrlichen Schäferjacke zu kommen. Indessen blieben solche perfide Insinuationen unbeachtet. König Friedrich Wilhelm I., bekanntlich sonst gegen Vergehungen dieser Art sehr nachsichtig, fand sich in diesem Falle um so mehr zur Strenge veranlaßt, als noch sonst allerlei gegen Herrn Evens vorlag. Der Resident wurde also nicht nur abberufen, sondern kam auch nach Spandau auf die Festung, — und der lange Schäfer konnte fortan ungefährdet bei der Sternschanze seine Schafe hüten.

In manchen Gegenden Norddeutschlands, wo Viehzucht vorherrschte, z. B. im Lande der Heidschnucken, waren die notwendigen Hirten besser gestellt als die entbehrlich scheinenden Schulmeister. — Der längst verstorbene

Kaufmann Bötticher in der Stadt Hannover, überließ einmal aus christlichem Mitleid dem jungen Pädagogen eines Celleschen Dorfs das zum Schulmeisterrock nötige schwarze Tuch um den halben Preis. Als dieser nach längerer Zeit einmal wieder den Laden betritt, erscheint er, zur Befremdung des Kaufmanns, in einem Hirtenkittel. Herr Bötticher will sich schon ereifern über die losen Streiche, die solche Degradation seines Schützlings veranlaßt haben möchten, als dieser ihm berichtet: er habe sich so wohl betragen, daß man ihn zum Hirten befördert habe, dessen Dienst dreimal mehr einbringe als die Schulhalterei. Der wackere Kaufmann entsetzte sich darüber, daß ein Lehrer der Jugend so klein denken könne, das Hirtengewerbe dem Erziehungsamt vorzuziehen. Er legte es aber der Versunkenheit des ganzen Landschulmeisterstandes zur Last und beschloß, denselben tunlichst zu heben. Deshalb sorgte er für Mittel, um das Schullehrer-Seminar in Hannover zu gründen. Hoffentlich paßte auf keinen der Zöglinge desselben der Denkvers:

„Er führt die liebe Jugend
zur Gottesfurcht und Tugend,
Den ungerath'nen Kindern
Zerhaut er auch den Hintern,
Und zieht daraus zur Not
Sein täglich's Stücklein Brot!"

In manchen armen Dorfgemeinden beobachtete man vormals die naive Ökonomie, den Hirtendienst mit der Schulhalterei zu verschmelzen, Sommers hütete der Lehrer das liebe Vieh, und Winters erzog der Viehhüter die liebe Jugend. Wurden im Herbste seine vierbeinigen Zöglinge geschlachtet, so verfielen wieder die ungeschlachten zweibeinigen seinem Bakel. Nur in einem einzigen Hamburgischen Dorfe läßt sich eine Spur solcher pädagogischen Gräuel entdecken, in dem klösterlichen Dorfe Großborstel, wo in grauen Zeiten Schulmeister und Schweinhirt identisch waren. Das Dorf gab dem Hirten die Wohnung, die Klosterbehörde dem Schulmann die paar Taler Gehalt. Als letztere die Zeit zu begreisen begann und einen eigenen Schulhalter anstellte, mußte derselbe doch beim Hirten unterkriechen, d. h. die Kate mit ihm teilen, wie aus einem Klosterbericht v. J. 1713 hervorgeht. Wenn es bei dieser Dienstkumulation darauf angelegt war, den unehrlichen Viehhüter durch den ehrlichen Schulmeister zu nobilitieren, so mag das Kunststück selten gelungen sein, denn gewöhnlich guckte aus dem treufleißigen Pädagogen mit großer Entschiedenheit der göttliche Sauhirt hervor. — Wäre nur jeder derselben so erfunden, wie der Präceptor in einem holsteinischen Dorfe vor hundert Jahren. Anfangs konnten die Schul-Visitatoren gar nicht die eigentlichen Lehrfächer entdecken. Rechnen? Diese schwierige Kunst verstehen zu sollen, war dem wackern Lehrer schier befremdend. Schreiben? „Eine feine Sache, seinen Namen schreiben können, ja, wer das verstände!" Nun, dann doch das Lesen? „Winters plagen wir uns mit dem großen A-B-C, aber bevor wir's fertig kriegen, müssen die Kühe und Schweine wieder aufs Feld, und Sommers verschwitzen wir's." Aber was treibt ihr denn? „Beten und Singen." Und als nun ein halbhundert frische Kinderstimmen das Vaterunser mit Morgen- und Abendsegen unisono rhythmisch herbeteten, und sodann den schönen alten Choral „Komm heil'ger Geist" absangen, und alles höchst erbaulich und völlig sonder Taktierstock ausgeführt wurde, da sagte der oberste Konsistorialrat gerührt: „Treib's nur so fort, du ehrlicher treuer Hirte!"

Ego sum bonus pastor, — ich bin ein guter Hirte," — durch diese Worte hat Christus dem Hirtenstande die höchste Ehrenauszeichnung vor allen andern Ständen gegeben; darnach bekennen sich auch die christlichen Geistlichen als Hirten und die Bischöfe führen den Hirtenstab als Symbol ihres Amtes. Wer kennt nicht Johannes Falck's schönen Hirtenreigen, welcher anhebt:

> „Was kann schöner sein,
> Was kann edler sein,
> Als von Hirten abzustammen!"

Und mit des Liedes Ermahnung wollen wir dieses Kapitel schließen:

> „Laßt uns jederzeit
> Arme Hirtenleut'
> Halten werth und hoch in Ehren!"

Zweites Kapitel:
Von Spielleuten aller Art

Nicht nur von den Wildlingen der Tonkunst, den fahrenden Musikanten und Bänkelsängern, sondern von allen denen ist die Rede, welche „um schnöden Lohn mit des Lebens tiefem Ernst ein possenhaft Spiel treiben", also auch von Komödianten und von Gauklern aller Art, und von den in der Deutschen Vorzeit vorzüglich gemeinten Kämpfern und Fechtern, den vagierenden Darstellern blutiger Kampfspiele. Die ursprüngliche Unehrlichkeit dieser Personen ergab sich aus ihrer Standeslosigkeit, welche in ihrem Heimatlosen Mangel fester Wohnsitze begründet war. Um sich ihre Sudsistenz zu ersingen, zu erspielen, zu erkämpfen, mußten sie umher wandern; nirgendwo seßhaft, konnten sie keiner bestimmten Genossenschaft angehören, sie passten nirgendwo hinein, und mußten also draußen bleiben. Ihr hieraus folgender Ehrenmangel wurde aber noch ansehnlich gemehrt durch die Mißachtung ihres Gewerbes. Denn, während selbst die vagierenden unter den Musik- und Bühnenvirtuosen der rosigen Gegenwart den höchsten Grad allseitiger Verehrung für sich in Anspruch zu nehmen gewohnt sind, wurden ihre Vorweser im grauen Altertum äußerst gering geschätzt, und zwar keineswegs aus barbarischer Verneinung des Wertes der Kunst. So hoch man nämlich den Kämpfer stellte, der freiwillig Gut, Blut und Leben für's Vaterland in die Schanze schlug, der, folgend der Ehre weißem Panier, in den Schranken des Turniers um die Siegeskrone stritt, eben so niedrig stellte man den Mann, der lediglich für Geld und Lohn zu anderer Kurzweil blutige Kampfspiele aufführte, und dergestalt des edlen Kampfes höchste Ziele: Vaterland und Ehre, travestierte. — Dichtkunst, Gesang und Saitenspiel waren schon zur Bardenzeit Hermans des Cheruskers im allerhöchsten Ansehen. Einem Langobardischen Horn-Virtuosen gab Karl der Große so viel Land und Leute zu eigen, als der Schall seines Horns berühren würde; vom Berge herab blies er, und so mächtig, daß man es weit und breit hörte, und er sich eine schöne Herrschaft zusammenblies. Freilich wird dieser Langobarde in den alten Quellen „ein Spielmann" genannt, doch darf man schließen, daß er kein fahrender Musikant, sondern ein freier Edling gewesen sei, welcher die Tonkunst aus Herzensdrang ausgeübt. Für diese Auffassung spricht die Analogie des berühmten Helden Volker im Nibelungenliede. Auch er wird beständig Spielmann oder Fiedler genannt, während sein hoher Stand als Bannerherr mit Land und Leuten ausdrücklich betont ist. Nach der Vorrede zum Heldenbuche wäre er fürstlichen Geschlechts, Krimhilden's Schwestersohn gewesen. Er trieb also das Saitenspiel nicht als Gewerbe, sondern als eine freie, das Leben verschönernde Kunst, und weil er diese so trefflich verstand, so meisterlich und so vielfach öffentlich übte, darum wurde er Spielmann genannt. Und daß man einem fürstlichen Helden wie Volker, ersichtlich als volkstümliche Ehrenauszeichnung, diesen Beinamen gab, das beweist klärlich, wie hochgeehrt die edle Tonkunst im Zeitalter der Nibelungen gewesen ist.

Auch die Minnesänger-Periode und ihr Nachhall, der Meistergesang, bestätigen es, wie hingebend Poesie und Musik in Deutschlands Mittelalter gepflegt wurde, wenn sie erschien als Übung freien Herzensdranges, zur Ehre Gottes, des Vaterlandes, seiner Helden und edlen Frauen. Wer aber, nach damaliger Anschauung, diese schöne Gottesgabe so herabwürdigen konnte, daß er Profession davon machte: durch Singen und Saitenspielen für Geldgewinn zu anderer ergötzen allezeit dienstbar aufzuwarten, den konnte man unmöglich achten. In der hierin liegenden Entäußerung der eigenen innerlichen Willensfreiheit erkannte man ein Aufgeben der Manneswürde, ein „sich zu Eigen geben", das dem herrschenden Ehrbegriff ebenso verächtlich erschien, als das Spielen mit dem Ernste, das Darstellen unempfundener Gesinnungen und Affekte, um den Preis von Geld und Geldeswert. Man nannte sie und alle ähnliche Kunstproduzenten kurzweg „Spielleute", und ließ es als Grundsatz gelten, daß unehrlich seien: „Spielleute und Alle, die Gut für Ehre nehmen und sich für Geld zu Eigen geben."

Man hat das Mittelalter oftmals die Flegeljahre des Menschengeschlechts genannt; korrekter war's, wenn man es mit der Jünglingszeit vergleichen wollte. Obiger Grundsatz gemahnt in der Tat an das etwas grüne, aber unendlich viel Schönes enthaltende rasche Urteil eines überbrausenden, edlen Jünglingsgemütes. Die wahrhaft hochherzige Gesinnung, welche sich ausspricht in der unbedingten Unterordnung des Guts unter Ehre, wie in der tiefen Verachtung der Entäußerung innerlicher Freiheit und der Übernahme geistiger Fremdhörigkeit, sie erscheint bei ihrer ausnahmslosen Allgemeinheit ebenso jugendlich extrem als jugendlich idealisch schön, und — durch und durch deutsch.

Diese Mißachtung der Spielleute war in der Vorzeit groß, denn eine Art Rechtlosigkeit war mit der Ehrlosigkeit verbunden, die sich, in Folge jenes Grundsatzes, sehr wesentlich unterschied von derjenigen, welcher die obengenannten standeslosen, aber nützlichen Hirten und Müller unterlagen. Eine Art Rechtlosigkeit war's, keine barbarische Grausamkeit, welche sich hauptsächlich bezog auf die Unfähigkeit zu gerichtlichen und anderen Ehrenämtern gewählt zu werden (von welchen ja schon die Heimatlosigkeit sie ausschloß), sowie auf weniger rücksichtsvolle prozessualische Formen. Spielleute also konnten nicht als Schöffen zu Gericht sitzen, nicht als Zeugen die volle Glaubwürdigkeit beanspruchen, nicht durch einen bloßen Reinigungseid eine wider sie erhobene Anklage entkräften. In Bezug auf Hab und Gut wurde ihnen unparteilich Recht gemessen. Nur in Hinsicht auf Injurien war ihr Recht, im wörtlichen Sinne, etwas schattenhaft, aber konsequenter Weise genau ebenso wesenlos, als ihr Anspruch auf Ehre. Die ganze Genugtuung nämlich, die einem unverdient gekränkten Spielmann zu Teil werden konnte, bestand lediglich darin, daß man ihm den Schatten seines im Sonnenschein gegen die Wand gestellten Beleidigers Preis gab. Sothanem Schattenbilde durfte er dann einen Schlag an den Hals geben, so derb wie er's mochte und vertragen konnte, worauf das ihm zugefügte Unrecht gebüßt, der Schaden gebessert war. Dem beleidigten Lohnfechter bot man (aus Rücksicht auf sein Gewerbe) „den Blick von einem blanken Kampfschilde gegen die Sonnen", was wohl so zu verstehen ist, daß er an seines Widersachers Spiegelbild in ähnlicher Weise Sühne nehmen durfte. Stellen wir uns, wie billig, auf den Standpunkt der damaligen Anschauungen und Rechtsbegriffe, so erscheint uns diese, nach unseren Begriffen allerdings etwas kindliche Art der Sühne, ebenso konsequent und scharfsinnig, als den Umständen angemessen. Wer Gut für Ehre nimmt, dem ist Ehre nur ein Schatten, darum mag er sich bei Kränkungen auch an den Schatten halten. Ein so feingeistiges Ding wie die Ehre, kann nur durch symbolische Worte und Handlungen mit mehr oder minder praktischen Folgen verletzt wie hergestellt werden. Und wenn man jetzt eine ausreichende Genugtuung findet im Degenkreuzen und Kugelwechsel (freilich auch für viele ein Überrest der Symbolik mittelalterlicher Barbarei) oder im Ablesen einer gerichtlich formulierten Ehrenerklärung, allenfalls mit der praktischeren Beigabe einer Summe Geldes, — so begreift sich schwer, weshalb die sinnbildliche Handlung des Schattenschlagens, ohne contante Beigabe, sofern nur der Akt der Genugtuung gesetzlich darin anerkannt ist, eine so viel geringere Sühne sein sollte? Und deshalb darf man sich wohl erlauben, von des verehrten Jacob Grimms Ansicht abzuweichen, welcher nur eine Scheinbuße darin findet. Wären wirklich die Spielleute so rechtlos gewesen, daß jeder sie ungeahndet beleidigen durfte, daß sie auf Genugtuung überhaupt gar keinen Anspruch gehabt hätten, so würde man auch nicht nötig befunden haben, für sie diese Formen der Sühne gesetzlich auszusprechen.

Auch in Betreff der von Spielleuten oder andern Landfahrern verübten Beleidigungen gab es eigentümliche Bestimmungen, welche ihre Ausnahmestellung dartun. Im Lüneburger Recht heißt es z. B.: Wenn ein Histrione (die deutsche Version sagt grob „Lotterbube") mit Worten oder Werken einen guten Mann beschimpft hat, und dieser fordert Sühne, so soll man jenem 3 Würfel in die Hand geben, und so viele Augen er dann wirft, so viele Pfennige soll er zur Buße zahlen. Durch diese Strafausmessungsmethode glaubte man in Ansehung des Charakters und der Lebensweise solcher Leute äußerst folgerichtig und billig zu verfahren.

Als die germanischen Rechtsbegriffe längst geläutert waren und das römische Recht sich den alten Anschauungen hier klärend, dort verwirrend beigesellt hatte, da verharrten Spielleute und ihre Konsorten doch noch lange in ihrer ungeehrten Weltstellung. Die aus Frankreich in die Deutschen Lande eingedrungenen Gaukler aller Art (unter welchen damals vorzüglich Affenführer eine Rolle spielten) wurden an vielen Orten mit Schimpf und Schande nach Hause gejagt, an anderen erst zu öffentlichen Arbeiten gezwungen, dann auch heimgeschickt. Durch ihr unermüdliches Wiederkommen errangen sie endlich die stille Duldung der Verachtung. Hie und da stellte man alle diese Vaganten unter ein verantwortliches Oberhaupt, genannt Pfeiferkönig, oder fahrender Leute König, welcher seine Banden weniger in technischer Hinsicht zu dirigieren, als vielmehr sie polizeilich zu überwachen hatte, was aber, vom heutigen Polizeistandpunkt betrachtet, gewiß gleich Null war. Einen Pfeiferkönig ernannte z. B. Erzbischof Adolf von Mainz 1385, für seine Lande. Kaiser Karl IV. erhob seinen ausgezeichneten Figellator Johannes nicht nur zum Pfeiferkönig, sondern zum König aller Histrionen jeglicher Art, die ihn als ihren König ehren sollten. — In Köln regierte noch 1512 ein „Bubenkönig" zur Beaufsichtigung aller Vaganten und fahrenden Frauen. Alle die sich und ihre Künste produzieren wollten, mußten sich vom Bubenkönig die Erlaubnis holen. (E. Weyden, Gesch. d. Juden in Köln.)

Mit dieser Würde und Beaufsichtigung hat aber das oftgenannte „Pfeifergericht" in Frankfurt nichts zu tun. Dasselbe empfing seinen Namen nur von den Spielleuten, welche die Abgeordneten gewisser Städte begleiteten, wenn dieselben vor dem Ratsgericht in Frankfurt erschienen mit Geschenken (Pfeffer, Stäblein, Lederhandschuh, Münzen u.s.w.) um gewisse herkömmliche Zollfreiheiten zur Meßzeit zu erbitten. (S. Fries: Abhandlung vom s. g. Pfeifergericht, Frankfurt 1752). Während sich alsdann unter den heimischen Spielleuten allmählig ein Teil in den Städten seßhaft machte, und ein andrer Teil durch Eintritt in landesherrliche Hof- und Felddienste sich Achtung zu erwerben verstand, verblieben natürlich die vagierenden Genies aller Art im Vollgenuß ihrer herkömmlichen Unehrenhaftigkeit. Eine der ältesten Reichspolizei-Ordnungen verfügt: daß alle Schalksnarren, Pfeifer, Spielleute, Landfahrer, Singer und Reimensprecher, eine besondere, leicht erkennbare Kleidung tragen sollten, damit die ehrlichen Leute sich desto leichter vor Schaden hüten und von ihrer Gemeinschaft absondern könnten. Vielleicht läßt sich die noch jetzt wahrnehmbare Vorliebe dieses leichten Völkchens für bunte, phantastische Kleidung aus der Macht alter Gewohnheit erklären.

Während dann spätere Reichsgesetze die Pfeifer und Trompeter, also die hauptsächlichen damaligen Tonkünstler, für ehrlich erklären, reden sie noch mit unverstellter Verachtung über das leichtfertige Volk „so sich auf Singen und Reimensprechen leget, und darin den geistlichen wie den weltlichen Stand verächtlich antastet, nämlich also, daß sie bei den Geistlichen Übles singen von denen Weltlichen, und bei den Weltlichen Ärgerliches von denen Geistlichen". Alle diese Sänger (mit gebührlicher Ausnahme „derer, so den Meistergesang singen") wurden als fahrende Leute zu den Schalksnarren geworfen, und mit diesen nur dann geduldet, wenn sie „der Fürsten und Herrn Bestallungen aufweisen konnten." Das ernste Gesetz fügt hinzu: „item soll den Weibspersonen das Springen verboten sein", — welche auffallend strenge Zügelung zweifelsohne nicht von den harmlosen Erhebungen jugendlichen Frohsinns, sondern von gewerbsmäßigen Ballet- und Seiltanz-Kunststücken zu verstehen sein wird, welche man, der Würde edler Frauen ohnehin unanständig, als unehrbare Schaustellungen auch den niederen Volksklassen verbieten zu müssen glaubte.

Wenn nun auch längst aus den alten Spielleuten ein geachteter und ehrenwerter Stand gebildeter und tüchtiger Musiker, Schauspieler und anderer hierher gehöriger Künstler sich herausgerungen hat, und wenn es auch längst keine gesetzliche Unehrlichkeit mehr gibt für die zurückbleibende Bande der Possenreißer, Taschenspieler, Bänkelsänger und Gaukler aller Art, so können dieselben, aus innern moralischen Gründen, doch nimmermehr aus dem Bann jener Anrüchigkeit herauskommen, welche ihre Vorweser einst traf, weil sie Gut für Ehre nahmen. Diesem luftigen Volke kann zwar der Eintritt in ehrbare Gewerbe nicht versagt werden, aber der Eintritt in die Familienverbindungen des achtbaren Bürgerstandes wird ihm erschwert bleiben, und ein in der Natur der Sache liegender volkstümlicher Makel wird nach wie vor dem Kleide der Unehre aller dieser Wild- und Blendlinge der Künste aufgeheftet sein. Aber auch außer ihnen ist der Spielleute Zahl noch immer Legion, am grünen Tisch, wie anderswo. Manche edle Naturen reißt es fort, für eitlen Glanz und trüglichen Schimmer mit dem Teufel ein Schach zu spielen um die unsterbliche Seele; wie bald sind seine Offiziere, die Tugenden, genommen, der Turm der Ehre gefallen! Fürwahr, Gut für Ehre nehmen noch heut zu Tage unendlich viele und oft sehr unkünstlerische Menschen, und dem Gott Mammon geben sich für Geld und Papiervaluten tagtäglich ganze Scharen mit Vergnügen zu Erb und Eigen. Die alte gesetzliche Unehrlichkeit ist aber bei den künstlerischen Spielleuten stehen geblieben, und war aufgehoben, bevor es Börsenspielleute gab.

Nun etwas von einigen Arten der Spielleute.

Wenn auch in einigen vom Kulturfortschritt unberührt gebliebenen Städten noch um 1463 (wie Geburtsatteste dartun) Trompeter, Bassuner und Pfeifer zu den unehrlichen Leuten gleich den Müllern, Schäfern, Badstövern und Gauklern gerechnet wurden, so bildeten doch die schon früh durch kaiserliche Separaterklärung höher gestellten Trompeter und Paukenschläger in ganz Deutschland eine geachtete Verbrüderung. Ihre festen Bestallungen, ihr Kriegsdienst bei der hochgeehrten Reiterei, ihr Dienst an den landesherrlichen Höfen oder bei den Magistraten der Reichsstädte, ihre häufige Verwendung zu Heroldsdiensten und als Begleiter von Gesandtschaften, verlieh ihnen ein so hervorragendes Ansehen, daß sie auf die Pfeifer und Spielleute des Fußvolks herabsahen und den Turmwärtern und Nachtwächtern keine Trompete, sondern nur das Tuthorn gönnen wollten. Solche Feld- und Hofbestallungen nahmen sie für sich und für ihre ordnungsmäßig ausgelernten Scholaren ausschließlich in Anspruch. Allerdings waren sie bei der damaligen Kriegführung von Wichtigkeit. Zu ihrem Dienst gehörte, abgesehen von fester Kenntniss und Ausführung der Signale, ein unerschrockener Sinn und tapferer Mut, da sie die Angriffe der Reitergeschwader im Vordertreffen begleiteten, und im blutigsten Schlachtgetümmel durch frische, herzerhebende Klänge die Kampfesfreudigkeit der Streiter erhielten, die Flüchtigen zur Standarte zurück- und von Neuem auf die Wahlstatt führten, und ausharrten, bis sie Victoria, blasen konnten. In der Hitze des Gefechtes ließen sie des Rosses Zügel fahren, und sprengten, in der linken Hand die Trompete, in der rechten das Reiterschwert hebend, bald blasend, bald dreinschlagend in die dichtesten Reihen des Feindes. Darum erkennt auch Kaiser Ferdinand II. in einem Privilegium von 1630 die mannhaften Dienste, welche ihm und seinen Vorfahren am Regimente die Feldtrompeter in schweren Kriegszeiten wider die Ungarn und Türken, unter Hintansetzung von Gut, Blut und Leben, geleistet, mit warmen Dankesworten an, und nennt ihren Beruf „eine freiritterliche Kunst." Was wollten sie mehr?

Gedachten kaiserlichen Privilegii Ursprung ist dieser. Da bereits im ersten Drittel des 30jährigen Krieges ihrer soviele auf dem Felde der Ehre geblieben waren, daß Mangel an ordnungsmäßig gelernten Leuten eingetreten, so hatten die Regimenter wohl oder übel allerlei fahrende Spielleute in ihre Bestallungen befördern müssen. Um diesem Notstande und seinen Folgen vorzubeugen, erwirkte nun eine Anzahl kaiserlicher und kurfürstlicher Hof- und Feldtrompeter und Heerpauker (darunter die guten Namen Marcus Armuth, Amos Kunst, George Luft und Peter Paul Paustian) das gedachte Privileg, welches der Kaiser, unter Bestimmung einiger Kurfürsten und anderer Reichsstände, den 24. Oktober 1630 zu Regensburg erließ. Darin wurde ihnen die allmahlige Purifikation der Regimenter von untüchtigen Subjekten und die Besetzung der Stellen mit Personen ihrer Korporation zugesagt, auch ihre Satzungen in Betreff ihrer Lehrjungen und anderer zunftartiger Einrichtungen bestätigt. Makellos ehrliche Geburt von Eltern ehrlicher Herkunft und redlichen Wandels war Grundbedingung der Aufnahme für die Lehrlinge, welche ein Lehrgeld von 100 Rth. entrichten und sich zu einer mehrjährigen Lehrzeit verpflichten mußten. Nach deren Ablauf wurden sie feierlich losgesprochen und in die Kameradschaft aufgenommen, wobei eine Art Ritterschlag, aber nicht mit dem Schwerte auf die Schulter, sondern mit der flachen Hand auf die Wange, dem jungen Trompeter die Bundesweihe gab. — Die ganze Verbrüderung nannte sich die „Kameradschaft", die, wie dergleichen Korporationen häufig, ihre besonderen Geheimnisse hatte. Als höchstes Wissen galt ihr die zunftmäßige Mundspitzung behufs regelrechten Zungenschlages beim Trompetenblasen. Zu Gunsten dieser Trompeter- und Pauker-Zunft wurde den Türmern das Trompetenblasen nur erlaubt auf ihren Türmen, wie den Komödianten nur bei ihren Gaukelspielen, keineswegs aber bei ehrlichen Hochzeiten, Kindtaufen und Gelagen, und der Kriegs- und Hofdienst blieb Türmern wie blasenden Komödianten streng verschlossen. Dagegen verwillküren sich alle ehrlichen Trompeter und Pauker, niemals mit Türmern, „Haustauben" und Gauklern zusammen zu blasen, und erklären, „begebe sich ein ehrlicher Trompeter von der Kunst dennoch auf einen Turm oder zu den Komödianten, so soll er der Kunst gänzlich beraubet sein."

Eine kursächsische Verordnung vom 10. Juli 1650 bestätigt den letztgedachten Inhalt dieses Privilegs, weil auch in Sachsen der Mißbrauch eingerissen, daß erwähnte Unberechtigte (darunter auch wieder „Haustauben" genannt werden) „sich nicht mit dem begnügten, was ihnen gestattet, sondern bei allen Festen, Jahrmärkten, Kirmessen u. s. w. Posaunen bliesen, als ob es Trompeten wären, und sich der Trompeten mit allerlei Üppigkeit und Leichtfertigkeit bedienten, wodurch der ehrliche Trompetenschall zum höchsten gemißbraucht werde." Die Verordnung verbietet alle Kontraventionen gegen den kaiserlichen Freibrief bei Strafe von 20 Mark löthigen Goldes. Was hier unter „Haustauben" zu verstehen, ist nicht klar. Vielleicht nannte man die auf Zinnen der festen Häuser (vulgo Schlösser) des Adels sitzenden Wächter oder Turmwärter „Haustauben", für welchen Ausdruck auch „Hausleute" vorkommt. Weshalb die Türmer unehrlich waren, werden wir später sehen.

Wie alle gewerblichen Korporationen die Neigung hatten, ihren Ursprung bis ins höchste Altertum hinaufzuleiten, so erinnerten sich die Heerpauker gern an Mirjam die Prophetin, welche nach glücklicher Passierung des roten Meers mit den vornehmsten Israelitinnen Gott zu Ehren mächtig die Pauken gerührt habe. Die Trompeter dagegen wiesen auf die nach Gottes Befehl verfertigten silbernen Trompeten Mosis hin, und auf die mit denselben zu gebenden Signale, mit welchen Aarons Sühne, die Priester, betraut waren (4. Mos. 10). Ferner gedachten sie mit Stolz des berühmten Trompeter-Corps, welches die Mauern von Jericho um und um geblasen, sowie der Brüderschaft der 20 Priester-Trompeter bei Einweihung des Salomonischen Tempels; nicht minder belesen in der griechischen Geschichte zählten sie den Herodorus aus Mezara, der 2 Trompeten gleichzeitig blies, und 16mal zu Olympia gesiegt hatte, sowie „den weltbekannten Trompeter Stentor" zu den Ihrigen, desgleichen den Kollegen Achias, welcher bei den olympischen Spielen dreimal gekrönt und mit einem Standbild anerkannt worden. Übrigens war der Erzengel Gabriel ihr Schutzpatron. In Hamburg gab es schon früher einen Ratstrompeter, der dem öffentlichen Erscheinen des Senats oder seiner Vertreter vorreiten, Heroldsdienste verrichten und amtliche Mahlzeiten durch sein Blasen verherrlichen mußte. Er bekam guten Lohn und jährlich eine ihn auszeichnende Kleidung, die spätere Montur. Da er manche müßige Stunden hatte, so übernahm er es auch, der städtischen Reiterei mit seinem Geblase zu dienen gegen Freiwohnung und 30 Rth. Extragage.

Sobald die Pfeifer in den Städten feste Wohnsitze erlangt hatten, um daselbst ihren musikliebenden Mitbürgern in Freud und Leid ihre herzerhebenden Dienste zu widmen, taten sie sich, nach herrschendem Korporationsgeiste, in geregelte Brüderschaften zusammen, welchen man bestimmte Vorrechte vor den fahrenden Spielleuten einräumte und sie schon dadurch von diesen unehrlichen Kollegen aussonderte. Sie pfiffen und flöteten nicht allein, sondern sie exerzierten auch alle übrigen damals bekannten musikalischen Instrumente, „nach ihrer Gelegenheit." Man nannte sie gewöhnlich (und noch bis Ende des letzten Jahrhunderts, f. Herrn Miller in Schillers Kabale und Liebe) „Kunstpfeifer." In den großen Reichsstädten erwählten sich die Magistrate aus ihnen häufig eine Art Hofkapelle, genannt Ratsmusikanten, welche sich besonderer Privilegien zu erfreuen hatten. Die Magistrate suchten eine besondere Ehre darin, ausgezeichnete Künstler für diese Stellen zu gewinnen, und schier rätselhaft ist es, wie die reiche und mächtige Stadt Bremen jemals in einen solchen Misskredit hat kommen können, daß die Volkssatire den Esel, den Hund, die Katze und den Hahn die Bremer Stadtmusikanten betitelt. Das Märchen (Nr. 27 in der Grimmschen Sammlung) führt sie freilich nicht als bestallte Kunstpfeifer gedachter Stadt auf. Aber es läuft doch auf dieselbe Persiflage der vormaligen Bremischen Musikzustände hinaus, wenn der alterschwache Mülleresel, bevor ihn sein Herr aus dem Futter schafft, heimlich sich aufmacht, um nach Bremen zu gehen und dort Stadtmusikant zu werden. Auf weiterem Marsche nimmt er noch drei andere abgelebte Haustiere mit, die ebenfalls ihren Herren entronnen sind, um nicht totgeschlagen zu werden, den Jagdhund, der zu des Esels Lautenieren die Pauke schlagen soll, die Katze, die sich auf Nachtmusiken versteht, und den Hahn, der als Sänger Bedeutendes leistet; „so, spricht der Esel, wir gehen nach Bremen, wenn wir zusammen musiciren, so muß es eine Art haben." Zufällig stoßen sie dann bei ihrer Weiterreise auf eine wohlverproviantierte Räuberherberge, aus der sie mit ihrer Musik die Insassen zum Tempel hinaus- und in die weite Welt jagen; sie setzen sich ins warme Nest und sind darin sitzen geblieben, weil's ihnen dort so wohl gefiel, daß sie gar nicht mehr nach Bremen verlangten. —

Daneben genossen diejenigen Pfeifer, welche im Kriegsdienst dem Fußvolk beigeordnet waren, aller verdienten Ehre des Kriegerstandes. Wie kein Reitergeschwader ohne Trompeter und Pauker, so war auch kein Fähnlein Fußvolks ohne „kleines Spiel", wozu mindestens 1 Pfeifer und 1 Trommler gehörte, beide als mannhafte Kriegspersonen, völlig ehrlich geachtet, wohlbewehrt und wohlgeehrt. Die bei allen soldatischen Akten wie zur Signalgebung erforderliche „Rührung des Spiels" setzte den hellen tröstlichen Pfeifenklang zum dumpfen Ton der Trommel voraus. Wenn beim Marsch der „Trummenslager" die bekannten 2 mal 5 Schläge auf sein riesiges Instrument tat, daß es dröhnte, und die Krieger dazu ihre 2 mal 3 Schritte mit dem wilden Reim begleiteten:

„trum, trum, trum, tium, trum,
Hüt' Dich Baur, ich kumm!"

dann spielte auch der Pfeifer in demselben Tempo die Weise eines beliebten Soldatenliedes. Trommler und Pfeifer übten eine magische Gewalt auf die Kriegsgenossen, tröstend, verheißend, begeisternd, und deshalb standen sie, die auch als Botschafter gebraucht wurden, in guten Ehren. Die Reichspolizei-

Ordnungen von 1548 und 1577, welche alle diese Kunstpfeifer für ehrlich erklärten, haben ihre großenteils bereits errungene geachtete Stellung in der bürgerlichen Gesellschaft eigentlich nur sanktioniert. Mit dem Aufblühen der Kirchenmusik gelangten sie dann auch als Organisten, Kantoren und Musik-Direktoren zu den höchsten Würden der Tonkünstlerschaft. Denn von dem Makel seines Gewerbes konnte der mittelalterliche Spielmann sich reinigen, wenn es ihm durch seine Kunst und moralischen Wandel gelang, in den Dienst der Kirche zu treten, dann war er „des Herrgotts Spielmann". Darauf zielt die Grabschrift:

„Hier ligt begraven Peter Quann,
Organist to Travemünde.
Gott vergab em sine Sünde,
Denn he was fin Spelemann."

Nun einige Einzelheiten von den deutschen Stadt- und Ratsmusikanten der Vorzeit.

In Ulm hatte man Stadtmusikanten seit grauester Zeit; sie teilten sich in gewöhnliche Pfeifer und Sackpfeifer. Lieblingsinstrumente waren der Brummhart und die schreiende Pfeiff; also recht grob und schrill mußte es klingen, wenn's schön sein sollte. — Kaiser Sigismund erteilte im Jahre 1434 der Stadt, zum Dank für dort verlebte frohe Stunden, das Recht, auch Drommeter und Posauner halten zu dürfen, wofür der Rat gewiß ehrerbietigst gedankt und zugleich verschwiegen hat, daß er schon längst so frei gewesen, sich dieser Künstler auch ohne kaiserliche Permission zu bedienen (s. Jäger, Ulm im Mittelalter).

Augsburg unterhielt zur Reformationszeit sechs Stadt-Pfeifer; weshalb man sie nach dem westfälischen Frieden auf vier reduzierte, ist nicht bekannt; man sah übrigens damals weniger auf die Zahl, als auf die Konfession, denn nach der 1649 dort durchgeführten Parität der Stadtdienste, wurden immer zwei katholische und zwei protestantische Stadtpfeifer angestellt.

In Halle gabs vor 1707 ihrer sechs, die nur Blasinstrumente exerzierten. Daneben stellte die nachmalige Musenstadt noch eine Bande „Kunstgeiger" an, welche von nun an die Hochzeiten und Kindtaufen mit sanfterem Saitenspiel verherrlichten und sich später mit den blasenden Kollegen vereinigten.

Zu Köln erschienen noch vor 50 Jahren bei feierlichen Prozessionen die Stadtpfeifer unter Direktion des Stadttrompeters Eisenmann in schönen kornblumenblauen Monturen mit weißen Vorstößen und Rabatten, auch mit dreikantigen Hüten, sowie „mit blaurot angelaufenen Gesichtern und immer durstenden Kehlen", laut Berichts des Herrn Ernst Weyden in seinem lehrreichen Buche „Köln vor 50 Jahren".

Auch kleinere Städte und Landstädtchen wetteiferten nach Kräften mit den größeren. Zeulenroda im Reußischen salarierte um 1700 seinen Stadtpfeifer mit 6 fl., die man ihm entzog, als ein Brand in seinem Hause auskam. Später rehabilitierte man ihn und 1840 stand sich der „Stadtmusicus" auf 26 Rth, und 12 fl. Fixum. Dafür blies er vom Turm und genoß Wachtfreiheit. Für seinen Neujahrsumgang durch alle Gassen erhielt er freiwillige Gaben. Übrigens assistierte er bei Kirchenmusiken und spielte auch bei Hochzeiten, Taufen, Tanzfesten u. s. w.

Die jugendliche Stadt Altona besaß 1708 zwei königl. privilegierte Musikanten, die das allabendliche Choralblasen vom Turm anfangs gratis verrichteten, bis man ihnen dafür jährlich 25 Rth. vergütete.

Eutins Stadtmusikant war privilegiert auf Stadt- und Landmusik, nach fester Taxe. Er besorgte mit seinen Gesellen und Lehrburschen die fürstlichen Hofkonzerte, die Tafel-, Ballmusiken u.s.w. Er blies hohe Gäste an, und spielte auf, wo man's verlangte, bei Hochzeiten, Taufen, Begräbnissen, Vogelschießen u.s.w. — Stadtmusicus in Eutin war 1785 ein Künstler, welcher bereits die Karrieren eines kurpfälzischen Gardejunkers und eines Hofkammerrats hinter sich hatte, bevor er seinem musikalischen Dilettantismus als Orchesterdirigent reisender Komödianten die Zügel schießen ließ, worauf er zuletzt Gott dankte, wie er als Eutinscher Stadtmusikant auf solideren Grund und Boden kam. Sein i.J. 1786 geborener Sohn, ein richtiges Spielmannskind, war — der berühmte Karl Maria von Weber.

Bergedorf besaß schon 1630 einen privilegirten Stadt-Pfeifer, dessen Nachfolger 1677 zugleich Turmbläser war und sein Privileg auch auf die Vierlande auszudehnen vergebens trachtete. — Buxtehudes Stadtmusikant zählte, wie der Stadische, nach Jahrhunderten, und wenn vor 60 Jahren Herr Lauterbach mit seinen zwei Kunstpfeifergesellen den Schützenzug melodisch begleitete, so wußte er's auch, daß er es war, der dem ganzen Feste diejenige taktvolle Würde verlieh, welche Buxtehudes Königsschießen von jeher auszeichnete. — Malchin in Mecklenburg hatte zu derselben Zeit mindestens einen, den Herrn Grützmacher, — und nur in dem benachbarten, jetzt plötzlich berühmt gewordenen Stavenhagen, existierte in Fritz Reuter's und Fritz Sahlmann's liebenswürdigen „Slüngeljahren" kein einziger Musikant!

Kurz, kein geordnetes Gemeinwesen war ohne Spielmann. Denn des erhebenden Einflusses der Musik konnte man so wenig entraten, daß es zu den wesentlichen Erfordernissen einer Heirat gehörte, mit Musik zum Traualtar zu ziehen. Das ehrliche Brautpaar, angetan mit dem persönlichen Ehrenschmuck, der Myrthenkrone u.s.w., zog unter Vorauftritt blasender, pfeifender oder geigender Spielleute zur Kirche, und in älteren Trauscheinen wird stets bemerkt, daß das Paar mit „Kranz, Haarband und Saitengespiel" seinen Kirchgang gehalten habe. Und dennoch war derjenige, ohne welchen die Ehe kaum für eine echte gehalten wäre, dieser unentbehrliche Ehrenhold, an sich „nur ein Geiger", ein unehrlicher Spielmann, dessen Frau und Töchter, zumal wenn sie hübsch waren, von den ehrlichen Frauen der Gemeinde sehr geringschätzig behandelt wurden. Dr. Karl von Weber berichtet in seinen „Mitteilungen aus dem Archiv zu Dresden" (Bd. I) ausführlich, wie grimmig die schöne Tochter des Stadtpfeifers zu Eibenstock wegen ihrer mit Pelz besetzten Wintermütze (die ihr so anmutig zu Gesicht stand) von den vornehmen Frauen und Mädchen verfolgt wurde, welche es durchsetzten, daß der Ratsdiener ihr eines Sonntags in der Kirche die schöne Pelzmütze abzog und wegnahm. Doch klagte die Freundschaft der Gekränkten darob bei allen Instanzen so erfolgreich, daß die Landesregierung die Rückgabe der Pelzhaube befahl.

Für Hamburg können wir den Ruhm einer musikliebenden Stadt unbezweifelt in Anspruch nehmen und durch Notizen aus den ältesten Kämmerei-Rechnungen beweisen, wo selbst die abseiten des Rats an durchreisende Künstler freigebig gespendeten Geschenke verzeichnet sind. So z. B. gab man 1376 dem zur Hochzeit des Ritters Johann von Hummelsbüttel reisenden Pfeifer Johannes (vielleicht auch in Rücksicht auf diesen kriegerischen Nachbar) eine ansehnliche Verehrung, welche auch den Stadtpfeifern von Lüneburg und Stade bei ihrer Fahrt zu den Grafen in Oldenburg nicht vorenthalten wurde. 1386 beschenkte man die Hofmusiker der Herzöge von Braunschweig und Lüneburg, und 1461 wurden auch die „Bremer Stadtmusikanten" mit einer Spende bedacht.

Um 1350 gab's in Hamburg fest engagierte Rats- oder Stadtmusikanten, Pfeifer und Geiger (fistulatores et figellatores Dominorum Consulum oder Civitatis), unter welchen Meister Wunder war, der 1381 mit neuer Kleidung versehen, aber schon 1385 für 24 Schillinge feierlich begraben wurde. Etwas später finden wir eine Truppe von acht Musikern, darunter der blinde Lautenspieler Hildebrand, und überhaupt mehrere „Lutenisten und Citaristen" genannt werden.

In Hamburg ist allezeit die Musik hochgeehrt und bis auf den heutigen Tag viel, sehr viel, fast allzuviel geübt worden, Gott weiß es, und der im klaviervollen Etagenhause wohnende Stubengelehrte weiß es auch! Daß nun in Hamburg, bei solcher Anerkennung des Segens der Musik, ihre echten, seßhaft gewordenen Jünger sollten für unehrlich gehalten sein, davon findet man keine aktenmäßige Spur, vielmehr Merkzeichen des Gegenteils in Betreff solcher Spielleute, die des Bürgerrechts teilhaftig geworden waren. Unehrlichen Standes konnte schon Johannes der Spielmann (tympanista) nicht gewesen sein, welchem im Jahre 1283 ein Grundstück an der Alster im Stadterbebuche zugeschrieben stand, der also die Ehren und Rechte eines erbgesessenen Bürgers in

Anspruch zu nehmen befugt war, — in gleicher Weise wie seine späteren Genossen, die wir im älteren Bürgerbuche als „Spelman" und „Lautenist" verzeichnet finden. Ehrlich geachtet werden also auch die in den Dienst der Stadt getretenen und hier ansässigen Künstler gewesen sein, an deren Spitze als Pfeiferkönig der Spielgraf oder Spelgreve das wichtige Departement der Hochzeitsmusik leitete, bis er sich in den unmusikalischen, aber nahrhafteren Ratskuchenbäckerdienst verlor. Schon im Jahre 1464 nahm Meister Hinrich der Kuchenbäcker die neu engagierten Pfeifer in den Dienst der Stadt auf. Aber auch den Nichtbürgern unter den Tonkünstlern, wenn sie nur tüchtige Musiker und sonst brave Leute waren, widmete man von Staatswegen Anerkennung genug. In einem paßartigen Dokument des Hamburger Rats vom Jahre 1538 wird einigen Spielleuten, nämlich dem Albert Fincke, Florian Kowall, Märten Bück und Felix Moller, „wellte uns eine tydlangk mit erem gespele der gigen gedenet", nicht nur ihre ordnungsmäßige Beurlaubung, sondern auch, neben andern löblichen Qualitäten, ihre Aufrichtigkeit und Ehrlichkeit ausdrücklich bezeugt, weshalb der Rat ersucht, diesen guten Gesellen aller Orten eine freundliche Aufnahme, Gunst und Beförderung angedeihen zu lassen. Welche Behörde der Gegenwart würde sich herbeilassen, in so eingehender Weise den nach Brot gehenden Künstlern unter die Arme zu greifen? Übrigens wird man dazumal bereits begonnen haben, den Spielmannsbegriff enger zu fassen, und so mögen denn die von ehrbaren Zünften ausgeschlossen gebliebenen Spielmannskinder lediglich solche gewesen sein, deren Väter in irgend einer Weise „flöten gingen" durchs Land, oder sich fahrenden Gauklern beigesellten.

In dem Rezeß von 1529 wurden den hiesigen Ratsmusikanten eine feste Taxe für ihre Leistungen bei Hochzeiten u.s.w. vorgeschrieben; wenn sie dafür nicht dienen mochten, so konnten die Bürger sich beliebig andere Spielleute nehmen. Indessen sorgte der Rat für eine billige Entschädigung durch eine kleine Hochzeitsabgabe für den Fall, daß die Hochzeiter überhaupt keine Musik begehrten. Bei dieser Gelegenheit erklärte der Rat feierlich der Bürgerschaft: Daß die Musica bishero kein geringes ornamentum und Kleinod Hamburgs gewesen sei, welches man nicht in Abgang kommen lassen dürfe. — Und als später die bürgerschaftliche Finanzbehörde, aus Unverstand, die Ratsmusikanten-Stellen zu verkäuflich zu machen strebte, widersprach der einsichtigere Rat energisch und erklärte 1695, daß ein Musikantendienst eine Kunst in sich begreife, also unverkäuflich bleiben müsse, weil sonst ein Stümper, wenn er nur Geld habe zum Bieten, einen kunstreichen Dienst erlangen und zu Schanden machen könne.

Zunächst unter den Ratsmusikanten standen die Exspektanten, sodann folgten die zu einer Brüderschaft mit förmlicher Gesetzrolle vereinigten sogenannten Roll-Musikanten, die auch Grün- oder Pantaleons-Musikanten genannt wurden. Sie besorgten nämlich nicht nur alle niedere Tanzmusik und das Kneipengetön, sondern auch die musikalischen Ergötzungen bei den im Freien und Grünen gefeierten Sommerfesten, welche in Hamburg bei Jung und Alt sehr beliebt waren und stets um die Zeit des St. Pantaleonstages (28. Juli) gehalten wurden. Der Name dieses Heiligen wurde dabei arg gemißhandelt. Wie man jedes lustige Fest einen „Panteljohn", und verschwenderisch leben „panteljohnen" nannte, so hieß man jene Spielleute „Panteljohnsbrüder". Sprachliche Reformer sagten Pantalonsbrüder, wobei sie keineswegs an ein Beinkleid, sondern an eine Art Klavier dachten. Ihr Patron, der Weddeherr, wechselte und schwankte in seiner Benennung dieses Klienten, und verfiel sogar auf „Bataillons-Musikanten". Gemeinhin aber dachte man an die Farbe der Hoffnung, und nannte sie einfach „die grünen Musikanten" und ihre Artikel „die grüne Rolle".

Von den Hamburgischen Ratsmusikanten, deren Anzahl unverändert acht blieb, ist es bekannt, daß sie insgemein sehr wackere Künstler waren, deren Dirigenten, z.B. Brauns, Hieronymus Oldenburg und Johann Kayser, sich auch als Komponisten eines großen Rufes erfreuten. Letzterer (nicht zu verwechseln mit dem jedenfalls berühmteren Opernkomponisten Kapellmeister Reinhart Keiser) verließ Hamburg 1729 als Musikdirektor des hannoverschen Regiments von Rhoden, gerade als von Dänischen Behörden eine Requisition gegen ihn eintraf wegen der von ihm unternommenen „Entführung einer gewissen vornehmen Frauensperson". — Nach Aufhebung des Instituts wurden i. J. 1818 die vier letzten Ratsmusikanten pensioniert: Schwencke, Hartmann, von der Henning und Süßmilch. Letzterer ein trefflicher Marsch- und Walzer-Komponist, seiner Zeit Hamburgs Strauß und Lanner für alle Ballfeste der vornehmen Welt; desgleichen ihre zwei Expektanten Hartmann und Cohrs. — Anno 1683 konzessionierte der Stadtkommandant General von Uffeln jene oben gedachten Rollmusikanten zu der Musikbedienung aller bei hiesiger Garnison vorfallenden Hochzeiten, in freier Konkurrenz mit den Spielleuten des Regiments, deren Instrumente Pfeifen, Schalmeien und Trompeten waren, während sie das Saitenspiel ausübten. Sie reversierten sich dabei, von den Hochzeitern keinen Lohn zu fordern, sondern zufrieden sein zu wollen mit der Diskretion, „so ihnen bei gebräuchlicher Aussetzung des Tellers" die Gäste für die Tanzmusik zustießen lassen würden. Auch versprachen sie, mit den Gästen sich „wohl zu comportiren", und zu Klagen keinen erheblichen Anlaß geben zu wollen.

Etwa um 1700 mögen sich bei der Hamburgischen Garnison, neben den Trommlern und Pfeifern, auch die Anfänge eines Hautboisten-Corps entwickelt haben. Jedenfalls wurden 1724 für die Regimentsmusik 5 Hautbois und 2

Bassons (Fagotts) neu angeschafft und bald darauf ließen sich auch Parforcehörner vernehmen. 1744 klagte der Kommandant, daß diese Instrumente so abgenutzt und irreparabel seien, daß kein reiner Ton sich verlauten lasse. Da es nun zur propreté des Regiments gehöre, ein sauberes Musikcorps zu haben, so erbitte er neue Instrumente. Aber schon 1755 klagte der General wieder über deren miserablen Zustand, den keine Umbindung oder Verleimung bessern könne. Um nun bei Fremden kein Gespött zu erregen, seien neue Instrumente notwendig. Dennoch scheint es dazumal mit Hamburgs Militärmusik nicht allzuwohl bestellt gewesen zu sein. Denn 1762 heißt es in einem satirischen Gedicht Schiebeler's, der Dänische König brauche die rostigen Gewehre und die Soldateska der Hamburger nicht zu fürchten, wohl aber scheue er — ihre Musik.

Unter den Kantoren und Organisten gab es bis zur neuesten Zeit berühmte Virtuosen und Komponisten: die Prätorier (eigentlich Schnulze, Vater und Söhne), Thomas Sellius, Hans und Hinrich Scheidemann (von Letzterem ist die Weise: „wie schön leucht't uns der Morgenstern"), Bernhardt, bis auf Telemann, Emanuel Bach und Schwencke. Ein Autor vor 200 Jahren sagt: „an Sonn- und Festtagen hört man in den Kirchen Hamburgs eine so schöne Musik, als ob die lieben Englein im Himmel mitsammen discantirten, also herrlich treiben's die Vocalisten und Instrumentisten; nicht minder ist das Collegium musicale, so Donnerstags in der Domkirche angestellt wird, eine wahre Gemüts-Erhebung zu nennen."

So hoch man nun auch diese echten Künstler ehrte, so scheint man doch ihre pecuniäre Stellung etwas vernachlässigt zu haben. Wenigstens klagen fast alle Kantoren, die zugleich die Kirchenmusik dirigierten, über das Unzureichende ihres Gehalts, welches sie zwänge, ihre Kunst nach Brot gehen zu heißen (vermutlich auch nach Wein, denn „Cantores amant humores"). Gerstenbüttel exponiert bündig, „wie gedrücket hiesigen Orts die Cantorey, was Gott im Himmel erbarmen möge." Die Kirchensänger singen dasselbe Klagelied, und entschuldigen ihr öfteres Fehlen mit notwendigen Kunstreisen nach Kiel, Gottorp, Hannover und Berlin, um des lieben Brotes willen. Freilich waren unter diesen auch einige Quälteufel für den geplagten Direktor, z.B. der Tenorist, welcher, obschon ein gewesener Studiosus Theologiae, sich dennoch als frecher Verächter der Predigt, ja sogar des Beichtstuhls bewies, aller Ordnung Trotz bot, und mit schier unleidlichem Eigendünkel sang. Als er nun aber einst „aus purer Chicane gegen den Director" absichtlich falsch intonierte, da sprang dieser im Zorneseifer auf ihn zu, und gab ihm eine kräftige Maulschelle, in Folge welchen unkirchlichen Zwistes er freilich einen Verweis, der Tenorist aber seinen Abschied bekam.

Geringer schätzte ein Teil der Väter der Stadt die weltliche Konzertmusik.

Ein Antrag der Oberalten im Jahre 1722 an den Senat entrüstet sich darüber, „daß Cantor Telemann abermals in einem öffentlichen Wirtshause vor Geld eine weltliche Musik aufzuführen gesonnen, wobei allerhand Unordnungen vorkommen können; dieweil nun alle Opern und dergleichen zur Wollust anreizende Aufführungen, allhier außer der Marktzeit unerlaubt, und ohne Konsens des Rats wie der bürgerschaftlichen Vertreter nicht zu dulden, so ersuchen sie, dem Telemann solche Musiken ein vor alle Mal zu verbieten." Der Rat indessen war mehr für weltliche Konzerte und wußte die Oberalten von ihrer Strenge zu dissuadieren; jedoch durften sie (wie jede öffentliche Aufführung) zu Gunsten ernster Sonntagsfeier niemals an einem Sonnabende stattfinden, welcher Tag in neueren Zeiten vorzugsweise für Konzerte und Bälle benutzt zu werden pflegt. —

Abgesehen von allen diesen mehr oder minder bestallten oder zünftigen Musikanten lebte und wirkte im alten Hamburg noch eine große Klasse von Spielleuten freien Gewerbes, nämlich die der Straßenmusikanten, welche hier an allen Tagen des Jahres ihr Publikum zu vergnügen trachteten durch Flöten, Schalmeien, Geige, Brummbaß, Dudelsack und Drehorgel, auch durch Gesang zu letzterer wie zur Harfe. Bis in die Nachtzeit durften diese fahrenden Spielleute ihr Wesen treiben, und nur in schweren Notzeiten verboten die Väter der Stadt die erhebende, erheiternde Musik nicht gänzlich, sondern nur für die Nachtzeit, zur Förderung erquicklichen Schlummers. So 1711 als eine Pestilenz im Anzuge war.

Die bürgerliche Stellung dieser Virtuosen mag gering gewesen sein, doch erschien dem Hl. Georg Buschius, Subrector Johannei, der Stand eines simplen Sängers respektabel genug, um demselben die Hand seiner Tochter zu gewähren. Dieser junge Mann führte den für seine Verhältnisse ungemein passenden Familiennamen „Lockvogel". Nach seinem frühen Tode rehabilitierte sich die junge Witwe völlig, indem sie 1686 den Prediger Johann Meyer heiratete.

Die ganz allgemeine Missachtung der Schauspieler (Operisten wie Komödianten) ist bekannt genug; und Schütze sagt in seiner Hamburger Theater-Geschichte, daß sie im 17. und anfangs des 18. Jahrhunderts noch immer als Gaukler und Histrionen, wenn nicht mit der Infamie, so doch mit der levis notae macula behaftet gewesen. Statt der unzutreffenden römischen Ausdrücke hätte er sagen sollen: mit der altdeutschen Unehrlichkeit. Übrigens gesteht er selbst, daß Charakter und Wandel der damaligen Schauspieler im Ganzen ebenso verächtlich gewesen wäre, als ihre Kunst.

In einem lehrreichen Aufsatze über die ältesten Schauspiele in Hamburg (Zeitschrift für Hamb. Geschichte I, 132) hat Herr Archivarius Lappenberg das Vorhandensein derselben im 13. Jahrhundert nachgewiesen. Die feststehenden Ausgabeposten in den ältesten Kämmereirechnungen für fremde Schauspieler, entweder als Gnadengeschenke, oder als Gagen und Spielhonorare, beweisen es, daß man damals das Schauspiel gewissermaßen als zum Staatshaushalt gehörig betrachtete, und jedenfalls mehr dafür tat, als in neuerer und neuester Zeit, was freilich in dem geistlichen Gegenstände und Zwecke solcher Aufführungen seinen triftigen Grund hatte. Neben jenen fremden Histrionen und Mimen, welche Hieselbst zur Fastenzeit die Passionsspiele, oder zur Adventszeit Darstellungen der heiligen Nacht zur Anschauung brachten, kommen im 15. Jahrhundert auch Histriones civitatis vor, Schauspieler im Dienste und Solde der Stadt, welchen man, anderen Stadtdienern gleich, jährlich um Pfingsten ein Convivium zu geben pflegte. Ein Geschenk um Gotteswillen, wie das zu den Exequien des Histrionen Konrad, welcher 1467 bettelarm gestorben war, wird oft genug vorgekommen sein, wenn auch nicht allemal in der Form eines Schmerzensgeldes, wie das in demselben Jahre der armen Witwe gegebene, deren Gemahl in der Hitze der Aktion von der Bühne gefallen und elend umgekommen war. — Daneben werden auch die vagierenden joculatores und dimicatores, die Gaukler und Schaufechter, mit Spenden bedacht; aber unerachtet solcher Gunst und des gebührlichen Quantums Bühnenapplauses wird man sowohl diesen als den eigentlichen Schauspielern sicherlich keinen Schatten bürgerlicher Achtung gezollt haben, wie denn auch kein Beispiel, nachzuweisen ist, daß dieser Art Spielleute das Bürgerrecht gewinnen durften. Mit dem Aufhören der geistlichen Spiele sanken unzweifelhaft ihre Darsteller noch tiefer in Verachtung, da sie des klerikalen Schutzes und ihre Stücke des biblischen Kerns entbehrten, während das an die Stelle gesetzte Drama nur zu oft nichts war, als ein ungenießbares Produkt bodenloser Gemeinheit mit unmotivierten Tugendphrasen.

Melius Unkraut, der niederländische Mime, welcher 1590 mit seiner Bande hier aufzutreten wünschte, wird die öffentliche Meinung in Betreff seines Standes schwerlich gebessert haben, wenngleich er behauptete, so moralische Parabeln aufzuführen, daß der Senat durch die Gestattung ihrer Darstellung, einen sehr starten Beweis seiner Christlichkeit, dem Allmächtigen zu Ehren, ablegen werde. — Hundert Jahre später sollen die Hamburger Geistlichen dem M. Veltheim die Kirchengemeinschaft verweigert haben. Mit seiner Gesellschaft (einer Bande relegierter Studenten) hier gastierend, soll er schwer erkrankt sich nach Versöhnung mit Gott gesehnt haben, worauf aber kein Geistlicher ihm das heil. Abendmahl habe reichen wollen. Andere Berichte verlegen den Ort solcher Exkommunikation nach Leipzig, und lassen in Hamburg dasselbe Erlebnis dem Schernitzky, Veltheims Hanswurst, passieren. Ja, Schütze erwähnt, daß noch in der letzten Hälfte des vorigen Jahrhunderts einige der würdigsten Mitglieder der gereinigten gesitteten Bühne, ein gleiches

Schicksal wie Veltheim und dessen Possenreißer betroffen habe. Indes läßt sich, ohne die Persönlichkeiten zu kennen, kein Urteil fällen über solche hart scheinenden und doch vielleicht nicht grundlosen Ausschließungen, welche gewiß schon deshalb selten vorgekommen sind, weil die Zahl der regelmäßigen Besucher des protestantischen Beichtstuhls unter den dramatischen Kunstgenossen zweifelsohne sehr klein war und noch ist.

Sogar bis in die romantische Sphäre der Herzensangelegenheiten drang die trennende Vorstellung vom unehrlichen Komödiantenstande. Wenn dennoch Vermählungen mit Schauspielerinnen in Adelsregionen schon im 18. Jahrhundert nachweisbar sind, so mag dies einesteils der bezaubernden Anmut der „schönen Conradine", andererseits der seltenen Vorurteilslosigkeit des Grafen zuzuschreiben sein, der sie zu seiner Gräfin erkor. Schwieriger war indessen der Bürgerstand, und der Bürgerssohn, welcher das Unglück hatte, sich in eine Bühnenheldin zu verlieben, tat am vernünftigsten, wenn er gleich Anfangs auf das Glück der Ehe mit selbiger verzichtete, und um ihre Schwesterliebe bat. War seine Neigung so passioniert geworden, daß sie ihn zu heimlicher Verheiratung hinriß, so durfte er seiner Ausstoßung aus gesamter ehrbarer Familie, nebst Vaterfluch und Enterbung, gewiß sein. Eine lehrreiche Geschichte dieser Art berichtet der Senior Pastor Schultz zu Hamburg in seinem handschriftlichen Diarium v. J. 1697. Der charakterlose Held des Romans, ein junger Libertin aus guter Bürgerfamilie, ergab sich schnell in die von dieser gewollte gewaltsame Zerreißung seiner Liebesbande; widerstandslos fügte sich auch die schöne Heldin, eine talentvolle Sängerin, gebildet auf kurfürstliche Kosten in Dresden, und bei hiesiger Oper mit 300 Rth. Gage angestellt, Charlotte hieß sie, den Namen Müller führte ihre Mutter, welche nach verschiedenen Liaisons den Schauspieler Müller wirklich geheiratet hatte, mit dem sie jetzt in einer Bude am großen Neumarkt agierte. Charlottens anonymer Vater war Offizier und diente damals der Republik Venedig auf Morea. — Aus den Unterredungen des ehrwürdigen Seniors mit allen beteiligten Personen, die seine Vermittlung wünschten, resultierte für ihn selbst die Überzeugung: „daß Comödianten in einem Stande leben, von dem es sehr fraglich sei, ob er ein Gott wohlgefälliger", — und sodann das Thema einer Episode in seiner nächsten Predigt, worin er gegen die Leichtfertigkeit der angesehenen Bürgerklassen eiferte, und dies Kapitel mit den bedeutungsvollen Worten beschloß: „übrigens habe ich noch nicht gesehen, daß von Opern und Comödien etwas Gutes komme!" — Daß ein ehrsames Bürgermädchen einem Schauspieler Herz und Hand geloben könne, das war kaum denkbar. Einzig die Tochter eines Handwerkers in Hamburg wagte es, den Komödianten Elendsohn, ersten Helden der Veltheimschen Truppe, zu heiraten, war aber niemals zu bewegen, selbst die Bühne zu betreten, wogegen sie mit Geschick das Geschäftliche des Bühnenwesens leitete, als ihr Gatte eine Theaterdirektion übernahm. — Friedr. Ludw. Schröder, der große Künstler, soll's in seiner Jugend erfahren haben. Bei der Bühne zu Düsseldorf engagiert, lernte er die schöne Schulmeisterstochter eines benachbarten Dorfes kennen und lieben. Da seine Person und Unterhaltung ihr ersichtlich gefiel, so wagte er's, um ihre Hand zu werben. Wie groß aber war seine Demütigung, als sie offen bekannte, daß sie ihn zwar als Menschen recht gern hätte, daß sie aber nun und nimmermehr einen Mann heiraten könne, dessen Beruf es sei, auf öffentlichem Theater Possen zu treiben!

Das war ein misstönender Nachklang der Vox populi früherer Jahrhunderte! Statt fernerer Beispiele solcher Verurteilungen dieses Standes möge hier nur noch die Ansicht eines königlichen Philosophen angeführt werden. Friedrich der Große, von spießbürgerlichen Ehrlichkeitsbegriffen gewiß weit entfernt, nannte nicht nur die kunstvollste Mimik „Capriolenschneiden", sondern, als er einst einige Sängerinnen verabschiedete, schrieb er seinem Fredersdorf (in seiner klassischen Orthographie): „es ist verdeubeltes Cropzeug, ich wollte, daß sie alle der Deubel holte. Diese Canaillen bezahlt man doch zum plaisir, und nicht um Frisirerei von ihnen zu haben." Und weiter sagt er: „die Opernleute sind solche Bagage, daß ich sie tausendmal müde bin. Ich jage sie zum Deubel, solche Canaillen kriegt man alle Tage wieder. Ich brauche mein Geld vor Kanonen und nicht vor solche Haselanten."

Bei einer gewissen Achtungslosigkeit der Bühnenkünstler blieb es in Hamburg lange Zeit. Und wenn es dem bekannten Matheson gelang, seine jugendliche Verirrung zur Opernbühne später der Mitwelt vergessen zu machen, so bedurfte er dazu nicht nur seiner großen Verdienste als Virtuose, Kapellmeister und Theoretiker, sondern er mußte noch den Ruhm eines Schriftstellers und Gelehrten, sowie die Dignitaten eines Domvicars und Canonicus vorspannen, um endlich, mittelst des diplomatischen Charakters als großbritannischer Gesandtschafts-Sekretär und Holsteinischer Legations-Rat, über all den tausend Bedenklichkeiten der skrupulösen Hamburger Gesellschaft erhaben dazustehen.

Mit einer Theater-Direktion machte man wenige Umstände. Als im Jahre 1732 der wohlmeritierte Senator Matthias Mutzenbecher das Fest seiner goldenen Hochzeit äußerst feierlich zu zelebrieren gedachte, scheint ihn der Umstand, daß die Elite der Rats- und andern Musikanten, deren er bedurfte, bei der hiesigen Oper fest engagiert war, wenig geniert zu haben. Indem er seine Kollegen, sämtliche Herren Bürgermeister, Syndicos, Senatores und Secretarios „dienstfreundlichst invitierte, ihn bei seiner Jubelhochzeit mit Dero ansehnlicher Gegenwart zu beehren, und dadurch seine gerechte Freude über Gottes große Gnade beträchtlich zu vergrößern" (welcher Einladung mit Vergnügen Folge zu leisten versprochen wurde), trug Herr Mutzenbecher einfach darauf an zu verfügen, daß an den Tagen der Solemnität keine Opern sollten gespielet werden, damit er die Musicos zur Aufwartung haben könne. Und der Senat erließ sofort an die Susanne Margaretha Kayserin, damalige Directrice der Oper, den gemessenen Befehl, an den gedachten Tagen keine Opern ansetzen zu lassen.

Der klassisch gebildete Dr. Otto Sperling äußert sich (1681) gelegentlich des damaligen Streites über die Zulässigkeit des Opernspiels: „leider sind die certamina de praemio et corona der alten Griechen bei uns lauter artes quaestuariae geworden, weswegen die homines scenici nicht allzu ehrlich gehalten werden." Also noch 1681 eine Erinnerung an die altgermanische Anschauung: Gut für Ehre nehmen macht unehrlich!

Bekanntlich hat sich nach und nach bei allen festen Bühnen ein ehrenwerter Künstlerstand herangebildet, und einzelne Künstler und Künstlerinnen sind so hoch gestellt, daß sie mit dem Dichter und mit dem König gehen, und mit ihnen wandeln auf der Menschheit Höhen. Dennoch kommt bei dem Verhältnis des dramatischen Künstlerstandes zu den übrigen gebildeten Ständen natürlich noch immer viel auf die Persönlichkeiten an, und eine gewisse Isolierung wird niemals von ihm zu trennen sein. Es sind längst keine Ehrbegriffe mehr, welche hierauf influieren, es sind andere Motive des Fernstehens, hauptsächlich: die unendlich große Verschiedenartigkeit der Lebensweise, der Lebensauffassung, des ganzen Ideen- und Wirkungskreises. Alle jene deutschen — und besonders norddeutschen — Naturen, welchen das Kundgeben ihrer Gefühle so schwer fällt, welche sich schämen Rührung zu zeigen, welche die zarten Regungen eines warmen Herzens oftmals in Kaltsinn, wenn nicht gar in Grobheit kleiden, betrachten das Hervortreten der Innerlichkeit bei anderen entweder als eine Affektation oder als eine peinliche Exaltation; und wenn sie auch durch das Darstellen solcher Dinge auf der Bühne sich unterhalten lassen, so können sie doch den mit fremden Gesinnungen prunkenden Darstellern zwar großen Bühnenapplaus, aber schwerlich ihrem Beruf die volle mitbürgerliche Hochachtung zollen. Der Kontrast im Innern des Bühnenkünstlerlebens zwischen der eigenen lustigen Stimmung und der dargestellten tiefen Trauer, zwischen der empfundenen Sorge, Betrübnis, Verzweiflung und der dargestellten Glückseligkeit, mithin diese Art geistiger Unfreiheit mag bei vielen nicht recht zum klaren Verstandnis kommen, sonst würde man die Bühnenkünstler vielleicht mehr bemitleiden, als wegen ihres Ruhmes glücklich preisen.

Wäre die Bühne wirklich ihrem Ideal entsprechend, eine Anstalt zur wahren Veredelung des Menschengeschlechts durch die Kunst, so würden wir die ihren Beruf also auffassenden Künstler um so höher schätzen müssen, als uns jener nie abzuweisende Konflikt immer als ein großes Opfer philantropischer Selbstverleugnung erscheinen würde. Wo aber die Bühne bestenfalls nur unterhält und ergötzt, wo des Künstlers Lebenszweck nur den Beifall der amüsierten Menge zum Ziel hat, da treten auch die übrigen Schattenseiten des Künstlerstandes, die leichte Verführbarkeit zu allen Eitelkeiten und Äußerlichkeiten des Daseins, desto greller hervor, da liegt der Vergleich mit den alten Spielleuten: die Gut für Ehre nehmen und sich für Geld zu Eigen geben, nicht gar fern.

Diese unverkennbare Kluft, die den isolierten Stand der Bühnenkünstler von den übrigen gebildeten Gesellschaftsklassen trennt, wird vergrößert durch die ihnen eigene stete Beschäftigung mit eingebildeten Zuständen und deren effektvoller Darstellung, um welche sich ihr ganzer Gedankenkreis notwendig drehen muß. Sie leben auf Brettern, welche die Welt bedeuten, wir auf Grund und Boden, welcher die Welt ist. Deshalb und in Folge ihrer kosmopolitischen Beweglichkeit, die sie noch immer zu einer Art Heimatlosigkeit veranlaßt, leben sie nur oberflächlich in dem Gemeinwesen des deutschen Bürgertums, in dessen Inneres sie niemals eindringen können, in dessen Realität sie nicht hineinpassen. Wie schwer fällt es einer Bühnenheldin, sich an der Seite eines unkünstlerischen Gatten in dessen bürgerlichen Beruf und Familienkreis zu finden; zwiefach hoch zu ehren ist sie, wenn ihr dies dennoch gelingt! wie manche kehrt zur Bühne zurück, deren erregender, berauschender Glanz sie zu mächtig lockt. Wo aber so wenig Gleichartigkeit der wichtigsten Interessen des äußern und innern Lebens, da entsteht, da bleibt die trennende Kluft.

Welche Seltenheit ist der Schauspieler, der zugleich ein tätiger Staatsbürger, ein opferwilliger Patriot ist. Und ist er dies wirklich, so läuft er Gefahr, daß man seine künstlerische Begabung in Zweifel zieht. Nicht oft wiederholt sich der Fall, daß ein Opernsänger, noch bevor sein Tenor heiser geworden, hinausflüchtet aus dem bewegten Glanzmeere des Bühnenlebens und einkehrt in den stillen Ruhehafen eines Gemeindedienstes, z.B. als Spittelmeister, dessen Pflichten er musterhaft ausübt. Aber freilich als Künstler war er nur der mittelmäßigen einer gewesen.

Die Gaukler oder Joculatoren (Jongleurs) unter den alten Spielleuten mögen den damaligen Mimen ziemlich nahe verwandt gewesen sein. Beide findet man in anscheinender Verwechslung vielfach genannt in Hofdiensten geistlicher und weltlicher Fürsten vom 11. - 14. Jahrhundert. Ebenso wenig unterscheidet sie Adam von Bremen, wenn er als Charakterzug Erzbischof Adalberts mitteilt, daß derselbe die den gemeinen Haufen ergötzenden Gaukeleien der Mimen verabscheuet, den Vorspiegelungen der Wahrsager, Stern- und Traumdeuter aber ein geneigtes Ohr geliehen habe.

Zu den Gauklern gehörten vor allen Dingen die Lodderer (1463) oder Lotterbuben, die mit dem sog. Lotterholz, einem zum Wahrsagen und zu Taschenspielereien gebrauchten Brettchen, durchs Land zogen, ferner alle Kunststücke produzierenden Vaganten, die mit Messern und Kugeln spielten, Affen und Hunde tanzen ließen und sich selbst auf dem Seil tanzend darstellten. Auch verstanden sie sich auf täuschende Nachahmung aller Tierstimmen und waren Meister des Vogelgesanges, wodurch sie an die fahrenden Musikanten streiften.

Wenn nun auch Hamburgs Rat keine Stadtgaukler zu unterhalten sich bewogen fand, da er an den Stadtmimen genug hatte, so erzeigte er sich doch fremden Künstlern dieser Gattung gern gewogen. Die Kämmereirechnungen weisen z. B. reichliche Spenden nach, welche 1375 und 1376 die in Diensten des Bischofs von Schleswig und des Grafen von Hoya stehenden Joculatoren erhielten. Unter letzteren führte einer den mit seinem verachteten Gewerbe seltsam kontrastierenden Namen Schandenvynd oder Schandenfeind. Später kommen die Joculatoren seltener, die Mimen desto häufiger vor. Aber noch im Jahre 1465, bei Gelegenheit der Anwesenheit des Königs und der Königin von Dänemark, glaubte man das zu ihren Ehren veranstaltete Schauspiel durch eingelegte Gaukeleien besonders würzen zu müssen, und da alles glücklich ablief, so gewährte man den „Histrionen", sowie dem „Joculator", ein Geschenk von 7 Talern und 9 Schillingen.

Die älteste Spur des in Hamburg geübten Seiltanzes fällt in das Jahr 1467. Der Rat schenkte dem Künstler eine kleine Geldgabe und notierte diese Ausgabe: „Hinselino, gesticulatori in corda." — Der s. Z. berühmte Gaukler Heinrich Laynum aus St. Gallen, der 1588 in Frankfurt vom Kirchturm herabtanzte und dabei ein Feuerwerk abprasselte, wie Lersners Chronik (1709) erzählt, — war 1582 und 1592 in Hamburg, wo man ihn den Linienflieger nannte.

Von den späteren Gauklern, deren Arten und Unarten weltbekannt, ist nicht viel zu sagen. Sie sind geblieben, was sie waren, und werden immer sein, was sie sind: Wild- und Blendlinge der Kunst, in welcher Weise sie auch ihre immerhin artigen Fertigkeiten produzieren mögen, mit betriebsamen Flöhen oder zierlichen Marionetten, oder als Feuerfresser oder als sonstige noch nie dagewesene Wundermänner. Besonderes Geschick und Fortuna's Gunst mag die Klügsten unter den Taschenspielern zu sogenannten Professoren der Magie promovieren, oder die Matadore unter den Seiltänzern und den vom romantischen Nimbus getragenen Kunstreitern beiderlei Geschlechts, bis zu einer gewissen Glanzhöhe europäischer und sogar transatlantischer Berühmtheit erheben: es sind doch eben nur Raketen eines Feuerwerks, die prasselnd und blendend rasch aufsteigen und noch schneller verpuffen, während die meisten ihrer Konsorten wie Pulverfrösche am Boden ihre paar Funken versprühen. Wer kennt noch den Namen Joh. Baptista Rossi, der mit seinen Pantomimen vor 100 Jahren die Welt entzückte? Sein Nachruhm besteht in dem Papierblatt eines Archivs, darin der Magistrat einer Reichsstadt ihm attestieret, daß seine „Luftspringer-Kunststücke" das Publikum wohl vergnüget haben, und daß er unverklagt uud sonder Schulden zu hinterlassen davon gezogen sei. Und wenn die van Akens und Kreuzbergs, diese praktischen Zoologen und Beförderer der Tierseelenkunde, gewiß mit Recht die Anerkennung der Naturwissenschaft verdienen, so verdanken sie doch ihren Ruhm und dessen klingende Valuta einzig ihrer malerischen Gruppierung unter den wilden Bestien, ihrem waghalsigen Spiel mit des Löwen Rachen, mit des Tigers Tatzen. Und dieser Umstand stellt sie wieder in eine gewisse Blutsverwandtschaft mit den niedrigsten ihrer Kollegen: den Bären- und Kamelführern, welche mit Trommel und Querpfeife auf der Staffel der mittelalterlichen Affenspieler verharren, und so mißachtet geblieben sind, daß der ehrliche Matros, der seinen Seehund für 1 Groschen zeigt, sich schämen würde, für einen ihres Gleichen gehalten zu werden.

Im Ganzen ließ man Gaukler und Possenreißer als notwendig zur Jahrmarktlust des Volks gewähren, übte keine vorbeugende Zensur und schritt nur ein gegen allzu pöbelhafte Darstellungen, etwa auf Antrag der Geistlichkeit oder einer verspotteten ehrbaren Zunft, oder wenn dumme Gaukler sich in die hohe Politik verstiegen. Dies erfuhren die vorwitzigen Puppenspieler, welche 1656 auf dem großen Neumarkt in Hamburg das göttliche Richteramt in Betracht der obschwebenden Welthandel zur Anschauung brachten. Sie ließen den König von Schweden von den Polen totschießen und von Teufeln bei den Beinen in die Hölle schleppen, den König von Polen aber von Engeln in den Himmel tragen. Der schwedische Resident rief dawider das weltliche Richteramt des Rates an, welcher die Bude schloß, die Puppen konfiszierte und die Spieler in Haft setzte.

Unter den in neuerer Zeit abhanden gekommenen Gaukelkünstlern sind die Zahnbrecher und die Klopffechter besonders zu erwähnen.

Die Ersteren, nämlich diejenigen ärztlichen Scharlatane, „Steinschneider und Wurmdoktoren", welche vormals auf jedem Jahrmärkte „ausstanden", kennen von Person wohl nur noch wenige alte Leute. Auf seiner Tribüne stand der bebrillte, weltberühmte Doktor Paffnuzius oder Schnauzius Rapuntius von Neapolis, im goldbordierten Scharlachrock und mächtiger Allongen-Perücke, welcher alle Sorten Morris'scher und Strahl'scher Pillen, alle Revalentas und Malzextrakte seines Zeitalters feilbot, daneben schadhafte Zähne mittelst der Kneipzange oder des Schlüssels ganz delikat ausbrach, und sonstige Operationen hinter dem diskreten Vorhänge im Hintergrunde verrichtete. Während dessen erhielt sein Famulus, der buntgefleckte Hanswurst, durch seine verteufelten Späße ein hochlöbliches Publikum dergestalt im schallendsten Gelächter, daß es das Angstgeschrei und Schmelzgeheul der gepeinigten Patienten vollkommen übertönte, und stets neue Schlachtopfer — wahre Schafe — in's Netz lockte. Zuweilen betraten diese Marktschreier noch entschiedener das Gebiet der Thalia. Auf ihren offenen Bühnen führten sie mit ihren Leuten förmliche Possenspiele auf, welche sich von den Farcen der eigentlichen Komödianten nur durch die schließliche Moral unterschied, welche allemal auf eine Apotheose der Pillen und Latwergen des Herrn Doktors hinauslief, welcher sie dann mit Stentorstimme feil bot. Im Jahre 1634 waren diese Quacksalber bei Hamburgs Bürgerschaft schlecht berufen, welche den Rat aufforderte, eine bessere Medizinalpolizei zu handhaben, und allen „Landstreichern, Juden und Weibern, so sich des Curirens unterfangen, solch Handwerk zu legen". Im Verlauf des Antrags wurde statt „Landstreicher" die zutreffendere Bezeichnung „Agyrten" gebraucht. Der Rat wußte von dergleichen Unfug nichts Arges, versprach aber, den Punkt ins Bedenken zu nehmen. Dort mag er stehen geblieben sein, denn zu allen nachmaligen Jahrmärkten wie zu anderen Zeiten gab's in Hamburg Agyrten in Menge. — Nur zeitweilig, z. B. in Kriegs- und Pestzeiten wurde gegen solche Possenreißereien eingeschritten. So 1686 im Oktober gleich nach der glücklich überstandenen Dänischen Belagerung verbot man den Zahnbrechern, Marktschreiern und Quacksalbern, sich auf ihren Theatern von Gauklern und Narren assistieren zu lassen, weil die von diesen geweckte pöbelhafte Lust nach soeben überstandener Betrübnis platterdings unschicklich sei. Einige Jahre später arbeitete wieder jeder fahrende Medikus mit seinem Hanswurst.

Ein Heilkünstler dieser fragwürdigen Gattung war Monsieur Fuchs, welcher für alle deutschen Jahrmärkte kaiserlich privilegiert zu sein behauptete, als Augen-, Bruch-, Stein-, Wund- und Wurm-Arzt, mit Kopf-, Brust- und Magen-Trisineth, nebst Spanischem Laxirbrot. Im Jahre 1742 führte er im Hamburger Herbstmarkt mit seinem Hanswurst und dreien Heyducken so tolle Schwänke auf, daß die in unverschämtester Weise durch ihn verspotteten Schneidergesellen einen Tumult erregten, der nur durch Waffengewalt bemeistert werden konnte. — Diese burlesken Gestalten, welche mit den polnischen Bärenführern die Prachtstücke jedes ländlichen Jahrmarktes bildeten, haben leider vor der ängstlichen Medizinalpolizei weichen müssen, nur in Böhmen soll noch i. J. 1863 dergleichen vorgekommen sein; dagegen erinnert an sie die allgemein übliche Redensart: er schreit wie ein Zahnbrecher!

Die Klopffechter des 17. und 18. Jahrhunderts kann man ohne Zweifel als herabgekommene Epigonen der uralten Kämpen betrachten, jener Campionen und Dimicatoren, wie man die germanischen Gladiatoren auch nannte, von deren bedeutendem Ehren- und Rechtsmangel wir oben vernommen haben. Der Klopffechter verhielt sich zum Kämpen, wie dieser zum Turnierhelden, ähnlich wie Bänkelsänger, Meister- und Minnesänger sich untereinander verhalten. Bei dem kriegerischen Geist der Deutschen und ihrer Liebhaberei für Waffenübungen erhielt sich die Fechtkunst lange in großem Ansehen, und die in Städten seßhaften Fechtmeister, welche in ihren Fechtschulen die Jünglinge wehrhaft machten, waren gewiß ganz geachtete Leute, zumal wenn sie zuvor dem Kriegerstande angehört hatten. Verschieden von ihnen aber waren die Darsteller ziemlich ungefährlicher Zweikämpfe oder anderer Kampfspiele. Unter sich zu einer mystischen Genossenschaft verbunden, nannten sie sich etwas rätselhaft: „St. Markus- und Lukasbrüder, Freifechter von der Feder, Fechtmeister von St. Marco und Löwenberg, und angelobte Meister des langen Schwerts von Greifenfels." Näheres und Erläuterndes gibt ein Werk über die Fechtschulen der Marx- und Federfechter 1573 – 1614, von Karl Waßmannsdorf, skizziert in der Europa 1870 Nr. 29.

In Hamburg waren diese Fechterspiele sehr beliebt. Das Publikum nahm oft Partei für diesen oder jenen Kämpen und durch eine Ratsverordnung von 1671 erfahren wir die allseitigen Überschreitungen der Fechtordnung.

Ein Freifechter und Markusbruder war Hans Jochim Ohlsen, der im Sommer 1754 in Hamburg seine „hochadlige ritterliche Kunst" sehen ließ, mit allen Gewehren stritt, vom kürzesten bis zum längsten und umgekehrt, und zwar mit einigen Dilettanten um 1 Dukaten, mit seinen Waffenbrüdern aber bis auf's Blut. In den Pausen ergötzte sich das Publikum am Pistolenschießen nach Türkenköpfen, am Pikenwerfen, und besonders am Fahnenschwingen, einem artigen Kunststück, das auch bei Handwerksgesellen jener Zeit sehr beliebt und viel geübt war, wobei es galt, mittelst rascher, geschickter Schwenkungen der wallenden Fahne eine Reihe von Figuren darzustellen.

Die Lust am Fechten erlahmte mit der Aufnahme der Schießübungen der Schützenkorps. Je voller die Schießgräben, desto leerer die Fechtböden. Doch konnte noch 1789 der k. k. Fechtmeister Joseph Miré es wagen, in Schröders Stadttheater eine Reihe von Vorstellungen zu geben. Wann die letzten Klopffechter sich bis auf's Blut gepaukt, das ist nicht bekannt. Jedenfalls scheint schon längst der letzte des Geschlechts der St. Markusbrüder mit Helm und Schild begraben zu sein, mit ihm sein langes Schwert von Greifenfels!

Aber wenden wir uns noch einmal zu dem eigentlichen Spielmann, zum fahrenden Musikanten. Ist er in seiner Art nur halbwegs ein richtiges Exemplar, so wird er in der Volksmeinung zwar nimmermehr aus dem Bann der Geringschätzung herauskommen, aber dennoch wird seine Erscheinung stets willkommen sein, weil er die schönen, neuen Lieder und Tänze bringt, deren man zur Herzstärkung im Alltagsleben bedarf. Das ist heute noch so, wie es vor 500 Jahren und länger gewesen ist, denn die Deutschen sind ein sehr musikalisches Volk. Immer finden wir die gleiche Mißachtung der Person des

Spielmanns, dasselbe Wohlgefallen an seiner Kunst, denselben Eifer, die mit Lust gehörten Sänge und Klänge mit musikalischem Ohr im Gedächtnis festzuhalten und sie nachzusingen, nachzuklingen. Wie groß der Wert war, den man im Mittelalter auf die Musik dieser Spielleute legte, das erhellt u. A. aus der Wichtigkeit, welche der ernsthafte Ratsschreiber Meister Johannes, der Chronist der Stadt Limburg an der Lahn, dem Volksgesange beimaß. Gewissenhaft hat er von Jahr zu Jahr jedes neue Lied notiert, wie es von fahrenden Spielleuten verbreitet und im Volke von Jung und Alt gepfiffen und gesungen wurde. Da schreibt er fast auf jeder Seite: „um diese Zeit, in diesem Jahr, da pfiffe und sang man im deutschen Lande das Lied" — und dann folgt dessen Anfangsvers, z. B. „Schach, Dabelspiel beginn' ich will", oder: „Ach Scheiden, aber Scheiden, wie tut das Scheiden weh", oder das (sicherlich irgendwo faktisch begründete) Trauerlied: „Gott geb' ihm ein verdorben Jahr, der mich gemacht zur Nonnen". — Die Spielleute besangen ja alles, was das Volksgemüt erfreuen mag, Zauber- und Schaudermären, Räubergeschichten, Brand, Mord und Todschlag, Liebeslust und Leid, und als lebendige Zeitungen die neuesten Weltbegebenheiten, nämlich Kriegs-, Schlacht- und Fehde-Abenteuer. Sie trugen das Lob tapferer Helden, wie den Ruhm edler Frauen von Land zu Land, und verbreiteten beispielsweise um 1350 in allen rheinischen Gauen ein Hoheslied von der wunderbaren Schönheit und der tugendsamen Holdseligkeit der Frau Agnes zu Straßburg, — wie wir dies von gedachtem Chronisten erfahren, der dadurch ihr Andenken verewigt. Derselbe berichtet auch, daß um 1360 ein Umschwung in der Dicht- und Musikkunst stattgefunden, indem man damals die bisherigen „langen Carmina von sechs Gesätzen" in dreistrophige verkürzte, und die Art des Pfeifenspiels gänzlich veränderte. Meister Johannes freilich gehört (wie die meisten rechtschaffenen Geschichtsschreiber) zu den konservativen Verehrern der alten Sitten. Er meint, das neue Pfeifenspiel sei lange nicht so gut als das alte, und beklagt es, daß die verblendete Menge der neuen Mode huldige. „Wer noch vor fünf Jahren ein guter Pfeifer war im Land, der däucht den Leuten jetzt die Kinderflöte zu blasen".

Das mag sich denn seitdem noch gar oft wiederholt haben, die Manieren und Weisen sind verändert, Lust und Liebe an Sang und Klang ist geblieben. Ja, die Deutschen sind ein sehr musikalisches Volk, und in reinster, naturwüchsiger Art dort, wohin der Einfluß großer Städte nicht mehr reicht, in ländlichen, waldreichen, gebirgigen Gegenden; dort ist eigentlich kein Mensch ohne Musiktalent, wie verschiedenartig es sich ausspricht im eintönigen Sommerabendsgesang der niedersächsischen Bauernjungen, wie im himmelhoch jauchzenden Jodeln und lustigen Schnadahüpfln der süddeutschen Alpenkinder. Und der fahrende Spielmann, bei aller persönlichen Mißachtung, deren er teilhaftig, ist noch immer der Lehrmeister des musikalischen Landvolks.

Da steht mitten auf dem freien Dorfplatz so ein Bänkelsänger in roter Weste, grüner Schnürenjacke und weißgewesenen Beinkleidern, mit Pfropfenzieherlocken zu beiden Seiten seines ziemlich wüsten Gesichts; er dreht seinen Leierkasten und singt das schöne Lied: „'S ist nichts mit den alten Weibern, ich bin froh, daß ich keine hab", und seine Gefährtin neben ihm, die windschiefe, runzelvolle Matrone, vielleicht seine Gattin, singt in rührender Resignation oder stumpfer Gleichgültigkeit ihr eignes Verdammungslied mit: „Wer so einen alten Schimmel in seinem Stalle hat". Offnen Maules, aber mit hellen Vergnügungsblitzen im breiten Antlitz, umringt dicht gedrängt die liebe Dorfjugend das konzertierende Paar, während weiter entfernt ausnahmslos alle Erwachsene vor die Türen treten und achtsam lauschen auf Melodie und Text. Und kaum sind die beiden Spielleute zum Dorfe hinaus, so beginnen ein Paar halbwüchsige Buben mit dem Schlußvers: „Drum, ihr lieben Junggesellen, freiet ja keine Alte nicht", und dann singt und pfeift mindestens vier Wochen lang jedermann im Dorfe, Jung und Alt, nichts anderes, als dies verflucht spaßhafte Stückchen, und der Schulmeister wiederholt ärgerlich, was er schon oft gesagt: Wenn doch die Bauerschlingel nur halb so viel Gedächtnis hätten für meine Lehren der Weisheit und Tugend, als sie für die vermaledeiten Gassenhauer an den Tag legen.

Die Unverwelklichkeit des richtigen Gassenhauers bezeugt am klarsten der bald 200jährige immergrüne „liebe Augustin", dessen Text und Melodie ebenso echt ist wie der Spielmann, der beides geschaffen. Dieser ist zufällig kein namenlos verklungener Barde, wie die meisten Komponisten landläufiger Volksmusik, sondern, dem Vernehmen nach niemand anders als ein wirklicher Meister Augustin selbst, eine festgestellte Persönlichkeit aus der Kunstgeschichte der Stadt Wien, und ein für seine Tage ebenso einflußreicher Mann des Volks, wie Strauß und Lanner für ihre Zeitgenossen. Seine normale Spielmannsnatur verriet sich schon durch das sorglos fröhliche Gemüt und die ewig durstende Kehle, welche freilich manchmal des Guten zu viel tat und jedem anderen den Vorwurf sträflichen Leichtsinns zugezogen haben würde. Eines Abends — so heißt es — war unser Augustin, wie gewöhnlich, mit guten Gesellen in einer Vorstadt Wiens bei Spiel, Gesang und Becherklang so lustig gewesen, als wären die gerade obschwebenden, höchst betrübten Zeitläufe der bösen Pestilenz im Jahre 1679 für ihn gar nicht vorhanden. Daß der Wirt beim Scheiden um Mitternacht sich für die verjubelten Flaschen Augustin's letzten Heller, und da's nicht reichte, auch dessen Rock in Verwahrung genommen, — daß hernach, als er nun in gräulicher Sturmnacht umherirrte, auch Hut und Stock sich von ihm trennten, das alles schor ihn in seiner Weinseligkeit so wenig, daß er dem unnützen Trödel mit Schalkheit nachsang: Fahret hin, fahret hin, Grillen geht mir aus dem Sinn. So weit war alles gut und schön. Leider aber geriet er bald darnach in seiner völligen Verbiesterung auf einen Abweg, welcher zu jener weiten Universalgrube führte, darin Wiens Gassenkummer seine Ruhestätte zu finden pflegte, nach anderer Behauptung aber damals die Pestleichen verscharrt wurden. Arglos nähert sich der joviale Sänger im emsigen Zickzackschritte diesem schauderhaften Abgrunde, kein erleuchtender Strahl fällt durch's düstere Regengewölk auf seinen Irrpfad, kein rettender Stein des Anstoßes bringt ihn vorher zu Falle, nein, er taumelt heitern Sinnes über den Rand, und stürzt regelrecht hinunter die jähe Tiefe der entsetzlichen Gruft, deren eigentümlich weiches Terrain allerdings seine Glieder vor Zerschmetterung schützte, so daß er unten heil und gesund anlangte. Als er aus der Betäubung des Schreckens ziemlich ernüchtert erwachte, und inne wurde, daß er nicht besser wie Daniel in der Löwengrube säße, nämlich in dem abscheulichsten Morast, aus dem wegen Steilheit der Seitenwände kein Entrinnen möglich, — da erschien es ihm doch als ein Trost, daß seine Geige weder vom Wirt gepfändet, noch vom Winde entführt, noch beim Sturze beschädigt war. Nur ein ton- und taktfester, echter Spielmann kann in solchen Lebensmomenten zur Geige greifen, wie er tat, indem er ihr anfangs einige wehmütige Klagetöne entlockte, welche aber bald genug aus dem Adagio in einen Sehnsuchtswalzer, und sodann in ein munteres Scherzo übergingen. Ein seinem erregten Künstlergemüt inspiriertes Thema auf- und abwandelnd, sang er mit hellem Bänkelsängertenor ein improvisiertes Lied dazu, in welchem er seine desperate Lage ganz artig parodierte. Es war kein anderes, als das an diesem Aborte entstandene

„Ach du lieber Augustin, Alles ist wegk, wegk, wegk, Ach du lieber Augustin, Alles ist wegk, Rock ist wegk, Stock ist wegk, Augustin selbst im Dreck, Ach du lieber Augustin, Alles ist wegk!"

Und sein Spiel, sein Sang führte zu seiner Rettung. Einige frühmorgens zufällig Vorübergehende vernahmen mit Erstaunen diese rührend lustigen Klänge aus der Tiefe des Orkus, sie fanden den wohlbekannten Bruder Augustin mit dem letzten Rest seiner Kräfte geigen und singen, und entrissen ihn dem nahen Verderben. Daß er durch dies merkwürdige Erlebnis ein Held des Tages wurde, das ist so natürlich, wie die allgemeine Verbreitung seiner Not- und Hilfs-Aria, welche nicht nur auf allen Tanzböden Furore machte, sondern auch auf Flügeln des Gesanges damaliger Possen und Operetten von allen Bühnen herab dem deutschen Volke mitgeteilt und von diesem dankbar in sich aufgenommen worden ist. Übrigens hieß er mit vollem Namen Augustin Marx, geb. zu Wien 1643, eines abgewirteten Weinschenken lustiger Sohn, gestorben nach einer durchschwärmten Nacht am Schlagflusse den 10. Oktober 1705. Eine ähnliche Geschichte passierte einem Memminger Spielmann im Jahre 1503, der sinnlos betrunken vom Totengräber gefunden, in die allgemeine Pestleichengrube befördert war, und nun, erwachend, durch sein hilfeflehendes Flötengeblase glücklich gerettet wurde.

Ein echter ganzer Spielmann war auch der, dessen Geschichte hier nicht fehlen darf, wenn auch ihr Inhalt bereits durch manche kindliche Lesebücher bekannt geworden ist. Es war ein ganz gewöhnlicher Dorfmusikant, ein sogenannter Bierfiedler, welcher nachts von einer Hochzeit heimkehrend, mitten im Walde von einem hungrigen Wolf angefallen wurde. Waffenlos wie er war, griff er in der Todesangst nach seiner Geige, und strich so energisch darauf los, daß die Bestie ihre glühend roten Augen zukniff, und nach Hundemanier laut mit einstimmte, ob vor Lust, ob aus Weh, das weiß man nicht. Dies Konzert dauerte freilich zu des Spielmanns größtem Entsetzen etwas lange, denn bei jeder Pause zwang ihn des Untiers Nahen zum neuen Aufspielen aller Lieder und Tänze, die er wußte. Und so geigte er denn nach einander ab: „Du, du liegst mir im Herzen", und den lieben Augustin, und den Großvatertanz mit Kehraus, und „Freut euch des Lebens", bis endlich gegen Morgen einige streifende Jäger den halbtoten Künstler von seinem grimmigen Musikfreunde erretteten. Deutschland hat aber an diesen Tierbändiger einen Orpheus, der mehr ist als der berühmte Grieche, welcher bekanntlich ein Virtuos war, während unser Mann als simpler Dorfmusikant völlig dieselbe Zauberkraft entwickelt hat.

Spielleute ächten, wenn schon etwas verschlissenen Gepräges waren auch die verwitterten Gestalten mit invaliden Instrumenten, welche jedem, der in den 1820er und 30er Jahren in Heidelberg studiert hat, als die Schloßmusikanten im Gedächtnis geblieben sein werden, deren rotnasiger Kapellmeister den Wachtelschlag täuschend nachahmte, die Mittagstafel im Adler vergnügte, bis ihm vom kunstfreundlichen Bruder Studio ein ganzes Bratenstück auf das sammelnde Notenblatt gelegt wurde.

Unvergessen sei auch der deutsche Musikus, welcher im Sommer 1862 einsam und allein die Schweiz durchwanderte mit seinem Instrument, einer riesigen Baßposaune, deren mächtiger Ton in den düstern Schluchten der St. Gotthardsstraße bei der Teufelsbrücke wunderbar erklang, wiederklang und fernhin verhallte.

Und dennoch schlägt immer der alte Fettfleck vom unehrlichen Spielmann wieder durch. Frau Ottilie Wildermuth, die sicherlich keinem Kinde weh tun konnte, läßt im Tageslichte der Wirklichkeit unserer Zustände ganz richtig einen ehrlichen, zünftigen Flaschner von einem Oberamtsdiener sagen: „er ist sein Lebtag schon allerlei gewesen, Schreiner, Soldat, und, mit Respekt zu melden, sogar Spielmann!"

Wenn ein fahrender Spielmann gewöhnlichen Schlages alt wird, wenn Wind und Wetter seine Finger und Instrumente gichtisch verstimmt haben, dann sucht er sich in irgend einem Dorfe als Häusling anzusiedeln, und vielfach glückt's ihm, neben seinem Aufspielgeschäft bei allen Festlichkeiten, sich als Naturalist im Flickschustern oder Schneidern ganz passabel durchzuschlagen, bis auch für ihn die große Pause eintritt, welche man Tod nennt. Selten ist so ein Spielmann verheiratet, und wenn er nicht etwa eine gleichgestimmte Spielmannstochter findet, so tut er auch besser unberaten zu bleiben, weil andere weibliche Naturen doch schlecht zu seiner Art passen würden. Vormals, als die Zahl der fahrenden Leute bedeutend größer war, gab's mehr Auswahl und folglich mehr Spielmannsehen, woher hätte es sonst die vielen Spielmannskinder gegeben, vor welchen sich die ehrbaren Zünfte verschlossen. Daß den in Dörfern seßhaft gewordenen Spielleuten auch der Kirche Segen und Schutz nicht fehlte, geht hervor aus einer Traurede des berühmten Pastors Sackmann zu Limmer bei Hannover (etwa um 1700), welcher seinen Bauern über Sir. 32, 5: „Irret die Spielleute nicht", eindringlich den Text auslegt, und ihnen alles Hänseln derselben ernstlich verbietet. Mit noch regerem Interesse redet ein etwas späterer Landgeistlicher jener Gegend bei ähnlicher Gelegenheit von den Verdiensten der beiden Spielleute seines Dorfes, und sagt: Wenn die Zwei zusammen kommen, so können sie ein Gelag wohl lustig machen, zumal wenn sie den alten deutschen „Hennele Knecht" singen, — wie im Anhang zu Sackmanns plattdeutschen Predigten des Breiteren zu lesen ist. Ländliche Spielleute bei festlichen Ausübungen ihrer Kunst zu beobachten, ist kein kleiner Genuß; in der Regel trifft man Originale unabgegriffenen Gepräges, wie große Städte sie selten aufweisen. Indessen kommen heutzutage auf einen Musikanten von Profession gewöhnlich mehrere ihm assistierende Dilettanten. Der dörfliche Leinweber, lang, hager und hektisch, pflegt die gellende Klarinette zu blasen; der hornierende Nachtwächter springt in die Bucht, und Schäfer und Hirten verstehen sich auch, neben der Schalmei, ganz wohl auf den großen Brummbaß.

Herabgewürdigt wird die freie Spielmannskunst durch die vielen Pfuscher, die sich ihr beigesellen, womit nicht eben die unnützen Dilettanten gemeint sind, sondern die gewerbsmäßigen Stümper ohne Kunstberuf, ohne Spielmannsnatur, die nur deshalb orgelnd, geigend und flötend durchs Land ziehen, weil sie just kein besseres Gewerb wissen, und ihr Bettlerwesen mit dem Leierkasten maskieren wollen. Solchen Krüppeln ruft die Holsteinische Schuljugend zu

„Heißa vidum,
Spelmann is krum,

Spelmann sin Hutjeperd
Is keen dre Sößling werth."

Aber ein warmes Mitgefühl für die Leiden der armen hungernden, frierenden Spielleute spricht aus dem Singsang der Braunschweigschen Kinderfrauen:

„Gigel, gigel, grote Noth, Spelmann de will starben,
Geevt em Käs und Botterbrod,
Lat em nich verdarben!"
„Spelmann de will sterben!"

Dies mahnt uns an die letzten Dinge eines fröhlichen, frank und frei umherziehenden Spielmannslebens!

Wenn endlich ein Spielmann ausgespielt hat, so gibt's in der Regel nicht viel Weinens und Wehklagens. Wo weder Weib und Kind, noch Hab und Gut gewesen, da ist auch wenig Freundschaft, und morgen kann ein anderer Geiger kommen, der es ebenso gut versteht. Der Tote liegt einsam und still in der Kammer, an der Wand hängt das verstummte Saitenspiel, daneben wohl auch ein welkes Kränzlein aus alter, ferner Zeit; und weht's durch's zerbrochene Fensterchen herein, so raschelt es leise im welken Laube, und schwirrt und klingt wunderlich in den Saiten. Beim Begräbnis fehlt Glockengeläute und Grabgesang; und für den, der lebenslang allen Menschen bei ihrem Wohl und Weh die besten Weisen ertönen ließ, die er wußte, für den gibt es nicht einmal zu guter Letzt einen Scheidegruß; still und kalt, ohne Sang und Klang wird der ärmliche Sarg bestattet an der unvermeidlichen Kirchhofsmauer. Nun hat er ausgetönt, er ist verklungen, und bald gänzlich verschollen; seine Lebens-Dissonanz aber ist hoffentlich in seligen Wohlklang aufgelöst; und war er hienieden „nur ein Geiger", so ist er nun vielleicht in unseres Herrgotts Himmels-Kapelle „auch ein Geiger." —

Unleugbar ist die ursprüngliche Volksmusik durchweht von dem geistigen Hauche jener vom Wesen der echten Musik untrennbaren Poesie, davon einige blasse Ahnungen und zitternde Mahnungen sogar aus manchen alten Weisen des richtigen Spielmanns so rührend hervor klingen. Liegt doch in seinem ganzen Dasein, Tun und Treiben, bei aller äußeren Versunkenheit, so manches Element für eine poetische Auffassung seines Standes. Deshalb ist er auch, nur ein wenig idealisiert, zur beliebten Person der romantischen Schule geworden, und häufig von ihr dargestellt, auch als Rattenfänger von Hameln, vorzüglich gern aber in der Gestalt jenes zauberischen Spielmanns, welcher im Frühling durch die Welt zieht, und mit süßen, sehnsuchtweckenden Weisen die jungen Tannhäuser aller Jahrhunderte verlockt in der Frau Venus geheimnisvollen Berg. Tragisch poetische Gestalten sind auch die „Lustigen Musikanten" in Clemens Brentano's Gedicht, und der Meister Irregang in Scheffel's Frau Aventiure!

Und in der Tat, schon das Heimatlose, abenteuernde Wanderleben des Spielmanns ist poetisch, aber doch nur die Schale jener genialen Grundzüge der echten Spielmannsnatur, welche, wie jede Künstler- und Dichternatur, bürgerlich unpraktisch und deshalb viel verkannt ist. Ihr einzig Patrimonium liegt ja im unsichtbaren Reich der Töne, hienieden ein Nachhall oder Vorklang der höheren Welt, eine tief-innerliche Musik des Gemüts, in welcher sie atmet, denkt, empfindet. Daher die Dissonanzen des Daseins, daher die Fremdschaft auf Erden, die Feindschaft des Philistertums, das vielvergebliche Wähnen und Sehnen; daher auch Dein großes Irren, Dein rettungsloses Verirrtsein in dem weiten Raum zwischen Himmel und Hölle, Du armer, unglückseliger Friedemann Bach! — Und wahrlich, wie arg verfahren auch solch' ein Dasein ist, etwas von jenen Grundzügen hat einmal in jeder achten Spielmannsnatur gelebt, welche die eigenen Schmerzen und Seligkeiten in sich verschließt und sie nur andeutend in den Tönen erklingen läßt, welche fremden Menschen zur Lust und Freude dienen. Und solche Spielmannsnaturen, wie sie mit oder ohne Instrument, bekannt oder unbekannt, alle aber unverstanden, durch die Welt gehen, sie suchen die verloren gegangene Himmelsmelodie, bis ihnen die Tonleiter zur Jakobsleiter wird. Eine gar schöne Apotheose des klang- und liederreichen deutschen Spielmanns, und zugleich ein treues Bild von „Künstlers Erdenwallen", gibt uns die alte Volkssage zu Gmünd.

In dieser löblichen Schwäbischen Reichsstadt stand vormals ein reich geschmücktes Kirchlein, gewidmet der Orgelspielerin und Patronin aller Musikanten: der heiligen Cäcilia, deren Standbild nicht nur prächtig gekleidet, sondern von reichen Dilettanten auch mit goldenen Schuhen begabt war. Einst kam nun ein armer kranker Spielmann aus der Ferne in die Stadt gezogen, dessen bitterliche Not noch mächtiger war als seine Kunst, denn das Saitenspiel ruhte still in der Tasche, der freundliche Liedermund war stumm und geschlossen. Da zog den Jüngling sein mühselig' und beladen' Gemüt hinein in die Kapelle seiner Schutzherrin. Und wie er im brünstigen Gebet der Heiligen sein Herz ausschüttet, da beleben sich des Bildwerks Züge, und siehe, die hehre Gestalt beugt sich nieder, zieht den rechten Goldschuh aus, und wirft denselben mit freundseligem Lächeln dem armen Spielmann zu, welcher herzlich dankend und hoch erfreut die Kapelle verläßt, um das Geschenk beim nächsten Meister Goldschmied zu verwerten. Das war freilich von unserm Geiger ein sehr unbesonnener Schritt, aber so sind sie Alle, die echten Spielleute. Der Goldschmied erkennt natürlich auf der Stelle den Cäcilienschuh und schleppt den wie aus dem Himmel gefallenen Unschuldigen zum Richter, welcher ebenso natürlich, wie Richter meistens tun, auf Visionen und Wunder gar nichts gibt. Er erklärt ohne viel Besinnen den Schuh für gestohlen, — wie sollte ein bettelarmer Landfahrer anders in seinen Besitz kommen? und verurteilt diesen als einen abgefeimten Schelm und Kirchenräuber zum Galgen, wohin man denn auch sofort mit ihm sich aufmacht. Unter dumpfem Glockenschall und ernsten Bußgesängen zieht unser Spielmann fast mechanisch seine Geige hervor, und sinket sich durch ihre tröstenden Klänge aus seiner Betäubung heraus. Und er geigt so wunderbar schön, daß die Mönchspsalmen verstummen, daß jeder zuhorcht uud mit innigem Mitleid auf das arme, junge Blut blickt. Desto williger gestattet man ihm seine letzte Bitte: vor dem Altar der heiligen Cacilia sein Sterbegebet sprechen zu dürfen.

Vor dem Bilde der Heiligen, in aller Gegenwart, geigt er nun noch einmal sein Lied, und legt die ganze Fülle seiner schuldlosen, todesbangen, hilfeflehenden Seele hinein, die eben den letzten Kampf ausringt und ergebungsvoll verzichtet. Und siehe! Alle gewahren es jetzt, was sein entzücktes Auge schauet: das Gewand der Heiligen bewegt sich, ein mildes Leuchten verklärt ihr Angesicht, und

„Lächelnd neigt das Bild sich nieder
Aus der lebenslosen Ruh,
Wirft dem armen Sohn der Lieder
Hin den zweiten gold'nen Schuh!
Mit Erstaunen sieht's die Menge,
Und es steht nun jeder Christ: Daß der Mann der Volksgesänge
Selbst den Heil'gen theuer ist."

So besingt Justinus Kerner, selbst ein teuerer Sänger des Deutschen Volkes, diesen wundersamen Moment, welchem sodann, nach so glänzender Unschuldserklärung, ein wahrer Triumph für den geretteten Spielmann folgte. Man gab ihm zu fernerer Genugtuung ein festliches Bankett auf dem Rathause mit Rundgesang und Becherklang; aber aus dem lautesten Jubel wich der fremde Spielmann hinaus in die helle Mondnacht, und mit seinen Goldschuhen wanderte er weiter von Land zu Land, spielend und singend, bis er verhallte irgendwo in der weiten Welt.

Seitdem aber, und diesem Spielmann zum Gedächtnis; wird in Schwäbisch-Gmünd jeder Musikant wohl empfangen, und das Singen und Spielen ist an der Tagesordnung geblieben, wie jedermann weiß, der nur einmal durch die Stadt gekommen ist. Und wer nicht anders tönen kann, der hält sich ans Becherklingen, und deshalb ist Gmünd eine so lustige Stadt, daß sie aller Welt Freude ist, weshalb man auch ihren Namen herleitet von Gaudium mundi, — Alles in Erinnerung an den Mann des Volksgesanges, der den Heiligen teuer ist.

Und nun zum endlichen Beschluß dieses Kapitels noch eine kleine Geschichte von einem richtigen Deutschen Spielmann des vergangenen Jahrhunderts.

Vom Wohldorfer Spielmann

Vor nunmehr bald 150 Jahren im Maimonat ereignete sich in dem Hamburgischen Forstorte Wohldorf ein viel betrauerter doppelter Unglücksfall. Der dortige wohlbekannte alte Spielmann, der so eigentlich keinen Namen führte, hatte sich zweifellos absichtlich bei Dubenstedt in die Alster gestürzt, ein daselbst am Schleusenbau arbeitender Zimmergesell war ihm nachgesprungen, um ihn zu retten: Beide waren ertrunken, der blühende Jüngling mit dem welken Greise! Von jenem sagt der Bericht des Waldvogtes: daß er aus Österreich gebürtig, erst 24 Jahre alt, und der allerschönste Mensch gewesen, der in diesen Landen jemals gesehen. Seine Leiche hätten die Gesellen des Zimmeramts zu Hamburg mit großer Feierlichkeit abgeholt, wobei kein Auge trocken geblieben. In Betreff des alten Spielmanns aber fragte der Beamte bei dem Waldherrn an, ob ihm seiner Todesart wegen ein ehrliches Begräbnis zu geben sei. Und da er ihm ein solches ersichtlich gern gönnt, so fügt er mit einer ganz ungewöhnlichen Teilnahme einen kurzen Lebensabriß des alten Mannes hinzu, um die darin liegenden Milderungsgründe der Tat seinem Gebieter kund zu tun.

Darnach, wie nach anderen derzeit über ihn eingezogenen Nachrichten, war denn dieser seltsame Spielmann etwa 60 Jahre früher zu allererst in's Wohldorfer Revier gekommen, mit den fremden Spielleuten, die bei den drei Hochzeitstagen eines großen Bauern zu Dubenstedt die Musik gemacht. Bei dieser Gelegenheit mochte er sich — so ging hernach das Gerede — in ein sehr schönes junges Mädchen, des Bauervogts Tochter, verliebt haben. Schon nach einigen Monaten war er allein wieder gekommen, hatte den Leuten umsonst aufgespielt, keinen Mangel blicken lassen, und sich viel auf dem Hofe des Vogts zu schaffen gemacht. Dazumal erzählten sich auch die Weiber, wie sein anmutiges Spielen und Singen das Mädchen so gewonnen habe, daß sie wiederum ihn von Herzen lieb gehabt, daß aber der Vater, als er's entdeckt, sehr zornig geworden sei und nichts von Heiraten habe hören wollen, da er seine Tochter keinem unehrlichen Spielmann gebe, und Spielmannskinder als Enkel zu haben, nimmermehr sein Verlangen. So ging damals das Gerede in der Leute Munde, obschon niemand gewisse Kunde darüber gehabt. Darnach war eines Tages der fremde Spielmann aus dortiger Gegend verschwunden, und Jahre lang hat man nichts von ihm gehört. Er mag sich wohl in Kriegsdiensten, oder sonst nach Art seiner Profession in fernen Landen umher getrieben haben, und Gott wird wissen, was für Schicksale ihm dort begegnet sind.

Indessen mußte das junge Mädchen dem Vater gehorsamen und nach dessen Willen und Gebot einen reichen Bauer zu Bargstedt heiraten. Sie war immer ein stilles Kind gewesen. Man hat auch später nicht viel mehr von ihr vernommen, und kaum zwei Jahre darnach ist sie zu Grabe getragen.

Diese alten Geschichten waren bereits vergessen und verschollen, als plötzlich eines Tages, etwa zehn Jahre nach seinem ersten Auftreten, der fremde Spielmann wieder erschien, und sich in Dubenstedt niederzulassen begehrte. Solch' Ansuchen schlug ihm jedoch die Obrigkeit dieses Holsteinischen Dorfes rundweg ab, da er über seine Person, Herkunft, Heimat und sonstige Verhältnisse schlechterdings jede Auskunft verweigerte. Als er nun auf Hamburgisches Territorium übergetreten, und sich nachts im Neuhäuser Schleusenhause, tags aber in den Forsten beim Herrenhause aufhielt, da traf es sich günstig, daß der Waldherr eben anwesend war und beim Lustwandeln den fremden Spielmann musizieren hörte, einmal auf der Geige, nachmals auch auf der Sackpfeife, worüber der ernste Herr in eine solche Gemütserregung kam, daß er dem Waldvogte befahl, dem armen Kerl in Gottes Namen einen schicklichen Platz zum Ansiedeln anzuweisen. Als solchen wählte sich dieser die kleine Wiese, da, wo die Wohldorfer Aue zur Alster geht, seitwärts von der Waldhöhe, mit der Aussicht auf Dubenstedt. Hier baute sich der Spielmann, der über seine Herkunft und Heimat auch fernerhin jede Anfrage unbeantwortet ließ, mit gar geschickten eigenen Händen eine saubere Hütte, wie man sie hier zu Lande niemals sieht, fast gänzlich von Holz, mit grün bewachsenem Nordach. Und in dieser Hütte hat er seitdem „in die 50 Jahre ganz mutterseelenallein gewohnt, sintemal er sich nicht verheiratet, folglich weder Weib, noch Kind, noch Freundschaft jemalen gehabt."

So lange, als die älteren Leute in Wohldorf sich auf ihn besinnen konnten, war er ihnen immer als ein zwar stilles, aber sehr freundliches, altes Männlein erschienen, und der Waldvogt meinte, es sei was ganz Apartes an ihm gewesen, wozu auch seine oberdeutsche Sprache beigetragen, weshalb er anfangs dem geringen Mann schwer verständlich. Der Bargstedter Herr Pastor aber, zu dem er alle Sonntage in die Kirche und oftmals in den Beichtstuhl gegangen, hat von ihm gesagt, er sei unerachtet seiner fremden Mundart doch ein guter Christ. In seiner Profession war er allgemein sehr beliebt. Bei allen Kindtaufen, Hochzeiten und Erntefesten der ganzen Gegend hat er stets aufspielen müssen, womit er ein gutes Stück Geld verdient. Die jungen Leute aber mochten seine fremdländischen Weisen so gern, daß der Tanz nur halbe Lust war, wenn er nicht aufspielte. Zur Winterszeit hatte er auch manchen Erwerb mit Schneiderei für die Jägerburschen und andere, die nicht zum Bauernstande zählten; denn seine Wämser waren von einem sonderlichen Schnitt, den die Bauern nicht mochten, weil sie stets am Alten hängen. Daneben baute er seinen Garten und zog, außer dem Gemüse, so viele schöne Blumen, wie man sie sonst nirgend sah. Sein Musizieren, wenn er's für sich allein trieb, war ganz ausnehmend schön. Die Geige hat er gestrichen, wie kein anderer; auch aufs

Waldhornieren hat er sich verstanden, und in stillen Frühlingsnächten ist's schier zum Verwundern gewesen, wie er geblasen. Den Leierkasten oder die Drehorgel hat er sehr verachtet, dagegen hat er die Sackpfeife mit zween Schalmeien so fein traktieret, wie schon zu jener Zeit sonst gar nicht mehr gehört worden.

Umgang hat er, weiter als ihn seine Profession mit den Leuten zusammengeführt, keinen gehabt. Den Stadtmenschen ist er meist aus dem Wege gegangen. Und wenn Herren des Rats mit ihren Familien und Gästen zur Sommerszeit sich im Herrenhause verlustieret haben, hat er sich wohl etwas versteckt gehalten, und vor ihnen nicht gern aufspielen mögen. Manche von den Herrschaften aber sind zu seiner Hütte gegangen, haben die artige Gelegenheit derselben und die raren Blumen bewundert, auch von fern seinem Musizieren zugehorcht. Seine Lebensfreude hat er, außer an seinem Gespiele und den Blumen, auch an den Vögeln des Waldes gehabt, denen er das Futter gestreuet, so daß ihrer viele beständig auf dem grünen Plan vor seiner Hütte sich eingesunden. Am liebsten hat er die Walddrossel gehabt, mit der man ihn fast menschlich hat reden hören. Er hat sich auch meisterlich auf den ganzen Waldgesang verstanden, und jedwede Vogelstimme so täuschend nachahmen können, daß es die Jäger oftmals geirret, wenn sie durch den Forst gegangen sind.

Von den Kindern war er ein sehr großer Freund, und täglich saßen, von Wohldorf wie von Dubenstedt, kleine Häuflein derselben vor seiner Hütte, woselbst sie spielten, bis er heraustrat und mit ihnen sich beschäftigte. Dann erzählte er ihnen allerhand Geschichten aus der Bibel und andere, auch alte Märlein, vom hörnenen Siegfried und ähnliche, auch viele lustige Schwänke. Desgleichen sang er ihnen die allerschönsten Lieder vor, die er wußte, geistliche wie weltliche, bis sie ihm dieselben nachsangen. Und manchen Vorübergehenden hat's das Herz erfreut, wenn er die fröhliche Kinderschaar um den silberhaarigen, alten Mann sitzen sah und ihre hellen Stimmen so lustig klingen hörte.

In den letzten Jahren ist er hinfällig und gebrechlich geworden, so daß er zu Hochzeiten und Tanzfesten nicht mehr gegangen. Vom letzten Neujahr bis auf Fastelabend hat er seine Hütte kaum verlassen; aber beim ersten Grünen des Frühlings ist er wieder oftmals im Walde und auf der Neuhäuser Schleuse bei Dubenstedt gesehen, hat auch alle Morgen die Kinderschar um sich versammelt gehabt. In den ersten Maitagen ist er einigen Leuten sehr unruhig erschienen, man hat gesehen, wie er die zitternden Hände gerungen, als ob er schwer kämpfen müsse, wie er denn auch laut mit sich selber geredet, und mehrmals das Sprüchlein aus dem Propheten Jesaias vor sich hergebetet: „Aber das Zerstoßene Rohr wird Er nicht zerbrechen, und den glimmenden

Tocht wird Er nicht auslöschen."

Der Waldvogt schloß seinen wohlwollenden Bericht, indem er sagte: „Es ist fürwahr dieser Greis, wenn auch ersichtlich im Kopfe nicht ganz richtig, doch zeitlebens ein grundgutherziger Mensch gewesen, der keiner Seele was zu Leide gethan, vielmehr gern allen was zu Liebe, wie er's gekonnt und gewußt. Und was ihn jetzo, an die 85 Jahre alt, noch in's Wasser getrieben haben mag, — Böses kann's nicht gewesen sein, — das weiß allein der große Gott, der auch einzig kennt, was eigentlich ihn vor Zeiten aus seiner Heimat gerissen, und was vor Schicksale und Herzeleid er in jüngeren Jahren ausgestanden hat!"

Bis nun des Waldherrn Antwort nach Wohldorf kam, lag die Leiche des alten Spielmanns in seiner stillen Hütte. Dorthin hatte man sie gleich gebracht und auf's Bette gelegt, als man sie aus dem Wasser gezogen und getrocknet; die müden Augen waren geschlossen, und auf dem alten, lieben Gesicht lag ein sehr friedlicher, feierlicher Ausdruck, Blumen, Vögel und Kinder hatten verwundert zugeschauet, und nicht begriffen, was man mit ihrem alten Meister vorhabe. Und als am anderen Morgen die Kinder, ihrer Gewohnheit nach, wieder zur Hütte kamen, und der Alte fort und fort schlummerte, und sie allmählig inne wurden, daß seine freundliche Seele weggegangen sei, um nimmer wieder zu kehren, da sind sie allesammt in ein lautes, schmerzlich betrübtes Weinen ausgebrochen und die Vogel des Waldes haben in traurigen Tönen eingestimmt in die Wehklage um den lieben alten Freund. Und am nächsten Morgen sind die Kinder wieder gekommen, haben anfangs geweint und gewehklagt, dann aber zu spielen begonnen, erst ein wenig still, dann etwas lauter, bis eins von ungefähr ein geistlich Lied zu intonieren begonnen, das der Alte am liebsten von ihnen gehört; das haben denn alle mit kindlichem Eifer zu Ende gesungen und dann nach Kinderweise fröhlich weiter gespielt.

Inzwischen ist des Waldvogts Wunsch, dem alten Spielmann ein ehrlich Begräbnis zu verschaffen, in Erfüllung gegangen. Der Waldherr hat's gern bewilligt, in der Stille, an der Kirchhofsmauer des Pfarrdorfes Bargstedt. Und wie der wackere Beamte dies ausrichten will, da wird unvermutet sein gutes Herz hoch erfreut durch die lebendige Beteiligung der Bauern in Wohldorf und Dubenstedt.

Ob die rührende Wehklage der unschuldigen Kinder um ihren Heimgegangenen alten Freund diese sonst so trägen Herzen geweckt? Ob sie sich erinnerten, wie einst auch sie als Kinder gehangen an dem alten Mann, wie er sie gehegt und gepflegt mit Liebe und Güte, wie sie die besten Freuden ihrer Jugend, ihres Lebens, ihm verdankten? Genug, es erboten sich so viele Leute zur Leichenfolge, daß lange keine so ehrenvolle Bestattung im Kirchspiel vorgekommen, als diese, welche einem Fremdling galt, einem armen alten Spielmann. Auf dem Wagen des Dubenstedter Vogtes, unter dem Vortritt der Jägerburschen des Oberförsters, gefolgt von einer großen Menge Leidtragender, langte der Sarg auf dem Bargstedter Kirchhofe an. Tönte hier auch kein Glockengeläute, so sang doch der Schulmeister mit seinen Kindern am offenen Grabe, und der Herr Pastor sprach ein schönes Gebet zu aller Anwesenden Andacht und Erbauung.

Die Hütte des alten Spielmanns zerfiel bald und der Garten verwilderte. Aber noch lange Zeit kamen die Kinder regelmäßig zum Spielen hierher zu dieser Stelle, wohin eine liebe Gewohnheit sie zog. Dann wuchs eine neue Generation heran, die auch hier zu spielen pflegte, aber ohne etwas zu wissen vom alten Spielmann. Da hatte schon längst der Rasen der Wiese sich seines alten Gebietes wieder bemächtigt, und mit dichtem Grün die kleine Stätte überzogen, wo vormals so manches Jahr ein einsam Menschenherz still getrauert und sein heimlich Leid in sich verschlossen, um der Außenwelt die Liebe und Freundlichkeit, die es bewegte, in desto friedlicheren Klängen wohltuend zu offenbaren.

Drittes Kapitel:
Von Badern und Barbierern

Eins der ältesten und seiner Zeit nützlichsten städtischen Gewerbe, das der Bader, ist schon früh der Unehrlichkeit anheim gefallen, wie man sagt, weil die Knechte der Bader größtenteils leibeigene Leute gewesen sein sollen. Seit Verbreitung des orientalischen Aussatzes in den abendländischen Gegenden erkannte man fleißiges Baden für eins der wirksamsten Vorbeugungsmittel, und deshalb legten nicht nur barmherzige Mönchsorden und Magistrate, sondern auch Privatpersonen solche heilsame Badestuben an, deren Haupterfordernis ein mächtiger Schwitzofen war. Auch stiftete man, zum jenseitigen Heil der eigenen oder befreundeten Seelen, wohltätige Badeanstalten, in welchen arme Leute gratis behandelt wurden, die sogenannten Seel-Bäder. Das Glaubensbekenntnis zweier vornehmer Hildesheimerinnen v. J. 1750 enthielt (nach Böhmers Magazin des Kirchenrechts) die Stelle: „wir glauben, daß vor die Verstorbenen Messe lesen, Badestuben heizen, Almosen austeilen, ein löblich Werk sei". — In Norddeutschland nannte man von diesen Stuben die Bader auch Badstöver. Daß sie dabei auch andere der Körperpflege gewidmeten Dienste, Haarschneiden, Rasieren, Bartputzen, sowie Aderlassen, Schröpfen u. dgl. verrichteten, das lag nahe und war ihren Kunden bequem. Wenn man sie nun allgemein mit der Unehrlichkeit belegt findet, so fragt man billig warum? Schwerlich einzig wegen der allerdings zuweilen recht widerlichen und ekelhaften Funktionen eines vielseitigen Baders jener Zeit; verderbliches Quacksalbern wird's auch nicht gewesen sein, was ihnen dies Odium zu Wege brachte; ebenso wenig wird der Umstand, daß die Badestuben der eigentliche Heck- und Blüteplatz unseligen Stadtklatsches und die Wiege der sogenannten Salbadereien zu sein pflegten, den Eignern an den Hals gegangen sein. Aber daß jene Lokale in grauen Zeiten eine gewisse unehrbare Tendenz angenommen hatten, daß sie notorisch als Herbergen der Leichtfertigkeit angesehen wurden, das war der sehr moralische Grund des Ehrenmakels, welcher deshalb nicht unverdienterweise die frivolen Bader traf.

Jene Tendenz der Badestuben war — hoffentlich in Folge reumütiger Besserung ihrer Eigner — wohl schon verschwunden, als Kaiser Wenzel in Gefangenschaft geriet und aus selbiger durch Susanna, die heroische Bademagd errettet wurde. Erfüllt von Dankbarkeit, lohnte er nicht nur ihr persönlich diesen Dienst, sondern er begnadigte auch alle ihre Kollegen, sämtliche Badergenossenschaften, mit einem herrlichen Freibrief (vom Jahre 1406). In diesem Privilegio dekretiert der Kaiser, daß der Bader Handwerk in allen Erb- und Reichslanden den besten der andern Handwerke völlig gleich gemacht und als makellos ehrlich und rein überall anerkannt werden solle. Zu mehrerer Heiligung ihrer Hausaltäre wird ferner allen Juden, Heiden und andern Unchristen streng geboten, der Bader Wohnungen und Badestuben gänzlich zu meiden, und jedermänniglich verboten, die ehrlichen Bader zu schmähen oder verkleinerlich von ihren redlichen Diensten zu reden. Wer aber sie oder ihr reinliches Handwerk dennoch böslich antasten würde, der soll sonder Gnade dem kaiserlichen Zorn verfallen, sein Vermögen an die geschmähte Baderzunft abtreten, und obendrein seines Kopfes verlustig gehen! Daneben erteilt der Kaiser seinen lieben Badern ein sinnreiches Zunftwappen; im güldenen Schilde rundet sich eine knotenweis verschlungene Aderlaßbinde, in deren Mitte ein grüner Papageivogel prangt, — vielleicht eine scherzhafte Anspielung kaiserlichen Humors auf die weltbekannte Redseligkeit seiner Günstlinge.

Leider hatte dieser Freibrief nicht allgemein den gewünschten Erfolg. Vermutlich, weil Wenzel den Scharfrichter seinen Gevatter zu nennen pflegte, da er dessen Sohn aus der Taufe gehoben, und übrigens, zur Zeit der Erlassung jenes Diploms längst als deutscher Kaiser in den Ruhestand versetzt, nur noch als böhmischer König fortwirkte; genug, das Privileg wurde wenig respektiert und von einer Kopfkürzung wegen Verkleinerung der Baderei ist keine Rede gewesen. Die vornehmeren Zünfte verharrten noch Jahrhunderte lang bei ihrem Vorurteil gegen die Bader, deren Söhnen sie die Aufnahme versagten. Man muß freilich gestehen, daß sie auch damals keineswegs ohne alle Verschuldung waren, und namentlich durch eine gewisse Rücksichtslosigkeit gegen den öffentlichen Anstand, den Tadel aller Ehrbaren provozierten. Was soll man dazu sagen, wenn man z. B. erfährt, daß die Breslauer Bader bis 1419 ganz ungeniert mit bloßen Beinen auf den Gassen umherstolzierten? nämlich ebenso commode gekleidet, wie sie sich zu Hause bei Betreibung ihres heißen Gewerbes zu kleiden veranlaßt fühlten. Erst in gedachtem Jahre gelang es den Vätern der Stadt, den löblichen Entschluß ihrer Korporation zu Stande zu bringen: daß fortan keiner von ihnen, weder Meister noch Gesell, „baarschenkelig" ausgehen dürfe, „es sei denn, einer wäre krank oder käme just vom Bade, oder trüge ein so langes Gewand darüber, daß man seine Peine nit sehen könne", — bei Strafe eines Pfundes Wachs, und zwar um der Ehre des Handwerks willen. Vermutlich war also nur der Ehrenpunkt, etwa ihren verhaßten Rivalen, den wohlgekleideten, zierlichen Barbierern nicht nachzustehen, der Beweggrund dieser Bekehrung zu Anstand und guter Sitte. Die Neigung zu einer gewissen Vernachlässigung vollständiger Bekleidung findet sich auch noch viel später bei den Badern, z. B. bei denen zu Hamburg, welche erst im Art. 18 ihrer Ordnung vom Jahre 1649 den Grundsatz ausstellten: „es soll fortan kein Badergesell oder Lehrjunge baarfuß oder mit dem Badehute ausgehen, bei 4 Schill. Strafe; Wer's siehet und verschweiget's, soll gleiche Strafe geben." — Hier ist noch der berühmte Hans Kranich zu erwähnen, um 1620 Besitzer der anno 1369 zu frommen Zwecken gestifteten Baderei an der Saale zu Jena, dessen unaufhaltsamer flux de bouche die Veranlassung gab, daß man alles geistlose Phrasengewäsch Saalbadereien nannte, wie ältere Autoren behaupten. — Die Reichspolizei-Ordnungen von 1548 und 1577 erklärten wiederholt die Ehrlichkeit der Bader. Je eigensinniger nun auch die großen reichsstädtischen Zünfte ihnen die Ebenbürtigkeit absprachen, desto entschiedener schritten sie selbst vor in eigener Würdigung. In ihrer Ordnung von 1659 verlangten Hamburgs Badermeister, daß der aufzunehmende Lehrbursch nicht nur seine ehrliche, sondern auch seine redliche Geburt dokumentiere. So ist's geblieben, bis endlich die mit der Zeit völlig veränderte Hantierung der in einfache Bartscherer und Wundärzte niederen Grades verwandelten Bader, ihr allmähliges Verschwinden vom Schauplätze selbstständiger Korporationen anbahnte.

In Hamburg sind Bader vor 1248 nachzuweisen, in Lübeck vor 1240. Erstere saßen in guter Nahrung und wirtschafteten weise, wie die schönen Namen zweier Badstöver um 1370, Hinrik Sparebrot und Harm Spisewinkel, bezeugen, — und konnten, Hein Vorrider an der Spitze, schon vor 1375 eine anerkannte und bestätigte Zunft bilden. Deshalb scheint auch der Staat ihre volkstümliche Unehrlichkeit vollständig ignoriert zu haben. Ihre Mitglieder genossen des Waffenrechtes und standen pro patria, gemeinsam mit den vornehmsten Zunftgenossen und freien Bürgern auf den Wällen der Stadt, und dem erbgesessenen Badermeister war der Besuch der bürgerschaftlichen Convente ebensowohl gestattet, wie jedem Haus und Erbe besitzenden Bürger. Dennoch konnte das Badergewerbe so wenig hier wie anderswo eine sonderlich geachtete Stellung erringen. Es weigerten sich fortwährend solche Zünfte, die sich von Haus aus ehrlich wußten, Baders Söhne oder Töchter in sich aufzunehmen, wobei die feindlichen Barbierer stets Öl ins Feuer gossen. Noch im Jahre 1728 fand der Rat zu Hamburg sich genötigt, dem Baderamte eine amtliche Ehrlichkeitserklärung in Patentform mit dem Stadtsiegel auszustellen.

Philander von Sittewald sagt freilich irgendwo in seinen wunderlichen Gesichten (1650): es sei fürwahr ein elend Ding um einen Arzt oder Wundarzt, „dem nimmer wohl ist, es sei denn andern Leuten übel", — indessen können wir der Heilkundigen Hilfe niemals lange entbehren, und thun daher wohl, sie durch Ehrerbietung und Höflichkeit bei guter Laune zu erhalten, damit sie uns nicht zu sehr Plagen, wenn wir ihnen in die Hände fallen.

Weshalb nun eigentlich die kunstverwandten Barbierer der Übeln Berüchtigung ihrer badenden Stiefbrüder nicht entgangen sind, das ist schwer zu sagen, wenn es nicht etwa die Gemeinsamkeit vieler Dienstverrichtungen und die Ähnlichkeit mancher Charakterzüge war, z. B. Quacksalberei und Salbaderei (m. s. Figaro, „den Cicero aller Barbiere" in Sevilla), welche sie in gleiche Verdammnis brachte, obschon ihnen niemals, wie den Badern, unehrbares leichtfertiges Wesen, oder unpassende Vernachlässigung der Formen äußeren Anstandes nachgesagt worden ist. Wären sie lediglich bei dem edleren Teil ihrer Beschäftigung stehen geblieben, bei der Wundarzneikunst, und hätten sie dieselbe wissenschaftlich fortzubilden verstanden, so würden sie gewiß eine höhere Stufe in der bürgerlichen Gesellschaft eingenommen haben. Da sie aber um besserer Nahrung willen, konkurrierend mit den Badern, zu den Bärten ihrer Mitmenschen griffen, so erreichte sie die Nemesis, indem man sie mit diesen in denselben schwarzen Topf des Makels warf. Und so sehr sie danach trachteten, sich als Collegium Chirurgorum anerkannt zu sehen, so wurden sie allgemein doch stets nur Bartscherer oder Balbierer genannt.

In der Volksmeinung waren indessen auch die humanen chirurgischen Dienste, welche die bestallten Amts- und Ratsbarbierer den gefangenen Missetätern, vorzüglich den vom Henker mit der Tortur angegriffenen Inquisiten zu widmen hatten, Grund genug, um einen Schatten auf die ganze Korporation zu werfen; denn des Henkers Infamie war so groß und ansteckend, daß jeder direkte Kontakt mit seinen Funktionen, sowie das Berühren der bereits unter seinen unehrlichen Händen befindlichen Malefikanten den honettesten Mann beschimpfen konnte.

Genug, auch den Barbierern klebte trotz ihrer wohltätigen Künste ein Ehrenmakel an, welcher sie und ihre Kinder von den meisten Händwerksgilden ausschloß. Die Goldschmiede zu Köln z. B. nahmen sie nicht auf, wie aus einigen Dokumenten aus den Jahren 1472 bis 1525 hervorgeht, in welchen der Rat zu Hamburg es einigen hiesigen Goldschmiedegesellen behufs ihrer Aufnahme in Köln bezeugt, daß keiner von ihnen sei „weder Bartscherers, noch Badstövers, noch Linnenwebers, noch Spielmanns Kind." Obgleich solche Klauseln nach den obengedachten Reichsgesetzen von 1548 und 1577 nicht weiter nötig gewesen wären, so ist dennoch die in diesen deklarierte ausgesprochene Ehrlichkeit erst nach und nach allgemein anerkannt worden, wie denn z. B. noch 1650 Herzog August von Braunschweig ausdrücklich jene ärgerlichen Klauseln aus den in seinem Lande auszufertigenden Geburtsbriefen wegzulassen befahl. Herzog Rudolf ging im Patronisieren der Barbierer noch weiter, denn er erkor zu seiner morganatischen Gemahlin eine richtige Barbiererstochter, Demoiselle Rosine Menthe, genannt Madame Rudolphine. Diesem Beispiel folgte wieder ein Prinz von Holstein-Augustenburg, dessen Gattin eine Barbiererstochter aus Kiel war.

In Hamburg ist jedoch von ihrer früheren Unehrlichkeit keine Spur zu bemerken. Noch bevor sie sich in eine Genossenschaft zusammentaten, gab's einzelne „rasores und barbitonsores", z. B. 1299 den Meister Papekin, welcher mit Grundeigentum angesessen, also Bürger war und zwei Söhne hatte, welche Priester waren. Einige 30 Jahre später mag der Barbierer auf dem Hopfenmarkt gelebt haben, den wir aus einem Schalkstreiche Till Eulenspiegels kennen. Um 1397 wirkte hier als Barbitonsor Gottschalk Kryle, vermählt mit Eva, der Schwester des geistlichen Vicars Arnold vom Loo, also schwerlich ein unehrlicher Bartscheier. So wird's noch mehrere gegeben haben, aber erst 1452 vereinigten sich die hiesigen Bartscherer zu einer geistlichen Brüderschaft, deren Patrone St. Cosmas und St. Damianus waren, „die heiligen Ärzte und Märtyrer." In der Dominikaner-Klosterkirche zu St. Johann war ihr Altar, wie die letzte Ruhestätte der Amtsgenossen noch jetzt auf dem St. Johannis-Begräbnisplatz sich befindet. Den Altar schmückten die Meister und Meistersfrauen bestens, sie schossen zusammen zur Anschaffung von Kleinodien, vorzüglich eines „güldenen Stückes" u. s. w., fast 30 Mark. Die am meisten opferten, waren Meister Jacob Cord, Anna und Grete Engelke, die gaben je 1 Mark, und Meister Hinrik Steen, der gab 15 Mark und noch dazu vier Kannen. Denn er war vermöglich und „der Herren Arzt", was man später nannte Ratschirurgus. Er hatte schon früher dem Altar einen neuen Kelch geschenkt, mit seinem Markzeichen auf dem silbernen Fuße. Und bald darauf, anno 1468, gab der Rat den Bartscherern Gesetze und Privilegien, und sie bestimmten folgende Dinge zum Meisterstück: braun, gelb, grau und grün Pflaster (Jennensye), Unguentum album et furcum, ein Incarnativ, Mundicativ et Defensiv, ein Apostolicum und ein Popolicum oder Populeum (die Handschriften variieren hier). Später wurde das Meisterstück nicht mehr für erforderlich erachtet und abgeschafft, dagegen eine Prüfung eingeführt, durch die Älterleute in Beisein der Physici. Aus den Meistern wählte dann der Senat den Ratschirurgen, sowie in Pestzeiten die für diese Patienten bestellten „Pestbalbierer". Übrigens hielten unsere „ehrsamen und kunstreichen Meister" des Barbiereramtes (wie sie sich jedenfalls seit 1577 schrieben und schreiben durften) sehr streng auf ehrbare Sitte und distinguierten zugleich, in Kontraventionsfällen, äußerst scharf zwischen Meister und Gesellen, Wenn (nach ihren Artikeln von 1577) ein Meister in Herzensangelegenheiten einer schweren Anfechtung unterliegt, so soll er (abgesehen von der gerichtlichen Buße) solch Vergehen „sonder Gnade bessern mit drei Tonnen freien Bieres", welche Sühne natürlich seinen Mitmeistern zur Gemütsergötzung diente. Macht sich aber desselben Vergehens ein Gesell schuldig („ja, Bauer, das ist ganz was anders"), so hieß es: „der soll nicht würdig sein hier ferner als Gesell zu dienen, oder jemals hier Meister zu werden." Übrigens gaben die Meister in den Artikeln von 1601 ihren Gesellen eine Reihe trefflicher Lehren zur Aufrechthaltung guter Lebensart und höflicher Sitten. Dahin zielt das Gebot, bei den Högen oder Festen weder „den würdigen Namen Gottes, noch den bösen Mann zu nennen, so lange die Tonne Biers läuft; ferner das Verbot: „ein Pock oder Messer, noch andere schädliche Wehre, auch keine Würfel oder Karten unter der Mahlzeit bei sich finden zu lassen; weiter die Verfügung, daß die Schaffer den etwa laut werdenden Meutemacher, Zänker und Haderer, um des lieben Friedens willen, zur Thür hinausstoßen soll und ihn also in der Güte wegweisen; und endlich die nicht aus Rumohrs Schule der Höflichkeit stammende Vorschrift: daß ein Jeder sich im Drunke also vorsehen möge, „daß er sich nicht breche, woran andern Gesellen Essen und Drinken vergehen möchte."[1]

Zwischen Badern und Barbieren gab's ewigen Krieg. Fortwährend mußten die armen Bader, längst überflügelt von den jüngeren Barbieren, ringen und kämpfen gegen deren Angriffe auf ihre bescheidene Nahrung. Stolz auf ihre solideren Kenntnisse der Chirurgie sahen die Barbierer nicht nur mit Verachtung auf die abgenutzten Badekappen herab, sondern sie trachteten auch danach, den älteren Halbbrüdern das unschuldige Aderlassen und Bartputzen durchaus zu verleiden, und sie lediglich auf ihre wertlosen Badestuben und allenfalls auf die Adern und Barte der alten Hospitaliten im heil. Geiste zu beschränken, auf welche sie allerdings urkundlich verbriefte Anrechte besaßen.

---

[1] Ähnliche Vorschriften zu Gunsten der feinen Lebensart kamen auch in andern Zunftgesetzen vor. In der anno 1669 veranstalteten neuen Redaktion der Hamburger Schuster-Ordnungen von 1370—1605 heißt es Art. 9.: „Wenn das Amt in der Kirche oder sonsten beisammen ist, und ein Meister dem andern den bösen Feind wünschet oder sonsten selbigen im Munde führet, der soll 1 Rthlr. Strafe geben. So Einer den Andern der Lügen beschuldigte, oder ihn an einen unhöfischen Ort weisete, desgl. 1 Rthlr.; greift aber Einer dem Andern an die Ehre und schilt ihn einen Schelm, der soll geben eine Tonne Bier, wie sie läuft, davon, wie von allen Strafen, der Amtsherr die Hälfte genießen soll."

Gleichwohl waren die Bader schon lange vor Entstehung des Barbiereramtes im Besitze dieser Körperteile ihrer sämtlichen Mitbürger gewesen, und verteidigten sich nun auf's Äußerste. Zu einer Zeit, wo der Kalendermann gewohnt war, diejenigen Monats- und Wochentage zu bezeichnen, an welchen wegen günstiger Konstellation der Gestirne „gut Aderlassen und Schröpfen" sei, waren diese chirurgischen Verrichtungen von sehr reellem Werte. Der leidige Brotneid veranlaßte dabei die Barbierer zu manchen gehässigen Insinuationen voll schielender Streiflichter auf die vormals übliche böse Berüchtigung des Badergewerbes, wobei sie der eigenen ähnlichen Lage völlig vergaßen. Vergebens trachtete der kaiserliche Friedens-Commissarius Graf Windischgrätz, welcher freilich eigentlich wegen wichtigerer Versöhnungsversuche anno 1674 hier weilte, den armen Badern das sehnlichst gewünschte Recht der Aushängung mehrerer Barbierbecken vor ihren Rasierstuben zu verschaffen; des mächtigen Staatsmanns Einfluß scheiterte an dem Felsensinn des Widerparts. Zu Anfang des vorigen Jahrhunderts gediehen die Animositäten zu den handgreiflichsten Tätlichkeiten. Die zum Rasiren harmlos ausgehenden Badergesellen wurden von zornigen Barbierergehilfen meuchlings überfallen, stark geschlagen und ihrer Scherbeutel schmählich beraubt, wofür ihre gerichtliche Satisfaktion so dürftig ausfiel, daß sie an die Schattenprozedur der alten Spielleute erinnerte. Im Jahre 1705, bei Gelegenheit einer ähnlichen, bis vor das Forum der Bürgerschaft gedrungenen Differenz, erschien eine gottlose Charteke, betitelt „die nothleidende Gerechtigkeit der Barbierer und der daran Hangenden bürgerlichen Freiheit", worin diese Künstler über namhafte Ratsherren und Graduierte sich beschwerten, welche von Badern und andern Pfuschern sich rasieren ließen. Da ermannten sich die Bader zu einer gedruckten Vorstellung, daß die Barbierer wider Wahrheit, Recht und Tugend, wider Gott und Menschen sich versündigten, wenn sie die Bader zu den Pfuschern zählten. Sie besannen sich auch sehr passend auf die bewußte Bademagd Susanna, und rieben in dieser Denkschrift ihr herrliches Privilegium Kaiser Wenzels vom Jahre 1406 den Barbierern unter die hochgetragenen Nasen.[2] Da diese „sich nicht enträtheten", die Bader als Pfuscher des Barbiereramtes brandmarken zu wollen, so war's ein Akt der Vergeltung, wenn nun seitens der Beleidigten die Barbierer als „Böhnhasen des Baderamts" an den Pranger gestellt wurden, was die Barbierer eine „beispiellose Ausverschämtheit" nannten, und darüber schier außer sich gerieten. Sie ließen nämlich eine Schmähschrift drucken, deren sonderbarer Titel lautet: „Die durch bessere Gegenvorstellung entblößten Bader, ihrer mit Feigenblättern beschmückten Vorstellung entgegengesetzet." Indessen deckte doch wohl das Öl- und Lorbeerblatt des kaiser-

---

[2] Im 2. Band von Goldast's Reichs-Constitutionen, S. 82, ist's nachzulesen, wenn jemand den Badein nicht glauben sollte.

lichen Freibriefes die Bader so gut, daß sie auch ferner im Genüsse des Aderlassens (wofür ja auch ihr redendes Wappen sprach), wie des allgemeinen Bartputzens, neben den gleichberechtigten Barbierern, geblieben sind. Übrigens führte das Baderamt zu Hamburg jenes kaiserliche Wappen nicht, sondern ein selbsterdachtes, darauf die Mutter Maria mit dem Christkindlein sich zeigt, und nebenbei ein Schildlein mit einem Barbiermesserchen angebracht ist.

Solche auch außerhalb Hamburg vielfach vorkommende Eifersucht unter den verwandten Heilkünstlern förderte oft böse Dinge zu Tage. In einer gewissen Stadt, wo ebenfalls die veralteten Bader vom Kulturfortschritt der Barbierer überholt waren, klagten diese einstmals (übrigens vor etlichen hundert Jahren), daß schon wieder ein Bader, und sogar auf offener Straße, das unbefugte Aderlassen betrieben habe. Das Gericht inquirierte, und siehe, es kam heraus, daß jemand vom Stickfluß betroffen auf der Gasse niedergestürzt war. In wohlwollendster Absicht hatte ein vorübergehender Bader jene gemeiniglich heilsame Operation auf der Stelle an ihm vollzogen, da seiner Ansicht nach schnellste Hilfe von Nöten. Es war auch eine beträchtliche Menge Bluts herausgeflossen, vielleicht aber etwas zu viel, denn der Patient war noch unter des Baders Händen Todes verfahren, — ob trotz, ob wegen des Aderlasses, das blieb unerörtert, denn der Kasus wurde hauptsächlich dadurch merkwürdig, daß die zur buchstäblichen Anwendung des Gesetzes sich bekennenden Schoppen den Bader platterdings enthaupten lassen wollten, weil geschrieben stehe: „Wer auf offner Straße Menschenblut vergeußt, der soll des Todes sterben." Nicht ohne Mühe überzeugte der Oberrichter die Schoppen, daß sie Schöpse seien, und dem unbefugten Aderlaßer die erlittene Todesangst für genugsame Buße anrechnen müßten.

Wenden wir uns zum Schlusse dieses Kapitels von diesen kleinlichen Spießbürgerlichkeiten der Barbierer zu einem aus ihrer Mitte hervorgegangenen großen Mann. Peter Carpfer, geb. 1696, gest. 1759, eines Hamburger Barbierers Sohn und selbst Mitglied dieser Korporation, war als praktischer Chirurg der Erste seines Zeitalters, hochgeehrt im In- und Auslande, als Mensch ausgezeichnet durch alle wahren Tugenden echter Kultur und Humanität. Sein gastliches Haus war der Sammelplatz aller einheimischen und fremden Großen, und die Düsternstraße, in welcher es stand, wurde durch ihn dergestalt illustriert, daß man sie über 50 Jahre lang nur die Carpserstraße nannte, was aber jetzt vergessen ist. Wenn man die begeisterten Schilderungen seiner Zeitgenossen liest (z. B. in den von Dr. Unzer herausgegebenen Trost- und Kondolenz-Gedichten an Carpser beim Tode seines einzigen Sohnes, oder in Herrn von Griesheim's Tractat über Hamburg), so begreift man nicht, wie es möglich war, dieser Gasse den alten, düstern Namen zurückzugeben. Hoffentlich wird der Schillerverein, welcher Lessing's hiesige Wohnung entdecken und mit einer Inschrift bedenken will, auch das leichter aufzufindende Haus Carpser's passend bezeichnen, etwa mit den ihm gewidmeten, schönen Worten des Dichters Hagedorn (der auch noch der Gedenktafel harrt). Hagedorn sagte nämlich bei Carpfer's Tod: „Wünscht Aerzten seine Kunst und Königen sein Herz."[3]

Viertes Kapitel:
Von den Leinwebern

Laut allgemeiner Ansicht der Kundigen soll das Gewerbe der Leinweberei eine so vielfache und bequeme Verführung zum Betruge darbieten, daß kluge und vorsichtige Leute keinem Weber trauen; und da dies schon zu Olim's Zeiten ebenso gewesen, so kamen dieselben in Mißachtung und in den Bann der unehrlichen Leute. Entweder hieß es, sei das Garn gefälscht, oder der zum Steifen der Fäden erforderliche Kleister nicht aus reinlichem Getreidemehl, sondern aus unsauberen, schmählichen Substanzen gefertigt, oder das Längen- und Breitenmaß eines Stückes unrichtig. Allgemein aber klagten die Frauen, welche ihr Garngespinst zum Weber schickten, um Linnen zurück zu empfangen, daß sie bei seinem unkontrollierbaren Werk über alle Maßen arg verkürzt würden, denn wenn sie, vielleicht etwas zu sanguin, drei Stücke erwarten zu dürfen meinten, so waren dieselben beim Empfang regelmäßig auf zwei zusammengeschrumpft, und des Webers Kindersegen prunkte in neuen Hemden. Wenn man bedenkt, daß Fälschungen ganz ähnlicher Art bei jedem verwandten Gewerbe vorkommen können, so begreift man schwer, weshalb gerade die Leinweberei so schwer für die Vergehungen Einzelner büßen mußte. Vielleicht ist hier der Einfluß der Frauen erkennbar, die sich überhaupt sehr ungern betrogen sehen, am heftigsten aber sich erboßen, wenn's ihre Herzensangelegenheiten betrifft. Zu diesen aber gehört bekanntlich der Linnenschrank, da das schöne, weiße, feine, kunstreich gewebte Drell aller tugendsamen Hausfrauen inbrünstig geliebtester Schatz ist, welchen nur mit Rotwein zu betropfen schier als Verbrechen gilt. Die Holsteinerinnen sagen daher: „Veel Linnen im Schapp is hemliken Riekdom, knapp Linnen in de Kist is hemlike Armod." Jetzt soll's damit anders sein, und eine würdige Hamburgerin erklärte kürzlich, das bündigste Merk- und Wahrzeichen des jetzigen Zeitgeistes in der Aussteuer junger Frauen zu finden: viel Seide, viel Spitzen, unendlich viel Baumwolle und blitzwenig Leinwand, viel Prunk und Luxus, wenig Solides, — was man hierorts auch ausdrückt: „baben fix und binnen nix", oder in Hol-

---

[3] Über Carpfer: Eschenburg, in dessen Ausgabe der Hagedorn'schen Werke, Bd, 4, S. 160—164.

stein: „buten glei, binnen o wei!"

Jedenfalls hielt man schon in der grauesten Vorzeit die Leinweber für unehrlich, und deshalb (und vielleicht um ihnen eine heilsame Admonition zur bußfertigen Einkehr nach innen zu geben) beteiligte man sie in vielen Ländern Deutschlands bei den schimpflich geachteten Galgenbauten, wozu doch ihr kunstreiches Handwerk sie gar nicht zu qualifizieren scheint. Der berühmte bayrische Jurist Freiherr von Kreittmayr sagt: In älteren Zeiten mußten hier zu Lande die Weber den Galgen machen, wie die Müller die Leiter dazu liefern mußten, weil man glaubte, daß diese beiden Arten Handwerker die längsten Finger hätten, mithin sich am besten schickten zu solcher Arbeit. Im Braunschweig-Wolfenbüttelschen war nicht den Müllern, sondern den Leinewebern die Lieferung der Galgenleiter zur Exekution aufgebürdet. Eine landesfürstliche Verordnung vom 19. Mai 1729 verbot daher alles und jedes Beschimpfen des ganzen Gewerbes wie seiner einzelnen Angehörigen wegen dieses Umstandes. — Als Ausdruck allgemeiner Mißachtung haben sich auch einige Lieder erhalten, in welchen die Leineweber (die sich hierüber mit den ehrlichen Schneidern trösten können) vom Volkswitz in derbster Weise verspottet und lächerlich gemacht werden. Von ihren Übungen der Tonkunst heißt es z. B.:

„Die Leineweber machen eine saubre Musick,
Als führen 20 Müllerwagen über die Brück."

Zur Kennzeichnung ihrer Ökonomie heißt es:

„Die Leineweber nehmen keinen Lehrjungen an,
Der nicht sechs Wochen lang hungern kann."

Auf ihre verdächtige Rechtschaffenheit zielt der Vers:

„Der Leineweber schlachtet alle Jahr zwei Schwein',
Das eine ist gestohlen, das and're nicht sein."

Der böseste Vers aber lautet:

„Die Leineweber bilden eine ehrliche Zunft,
Unterm Galgen ist ihre Zusammenkunft."

Weshalb eigentlich dieser Ehrenmakel nicht auch auf andere Handwerker erstreckt wurde, welchen man gleiche Abweichungen vom Pfade moralischer Ehrlichkeit nachsagte, z. B. auf die vom Volkswitz so unbarmherzig verspotteten Schneider, in deren „Hölle" unterm Werktisch so manches schöne Stück Tuch sich verirren soll, und die nur dann in's Himmelreich eingelassen werden, wenn zufällig gerade die Sonne scheint, während es zugleich regnet, — das ist rätselhaft, und sehr unbillig gehandelt gegen die ärmeren und deshalb weniger angesehenen Leinweber. Nicht immer der Mantel der Liebe, sondern

Ansehen und Reichtum deckt oft genug der Sünden Menge. Daß bei der reichen vornehmen Goldschmiedezunft, die so peinlich auf die ehrliche Geburt ihrer Lehrlinge hielt, es auch nicht allemal richtig bestellt war mit der moralischen Ehrlichkeit, das bezeugt das verschollene Sprichwort: „Denken, wie der Goldschmiedsjunge dachte". — Und wie dachte dieser? Wenn er ein bißchen tiefer in die Geheimnisse der Werkstatt geblickt hatte, so konnte er nicht umhin, zu denken: „Es ist nicht Alles Gold, was glänzt." Bei dieser im Simplicissimus oft vorkommenden Redensart ist es eigentümlich, daß sie nicht über den Vordersatz hinausgeht, und mit diplomatischer Diskretion den Nachsatz, der des Pudels Kern birgt, verschweigt.

Indessen wird gewiß überall da, wo die Weber in den Städten geordnete Korporationen bildeten, der allen Zünften inwohnende Geist der Rechtschaffenheit auch in das Linnenwerk gefahren sein und das Gewerbe wieder in Achtung gebracht haben, — weshalb denn auch die erwähnten Reichspolizei-Ordnungen dasselbe für vollkommen ehrlich, und seine Genossen wie deren Kinder und Nachkommen für würdig erklärten, in alle Gilden und Kollegien, auch in die vornehmsten, einzutreten, — was die jetzt fürstliche und gräfliche Familie Fugger, welche bekanntlich einer augsburgischen Leinweberei entstammt, nützlichst erfahren hat.

In Hamburg bildeten die Leinweber schon lange vor 1375 eine anerkannte Korporation, deren Gerechtsame sich ausnahmsweise auch auf das Landgebiet erstreckte. Sie waren so berechtigt, wie verpflichtet, das volle Bürgerrecht zu gewinnen, und der vorurteilsfreie Staat, der in allen seinen unbestraften Angehörigen eitel Ehrenmänner zu erblicken gewohnt ist, zog auch sie heran zur Verteidigungspflicht der Stadt, aus welcher sie, nach älterem Recht, ganz füglich das Waffenrecht freier ehrlicher Männer für sich ableiten konnten. Indessen werden die größeren Zünfte auch hier, wie anderswo, ihre Pforten vor den Weberssöhnen verschlossen gehalten haben. Von den Naumburger Innungen wissen wir, daß sie „all' solche Leut', die von Schäfers-, Lautenschlägers-, Leinwebers- oder ander leichtfertiger Art sein", nicht aufnahmen. Schon oben ist der ausdrücklichen Bezeugung in Geburtsbriefen gedacht: daß der Meisterrechts-Kandidat bei den Goldschmieden kein Leinweberskind sein durfte.

Übrigens zeigten die Hamburgischen Leinweber recht musterhaft, wie eine durch verjährte Schuld der Vorfahren in üblen Ruf gekommene Genossenschaft es anstellen muß, um sich zu allgemeiner Achtung wieder emporzuarbeiten. Geduldig trugen sie ihr unvermeidliches Mißgeschick, befleißigten sich stillen, tadelsfreien Wandels, webten emsig makelloses Linnen und übten fromme Werke der Barmherzigkeit. — Sie hatten sich vom Rate ein Normal-Ellenmaß erbeten, mit demselben gingen ihre Olderlüde zu den einzelnen

Meistern, maßen deren fertige Stücke nach, und straften alle Mängel des Gewebes sonder Gnade nach ihren strengen Satzungen. Desto energischer drangen sie aber auch darauf, daß hier keine unzünftigen Weber geduldet würden, deren betrüglich Werk ihrer Kontrolle entzogen sei, wodurch die Bürger in Schaden, ihre fleißige Zunft aber ganz ungerecht, wie leider vormals oft geschehen, in den Verdacht der Unredlichkeit geriete.

Während die vornehmeren Zünfte für ihre geistlichen Andachtsübungen und letzten Ruhestätten sich die großen Hauptkirchen erwählt hatten, zogen sich die stillen Leinweber in die beschauliche Klosterkirche zu St. Marien-Magdalenen zurück, wo die guten Väter und Brüder vom Franziskaner-Orden ihnen eine freundliche Aufnahme sicherten. Schon vor 1413 hatten sie sich wohl verhalten, und durch gute Werke, etwa durch reichliche Spenden tadelloser Leinwand, bei den grauen Mönchen so verdient gemacht, daß deren Konvent nicht anstand, die ganze Genossenschaft: Meister, Gesellen, Frauen und Kinder, mit in seine Fürbitten aufzunehmen, dergestalt, daß sie aller durch die Gebete der Klosterbrüder vom Himmel erflehten weltlichen wie geistlichen Gnaden und Segnungen teilhaftig wurden, — worüber der Pater Guardian dem Amte eine pergamentene besiegelte Urkunde ausstellte. Ihre geistliche Brüderschaft, genannt zu den heiligen fünf Wunden, hielt ihren Gottesdienst an einem eigenen Altar des Chors der Klosterkirche, dessen großen Messingleuchter die Leinweber immerdar mit Wachslichtern zu versehen wünschten, was ihnen ein feineres Diplom der guten Barfüßer von 1473 gern gestattete. Im bescheidenen Hintergrunde der Kirche hatten sie sich einen Platz erworben, hart an einem Steinpfeiler, woselbst sie ein stattlich Gestühl mit Holzschnitzverzierungen erbauen ließen, welch letztere von Kunsttischlern verfertigte Arbeit man damals „Schottilienwerk" nannte. Dort hielten sie ihre Andacht und hörten Messe und Predigt, — Angesichts eines nachdenklichen, großen Bildes, darstellend einen Totentanz, — von welchem spurlos verloren gegangenen Gemälde bis jetzt nur wenige unserer vaterstädtischen Kunstkenner und Altertumsforscher etwas gewußt haben. — Dazu hatten sie, nach löblichem Brauch vieler Gilden und Zünfte, sich verpflichtet, eins der Bogenfenster des Kreuzganges stets in baulichem Zustande zu erhalten, weshalb sie es auch mit Glasmalereien schmückten, darunter ihres Amtes Wappen. Unter diesem Fenster im Kreuzgange lag ihr Begräbnis, die letzte Ruhestätte ihrer gottseligen Vorfahren, belegt mit fünf großen Fliesen, darauf ihr Amtswappen eingehauen. Und später erlangten sie auch einen besonderen Platz draußen auf dem umschranketen Kirchhofe, zur Bestattung ihrer „Knapen und Knäpschen", Gesellen und Mägde, über welche Erwerbungen sie Briefe und Siegel besaßen. In ihrem Kirchengestühle hielten sie, nach der Väter Brauch, ihre großen feierlichen Amts-Versammlungen, und daselbst teilten sie auch (ebenfalls damaliger guter Sitte gemäß) wöchentlich ihre christmilden Almosen aus an verarmte Brüder und sonst bedürftige Mitmenschen. Und dieser fromme, wohltätige Sinn selbst der weniger geachteten unter den Gewerksgenossenschaften des Mittelalters, darf nicht übersehen werden, wenn man das jetzt vielfach geschmähte Zunftwesen gerecht beurteilen will.

Bei Prüfung und Vergleichung der gedachten Verleihungsurkunden fällt es auf, daß die Leinweber vor der Reformation, abseiten der Klosterobern, unter Nichtbeachtung des Vorurteils der Menge, „die ehrlichen Leute, Werkmeister, Meister und Knappen" genannt werden, während gleich nach der Reformation die weltliche Klosterbehörde diesem Vorurteil Rechnung trägt, indem sie weder dem Amte, noch den namhaft gemachten Alterleuten die sonst üblichen Ehrenprädikate gewährt. Nach Erlaß der gedachten Reichsgesetze aber fand man kein Bedenken weiter, die frommen Leinweber durch solche wohlfeile Anerkennung ihrer bürgerlichen Wiedergeburt zu erfreuen, und verlieh den ehrbaren Meistern des ehrsamen Linnenwerks ein ehrliches Begräbnis. In der Tat kam ihnen auch das offizielle Prädikat ehrbar zu, seitdem ihre Älterleute vor gesummtem Rat beeidigt wurden, wodurch sie in den Genuß der Befugnis aller angesehenen hiesigen Zünfte kamen: daß ihre Älterleute kraft ihres Amtes (sie mochten erbgesessen sein oder nicht) zur aktiven Teilnahme an den Konventen der Bürgerschaft berufen waren, — ein Vorrecht, welches sie ausüben durften, bis die alte Verfassung im Jahre 1860 ihre Endschaft erreicht hatte.

Nunmehr sind auch die Zünfte zu den Marken ihrer Tage gekommen; und in der Tat fehlte ihrer letzten Gestalt ein großer Teil desjenigen innern Geistes, welcher sie vormals stark und blühend machte. Da die Hamburger den Begriff des Mittelalters bis zur französischen Revolution auszudehnen pflegen, wenn sie dasselbe nicht etwa bis zum runden Jahr 1800, oder bis zum Grenzstein ihres Denkens, bis zur großen Belagerung von 1813—14 erstrecken, oder noch konsequenter, bis zum Anbruch der neuen Ära der gegenwärtigen Verfassung 1860, — so erschien auch eigentlich ein längeres Bestehen der Zünfte in einem so normal-modernen Gemeinwesen als ein zu beseitigender Anachronismus. — Vielleicht fühlten die Zünfte selbst ihr nahes Ende, und vermieden deshalb öffentliche Kundgebungen. Aber einen ungemein schönen Denkstein würden sie sich selbst gesetzt haben,wenn sie beim Bau der St. Petri- wie der St. Nicolaikirche, nach Art ihrer frommen Väter, den Ausbau und die Ausschmückung der Kirchenfenster übernommen hätten, so daß noch nach Jahrhunderten ihre Wappen und Namen der Nachwelt ein Zeugnis ablegen könnten, von der frommen Gottseligkeit der alten ehrbaren Ämter und Brüderschaften Hamburgs.

Fünftes Kapitel:
Von einigen anderen verkannten Handwerkern

Noch gab es einige zünftige Gewerbe, welche man hie und da für unehrlich hielt, und demgemäß von anderen Zünften und Gilden ausschloß. Ihr Ehrenmakel war indes weder historisch, noch moralisch begründet und ebenso wenig allgemein.

Da waren z.b. diejenigen Gerber, welche Hundshäute verarbeiteten, an vielen Orten mißachtet und verrufen. Der Grund kann nur in der Verabscheuung des notwendigen Verkehrs solcher Gerber mit dem Abdecker liegen, welcher ihnen jene Felle zu liefern hatte. Es wurde also der Infamie des Abdeckers eine Kontagiosität zugeschrieben, welche alle mit ihm in Berührung kommenden ehrlichen Personen unehrlich machte. — Weshalb man aber diejenigen Tuchmacher, welche Rauswolle verarbeiteten, mißachtete, ist schwer zu sagen, wenn es am Ende nicht auch mit dem Wasenmeister irgendwie zusammenhängt. Beide Bemakelungen rügte das Reichsgesetz von 1731 wegen der Handwerksmißbräuche und verbot sie allen Ernstes.

Andere Unehrlichkeiten, nicht eines ganzen Gewerbes, sondern einer einzelnen Korporation desselben in dieser oder jener Stadt, entstanden aus Verrufserklärungen ihrer Standesgenossen in andern Orten, in Folge Vergehungen gegen Handwerksgebrauch und Zunftsitte. So konnte eine Gilde wegen Aufnahme eines unehrlichen, oder wegen Nichtausstoßung eines beschimpften Meisters, auf längere Zeit bei allen gleichen Gilden anderer Städte, als unehrlich geworden, geächtet werden. Denn das Unehrlichwerden einzelner Gewerbsleute, nicht nur wegen begangener Verbrechen, sondern auch in Folge unehrbaren Wandels oder wegen Vergehungen gegen den Handwerksbrauch, oder wegen anstößigen Verkehrs mit dem Henker und seinen Gesellen, zog nach den herrschenden Ehrbegriffen unnachsichtlich ihre Ausstoßung aus der Korporation nach sich. Und in einzelnen Fällen hat das Reichskammergericht solche Exkommunikationen bestätigt. Da die Meistersfrauen, als bessere Hälften ihrer Gatten, mit zur Zunft gehörten, so verlangte man auch von ihnen ehrliche Geburt und tadellosen Wandel. Heiratete ein ehrlicher Meister eine übel berüchtigte Person, so wurde er durch sie unehrlich und ausgestoßen. Dem Schneideramte in Hamburg wurde es im Jahre 1754 vom Reichskammergerichte bestätigt, daß es keineswegs gehalten sei, jemanden als Meister aufzunehmen, der eine — „Amme" geheiratet habe, wie dies hohe Tribunal sich sehr verschämt auszudrücken beliebt hat.

Keineswegs unehrlich im Sinne der früheren Kapitel, doch aber lange nicht nach Gebühr geachtet und vielleicht hie und da nicht ganz makellos im losen Volksmunde waren die Schornsteinfeger oder Essenkehrer, welche man trotz ihres so nützlichen wie notwendigen Gewerbes noch immer nicht für voll ansieht. Vielleicht weil sie in einigen Gegenden nicht seßhaft sind, sondern ihr Gewerbe im Umherziehen treiben, wie in Norwegen, woselbst sie deshalb gemissachtet werden. Allerdings treiben sie, so zu sagen, eine dunkle Profession, die wohl etwas Ab- und ihre Mitmenschen Anschwärzendes hat. Dagegen aber erwäge man, wie viele Geschichten von der rührenden Ehrlichkeit der Essenkehrer handeln, welche durch die Kamine ins Innerste der Häuser dringend, dennoch alle Schätze an Geld und Edelgestein auf ihrem Wert oder Unwert beruhen lassen und nichts davon mitnehmen. Und man erwäge ferner, wie viele Feuersbrünste mit den kläglichsten Opfern an Gut und Menschenleben in ihrem Gefolge, diese todesverachtenden schwarzen Gesellen durch waghalsiges Einschreiten im ersten Erstehen ersticken!

Vielleicht tragen, soviel Hamburg betrifft, die kleinen barfüßigen Schornsteinfegerjungen der Vorzeit einige Schuld an solcher Verkennung des ganzen Gewerbes. Seit unvordenklichen Jahren waren nämlich bei allen Rutenstrich-Exekutionen am sogenannten Kaak oder Pranger vor der Frohnerei am Berge, alle umliegenden Dächer mit schwarzen Essenkehrerbuben wie besäet, bewaffnet mit ihren Reisbesen, deren Material allerdings mit den Ruten des Scharfrichterknechts einerlei Ursprungs ist. Sie nahmen hier das Recht oder die Pflicht für sich in Anspruch, diesem Urteilsvollstrecker seine Streiche choraliter et unisono vorzuzählen, also eine Art Büttelassistenz auszuüben, während das übrige Publikum auf dem Platze dieselben nachzahlte, auch laut und einstimmig, so daß ein schallendes Zahlengezähle entstand, darüber der arme Büttel oft ganz konfus wurde und nicht wußte, wo ihm der Kopf stand. Sein Opfer war ohnehin kein zuverlässiger Rechner. So also zählten die Schornsteinfegerjungen dem Büttel jeden seiner Streiche vor, 1, 2, 3, bis 54, richtige 9 mal 6; so viele Streiche nämlich verabreichte man in Hamburg und Lübeck bei solchen Gelegenheiten, wogegen die übrige Christenheit sich mit 39 begnügte, aus schuldigem Respekt vor dem Apostel Paulus, welcher diese Zahl, nämlich 40 weniger 1, erhalten hatte (2. Kor. 11, 24), nachdem bis dahin bei den Juden die vollen 40 gebräuchlich waren (5. Mos. 25, 3), während der Koran ihrer gar 80 verordnet. Da nun aber längst diese Strafe faktisch abgeschafft ist, also die jetzige Kaminjugend die Büttelassistenz ihrer Vorweser gar nicht mehr ausgeübt hat, so ist schwer zu begreifen, was man derselben noch länger vorwerfen will, um so mehr, als diese kleinen Teufelchen sich durch bescheidenes Ausweichen auf den Trottoirs, unzweifelhafte Verdienste um die hellfarbigen Toiletten der Damen erwerben. Diese Bezähmung eines fast verzeihlichen Mutwillens gegen Wohl- und Saubergekleidete aller Art, nämlich das Unterlassen neckhafter Anschwärzungen durch scheinbar zufälligen Kontakt, ist ihnen aber um so höher anzurechnen, als ihrem Rußpanzer gegenüber jeder Reinliche wehrlos ist, da sie wie Stachelschweine u. dgl. unantastbar sind. Wenn man aber ihren schweren Beruf bedenkt und dessen tausend Gefahren, auch dabei ihre, namentlich zur Winterszeit, äußerst dürftige Bekleidung betrachtet, so schenkt man ihnen Mitleid und Teilnahme. Es war in der Tat ein schöner Zug des gemütvollen, seligen Obersten von Späth, eines in den 1830-40er Jahren in Hamburg privatisierenden Dänischen Kavaliers, daß er seine christliche Armenpflege mit Vorliebe den kleinen Schornsteinfegerjungen zuwandte, und mit einer (natürlich sehr weiß gewaschenen) Elite derselben an jedem Weihnachtsabend das heilige Christfest mit passenden Gaben und hellen Tannenbäumen beging, Sommers aber mit ihnen eine fröhliche Ausfahrt auf's grüne Land unternahm. —

Daß ein Schornsteinfegerjunge auch ein malerischer Gegenstand sein kann, das hat Wilhelm Tischbein gezeigt. Dieser Künstler lebte 1806 in Hamburg, und sah eines Morgens früh aus seinem hochgelegenen Gemach, das eine weite Aussicht auf zahllose Dächer, Giebel und Rauchfänge darbot, einen kleinen Essenkehrer, auf einer Dachfirst an den Schornstein gelehnt, ganz verloren in Betrachtung und Bewunderung der aufgehenden Sonne, die ihn und seine Umgebung mit ihren ersten Strahlen vergoldete. Tischbein schuf aus dieser Szene ein ebenso originelles als rührendes Bildchen, das er an Goethe schickte, indem er brieflich sich mit dem Jungen verglich, wie er gen Weimar blicke, wo Licht, Wärme, Leben wohne. Goethe schrieb von dem Bilde: „was an dem schwarzen Burschen noch Farbe annehmen kann, ist von der Sonne vergoldet. Der Gedanke ist allerliebst, daß der arme Sohn dieses jammervollen Gewerbes unter vielen Tausenden der Einzige ist, der sich solchen herzerhebenden Anblicks freut", (v. Alten, aus W. Tischbeins Leben und Briefen.)

Übrigens hat die moderne Baukunst, die keine passierbaren Schornsteine, sondern enge, durch Besenmaschinen zu reinigende Kamine konstruiert, dem ganzen Gewerbe zwar seine Gefährlichkeit, aber auch seinen romantischen Reiz genommen.

Ganz fabelhaft und grundlos ist das hier zu erwähnende Gerücht, als sei das aller Orten stets ehrliche Gewerk der Fleischer oder Knochenhauer in Hamburg nicht sonder Makel, sintemal hieselbst der erste Block im alten Schrangen und die mit demselben verbundene Amtsgerechtsame dem — Scharfrichter gehöre. Also auch hier spukt eine übrigens gänzlich haltlose Ideen-Verbindung mit der so äußerst ansteckenden Unehrlichkeit des Henkers. Als Beweis für den angeblichen Makel des Knochenhauer-Amtes wird angeführt, daß dasselbe keine Lehrburschen zunftmäßig ein- und später zu Gesellen ausschreibe, was es allerdings nicht tut; und als Veranlassung dieser Anomalie erzählt man sich folgende Sage. In uralten Zeiten — so heißt es — ist bei dem hiesigen Knochenhauer-Amt vom alten Schrangen ein Ältermann gewesen, wohnhaft am Berge, dem das Zusprechen der anreisenden Gesellen ungemein lästig fiel, weil er ihnen Arbeit nachweisen oder Zehrpfennige und Nachtherberge geben mußte. Eines Abends nun, als er bereits mehreren dieser fremden Burschen, zur höchsten Verunruhigung seines häuslichen Stilllebens, ein mürrisches Genüge geleistet hatte, kommt spät noch ein müder Knochenhauerknecht angestiegen. Da reißt ihm die Geduld, und ebenso unbesonnen wie boshaft schickt er ihn zu seinem Nachbar gegenüber, „der auch ein Carnifex, ein Obermeister aller Fleisch- und Knochenhauer sei." Der arglose Knecht folgt der Weisung, die er dem Nachbar berichtet. Dieser nimmt ihn sehr freundlich auf, speiset, tränkt, herbergt ihn gut, freilich zu seinem Verderben, da der ehrliche Gesell hierdurch zu einem unehrlichen Knecht des Henkers wurde, denn niemand anders als der Hamburger Scharfrichter war des Ältermanns Nachbar. Durch sothane Gemeinschaft desselben mit dem Knochenhauer-Amte, zu dessen Obermeister er vom Ältermann erklärt worden war, gelangte er flugs in den Besitz eines Blockes, welchen ihm der zur Strafe abgesetzte Ältermann abtreten mußte. Es war der erste Block im alten Schrangen, der dann auf alle nachfolgenden Henker überging, die ihn zu verpachten pflegten. Durch diese Genossenschaft mit dem Henker flog dem Amte nun einiges Gerücht von Anrüchigkeit an, und da aus diesem Grunde des letzteren Ein- und Ausschreibungen zu Gesellen im Auslande für nichts galten, so unterblieben solche Amtshandlungen besser gänzlich.

So weit die wunderliche Sage. Daß vormals der Eingang zum alten Schlangen am Berge, neben oder gegenüber der Frohnerei lag, und hier umher viele Knochenhauermeister wohnten, ist richtig. Ebenso richtig ist's, daß das Wort Carnifex in altrömischer Sprache einen Scharfrichter und Schinder, daneben aber auch im deutschen Mittelalter einen Knochenhauer oder Schlachter (Fleischhacker) bedeutet. Man darf aber einem Ältermann dieses Gewerks in grauer Vorzeit schwerlich die für das erzählte Wortspiel erforderliche Latinität, und ebenso wenig eine so kolossale Unbesonnenheit zutrauen; und so muß wohl der Erfinder dieser das lokale Moment geschickt benutzenden Anekdote unter den witzigen Leuten der gelehrten Stände gesucht werden.

Wir kennen das Knochenhauer-Amt in Hamburg schon sehr früh. Es war vor 1248, als seine Mitglieder die nach ihnen genannte platea carnificum, d. h. Knochenhauerstraße, und das macellum carnificum, altdeutsch „Vliescranghen", inne hatten. Wir haben aber keine Spur davon, daß sie damals aus irgendeiner Ursache nicht völlig ehrlich gewesen wären. Um 1350 bildeten 57 waffenberechtigte Mitglieder das Amt (was, beiläufig erwähnt, auf eine ungeheure Fleischkonsumtion der damals noch so viel kleineren Stadt schließen läßt); zur Stadtverteidigung stellten sie 12 wohlgerüstete Schützen. Bei dem großen Ämteraufstand anno 1375 hatten sie freilich mit im Vordertreffen gestanden, als aber die Handwerker von den friedliebenden Kaufleuten zu Ruhe persuadiert waren, und mit diesen dem Rat auf's Neue ewige Treue schwuren, da wären die 57 Knochenhauer auch nicht die letzten gewesen, sondern standen unter den übrigen unzweifelhaft ehrlichen Ämtern in der Mitte. Ihre makelose Ehrlichkeit bestätigt auch ferner eine Urkunde vom Jahre 1424, über Verleihung eines Altars in der St. Petrikirche, in welcher Wichmann van Minden und Bernd Grönwoldt, die Kirchgeschwornen, unsere Knochenhauer ausdrücklich „die ehrliken Lüde in dem Amte des Knakenwerkes" titulieren. Es war dies ein gemauerter Altar hinter der großen Südertüre gen Westen, den sie auf ihre Kosten zur Ehre der heiligen 12 Apostel, St. Dionysii, Cosmi und Damiani, sowie der 10000 Ritter, standesmäßig schmückten und mit zwei Almissen für zwei arme Priester begabten, zu einer täglichen Messe. Die Opferbüchse am Kreuz und Bilde gehörte dem Amte, deren Werkmeister oder Älterleute Barthold van der Villen, Bernd Slüter, Bernd Oldendorp und Meyno Redbrock waren.

Die Grundlosigkeit jener Sage wird genügend nachgewiesen sein. Es beweist daher nichts, wenn sie auch fort und fort im Schwange gegangen ist, denn nichts ist hartnäckiger, so zu sagen unsterblicher, als der volkstümliche Neckgeist. — Es war früh am 14. März 1760, als einige Knochenhauergesellen in einem Vierländer Schiff am Meßberg erschienen, um Kälber abzuholen. Den vierländer Bauer plagte offenbar der Teufel, als er sich beikommen ließ, die Gesellen spottweise zu fragen: „Wem sie eigentlich dieneten? doch wohl nicht dem Scharfrichter?" Begreiflicher Weise zählten sie sofort, statt der Antwort, dem unverschämten Kerl eine derbe Tracht Prügel auf; aber damit noch nicht zufrieden, zogen sie auch mittags mit allen ihren Konsorten auf's Rathaus, ließen den Prätor Wagner herausbitten, tumultuierten heftig und verklagten den frechen Bauer, dessen peinlichste Abstrafung sie als Satisfaktion forderten, da sie eine solche ehrabschneidende Beschimpfung mit Nichten auf sich sitzen lassen könnten. Bemerkenswert bleibt dabei die tiefe Erbostheit der Geschmähten über die ihnen nur neckweise vorgerückte Konnexität mit dem unehrlichen Carnifex. Der Prätor wurde nun höheren Ortes instruieret: den Vierländer mit seinem Schiff vorläufig festzunehmen und ihn nach Maßgabe der vorzunehmenden Untersuchung, unangesehen der bereits empfangenen Schläge, auch von Obrigkeitswegen derb abzustrafen, — den Knochenhauergesellen aber einen ernsten Verweis zu erteilen, weil sie sich unterfangen, im zahlreichen lärmenden Haufen auf dem Rathause zu erscheinen, und, statt in des Prätors Hause, hier zu klagen, welches (wie der damalige Curialstil lautet) „unnöthig, unerlaubt, unstatthaft, auch höchst strafbar sei."
— Aber selbst die doppelte Buße, die der vorlaute Bauer verwirkt hatte, hat

den alten einfältigen Volkswitz nicht unterdrückt, er soll gelegentlich noch immer umher spuken, und selbst im Anstände wurden noch vor 40 Jahren dem Vernehmen nach die Hamburger Knochenhauergesellen bisweilen mit der Frage gehänselt: wer denn eigentlich den ersten Block im alten Schrangen besitze? Seit nun anno 1842 der alte Schrangen und die benachbarte Frohnerei abgebrannt und bis dato noch nicht wieder aufgebaut sind, mag dies Gerede denn wohl zur ewigen Ruhe gekommen sein.

Soviel von der vormaligen Unehrlichkeit einiger handwerksmäßiger Gewerbe. Zum Teil wurzelnd in altgermanischen Ehrbegriffen und größtenteils einer sehr moralischen Grundlage nicht entbehrend, fand das ganze System seine hauptsächliche Ausbildung und Anwendung bei den Zünften, deren oberster Grundsatz der war: daß ihre Genossen so makellos sein müßten, „als wären sie von den Tauben gelesen." Einheimische Kandidaten des Meisterrechts legitimierten sich durch glaubwürdige Zeugen und Bürgen. Auswärts Geborene mußten ihr legitimes, ehrliches und freies Dasein dokumentieren durch die von den Magistraten der Heimatsorte ausgestellten Geburtsbriefe. In den obengedachten Hamburger Geburtsbriefen von 1472—1525 bezeugt der Rat, daß vor ihm erschienen seien Olderlüde und geschworne Werkmeister, auch andere erbgesessene Bürger, lauter lobwürdige, fromme Leute, welche es mit „uthgestreckeden Armen und upgerichteten listiken Vingern" beschworen hätten, daß N. N. „der tüchtige, fromme Gesell", acht und recht geboren sei, von ehrlichen (namhaft gemachten) Eltern, daß er sei frei und niemandes eigen, auch weder Badstövers, noch Bartscherers, noch Leinwebers, noch Spielmanns Kind. Manche solcher „Echt- und Leumundsbriefe" bezeugen sogar die makellos ehrliche Geburt der Vorfahren des Betreffenden, von allen 4 Stammen und Ahnen, welche weder Wenden, noch Feldmüller, Schäfer, Badstöver, Lotterer (Gaukler), Pfeifer, Bassuner gewesen seien. In einem viel jüngeren Geburtsbriefe vom Jahre 1730 wird von Schultheißen und Gerichts-Senioren einer fränkischen Kommune auf Grund abgehörter Zeugen und produzierter Urkunden attestiert: daß der Inhaber „als ein freier Teutscher, der keinerlei Leibeigenschaft noch verwerflicher Servitut unterworfen, aus einem reinen, untadelhaften Ehebette ehrlich zur Welt geboren sei", wobei auch des Vaters und Großvaters ehrliche Qualität genügend nachgewiesen, und schließlich der Wunsch ausgedrückt wird: es möge dem Inhaber „um seiner ehrlichen Geburt willen" aller Orten recht wohlergehen, welcher Wunsch denn auch in Erfüllung gegangen ist, indem der junge Gesell nach Hamburg gekommen, hier umgesattelt und als Kaufmann sein Glück gemacht hat.

Auch die ehrliche Geburt seiner künftigen Hausfrau als Genossin der Zunft, mußte der junge Meister beweisen. Das geschah am bündigsten und wohlfeilsten, wenn er eine Meisterswitwe oder Tochter desselben Gewerks heimführte, welche Manier, dieselben an den Mann zu bringen, auch durch andere bedeutende Vorteile recht lockend gemacht war. Die Zünfte behaupteten, das geschehe nur, um puncto der Ehrlichkeit der Frauen desto gesicherter zu sein. Einige Gewerke gingen sogar so weit, die Verheiratung mit einer Meisterstochter zur conditio sine qua non der Aufnahme zu machen, mit dem Zusatz: „so aber zur Zeit keine Wittwe oder Jungfer binnen Amtes obhanden wäre, so mag er sich außer Amts befreien, jedoch mit einer ehrlichen Person, und soll seine Frau einzeugen lassen in ordentlich gehegter Morgensprache, daß sie ehrlich geboren und Amts- und Gildegerechtigkeit zu genießen würdig sei." — Die Nadler in Hamburg hatten ursprünglich, liberal genug, zum Benefiz ihrer Frauenzimmer nur eine Prämie auf deren Aneignung gesetzt, welche im Erlaß gewisser Dienstjahre bestand. Um 1638 gestanden sie dem Senat, daß leider Gottes fast alle ihre Gesellen diese schweren Dienstjahre vorzögen, um sich dann außer Amtes zu befreien, worüber denn ihre Witwen und Töchter elendiglich sitzen blieben. Sie erbaten daher die Alternative in einen kategorischen Imperativ dahin zu andern: daß jeder junge Meister sonder Gnade eine Nadlerstochter oder Witwe heiraten müsse, welches der Rat ihnen gewährte „in Ansehung ihres ohnehin schlechten und geringen Handwerks." Nadelmacherstöchter müssen aber etwas Spitziges, Stechendes, Verwundendes, kurz Unliebsames gehabt haben, sie blieben auch ferner unbegehrt und unbegeben, und die ganze Folge jenes Verheiratungszwanges ist gewesen: daß die Gesellen lieber anderswo ihre Meisterschaft und häusliche Niederlassung suchten und hieselbst das Gewerbe nach kümmerlicher Vegetierung in Verschollenheit geriet.

In Hamburg herrschte übrigens das Vorurteil gegen „unehrliche Leute" bei weitem nicht so allgemein wie an andern Orten. Der hauptsächlichste Stand, der des Kaufmanns, bildete hier keine geschlossene Gilde wie anderswo, und die großen Kaufmannsgesellschaften verlangten keine Geburtsbriefe zur Aufnahme. Es sind ihnen nachweislich eine Menge angesehener Leute beigetreten, und später zu Ämtern und Würden gelangt, welche, bei Lichte besehen, richtige Badstövers-, Leinwebers- oder Spielmannskinder waren, und noch viel häufiger kamen solche Fälle vor bei den zahlreichen Hilfsgewerben des Handels. Jedenfalls kann man sagen, daß in dieser Hinsicht eine humane Aufklärung schon in düstern Zeiten unser Rathaus wie unsere Börse gar hell erleuchtet, und daß nur in den engen Amtsstuben der Zünfte einiges Vorurteil geherrscht habe, welches dann in dumpfen Bierkellern vom Volkswitz zu sagenhaften Anekdoten ausgebeutet worden ist.

Sechstes Kapitel:
Von einigen Staats- und Gemeindedienern, insbesondere von Zöllnern, Totengräbern, Türmern und Bettelvögten

Unter den verschiedenen, durch das Reichsgesetz von 1731 von bisher erduldeter Unehrlichkeit los- und lediggesprochenen subalternen Staats- und Kommunalbediensteten, sind zuerst diese anzuführen.

Die Gassenkehrer, Bachfeger, Holz- und Feldhüter können ursprünglich nur wegen ihrer zum Teil schmutzigen, jedenfalls niedrigen und geringfügigen Dienstleistungen mißachtet gewesen, und weil letztere vielfach nur von verkommenen, der Gemeinde zur Last liegenden Subjekten verwaltet wurden, in Verruf gekommen sein. Diese faktischen Umstände werden dieselben geblieben sein, und obgedachter Reichsschluß, welcher ihren Kindern die Wege gebahnt hat zu besseren Existenzen, wird den Vätern schwerlich eine geachtetere Stellung verschafft haben. —

Zu Anfang des 17. Jahrhunderts waren es in Hamburg die Karrengefangenen, denen die Säuberung der Gassen und Häuser von allerhand Unrat anvertraut war. Mit Abschaffung der Karrenstrafe kam dies Geschäft in die Hände unternehmender Pächter, welche so schöne Seide dabei spannen, daß man sie im witzigen Volksmunde s. v. die Dreckjuweliere nannte. Übrigens veranlaßte ein löbliches Streben nach Sprachsauberkeit und dezenter Verhüllung des Garstigen, die reinlichen Hamburgerinnen schon früh, den Unrat der Straßen und Plätze als ihren Gassenkummer zu bezeichnen, weshalb die zu dessen Entfernung bestimmten Fuhrwerke längst auch amtlich Kummerwagen genannt wurden, zu deren Bemannung vormals auch grämliche Frauenzimmer gehörten, so schauerlich häßlich, daß sie nur als Verzweiflungsschreie der Natur über die Entartungsfähigkeit des schönen Geschlechts in's Leben gerufen sein konnten.

Uralt, und auf moralische Bedenken zurückzuführen, ist der Ehrenmakel der Zöllner. Schon vor Beginn christlicher Zeitrechnung warf man ihnen mancherlei vor; nicht nur einen engherzigen Egoismus, da sie (nach Matth. 5, 46. und 47.) einzig diejenigen lieb hatten, welche sie wieder liebten (mithin äußerst wenige) und höchstens gegen ihre Mitzöllner freundlich taten, — sondern auch offenbare gröbliche Unredlichkeit. Selbst den besseren, im Verkehr mit den Jesujüngern stehenden Zöllnern ruft der Apostel zu: „fordert nicht mehr, denn gesetzet ist." Bekanntlich standen sie damals als notorische Sünder in einem so üblen Ruf, daß es für eine Entehrung galt, mit ihnen zu Tische zu sitzen. Wenn sich indessen Christus solcher Gemeinschaft mit ihnen nicht geschämt hat, so hätten seine späteren Jünger auch wohl säuberlicher mit den Zöllnern verfahren können, die den Hauptgrund der ihnen geltenden Mißachtung ganz getrost auf die Abneigung aller Menschen gegen die Institution der Zölle selbst schieben können. Wie allgemein der freihändlerische Zoll-Haß ist, davon geben die Damen genügsame Proben, die keine Zolllinie ohne Contrebande passieren können, und die zwar für einen Taler versteuern, daneben aber für zwei zu paschen gewiß nicht unterlassen; die, sinnreich im Verbergen der pflichtigen Stoffe, triumphieren, wenn's gelang, aber über gekränkte Frauenwürde lamentieren, wenn des Zöllners Assistentin ihre Entdeckungsreisen antritt.

Freilich gab den Zöllnern ihr Dienst eine oft benutzte bequeme Gelegenheit zu Pflichtverletzungen, mittelst Übersetzung nach unten und Unterschlagung nach oben. In letzterer Hinsicht zeigt eine Stelle in Philander von Sittewalds Visionen (1650), wie übel derzeit die zöllnerische Reputation gewesen. Er erzählt, wie er in seinem wunderbaren höllengesichte Männer gesehen, welche beständig Geldmünzen auf ein Rostwerk geworfen. Auf Befragen wird ihm berichtet, es seien die mittelmäßigen unter denen, so auf Erden bei Zolldiensten gesessen, und den empfangenen Zoll auf's Rost geworfen, was durchgefallen als ihren Part angesehen und behalten, was aber auf den Stäben liegen geblieben, der Obrigkeit abgeliefert hätten. Wobei Philander bemerkt, daß letzteres wahrhaftig ein gar Geringes gewesen, gegen das, was unter das Rost gefallen sei. — Auch verschaffte das ungleiche, ungeregelte Erhebungsverfahren den Zöllnern die Machtvollkommenheit, ihre Mitmenschen rechtschaffen zu quälen, und sich an denselben mit desto schikanöserer Feindseligkeit zu rächen, je drückender sie die Last ihres geächteten Standes fühlten. Ohne Unhöflichkeit gegen die jetzigen Inhaber dieser Stellen darf man sich wohl erlauben zu sagen, daß trotz der nobilitierenden Reichsgesetze von 1577 und 1731, der Zöllnerdienst doch noch immer keine von Hochachtung und Liebe des Publikums getragene Amtierung ist, sowie daß die Zollgensdarmen, welche man in Nordalbingien mit den Häschern und Schergen in dieselbe Klasse der „Grip-Hummer" wirft, für noch weniger liebenswürdig geachtet werden.

Daß Hamburgs Zöllner durchschnittlich redliche Männer geworden, darf man vermuten, da nur wenige Exzesse und Bestrafungen derselben bekannt sind. Einem aber ist seine Ehrlichkeit amtlich verbrieft. Der zur katholischen Zeit als Dom-Vikar fungierende Hr. Hinricus Steffens oder Stephani behielt nach der Reformation zwar seine Pfründe nebst Titel, verlor aber seine Beschäftigung. Er ließ sich daher 1536 von der beiderstädtischen Regierung des Amtes Bergedorf als Zöllner zu Eßlingen (am Zollenspieker) anstellen. Ein Attest des Lübschen Bürgermeisters, Ritters Niclas Brömse, vom 25. Sept. 1542 bezeugt es, daß er diesen Posten ungemein wohl, ehrlich und treu versehen habe.

In Betreff der Totengräber mag das angeborene Grauen der gesunden Menschennatur vor des tiefen, stillen Grabes schauerlichen Rand, zu ihrer Verkennung beigetragen haben. Ihre — eigentlich mehr gescheute als verachtete — Beschäftigung mit den Toten und deren Grüften, ihr abgesondertes Wohnen mitten unter Leichensteinen, mag ihrem ganzen Erscheinen wohl etwas Fremdartiges, Ernstes und Verschlossenes geben, was lebensfrischeren Menschen unheimlich anmutet, und bei Abergläubigen leicht mit gespenstischem Unwesen in Verbindung gebracht wird. Die auf Friedhöfen passierenden Geistergeschichten, z. B. die Prozessionen in der Neujahrsnacht, sind allerdings die allerhaarsträubendsten, und umso ergreifender, als lautlose Totenstille ihr schauriges Element ist, wogegen eine gemütliche Poltergeisterei oder die moderne Geisterklopferei ordentlich umgänglich erscheint. — Eigentlich unehrlich kann der Totengräber, ein erprobter Diener der Kirche, unmöglich gewesen sein.

Da wir ihn aber genannt finden unter den vom Reichsgesetz als ehrlich anerkannten, so ist seine volkstümliche Anrüchigkeit nicht zu bezweifeln. Weshalb? Ob etwa die Bestatter toter Menschen hie und da auch die Verscharrung toter Tiere übernahmen und sich somit als Abdeckerei-Verwandte kompromittierten? Eine Berlinsche Verordnung von 1400 verfügt, daß der Totengräber dem Stadthirten den 3. Pfennig von den Pferden und Kühen abgeben soll, wobei zu vermuten ist, daß tote Pferde und Kühe gemeint seien, auf deren Verscharrung der Stadthirte ein Konkurrenzrecht besaß. Aber wo bleibt dann der Berliner Abdecker? — Vielleicht veranlaßten Gerüchte von dem geheimen Verbrechen des sog. Leichensäens durch Totengräber deren Verrufenheit. In Pestzeiten des 16. und 17. Jahrhunderts schob man die Ursachen solcher Seuchen nicht nur den brunnenvergiftenden Juden, sondern auch den Totengräbern zu, welche die teuflische Kunst üben sollten, Pestsamen auszusäen, ein zauberisches Pulver, welches sie bei Nacht auf Märkten und Gassen streuten, was später ihnen durch Bestattung zahlreicher Leichen eine gute Ernte zu Wege brachte. 1562 wurden in Wiener Neustadt der Totengräber und seine Frau hingerichtet, nachdem sie sich zu solchem Verbrechen bekannt hatten. Der Magdeburger Totengräber, Erdmann Fischer, der auch Freikugeln zur Verfügung hatte, und wegen Leichenberaubung und Kirchendiebstahl 1656 in Untersuchung kam, bekannte, daß er schon 1636 durch Ausstreuung eines grauen Pulvers das damalige große Sterben hervorgerufen habe, und nicht minder das 1656 grassierende Pestübel. Dieser Verbrecher wurde gerädert. So gibt es noch manche Berichte über totengräberische Pestilenz-Erzeugungen. Auch heißt es, daß die große Pest in Wien 1679, die über 100 000 Menschen hinwegraffte, von dem Totengräber des St. Stephans-Freithofe hervorgerufen sei. Er gestand, dies beabsichtigt zu haben, und da er auch als Leichenberauber und Töter kranker Menschen überführt war, so wurde er hingerichtet. Es war dies dieselbe Pest, die dem lieben Augustin (s. oben) nichts anhaben konnte, obschon er bereits ohne Rock und Stock in der Grube lag.

Böse Taten wurden im Jahre 1869 dem Totengräber zu Wartenberg in Ostpreußen nachgesagt, der seine Schweine mit Leichen mästete, und mit deren Särgen seinen Ofen heizte.

Als eine andre üble Einwirkung auf das an sich ehrbare Totengräbergeschäft erscheint an einigen Orten die Konkurrenz der Henkersknechte. Von Lübeck wissen wir's gewiß, laut Zeugnis des Dompropsten und Syndicus Dreyer, daß diese Kerle (dort „Schobande" geheißen), seit man sie einst im 14. Jahrhundert zur Pestzeit aus Not zum Verscharren der Leichen verwendet hatte, annoch um 1588 zu gerechtem Ärger aller ehrlichen Bürger, im Genuß der Befugnis geblieben waren, die Gräber auf den Kirchhöfen (die Kuhlen) zu graben (s. unten im Kap. 9). Daß solche ehrenrührige Konkurrenz den achtbaren Dienst des wirklichen Totengräbers, dem die Begräbnisse innerhalb der Kirchen allein zustanden, welche den Schoband nichts angingen, in Mißkredit bringen mußte, liegt auf der Hand.

In Niedersachsen heißt der Mann Kuhlengräber. Die Instruktion eines solchen bei der St. Catharinenkirche zu Hamburg, etwa vom Jahre 1720, enthält nicht das Geringste, was auf eine Unehrlichkeit dieses Dienstes schließen lassen könnte. Der Kuhlengräber soll ehrbaren, frommen und allezeit nüchternen Wandels sein; er soll nicht bemächtigt sein, ohne Vorwissen des Zuraten ein Grab behufs einer Leichenbestattung zu öffnen, oder gar „kleine Kinder daneben einzustechen", damit der Kirche ihr gebührlich Erdgeld nicht verkürzet werde; er soll ferner „christlich umbgehen mit den Todten und dero Gebeinen", und bei Reinigung alter Gräber dero Knochen wieder in die Grube legen oder ins Beinhaus bringen; er soll endlich die Pforten des äußern Kirchhofes stets verschlossen halten, auf daß keine gemeine Heerstraße darüber gehe, wodurch nicht nur die Ruhe der Toten gestört und manche Grabstätte verwüstet werde, sondern auch der Kirche ein großer Schade geschehe, inmaßen kein toter Mensch daselbst werde liegen wollen, wegen beständigen Wagenlärmens. Man steht, die Kirche, d. h. die von Kaufleuten besorgte Verwaltung ihres zeitlichen Vermögens, sah sehr auf die Rentabilität der Begräbnisplätze, konnte aber doch nicht verhindern, daß die Schranken des innern Friedhofes fielen und eine gemeine Heerstraße, mindestens eine öffentliche Gasse, über die alten Hamburger Kirchhöfe gelegt wurde, zur Bequemlichkeit der lebenden Menschen, welche immer im Recht sind gegen die Toten. Und wie mag jetzt den Toten auf den neueren Hamburger Friedhöfen vor dem Dammtore zu Mute sein, wo ihre Ruhestätten angebrüllt werden von Hyänen, Tigern und andern Bestien des neuen zoologischen Gartens! Aber auch hier stören die Signaturen des Todes das Vergnügen der Lebenden, weshalb der neue große Zentralbegräbnisplatz fern von der Stadt auf der vormaligen Dorfmark Ohlstedt inmitten eines schönen Parks eine sehr glückliche Anlage ist.

Daß diese Art Leute auch ihren Standesstolz haben, lernen wir von dem ebenso melancholischen als witzigen Totengräber in Shakespeare's Hamlet, welcher ausruft: Es gibt keine ältern Edelleute als Gärtner und Totengräber, die Adam's Profession des Grabens fortsetzten; es gibt keine besseren Baumeister als Totengräber, deren Bauwerke bis zum jüngsten Tage dauern. — So geistreiche Originale dieses Standes hatte Hamburg nicht aufzuweisen. Und nur sich erboßen und ingrimmig schelten konnte der alte bekannte Friedhofswärter vor'm Dammtor, dem man jahrelang die neckende Frage zurief: Levt denn de ohle Kuhlengräber noch?

Die Türmer mögen vielfach um deswillen für unehrlich gehalten sein, weil man häufig, aus Gründen der Sparsamkeit, die Beaufsichtigung fester Türme den Scharfrichtern übertrug, welche den Dienst durch einen Knecht versehen ließen. An andern Orten dienten solche Türme als schlechte Haftlokale, und ihre Hüter gehörten dann als Schließer und Gefängniswärter zu den gemißachteten Justizdienern. Den alten (1832 abgebrochenen) Turm, genannt Roggenkiste, zu Hamburg, befehligte ein Profos, der „Regiments-Gewaltiger" hiesiger Garnison. Seine Gefangenen hütete er besser als den auf der Spitze des Turms paradierenden Neptun, dem in strenger Kälte eines sibirischen Winters der Dreizack entfiel, weil, wie das Volk sagte, der Arm ihm abgefroren.

Kein vernünftiger Grund läßt sich aber denken, die auf den Kirchtürmen sitzenden Wächter des Gemeinwohls für unehrlich zu halten, welche vor herandräuenden Feuers- und andern Gefahren durch starkes Alarmblasen warnen, was man in Norddeutschland „tüten" nennt. Vielleicht zählte man sie ursprünglich halbwegs zu den Spielleuten, wohin man ja auch die auf Warttürmen und Burgen sitzenden sogenannten Haustauben zählte, welche den Trompetern Konkurrenz machten.

In Hamburg waren diese Kirchtürmer allerdings weniger geschätzt, als es ihre hohe Weltstellung erfordert hätte, aber doch gewiß nicht unehrlich geachtet; und nur persönliches Laster der Trunksucht, entschuldbar mit der traurigen Einsamkeit ihrer schaurigen Position, konnte einem oder dem andern vorgeworfen werden. Solch ein Fall bewog im Jahre 1647 den Pastor Grosse zu St. Catharinen, bei Gelegenheit seiner Predigt über des Jairi Töchterlein, seinen Turmhüter und Sturmtüter öffentlich von der Kanzel herab zu vermahnen: daß er sich die nüchternen Pfeifer des Evangelii als Beispiel dienen lasse, seinem lästerlichen Saufen entsage, und sich der Besserung befleißige, damit er nicht ferner seine Betrunkenheit in garstigen Mißtönen über die ganze Stadt ausblase.

Aus der Bestallung Christoph Schumann's, eines seiner Nachfolger im Jahre 1726, erfahren wir des Turmmanns Pflichten. Er soll morgens 3 Uhr, Vormittags 10 Uhr und Abends 9 Uhr, Gott dem Allmächtigen zu Ehren, wie zur Erweckung christlicher Andacht (NB. um 3 Uhr nachts!), einen geistlichen Psalm mit allem Fleiße abblasen, und sich allerwege dermaßen hören lassen, daß Herren wie Geschworene, auch ganze Gemeinde und übrige Bürgerschaft, ihr aufrichtiges Wohlgefallen daran haben mögen. Er soll ferner nachts getreue Wacht und Acht haben mit seinem Adjuncto dem Tüter, und alle Viertelstunde das gewöhnliche Tützeichen vernehmen lassen. Er soll auch sein Logiement auf dem Turme reinlich halten, und bei einfallenden Kirchenmusiken soll er mit seinem Instrumente gratis aufwarten. Übrigens gönnt man ihm gern tagsüber einige Nebenaccidenzien durch Assistenz der Ratsmusikanten, bei Hochzeiten, Opernspielen und vornehmen Gastereien, doch darf er sich nicht förmlich dabei enrollieren lassen, — Bedingungen, welchen auch der Turmmann zu Halle und die Kollegen vieler anderer Orte unterworfen waren.

Anders gestellt war ohne Zweifel Meister Kullmann auf dem Schloßturme zu Weilburg, welchen uns Riehl in seinen kulturgeschichtlichen Novellen so überaus anziehend schildert; aber der war auch, seinem Hauptcharakter nach ein Stadtpfeifer, ein echter Musikus, und nur der Freiwohnung wegen zugleich Turmmann.

Ein guter Musikus und daneben auch ein mechanisches Talent war Peter Simon Meyer, Türmer zu St. Jacobi in Hamburg (gestorben 1782), der die Trompete wesentlich verbesserte durch Erfindung eines Mundstücks, das die halben Töne völlig rein zu Gehör brachte. Er war auch Münz-Medailleur und verfertigte ein kunstvolles Planetarium.

Bettelvögte werden schon im Mittelalter existiert haben, da die Wichtigkeit, welche die katholische Kirche dem Almosenspenden beimißt, eine entsprechende Menge von Almosenempfängern voraussetzt, was wiederum zu einer Art Organisation des Bettelwesens führen mußte; Näheres darüber lehrt uns die Dienstinstruktion des Ober-Bettelvogts zu Wien, v. J. 1443, welchem alle dortigen Bettler (in Wien „Sterzer" genannt) untergeben waren. Er, als „Sterzermeister", prüfte ihre Qualitäten, wobei er keine fingierten Gebrechen duldete, er erteilte denen, die singen und beten und ihre fromme Kirchlichkeit nachweisen konnten, das Bettlerzeichen zu ihrer Legitimation, er wies ihnen auch ihre Plätze an, und durfte die Übertreter seiner Vorschriften mit der „Prechtl" bestrafen.

Was in Wien „Sterzer" bedeutete, nannte man in Norddeutschland „Pracher", deren Beaufsichtiger mithin „Prachervögte" hießen. Ein solcher ist für Lübeck i. J. 1527 nachzuweisen, der jährlich außer seinem Sold auch einen

Rock in den Stadtfarben, Halbrot, halbweiß erhielt. Auch er war befugt, dem qualifizierten Armen ein Bettlerzeichen zu seiner Legitimation für 6 Pf. jährlich zu erteilen, sofern sie ein „Geschicke" hatten, auf dem Kirchhofe zu sitzen und um Almosen zu bitten. Fremde Bettler sollte er mit Hilfe des Frohns aus der Stadt weisen.

Die älteste Hamburgische Bettlerordnung v. J. 1573 geht davon aus, daß die Armenpflege Sache der Kirchspielskirchen sei, und steuerte dem Straßenbettel dadurch, daß nur die zur Arbeit unfähigen Armen zum Almosenbitten bei guten Christen befugt sein sollen, wozu sie von den Gemeinde-Vorstehern (Oberalten) ein Bettlerzeichen erhielten. Auch arme Schüler durften um milde Gaben bitten; sie erhielten ein besonderes besseres Zeichen. Dabei war die Zeit des Straßenbettels sehr eingeschränkt; sonntags durfte gar nicht gebettelt werden, denn die Pracher sollten zur Kirche gehen. An Werktagen durfte gebettelt werden. Vormittags von 10-12, nachmittags im Sommer von 5-7, im Winter von 4-6 Uhr. Der Platz beim alten Krahn (der Börsenplatz), wo sich gute Bürger täglich zu versammeln pflegen, durfte gar nicht bebettelt werden. Auch durften die Pracher den Bürgern nicht ins Haus kommen.

Daß den mit Handhabung dieser Vorschriften betrauten Prachervögten auch die Beaufsichtigung der auf den Kirchhöfen spielenden unbändigen Jugend übertragen war, deren Exzesse sie steuern und die Exzedenten ins Halseisen stecken sollten, gehörte zwar nicht in die Bettlerordnung, stand aber doch darin Art. 7. Wer auf das lose Gesindel verlumpter Vagabunden vigilieren soll, der kann auf keinen hohen Grad mitbürgerlicher Achtung Anspruch machen, und nur dem ihm untergebenen Volk der Taugenichtse wird er einigen Respekt abzupressen verstehen. Klug war jedenfalls jener Landstreicher in Holstein, der den ihn auf frischer Tat betreffenden einäugigen Beamten anredete: „Gnädiger Herr Prachervogt!" Schmunzelnd erwiderte dieser: Wenn man nur seinen ordentlichen Titel richtig kriegt, so drückt man auch wohl ein Auge zu, — und ungestört ging der ihm somit unsichtbar gewordene Bettelmann seinem Gewerbe weiter nach. Richtig ist übrigens die sich hier aufdrängende Bemerkung, daß gerade die ungeehrtesten Stände am eifersüchtigsten auf das halten, was sie ihre Ehre nennen. Während der kriegerische Bandit, der professionsmäßige Dieb mit unsäglicher Verachtung auf den Bettler herabsieht und es für unter seiner Würde hält, etwas zu erbitten, was er erbeuten kann, erklärt dieser mit mehr Recht, es verstoße wider seine Ehre, zu stehlen. Qualis grex talis rex: der durch einträgliche Spitzbubenjagd sehr wohl adjustierte Scherge verachtet den schlecht gekleideten Prachervogt, welcher seinerseits erklärt: ich fange doch nur Bettler und dergleichen ehrliches Lumpengesindel, das schändliche Diebsgreifen aber wäre ganz gegen meine Ehre.

Wenn, nach des Herrn von Rehfues Aussage, der Tübinger Bettelvogt von

1790 ein Mann war, der selbst wenig mehr als Bettler, keinem solchen Armen jemals wehe getan, so passt dieses Ausspruchs erster Teil allerdings auf den ganzen Dienst, während jedem Bettler recht wehe zu tun als heilige Pflicht der ganzen Kaste gelten mußte, woher auch die gründliche Aversion der Bettler gegen die Vögte, die sich auch in einem alten Volksliede wiederspiegelt.

In Hamburg, wo die Armenpflege bis 1788 als Gemeindesache den Pfarrkirchen oblag, nahmen die von diesen bestellten Prachervögte schon vor ihrer Ehrlichsprechung den honetteren Namen Kirchenvögte in Anspruch, obschon die ältere Bezeichnung im Volke haften blieb. Daß indessen um 1695 die Reputation der Hamburger Kirchen- und Armenvögte keine glänzende war, ergibt sich daraus, daß der Senior, Pastor Schultze zu St. Petri, sich gemüßigt fand, eine Bußpredigt wider die Sünden dieser Leute zu halten. Die gerade anwesende Gattin eines dieser Beamten, erst kürzlich eines Kindes genesen, alterierte sich dergestalt über solche „Calumnie", daß ihr Säugling darüber Todes verfuhr. Herr Senior Schultze, der dies in seinem Diarium erzählt, erklärte natürlich den Connex seiner Predigt mit dem Tode des Kindes für reine Verleumdung und schloß diesen Passus: „Wie lange willt du, o Gott, solcher Bosheit nachsehen!"

Die Kirchenvögte hielten dafür, daß ihr kirchlicher Dienst mit der Bettleraufsicht unvereinbar sei, weshalb sie Substituten hielten, die nun Kirchen-Bettelvögte hießen. Seit 1735 wurden die Kirchen von dem Bettlerwesen befreit, das besonderen Bettelvögten aufgetragen wurde, die das Zucht-, Werk- und Armenhaus anstellte und ihnen besondere Kleidung und ein Brustschild gab.

So lästig übrigens der Dienst der Armenvögte war, so hatten sie doch vielfache Assistenz dabei zu gewärtigen, wenn sie auf Gassen und Märkten das Bettelvolk aufgriffen und nach Erkenntnis des Prätors weiter transportierten: die Rückfälligen vor allen Dingen in's Prison, die Kranken in's Spital, die schwachen Gutherzigen über die Grenze, die starken Mutwilligen (laut Bürgerschluß von 1604) zur Schanzarbeit bei Wall und Graben. Zuweilen wurde eine große Razzia auf Bettler und Herumtreiber veranstaltet. Eine solche im April 1677 ergab allein an wirklich kranken Subjekten: sechs große enggepackte Lastwagen voll, welche dem allgemeinen Hospitale, Pesthof genannt, überliefert wurden.

Einer alten Praxis zu Folge ließ man in Hamburg die singenden Bettler, als eine Spezies der Spielleute, möglichst ungeschoren; sie sangen Psalme und geistliche Lieder vor den Türen, und dienten zuweilen zur Beförderung erbaulicher Gedanken, oder zur Vertreibung arger; wer platterdings nicht singen konnte, der betete ein Vater Unser. Diese Bettlerweisen gehören nun auch längst zu den überwundenen Standpunkten. Unter jenen Singevögeln befanden sich häufig kluge Köpfe, welche auf die Verschlechterung der Menschen und Sitten nicht unrichtig spekulierten, indem sie (statt der Choräle) „rohe Gassenhauer und wahre Schandlieder" zur Bedeckung ihrer Bettelei wählten. Gegen solche einschreiten zu dürfen, laut Vorschrift von 1740, diente den frommen Kirchenvögten zum wahren Vergnügen. — Ihr Dienst wurde sodann schwerer, als es den hiesigen Bettlern einfiel, auch noch spät abends nach eingebrochener Dunkelheit vor den Türen zu singen, während sonst in gesammter Christenheit der Bettelmann mit Sonnenuntergang Feierabend zu machen pflegt. Diese Exzedenten ebenfalls festnehmen zu dürfen, gewährte den Prachervögten große Genugtuung. Dennoch nahm das abendliche Betteln, darunter eitel Diebesgelüste verborgen, erschreckend überhand, so daß der Senat 1788 den Vögten befehlen ließ: allabendlich wohl zu vigilieren und „jeden aufstoßenden Bettler sonder Gnade zu verhaften", was man gerade keine ganz korrekte Ausdrucksweise eines hochweisen Rates nennen kann.

Ihre armen Kollegen, die Prachervögte im Landgebiete, waren viel schlimmer dran, denn sie waren den ärgsten persönlichen Mißhandlungen, ja Lebensgefahren ausgesetzt, wenn sie gegen die truppweise umherschweifenden Vagabunden jener polizeiwidrig wilden Zeit zu Felde ziehen mußten. Im Jahre 1704 verbannte ein lübeck-hamburgisches Mandat einige Schwärme derselben aus dem gelobten Lande des beiderstädtischen Amtes Bergedorf. Bei sofort zu exequierender Strafe scharfen Staupenschlags wurde „dem ehr- und heillosen Volke der Zigeuner, deren weltkundige Diebesgriffe, vorgebende Wahrsagerkünste und andere gottlose Händel höchst gemeinschädlich", ingleichen allen sonstigen Landstreichern und Bettlern, das Betreten der Grenze, so einzeln wie truppweise untersagt. — Im Jahre 1725 hauste eine Zigeunerhorde in den Wohldorfer Forsten, woselbst sie bei der Kupfermühle einen erschrecklichen Wald- und Mordbrand anrichtete, und den nachsetzenden Dragonern spurlos entkam. Im Sommer 1733 streiften mehrere freche Zigeunerbanden, zusammen 400 Kopf, im Hamburger Landgebiete umher, und brandschatzten vorzüglich die einsam gelegenen Walddörfer. Die anfangs gegen sie ausgeschickten Prachervögte kamen braun und blau geschlagen mit blutigen Köpfen wieder heim. Noch weniger fruchteten landherrliche Befehle, „daß sie sich fortpacken sollten". Gleiche Erfolglosigkeit hatte das Aufgebot des Landsturms der Dorfschaften, welchen die alten steifen Prachervögte als Plänkler dienen sollten. Alles vergebens; hier verjagt und spurlos verschwunden, tauchten sie desto räuberischer dort wieder auf. Bei jetzigen geordneten Zuständen und friedlichen Zeiten hat man keinen Begriff davon, welch' große Landplage damals die Bettler und Zigeuner waren. Kein allein über's Feld gehender Mann war vor Überfällen aus den Hecken und Büschen sicher; jeder in die Hände dieser Heiden fallende Bettelvogt glaubte sein letztes Vater Unser beten zu müssen. Da erbarmte sich der Senat auf Vorstellung der Landherren der Sache. Er erließ ein geharnischtes Entrüstungsmandat gegen das „in Büschen, Morästen und Wäldern sich versteckende Gesindel, so ohnvermuthet in die Bauerhäuser fällt, und daselbst nichts als Diebstahl, Raub und Todtschlag verübt, welchen Raubvögeln nun zum allerletzten Male befohlen wird, daß sie sich ungesäumt fortpacken und niemals wiederkommen, widrigenfalls sie ohne Proceß sofort durchgestäupt werden" u.s.w. Diesem Mandat gab ein militärisches Kommando von 6 Offizieren, 25 Dragonern und 150 Musketieren, mit scharfer Munition wohlversehen, den gehörigen Nachdruck. Die Prachervögte bekamen wieder Oberwasser und behaupteten siegreich das Feld.

Einen so witzigen Bettelvogt, wie die Bremer Anfang des 17. Jahrhunderts in der Person des Gerd Geeloge besaßen, haben die Hamburger nicht aufzuweisen, die bekanntlich in den meisten Dingen von diesen Schwesterstädtern überflügelt werden. Besagter Gerd faßte seinen Beruf künstlerisch auf, und sah jeden Menschen, dem er auf der Gasse begegnete (gleichviel ob er bettelte oder nicht) scharf darauf an, wie er sich wohl im Halseisen ausnehmen würde, in welches, da es zweischläfrig war, er immer ein Paar zugleich stellte. Nun war sein Prinzip: entweder völlige Harmonie, also zwei symmetrische Seitenstücke, oder völlige Disharmonie, also zwei Gegensätze. Hatte er einen kurzen, dicken Bettler gefunden, zu dem es nicht gleich ein Ebenbild gab, so ruhte und rastete er nicht eher, bis er den mit ihm kontrastierenden, langen, hagern Mann gefunden hatte, den er dann in's Halseisen beförderte, wenn er auch ein schuldloser Bauer oder Arbeiter war. Das sah denn allerdings zuweilen ganz drollig aus, und die Bremer lachten, und nannten ihren Gerd einen verteufelt spaßhaften Kerl. Zuletzt kam er mit seiner gottlosen Passion übel an, als sein Gerichtsherr ihn gerade dabei betraf, wie er dessen eigenen Hofmeyer gepackt hatte, um ihn eben als passendes Seitenstück eines Bettlers einzueisen.

Übrigens wurde ein gut konstruierter Pfahl dieser Art mit mehreren Halseisen zu gleichzeitiger Ausstellung mehrerer Landstreicher mitunter zum erfreulichen Orte unerwarteten Wiedersehens. So zu Göttingen den 18. Oktober 1800. Ein Vagabund aus der westlichen Umgegend war bereits angeschlossen und sah sich nach guter Gesellschaft um, als die Schergen ein im östlichen Revier aufgegriffenes Weibsbild heranschleppten, und jenem Kerl, ohne weitere Vorstellung, beigesellten. Als beide Schicksalsgefährten sich um- und anblickten, da erkannten und begrüßten sie sich auch als Lebensgenossen, nämlich Ehegatten, welche auf ihren irren Berufswegen (die sie besserer Nahrung wegen getrennt zu wandeln gewohnt waren) bereits seit Jahren sich nicht gesehen und nur hie und da ihre Spuren angetroffen hatten. Sie unterhielten sich nun sehr freundlich, fast liebreich miteinander, und nutzten die kurze Spanne Zeit ihres glücklichen Begegnens an diesem angenehmen Orte zum Austausch aller zweckdienlichen Mitteilungen, bis das rauhe Schicksal sie wieder auseinander warf, nämlich bis gefühllose Schergen sie ihrem Halsschmucke entnahmen, den Kerl gen Westen, seine Frau aber gen Osten zurückschoben.

Großes Aufsehen erregte in Hamburg um 1700 die Arretierung eines reichen Mannes, welcher, ein bekannter Geizhals und immer dürftig gekleidet, zur Börse gehend von einem Bettelvogt angefaßt und mitgeschleppt wurde. Dieser entschuldigte sich mit übertriebenem Diensteifer und blöden Augen, es lag aber der Verdacht böslicher Heimtücke nicht fern. Seitdem wurde den Dienstinstruktionen aller Bettelvögte der Passus einverleibt, sie sollten sich nicht unterstehen, aus persönlicher Rachgier oder anderen schändlichen Gelüsten, ehrbare Leute als Bettler anzutasten.

Zuweilen packten aber doch die Bettelvögte, wenn sie so recht dreist in's volle Menschenleben griffen, auch einen interessanten Fall. Im Jahre 1767 brachten sie eines Tags, die verdächtigen Abläufe eines altonaischen Marktgewühls beobachtend, von Eimsbüttel her einen kleinen Zigeunertrupp zur Haft und Untersuchung. Es waren ihrer 5 Männer, 5 Weiber und 5 Kinder, alle 15 bis auf einen Blondin als richtige, gelbe Zigeuner erkannt, bewirtet (mit Wasser und Brot) und am dritten Tage nach beschworener Urfehde für ewige Zeiten verbannt. Der Blondin aber entpuppte sich aus phantastischer Hülle als ein blutjunger königlich dänischer Militär, welchen die Liebe zu einem wunderschönen Zigeunermädchen jener Bande zum Anschluß an dieselbe bewegen hatte. Er wurde der Behörde seines Monarchen überantwortet. Hoffentlich ist er nicht als Deserteur erschossen, sondern hat später seine Holde wiedergefunden, in ihr eine jung gestohlene Grafentochter entdeckt und sie heimgeführt auf das Schloß seiner Väter.

Siebentes Kapitel:
Von Nachtwächtern

In Betreff der Nachtwächter ist zuvorderst an ihre Kollegen zur Minnesängerzeit zu erinnern, welche eine sehr geachtete Stellung eingenommen und mit herrschaftlichen Personen auf vertrautem Fuße gestanden haben müssen, wie der Inhalt vieler sogenannter Wächterlieder uns kund gibt.

In späteren Zeiten unterschieden gewissenhafte Seelen sorgfältig zweierlei Arten, und nur diejenigen Vigilanten, welche auch zum Diebsfangen gebraucht wurden, mithin der bedenklichen Klasse der Häscher und Schergen nahe verwandt waren, erachtete man für unehrlich. Dagegen erfreute sich der reine Nachtwächter mit Lanze, Horn und Leuchte, begleitet von Phylax, der so manche Nacht mit ihm durchwachte, eines durchgängig ehrlichen Rufes. Hatte er doch einzig auf Feuer und Licht zu passen, bei gefährlichen Ereignissen aber, Frevel, Einbrüchen, Mord und Totschlag sich eiligst zurückzuziehen und nur aus der Ferne ganz grausam Alarm zu blasen. Freilich verführte ihn diese Kunst des Blasens zuweilen auch zur Übernahme des Stadt- oder Dorfhirtendienstes (z. B. in der Reußischen Stadt Zeulenroda, wo der zweite Nachtwächter zugleich Ortshirte war), in welchem Falle dann das Kuhhorn das ehrliche Wächterhorn anrüchtigte. Und wenn der Hirtendienst zufällig nach Ortssitte auch mit der Schulmeisterei verbunden war, so konnte ein solcher ländlicher Stellenjäger drei Ämter in sich vereinigen und doch unebenbürtig bleiben, selbst nachdem das Reichsgesetz von 1731 die Nachtwächter wie die Hirten des Makels der Unehrlichkeit entbunden hatte.

Große Städte entbehren schon lange solche romantische Nachtgestalten mit Horn und Lanze, welche man nur noch in kleinen Flecken und Dörfern findet, und dann mit Behagen ihrem Blasen und frommen Sänge lauscht. Das „Hört ihr Herr'n und laßt euch sagen" ist gewiß ebenso uralt, als es allgemein verbreitet war, wenn auch das fernere Lied nach Zeit- und Ortsgelegenheit verschieden gelautet haben mag.

Wie lange das wohllautende Wächterhorn in Hamburg bräuchlich gewesen, das weiß man so wenig bestimmt, als man genaue Kunde hat über den ältesten Nachtwächterdienst bis zur Reformationszeit. Um 1300 indes kommen in den Stadtrechnungen Wächter vor, welche außer ihrem Solde auch graues Tuch zur Bekleidung (also eine Art Montur) empfingen, und sich zur Fastenzeit eines für sie bereiteten Festschmauses auf Regimentsunkosten zu erfreuen hatten. Hundert Jahre später scheinen sie unter den Ratsdienern gestanden zu haben. Für diese („pro familiaribus Dominorum, nocturno tempore vigilantibus") schaffte man 1467 einige Schutz- und Trutzwaffen an, darunter auch jene Spezies der Helme oder Sturmhauben, welche das Volk „Beckenele" oder „Backeneel" nannte. Wenn heutigen Tags ältere Hamburger und andere Norddeutsche auf Reisen gehen, so nehmen sie sorgfältig ihre „Packneelken" mit, worunter sie kleines, friedliches Gepäck verstehen, nicht ahnend dieses verirrten Wortes ursprünglich kriegerische Bedeutung.

Zu den diesen Leuten nötigen Wachtstuben wählte man Lokalitäten, welche tagsüber besseren Zwecken dienten, z. B. eine der Buden auf der Trostbrücke, welche gewöhnlich an Buchbinder, Uhrmacher und Notare vermietet wurden, auch eine dem sog. Barentrum bei der Broksbrücke angebaute Bude beherbergte nachts die Wächter der Stadt, welche, wenn der Morgen graute, abzogen, worauf in den bierdunstigen Raum ein Bäcker mit frischer Brotware einzog. So war's noch um 1600.

Von den 12 geschworenen Stadtdienern, welche im 16. Jahrhundert unter

Mitwirkung bürgerlicher Hilfsmänner mit dem Nachtdienst betraut waren, wollen wir hoffen, daß sie des Blasens kundig gewesen. Da aber die Bürger lieber schlafen, als mit den Stadtdienern patrouillieren mochten, so riß, zum Schaden der öffentlichen Sicherheit, ein böses Stellvertreterwesen ein. Gleichzeitige Nachrichten besagen, daß den Dienst nur zusammengerafftes Gesindel versehe, welches die nächtliche Unordnung absichtlich vermehre, um sie für sich auszubeuten, so daß es für schimpflich geachtet werde, als Wächter zu dienen. Auf Ostern 1600 wurden 8 geschworene Straßenwachter oder Röper (Rufer) angestellt, für jedes der damaligen 4 Kirchspiele 2. Jeder erhielt 10 Mk. Bc. quartaliter und freie Wohnung in einem der Türme der Stadtmauer. Bald danach wurde ihre Anzahl vermehrt und 1605 der Stadtwachtmeister Dietrich v. Scharen dieser Bande als Befehlshaber vorgesetzt. Indessen blieb das Nachtwächterwesen sehr mangelhaft. Selbst der Rat erklärte 1610 freimütig: „Es werde dermalen zur Nachtzeit auf den Gassen so viel Frevel, Muthwille und Gewalt verübt, daß schier ein ehrlicher Mann oder eine tugendsame Frau und Jungfer, wenn sie von Hochzeiten, Gastereien oder andern hochwichtigen Gewerben heimkehren, nicht sonder große Leibesgefahr durchzukommen sich getrauen dürfe." Und dieser Zustand herrschte Angesichts des drakonischen Art. 65.P.IV. des Stadtrechts von 1605, welcher verfügte, daß alle nach 9 Uhr abends auf der Gasse betretenen Personen, sofern sie sich nicht sofort legitimieren könnten, von den Wächtern zur Verhütung nächtlichen Mutwillens festzunehmen, Bürger und Bürgerskinder nach dem Winserbaum oder Brooksturm, alle Übrigen aber in die Frohnerei zu bringen seien. Aber allzustrenge Vorschriften bleiben am ehesten unbefolgt. Ein Kommentator des Statuts fügt diesem Artikel die kurze Notiz bei: „non observetur." Deshalb wurde nun 1610 eine bessere Nachtwachtordnung gemacht, indem man zur Sicherung des nächtlichen Stadtfriedens 60 ausgediente Soldaten anstellte, von welchen wir annehmen dürfen, daß sie als alte Kriegsgurgeln der Sangeskunst frommer deutscher Landsknechte mächtig genug gewesen, um die etwa in Sorgen wachenden Bürger durch gute Psalmklänge zu trösten, und die Stunden gebührlich abzurufen. Aber auch mit dieser Truppe ging's nicht völlig nach Wunsch, denn schon 1619 verlangten die Bürger, daß die Stundenrufer morgens nicht so zeitig nach Haus gehen sollten u.s.w. Vielleicht waren der Invaliden zu viele darunter, welchen ihre Waffe, eine Keule, nach Art der wilden Harzmänner, zu beschwerlich fiel, um sie häufig zu gebrauchen. Jedoch berichtet der italische Graf Priorato 1663 in seiner Beschreibung von Hamburg allerlei Löbliches von dem Diensteifer der 100 bewaffneten Nachtwächter in Verfolgung der auf den Gassen schweifenden leichtsinnigen Frauenzimmer. Gegen männliche Nachtschwärmer waren sie jedenfalls nachsichtiger. Denn die Klagen über Störungen der Nachtruhe, über Frevel, Raub und Einbruch, mehrten sich in haarsträubender Weise, darum berieten Rat und Bürgerschaft fleißig über eine abermalige Umwandlung des Dienstes. Herren und Bürger mochten bei fortgeschrittener Bildung vom Nachtwächter nichts hören, noch sich von ihm etwas sagen lassen; darum sah man auch scheel auf das edle Horn und den frommen Gesang, als wenn diese harmlosen Dinge den Straßenlärm und die Frevel der Nachtschwärmer verschuldeten. Dafür versprach man sich alles Heil von einer neuen, holländischen Erfindung, welche ein gleichzeitiger Chronist beschreibt als „ein sonderbarliches Klapperwerk, so ein übel Geräusch machet nach Art der Sineser", kurzum von der prosaischen Knarre, vulgo Schnurr- oder Rätteldring. Man beschloß also 1671 die Errichtung einer sogenannten Rättelwacht, in der Weise, „wie solche zu Amsterdam nützlichst praktiziert wird." Man wünschte dazu „junge taugliche Männer, worunter bequeme Leute, so vor diesem Soldaten gewesen und nunmehr als Korvorale zu gebrauchen", bewaffnet, anstatt der bereits für schimpflich geachteten Keulen mit Partisanen, halben Piquen und anderen guten Wehren. Am 21. Okt. 1671 ging die Trommel durch die Stadt „wegen Anwerbung der Völker zur neuen Rättelwacht", wobei ausgerufen wurde, daß die Eintretenden durch solchen Dienst an ihrer Ehre nicht verletzt, sondern nach wie vor als ehrlich und redlich sollten angesehen und von E. E. Rat jederzeit dabei geschützt sein. Bald waren die 150 Mann zusammen, deren, von bequemen Korporalen geführter Posten- und Patrouillendienst genau geregelt wurde. Wegen der Knarre instruierte man die Leute: dieselbe hart zu rühren, wenn Brand, Frevel und Diebstahl im Anzüge; halbstündlich aber „mit sanftem Rütteln" durch bloßes Aussprechen zu vermelden; „die Glock hat so und so viel geschlagen, so und so viel ist die Glock." Außer diesem Rezitativ war ihnen jeder Ariengesang streng untersagt. Hinter diesem Stundenrufer oder „Röper" her schlich stimm- und tonlos der ihn kontrollierende Kamerad, der „Slieker" (Schleicher), dessen Rolle oftmals der Rover im vorgerückteren Lebensalter übernahm, wenn sein Tenor ausgerungen hatte. — Übrigens ermahnte man sie zur Tapferkeit, ermächtigte sie sogar ausdrücklich zu unverzagtem Gebrauch ihrer Waffen, mit welchen sie sich selbst defendieren dürften, so gut sie's vermöchten, wenn sie persönlich beschimpft und bedroht sein würden, und man ihrer Erklärung, daß sie wirklich die Hamburger Rättelwacht vorstellten, keinen Glauben schenke. — Acht Jahre später erklärte der Rat den Bürgern: er hätte zwar bei Herstellung des lieben Friedens in Europa gehofft, daß sich dessen auch unsere gute Stadt zu erfreuen haben werde, jedoch seien, Gottleider! die Konjunkturen bei uns so schlecht, wie niemals zuvor, weshalb es unerläßlich, die Rättelwacht ansehnlich zu vermehren, — übrigens aber auch neue Festungswerke anzulegen, die Artollerey zu verbessern und die Soldateska zu verstärken. — Beiläufig sei erwähnt, daß das Nachtwächtercorps stets je nach Erfordernis der Stadtvergrößerung vermehrt wurde und 1721 aus 300 Köpfen bestand, die jährlich 46 296 M kosteten, — 1810 aber aus 5 Oberoffizieren, 339 Unteroffizieren und Gemeinen, und 112 sog. halben Wächtern, welche zusammen 80000 M kosteten.

In wie großen Respekt sich übrigens diese Hamburger Rättelwacht bald nach ihrer Errichtung zu setzen verstanden hatte, das erfahren wir u. a. auch aus den seltsamen Abenteuern des berühmten Schelmuffsky (1696), welcher eines Abends in Hamburg, nachdem er allein einen Straßenkampf gegen einen Haufen degenwetzender Feinde bestanden und ihrer 15 mit seinem Rückenstreicher niedergestreckt hatte („o Sapperlot! wie rissen die übrigen Kerle aus"), dennoch sofort selbst Reißaus nahm, sobald er die Rättelwacht heranknarren hörte, zum Tore hinaus, gen Altona, auf's Schiff, fort in die wogende See, — Alles, um nur nicht der Hamburger Rättelwacht in die Tatzen zu fallen.

Aber nicht nur Respekt, sondern auch eine gewisse Zuneigung müssen die alten Hamb. Nachtwächter bei ehrbaren Frauen sich erworben haben, da diese eine damals beliebte Speise nach jenen benannten. Leider ist deren Rezept verloren, jedoch berichtet Pastor Hübbe, in seinem Nachtrag zum Hamb. Idiotikon (Journal Hamburg u. Altona 1805. 1806), daß dies Gericht ein „gestoovtes" war und mit einer Zwiebelsauce genossen wurde. Es hieß nämlich „gestoovte Rätelkeerls mit Sippelsauß". Wenig kameradschaftlich verkehrten die Bürger-Offiziere mit den Offizieren der Nachtwache, woran ein übler Vorfall die Schuld trug. In einer Märznacht des unruhigen Jahres 1686 war es, als ein pflichteifriger Bürger-Kapitain im Dienst seine Runde nicht auf den Wall beschränkte, sondern ohne Ordre bis ins Innere der Stadt ausdehnte. Gleichzeitig machte der nicht minder eifrige Nachtwächter-Kapitain, ebenfalls ohne Ordre, eine Extrarunde durch die Stadt. Beide Eckartsmänner begegneten sich und riefen sich an, die Parole fordernd, die sowohl dieser als jener verweigerte. Der Disput endete damit, daß der Rättelchef seine Leute zusammenflötete und den patriotischen Bürger-Kameraden in Arrest schleppen ließ. — Das ganze Kollegium der Bürger-Kapitaine kam darüber in äußerste Entrüstung und ver- und erlangte eine angemessene Satisfaktion. Daher datierte die Antipathie der Offiziere beider Corps gegeneinander, die sich gegenseitig den Salut nicht gönnten.

Man hätte übrigens meinen sollen, die damals noch sehr konservativen Hamburger würden sich so leichten Kaufs das Wächterhorn nicht haben nehmen lassen. Dennoch scheinen keine Volksbewegungen gegen die Neuerung mit der holländischen oder sinesischen Knarre vorgekommen zu sein, welche hier ungestört forträttelte, während sie sich an andern Orten bald unmöglich machte. Zu Halle an der Saale nämlich hatte der Magistrat, vielleicht Hamburgs Beispiel vor Augen, die „Schnurre oder Rassel" eingefühlt. Da begab es sich einige Tage später, daß ein wahnwitziger Töpfergeselle, aufgeregt durch fremde Töne, bei nachtschlafender Zeit seinem Wärter entspringt, und nun plötzlich das ungewohnte Klapperwerk der Sineser nahebei vernehmend, des Glaubens wird, der Teufel sei los. Mutig geht er dem Schalle nach, betrifft zwei, keines Überfalls gewärtige, schwach verschanzte Wächter auf frischer Tat, entwindet raschen Griffes dem Einen die Lanze und schlägt mit derselben beide tot, ehe sie sich auf einen Angriff besinnen können. Da er seine Ausrede, daß er sie für leibhaftige Teufel angesehen, weil sie einen Höllenlärm vollführet, durch stadtkundigen Irrsinn belegen konnte, so sperrte man ihn nur sicherer ein; löblicher Magistrat aber fand sich durch dies hochtragische Ereignis bewogen, die neumodischen Schnurren als schätzbares Material ad acta, zu legen, und die Nachtwächter anzuweisen, wiederum zu ihrem alten Tuthorn zu greifen. So erzählt der Geheimbte Rat von Dreyhaupt in seiner vortrefflichen Beschreibung des Saal-Kreises (Fol. 2 Bde. 1755).

Vielleicht in Folge dieses warnenden Beispiels, führte man in andern Städten das sinesische Klapperwerk entweder gar nicht oder nur teilweise ein, z. B. in Braunschweig, wo es vormals Tutwächter neben Rättelwächtern gab.

In London scheinen zu Humphry Clinkers Zeiten die Nachtwächter weder Knarre noch Tuthorn geführt zu haben, denn nicht die Töne dieser Instrumente, sondern die Keulenschläge, welche diese Hüter der Ruhe gegen jede Haustüre zu donnern instruiert waren, indem sie dabei die Stunde ausschrien schreckten Mr. Bramble stündlich jählings auf aus kaum erschlichenem Schlummer, — weshalb er die Londoner Nachtwächter einen Haufen unnützer Burschen nennt, die zu nichts dienten, als Leute im Schlaf zu stören, worin man ihm beipflichten muß.

Ungefähr 190 Jahre lang ist in Hamburg dem „Corps der Nachtwache", wie man später sagte, das unmusikalische Knarren der Rättel geblieben (welche dennoch dem schrillen Pfiff der Wächter Berlins u. a. Orte vorzuziehen war) und nur gelegentlich gab's Virtuosen auf der geheimnisvollen Maultrommel unter den hiesigen Knarrwachteln. In der Sylvesternacht aber durfte ein Hamburger Schnarrassel auch singen. Dann bestellten ihn frühliche Gesellschaften zum Anfagen des neuen Jahrs. Absichtlich die Stunde vergessend, saß man heiter beim dampfenden Punsch, bis mahnend sich das Rättelding vernehmen ließ, und in der Türe der Wächter im Nachtkostüm mit Mantel, Pelzmütze und Lanze erschien, und nun einen altertümlichen Sang verlautbarte, welcher seine Glückwünsche ausdrücken oder einleiten sollte. Mit dem nötigen Geldgeschenk und unnötigem Punsch belastet, verschwand er sodann rasselnd zu fernerer Ausübung seiner Amtspflicht. Draußen vor den Toren, ja auch auf den Gassen, Plätzen, wie in den Höfen und Gangen knatterten dann eine unzählige Menge Musketenschüsse zur Begrüßung des neuen Jahrs in die Nachtluft; das aber focht die Wächter nicht an, die sich wohl hüteten, das alljährlich erneuerte Mandat gegen das verderbliche Schießen in der Neujahrsnacht aufrecht erhalten zu wollen. Weshalb auch das neue Jahr mit Zank und Streit beginnen! In weinseligster Laune lärmen die frohen Gäste nach Hause, noch ein paar vereinzelte Gewehrsalven hie und da, die Glock' schlägt Eins, still wird's auf den Gassen des guten alten Hamburg, die Nächtwächter strecken und recken sich, setzen sich nieder und hüllen sich in den Mantel innerlicher Beschauung bis zum nächsten Rundenruf.

Zu verschiedenen Malen haben Kultur-Attentate auf den Hamburger Wächterruf stattgefunden. Derselbe erscholl nämlich, wie natürlich, in ehrlicher plattdeutscher Volkssprache, und verfiel bald aus dem reglementsmäßigen Rezitativ in einen mehr oder minder angenehmen Singsang, variiert nach eines Jeden musikalischer Begabung und Geschmacksrichtung. Da nun gegen dies Singen, welches als volkstümliche Naturproduktion gewiß seine innere Berechtigung hatte, die Aufklärung nicht einzuschreiten wagte, so versuchte sie es etwa um 1778 mit dem Texte, und gebot den Nachtwächtern, fortan in hochdeutscher Mundart zu rufen und zu singen, welcher Befehl sich aber bald als ein völlig ohnmächtiger Sprachzwang erwies und aufgehoben werden mußte, wie der selige Pastor Hübbe in seinem trefflichen Kommentar zum Hamburger Ausruf (1808) bestätigt. Endlich, in den letzten Lebensjahren des Corps der Nachtwache, setzte die Aufklärung ihren Willen in Betreff des gedachten Singfangs durch, welcher durchgängig abgeschafft wurde, um einem verkürzten, eintönigen, schroff herausgestoßenen Stundenruf Platz zu machen.

Jetzt ist man noch aufgeklärter geworden, und hat alles und jedes Rufen, ja sogar das sinesische Klapperwerk für immer verstummen lassen. Im Felde seines Berufs schleicht still und wild der moderne Polizeiwächter durch die Gassen, gespannten Auges, gehobenen Armes, um lautlos desto sicherer seine Beute zu erfassen. Ob aber jetzt weniger gestohlen und gefrevelt wird, das steht dahin!

Auch in Holland hat man neuerdings das dort erfundene Klapperwerk, nach welchem man den Nachtwächter den Klappermann nannte, wieder abgeschafft, und ihm eine wuchtige Hellebarde in die Hand gegeben, zum Aufklopfen gegen das Straßenpflaster, — wie Hr. v. Hellwald in Nr. 10 des Auslandes v. 1870 erzählt.

Fast erschiene es passend, hier eine zierliche Abbildung der für immer verschwundenen Rättel einzuschalten, um der wissbegierigen Nachwelt eine anschauliche Vorstellung von dem Aussehen solchen Dinges beizubringen. Solange es in Wirksamsamkeit, gab's auch ein artiges Spielzeug für kleine Kinder, eine treue Nachbildung der Rättel en miniature, Schnurrding genannt, grün, gelb, blau oder rot angepinselt und milde knarrend, wenn man's drehte. Auch Quarre nannte man es, weshalb man dasselbe Wort in der Redensart „erst die Pfarre, dann die Quarre", nicht auf die voraussichtliche Frau Pfarrerin, sondern, einen Schritt weiter, auf den dann unausbleiblichen Kindersegen deuten kann.

Der den alten Nachtwächtern in Hamburg obliegende Dienst war besonders zur Winterszeit, wegen der langen Nächte und müßigen Matrosen, ungemein beschwerlich. Frevel und Mutwille, kaum gebändigt, erhob von Neuem das Haupt. Aufläufe und ähnliche Störungen der öffentlichen Ruhe und Sicherheit rissen nie ab. Einen solchen Tumult im Jahre 1738 hatte der Nachtwächter-Lieutenant Sievert dadurch außerordentlich vergrößert, daß er selbst in totaler Betrunkenheit auf dem Kampfplätze erschien. Er mußte sich deshalb dem Senate demütig reversieren: daß er nach diesem alles Gesöffe meiden wolle, um im Dienste jederzeit wacker erfunden zu werden, bei Strafe sofortiger Cassation. Er besserte sich auch so gründlich, daß er einige Jahre später ein Lob empfing, als er die Extrarunden befehligte, welche „wegen zunehmender räuberischer Unsicherheit der Gassen" allnächtlich von 6 Uhr abends bis 7 Uhr morgens angeordnet werden mußten. Im Winter 1786—87 war wiederum der öffentliche Friede so gefährdet, daß diese Extrarunden nicht genügten, sondern große Soldatenpatrouillen kommandiert werden mußten, um dem Unwesen zu steuern.

Nach anfangs erwähntem Grundsatze hätten nun die Hamburger Nachtwächter, welche das Diebsgreifen zu allen Tageszeiten, also professionsmäßig betrieben, eigentlich recht unehrlich sein müssen, — und daß man sie vor 1610 auch dafür hielt, haben wir oben vernommen. Indessen war die Rättelwacht von 1671 und ihre Nachgeborenen gegen solche Unbill bestens geschützt, und zwar sowohl durch die gedachte Senatsdeklaration bei ihrer Errichtung, als auch durch den purifizirenden Reichsschluß von 1731, und vorzüglich (und beim Volke mag dies der wirksamste Schutz gewesen sein) durch ihre ganz ernsthaft militärische Organisation mit Kapitain, Lieutenant, Fähndrich, Sergeant, mit fliegenden Fahnen, Trommeln und Querpfeifen, mit Montur und Armatur, wie die besten Reichstruppen! Den soldatischen Geist des Corps beurkundete auch die um 1680—1700 in demselben herrschende Duellsucht, nicht nur bei den Offizieren, sondern sogar bei Röpern und Sliekern, davon die Hamburger Denkwürdigkeiten ein Beispiel erzählen.

Ob übrigens die Offiziere der Rättelwacht vom Garnison- und wirklichen Militär als ebenbürtig angesehen wurden, das ist doch zu bezweifeln; zumal da gleich anfangs sich herausstellte, daß der Fähndrich, vielleicht zuvor ein Badergesell, seine Kameraden vom Corps freundschaftlich bediente, weshalb das Barbiereramt beim Senat beantragte: Der Rättelwacht möge befohlen werden, daß sie sich nicht von ihrem Fähndrich, sondern von Amtsmeistern bedienen lasse. — Auch fühlten sich die Rätteloffiziere durch gelegentliche kameradschaftliche Behandlung abseiten fremder Offiziere allemal so geschmeichelt, daß man auf das seltene Vorkommen solcher Kordialität schließen darf. Darauf spekulierten auch der dänische Lieutenant Carol und der preußische Fähndrich von Aderkas sehr richtig, als sie (1737) wegen Tumults in einer Weinschenke von zweien zu Hilfe gerufenen Nachtwächtern arretiert und in die Hauptwache vor deren Kapitain, Herrn Möller, geführt wurden. Derselbe fand sich durch die liebenswürdige Courtoisie der jungen Herren so angenehm berührt, daß er sie ohne Weiteres der Haft entließ, und, um solche Eigenmächtigkeit zu beschönigen, einen unwahren Rapport schrieb, in dessen Folge man höheren Orts sich beeilte, den fremden Offizieren eine Satisfaktion zu geben, indem man die pflichttreuen beiden Nachtwächter, wegen vermeintlich willkürlicher Arretierung, zwei Stunden lang auf dem hölzernen Esel vor der Hauptwache reiten ließ. Waren diese Eselreiter nun auch über die ungeahnte Verdrehung des Sachverhalts zu verblüfft, um sich wirksam zu defendieren, so besaßen ihre treuen Hausfrauen desto mehr Energie. Sie klagten bei allen Instanzen bis zum Senat, welcher sodann nach erkundeter Wahrheit den Kapitain nachdrücklich bestrafte.

Das Reiten auf dem hölzernen Esel, welches bekanntlich sehr komisch ließ, auch schmerzhaft war, da, wo's traf, übrigens aber die Soldatenehre gar nicht antastete, gehörte mit zu den militärischen Kennzeichen der kriegerischen Nachtwächter Hamburgs, und würde deshalb ungern von ihnen gemißt worden sein.

Seit 1627 war zur moralischen Besserung der Garnison auf dem Pferdemarkt, neben dem Soldatengalgen, auch ein hölzernes Straftier aufgestellt, das man als Pferd proklamierte. Als nun die Nachtwächter, in ihrem Gefühlsdrange nach militärischer Gleichstellung, um ein entsprechendes Strafmittel gebeten hatten, entschied man sich höheren Orts dahin, daß ihnen zur nötigen Unterscheidung von der Garnison, statt des Gaules ein Esel zu vergünstigen sei, womit diese bescheidenen Leute sich begnügten. Wenn nun ein Halbinvalider der Garnison zur Verbesserung des Regiments verabschiedet und unter die Nachtwächter gegangen war, so konnte man von ihm mit Recht sagen: daß er vom Pferde auf den Esel gekommen sei, woher denn diese bekannte Redensart (nach Ansicht der Hamburger) entstanden sein soll. — Indessen diese Strafmethode endete wie ein Steppenfluß im sandigen Kulturbewußtsein späterer Zeiten. Seit 1750 mag das, zuletzt neben der Hauptwache am großen Neumarkt paradierende Roß der Garnison nicht mehr bestiegen und, in aller Stille, als antiquiert betrachtet sein. Aber erst ein Antrag des Kommandanten, des Generals Jahnus von Eberstedt, an den Senat brachte die formelle Aufhebung dieser Strafart und Wegschaffung des Tiers zu Wege (1764). Er meinte, es sei das hölzerne Pferd eine unnütze und der löblichen Garnison zum Despekt gereichende Sache. — Leider ist dasselbe vermutlich als Feuerungsmaterial verwendet, kein Museum beherbergt es. Wie lange dann oben berührter Esel in praktischer Verwendung geblieben, und wann endlich die ehrlichen Nachtwächter denselben despektierlich gefunden und dem Kulturfortschritt nachgehinkt kamen, steht nirgendwo geschrieben.

Sehr effektvoll war übrigens der Hamburgischen Nachtwächter Erscheinung bei Tage wie bei Nacht. Tagsüber konnte man dem blau und rot montierten Sicherheitswächter, welchem der mächtige Dreimaster ein imposantes Ansehen verlieh, den vollsten Respekt gar nicht versagen, — und die im Jahre 1806 zuerst in Hamburg einrückenden französischen Regimenter, welche königlich preußische Kerntruppen in ihnen zu erblicken glaubten, sollen sich vor ihrer Wachtparade ungemein entsetzt haben. Seltsam genug waren es wieder die Nachtwächter, welche am 24. Mai 1814 die französischen Truppen bei ihrem Abzug zum Tempel hinaus komplimentierten, indem das französische Kommando der Hauptwache durch ein Detachement Hamburger Nachtwächter in Parade-Uniform mit klingendem Spiel feierlich abgelöst wurde. — Mit einbrechender Dämmerung freilich legten sie ab Montur und blanken Schein, und verpuppten sich. Iht Nachtkostüm, der Mantel mit großem Kutscherkragen, nebst Pelzmütze, war weniger glänzend als warm, und ersterer so lang, daß er sie der Mühe überhob, einem ausreißenden Frevler nachzulaufen, was absolut untunlich war; sie warfen ihm aber dann sehr geschickt die Lanze zwischen die flüchtigen Beine, und pfiffen schrillen Tones auf dem Handgriff ihrer Knarre. Dann stolperte der Flüchtling und fiel, und bevor er wieder erstand, umringten ihn bereits die von allen Seiten herbeigeflöteten Kameraden.

Nach Vollendung ihres halbstündlichen Umganges blieben ihnen, bis zum Antritt des neuen Marsches, noch einige Minuten, welche sie gern der wohlverdienten Ruhe auf einer steinernen Haustreppe und deren sogenannten Beischlag widmeten. Wie düstere Hünengestalten saßen sie da, vom malerischen Mantel umhüllt, die Lanze im Arm, das sorgenschwere Haupt zur innern Einkehr niedergesenkt auf die tapfere Brust. Übelwollende nannten das Schlafen, aber nur in wenigen abgelegenen Revieren wird die zum Schlummer erforderliche Stille zu finden gewesen sein, in dieser lauten, großen Stadt. Keinenfalls geschah hier jemals, was in der westphälischen berühmten Stadt Dortmund am 17. November 1763 geschehen ist: eine generelle Absetzung sämtlicher Nachtwächter, weil es herausgekommen war, daß sie wochenlang allnächtlich in ihren Häusern und Federbetten geruhig geschlafen hatten, statt in den Straßen zu wachen. Vielleicht hatten sie den Spruch Ps. 127, 1 „wo der Herr nicht die Stadt behütet, da wachet der Wächter umsonst" zu ihren Gunsten so interpretiert, daß ihr Wachen völlig überflüssig sei. Und da sie kein nächtliches Nebenamt bekleideten, wie ihre Kollegen in Zwickau, so gaben sie sich ihren friedlichen Anfechtungen willig hin, nach dem Grundsatz: Wer da schlafet, der sündiget nicht. Die 3 Vigilanten in Zwickau hatten 1728 das schlummerstörende Nebengeschäft übernommen, die 16 städtischen Straßenlaternen zu versorgen und ihnen ihr bischen Lebenslicht zu erhalten.

Gedachtes Nachtkostüm setzte nun allerdings die Hamburger Wächter vielfachem Hohn und Spott aus; große und kleine Gassenbuben riefen ihnen allerlei neckhafte Spitznamen und bittere Epigramme zu, deren wenig anständiger Sinn hier gar nicht wieder zugeben ist. Wenig empfindlich gegen solche schamlose Invektiven, reizte dagegen der viel unschuldigere Anruf „Uhlen", d. h. Nachteulen, ihren Zorn regelmäßig auf's Äußerste. Der 9. Artikel der Nachtwacht-Ordnung von 1770 verhieß ihnen daher den kräftigsten Schutz der Obrigkeit gegen alle verunglimpfenden und lästernden Äußerungen unbesonnener Personen.

Abgesehen davon waren die Nachtwächter bis zu ihrer Auflösung ein sehr geachtetes, und unter der ausgezeichneten Führung ihres letzten Chefs, des Herrn Kapitän Grapengießer, ein Jahr für Jahr besser organisirtes Corps, dem der als Polizei-Herr fungirende Senator als nichtuniformierter Obrist vorgesetzt war. Schade, daß ihm (dem Corps) in seinen letzten Lebensjahren allerlei kulturhistorische Denkwürdigkeiten abhanden kamen. Zuerst die zur dumpfen Trommel so reizend schrille Querpfeife, mit welchem altertümlichen kleinen Spiel der deutschen Landsknechte Hamburgs Nachtwächter allabendlich ihre Wachtparade abhielten. Sodann der ihrer ganzen Rococo-Erscheinung die Krone aufsetzende Dreimaster, welcher mit einer nüchternen Wachstuchmütze vertauscht wurde. Immermehr ließ man den soldatischen Ehrenprunk zurücktreten, z. B. die schöne Fahne des Corps, die nur wenige Ietztlebende gesehen haben. Grün war sie, wie des Sultans Prophetenbanner, das Stadtwappen war rot und weiß hineingestickt, aber so undeutlich, daß die spöttische Sage, diese Nachtwächterfahne zeige als Symbol Minervens Vogel, die Eule, einigen Anhalt fand. Deshalb wünschten die Offiziere sehnlichst, daß die jährliche Revue mit fliegender Fahne einmal öffentlich abgehalten werde, wie vormals. Indessen ihr nichtuniformierter Oberst, der Senator-Polizeiherr, fand es passender, die Revue innerhalb der stillen Mauern des Bauhofes abzuhalten. — Und wie vielfältig waren die Dienste dieser unermüdlichen Leute. Sogar zum Vigilieren auf schlummerstörendes Hundegeheul, welchem ernsthaft zu wehren sie instruiert waren, benutzte man sie. Als ein Markgraf von Culmbach im März 1763 in der Traube am Pferdemarkt logirte, brachte ihn ein Nachbarshund um allen Schlaf. Die deshalb interpellierten Nachtwächter konnten der Bestie nicht beikommen, weil sie im Hinterhofe skandalierte, wohin sie begreiflich keinen Zutritt hatten, weshalb sie es vorzogen, das Gekläffe gänzlich in Abrede zu stellen. Der zu Hilfe gerufene Rat war ratlos, denn der Herr des Hundes wollte ihn gutwillig nicht opfern, Gewalt aber konnte man nur auf offener Straße gegen ihn anwenden. Ob des Markgrafen Kammerdiener, wie er gedroht, den Pudel tot geschossen oder ob dieser bei so bewandten Umständen es vorgezogen zu schweigen, wird nicht berichtet.

Auch zu vielen polizeilichen Tagediensten benutzte man die ehrlichen Nachteulen, z. B. auf Anfordern eines Hauswirts zur Mietezahlzeit, um das heimliche Entweichen unsolider Mietsleute mit allen Effekten zu verhindern, was man „mit Respekt ausziehen" nannte, da in solchem Falle der Flüchtling seinem Wirt nichts als seinen Respekt vermelden ließ. Komisch genug sah er aus, der an der Haustüre postierte wohlmontierte Mann, der natürlich nicht den ganzen Tag Schildwacht stehen konnte, wie er so gemächlich auf einem morschen Sessel sein Kommando sitzend ausführte, die unschuldige Muskete gegen die Mauer gelehnt, den krummen Säbel zwischen den analogen Beinen, die Pfeife im Munde, das Auge auf die Passage gerichtet. .

Auf den schnöden Extragewinn so widerlicher Dienste verzichtete gewiß der vaterstädtische Poet Joachim Gerhard Eggers, als er im Jahre 1808 von bitterster Finanznot getrieben, für's tägliche Brot seinen Schlummer verkaufte und Nachtwächter wurde, da er nicht ansehnlich genug war zum Stadtsoldaten. Dieser arme Mann, ein mißlungener Schneider und verfehlter Maler, hatte seinen Beruf auch als Dichter verkannt, und sich, Schillern überschillernd, in das klassisch-pathetische Musenrevier des Parnasses verirrt, wo man ihn nicht dulden wollte. Wenn er auf seinen Nachtrunden durch düstere Gassen, die Rättel statt der Leyer rührend, sich dichterischen Eingebungen überließ, so war's kein Wunder, wenn jede dieser Vigilien etwas schwarzgallig und seine Vigilanz sehr problematisch ausfiel, weshalb man ihn veranlaßte, seinen Dienst zu quittieren. Man gab eine Sammlung seiner Gedichte für ihn heraus, und er dichtete, tichtete und trachtete weiter, immer trübsinniger, bis er 1820 starb. Während seiner Nachtwächterkarriere soll das beliebteste seiner Lieder entstanden sein: „Was ist der Mensch? halb Tier, halb Engel". Und nicht einmal dafür hat der Unglückliche die gebührende Ehre empfangen, denn vielfach wird als Autor dieses Gedichts ein unbekannter Hr. Evers genannt. Völlig den düstern Nachtwächter-Charakter trägt auch seine Parodie des Hölty'schen „Wer wollte sich mit Grillen plagen", deren Schluß lautet:

„O wunderschöne Gotteserde, wie schwer ist's, deiner sich zu freu'n, Drum muß ich, bis ich Asche werde, ein Raub der finstren Schwermut sein."

Doch glänzt in der Geschichte des Hamburger Nachtwächtercorps das eine Dienstjahr des Dichters Eggers wie ein Irrstem erster Größe, obgleich er schlecht rüttelte, die Stunden falsch abrief und niemals einen Dieb fing.

Für alle ihre nützlichen Dienste waren die Nachtwächter aber auch bevorrechtet vor vielen, ja vor den meisten Hamburgern. Denn Nachtwächter durften tun, was außer ihnen nur noch Pastoren, Professoren, Kanzellisten und Stadtsoldaten tun durften: Frauen und Grundstücke auf eigenen Namen erwerben, ohne Bürger zu sein. Woraus klärlich hervorgeht, daß die von sehr untergeordneten Personen und Zuständen hie und da gebräuchliche Redensart „unter'm Nachtwächter" ganz unmöglich in Hamburg entstanden sein kann.

Achtes Kapitel:
Von Schergen, Gerichts- und Polizeidienern

Die noch übrigen für unehrlich geachteten Subalterndienste, mit Ausnahme des im nächsten Kapitel besonders zu behandelnden Scharfrichters, können wir füglich unter den Begriff der modernen Schergen, der Gerichts- und Polizeidiener zusammenfassen, wohin ja die Häscher aller Art und Benennung ebensowohl gehören, als die Schlüter oder Schließer, die Gefängniswärter u.s.w.

Schergen und Frohnboten waren ursprünglich gewiß ganz ehrliche, sogar angesehene Leute, wie Jacob Grimm sagt, die des Richters Bann verkündigten und in ihrer Weise den Segen der heiligen Justiz förderten, natürlich auch mittelst Ergreifung gemeinschädlicher Bösewichter. Wie wenig schimpflich solche Handanlegungen waren, das geht aus der allgemeinen Bürgerpflicht zur Assistenz in Notfällen hervor. In kleinen Städten, wo's mitunter noch jetzt an haschenden Armen gebricht, wurden nicht nur die redlichsten Erbgesessenen zu solchen Hilfsleistungen ausgeboten, sondern wenn's irgend pressierte, so griffen auch Schoppen, Magistratsherren und Stadtverordnete, unbeschadet ihrer Amtswürde, ganz tapfer mit zu. Solch' ein Notfall mag um Fastnacht 1371 in der Stadt Limburg an der Lahn vorgelegen haben, als ein Dieb vom Rathause in den sogenannten Katzenturm gebracht werden sollte, und der, welcher ihn dahin schleppte, kein geringerer war als der Bürgermeister Herr Kunz Nente in eigner Person. Während dieses Ganges auf der hohen Stadtmauer, welche einen reizenden Blick in's Freie gewährte, gedachte der Gefangene, wie das Leben da draußen doch schön sei, resolviert sich rasch, und springt, kaum noch eines Steinwurfs vom düstern Ziel entfernt, von der Mauer hinab in's lichte Blaue. Leider nicht allein, denn seinen pftichtgetreuen Bürgermeister, welcher seine Beute gepackt hielt, und nun im entscheidenden Augenblick unter keiner Bedingung fahren lassen wollte, zog er mit hinunter in die jähe Tiefe. Durch solch' enge Verbindung schadeten Beide sich sehr, wie sie gewahr wurden, als sie unten ankamen. Der leichtere Dieb, welcher nicht nach Wunsch auf gesunden Füßen zu stehen kam, lag auf seinem Bändiger und hatte beide Beine gebrochen, so daß an kein Entlaufen zu denken war.

Die Limburger richteten ihn auch nur auf, um ihn sofort an der Stadtmauer baumeln zu lassen. Dann hoben sie ihren Bürgermeister auf, welcher als gewichtigere Person zu unterst gelegen und sich das Genick dermaßen zerstoßen hatte, daß er nach wenigen Stunden seinen berufstreuen Geist aufgeben mußte. Seit dieser Zeit ist der Gebrauch, daß Bürgermeister ihre Malefikanten eigenhändig greifen und in den Turm führen, sehr in Abgang gekommen. Doch blieb es hie und da noch lange rechtliche Gewohnheit, daß die von kräftigen Schergen umstrickten Verhafteten auf ihrem Trauermarsch zum Turmverlies, von Ratsherren begleitet wurden, wie sich z. B. auf solchem Wege anno 1410 der Hamburger Heino Brand einer Eskorte von 8 Senatoren zu erfreuen hatte, welche zwar keine Ehrengarde vorstellen sollte, sich aber immerhin für einen in den Turm gebrachten Bürger recht ehrbar ausnahm.

In Betreff der Gerichtsdiener (um auf diese zurückzukommen), unterschied man vermutlich, nach Jacob Grimm's Ansicht, die Schergen für Straf- und Blutgerichte von den gewöhnlichen Frohnboten in Zivilsachen. Letztere blieben vor der Hand ehrlich, während der Ersteren Dienst umso schimpflicher geachtet wurde, als man ihn nun häufig an unfreie Leute verlieh, wodurch er einen knechtischen Anstrich erhielt. Wo etwa dieser Unterschied beibehalten wurde, also namentlich bei den größeren Gerichten volkreicher Städte, da mögen seine Konsequenzen auch ferner gegolten haben. Großenteils aber verschmolz man beide Funktionen, und legte den Gerichtsdienern auch die Pflichten der späteren Polizisten auf, wobei notwendig die Mißachtung die Oberhand behielt. Das daraus entstandene Odium, dessen Ursprung man vergaß, läßt sich aus verschiedenen Quellen ableiten. Teils aus einer gewissen Verwandtschaft mit dem Scharfrichter, dessen Dienst vielfach ein Ableger und Ausläufer des Schergentums war (wie im neunten Kapitel darzulegen), teils aus dem unvermeidlichen Verkehr der Gerichtsdiener mit Verbrechern und Gesindel aller Art, teils aus der natürlichen Abneigung freier Menschen gegen alles Haschen, Greifen, Anzeigen, Zitieren, Pfänden und Strafvollziehen, — — teils endlich aus einer Erfahrung auf dem Gebiete der Seelenkunde. Man argumentierte nämlich so: ehrliche Einfallspinsel kann man zum Polizeidienst schlechterdings nicht gebrauchen; kluge Ehrliche geben sich aber zu demselben nicht her, da sie in jedem andern Stande ein mit mehr Ehre verbundenes Glück finden; folglich bleiben nur solche sehr geriebene Leute für den Polizeidienst übrig, die aus eigenen Erfahrungen Bescheid wissen, wo der Hase im Pfeffer liegt, Bartel den Most zu holen pflegt. — Und in der Tat scheinen die Persönlichkeiten der alten Schergen den ihnen gewidmeten Haß der ehrlichen Leute wohl verdient zu haben. Wie groß derselbe um 1650 gewesen, dafür gibt wiederum eine Stelle des trefflichen Satirikers Philander von Sittewald einen Maßstab. Nachdem dieser Visionär sich die Hölle sorgfältig betrachtet, und darin viele unserer bereits abgehandelten Freunde, Leinweber, Bader, Spielleute u. s. w., passend gemaßregelt sieht, vermißt er mit Befremden die Schergen. Sein Cicerone, ein sehr beredtes Teufelchen, belehrt ihn nun, daß Schergen überall nicht in die Hölle kamen, weil ihnen das Amt auferlegt sei, den Menschen die Erde zur Hölle zu machen, was ein wahres Glück für die sonst außer Brot kommenden Höllenteufel sei, indem die Schergen sich noch besser auf's Plagen der Menschen verständen als die Teufel.

Ob übrigens obiges Raisonnement richtig, das mag jetzt um so füglicher dahin gestellt bleiben, als nach dem Ehrlichsprechen des höchst wohltätigen und notwendigen Berufs der Gerichts- und Polizeidiener durch das Reichsgesetz von 1731, solch' psychologisches Splitterrichten ohnehin für unsern Zweck ganz müssig erscheint.

Auch in Hamburg waren die Stadt- oder Ratsdiener, zu welchen die Diener des mit der Polizeigewalt betrauten Gerichtsherrn oder Prätors gehörten, sehr unbeliebt und mißachtet. Gegen die ihnen drohenden Beleidigungen und Tätlichkeiten des Volks mußten schon die älteren Stadtrechte von 1292 und von 1497 Strafverfolgungen anordnen, wonach Haft in der Frohnerei und willkürliche Strafe denjenigen traf, der einen schuldlosen Stadtdiener verwundete; ähnliche Bestimmungen enthält das Stadtrecht von 1605, dessen Kommentatoren berichten, daß man solche grobe Widersetzlichkeit gegen amtierende Gerichtsdiener mit dem Pranger und Rutenstrich und Verweisung bestraft habe, z. B. 1697 und 1700. Die unterste Klasse der Gerichtsdiener hieß nicht nur bei dem Volke, sondern auch in der amtlichen Sprache Schlup- oder Schlupfwächter, woraus man auch Schluckwächter machte, entweder weil sie grausam trinken konnten, oder weil ihre ingrimmige Amtsmiene die erjagte Beute mit Haut und Haar zu verschlingen drohte. Die Benennung „Slupwachter" kommt in Lübeck schon im Jahre 1316 ff. vor. Nach dem Diensteide „der Hamburgischen Schlupwächter" vom Jahre 1607, waren dieselben „des Rates wie der Bürger treue, willige Diener zu Wasser und zu Lande, bei Tage wie bei Nacht, stetig verbunden zu allem menschlich möglichen Fleiß bei allen befohlenen Verrichtungen"; daneben gelobten sie expreß: „alle Wehren und Mäntel, und was sie sonst den mutwilligen Buben abnehmen würden, nicht zu behalten, sondern dem Herrn Prätor einzuliefern, jeglichen Unterschleif zu meiden und sich gegen männiglich bescheiden aufzuführen."

Zerrissene Mäntel und schlechte Wehren mögen sie allezeit gewissenhaft ihrem Herrn eingeliefert haben, übrigens aber haben die alten Hamburger Häscher hier wie überall, sonst gar Manches für sich zu erhaschen gewußt, haben keineswegs jeglichen Unterschleif gemieden, vielmehr sich recht systematisch auf's Gelderpressen verstanden, und sich häufig so unbescheiden gegen Bürger und Bürgerinnen, sogar gegen fremde Hofdamen aufgeführt

(z. B. gegen ein Fräulein von Wedell aus Lauenburg), daß beständig bittere Beschwerden gegen sie vorlagen, und die Mißachtung des Publikums gegen ihren Beruf beständig zunahm. Schon im Jahre 1603 hatten die Oberalten den Rat ermahnt, den Dienern des Gerichts den Brotschrank und den Bierkeller zu verschließen, der sie zur Üppigkeit, Trotz und Mutwillen anreize. Größere Strenge würde dem Gerichtsherrn mehr Respekt bei den Dienern, und den Dank der Bürger zu Wege bringen, welchen bekanntlich die angemaßte Hoheit der Gerichtsdiener sehr verdrießlich sei. — Um ein ferneres Beispiel davon zu erzählen, muß freilich etwas ausgeholt werden, was der Leser mit den darin liegenden kulturgeschichtlichen Momenten entschuldigen und mit Geduld vernehmen möge.

Seit Jahrhunderten wurden in Hamburg die Missetäter (mit Ausnahme der am Elbstrande des Grasbrooks enthaupteten Seeräuber) auf gemeiner Richtstätte vor dem Steintore, vom Leben zum Tode gebracht. Der letzte schwere Gang des armen Sünders führte ihn also von der Frohnerei am Berg, der Domkirche vorbei und durch die Steinstraße. Unterwegs hatte christliche Barmherzigkeit noch eine geistliche und leibliche Erquickung für ihn erdacht. In Folge einer Stiftung des Ratsherrn Erich von Zeven vom Jahre 1424, harrte seiner vor dem Dom derjenige Geistliche, welcher den Gottesdienst in der Krypte befolgte (der sogenannte Pfarrer in der Kluft), um ihm das heilige Sakrament zu zeigen und durch Gebet und Fürbitte Trost zu spenden. Einige Minuten weiter, in der Steinstraße, am Conventshause der Beguinen oder blauen Stiftern, wurde ihm dann von der jüngsten Schwester ein Labetrunk stärkenden Weines dargereicht. Erstgedachter geistlicher Trost konnte später um so füglicher aufhören, als durch Karls V. peinliche Gerichtsordnung die Abendmahlsspende für alle Verbrecher angeordnet wurde, und daneben ein ordentlicher Zuspruch durch Geistliche stattfand, deren zwei den Delinquenten bis zur Richtstätte begleiteten, — in Hamburg laut Art. 26 der Bugenhagenschen Kirchenordnung. Beiläufig mag erwähnt werden, daß man diese geistliche Begleitung im Jahre 1784, aus Gründen aufgeklärter Strafrechtspolitik, als Regel abgeschafft hat, um verruchte Bösewichte durch das Fehlen der Prediger desto empfindlicher zu strafen, und andere desto wirksamer von todeswürdigen Verbrechen zurückzuschrecken, auch, um keine Gelegenheit zu bieten, daß durch das Feierliche der Pastoralgeleitschaft in schwachen Gemütern der krankhafte Wunsch entstehe, auf gleich erbauliche Art zu sterben, und dies Ziel dann durch Tötung schuldloser Opfer herbeizuführen! Diese allerdings sehr weit herbeigezogenen und hinfälligen Motive konnte das geistliche Ministerium nicht anerkennen; es protestierte und demonstrierte dawider, und als es endlich doch nachgeben mußte, da wusch es seine Hände in Unschuld und bat um eine Anerkennung, daß diese Abweichung von der Kirchenordnung nicht von den Geistlichen ausgegangen sei, welche insgesamt gern gewillt seien, auch ferner diese schwerste ihrer Amtspflichten auszuüben.

Doch es wird Zeit, zu unserem Gegenstande zurückzukehren. Während also die geistliche Tröstung der armen Sünder vor der Domkirche durch eine bessere ersetzt war, hat sich die leibliche Erquickung vor dem Conventshause bis auf unsere Tage erhalten.[4] Die protestantische Schwesterschaft ließ nach wie vor jedem ihr Asyl passierenden Verbrecher den wohlgemeinten Labetrunk reichen, wenn auch zuweilen ein solcher sich diesen Genuß dankbar verbat, um seine von priesterlichen Begleitern gehobene Stimmung nicht zu stören. Hatte er den Labetrunk genossen, so gelangte das geleerte Glas vorschriftsmäßig in die Hand eines der eskortierenden Frohnsleute, welcher es auf dem Straßenpflaster zu zerschmettern pflegte. Natürlich konnte das sehr ehrliche Konventsstift sein Glas aus der unehrlichen Hand unmöglich zurücknehmen, und diese Hand war viel zu stolz, um das Glas sich zuzueignen, daher zertrümmerte er es. Erst durch Einführung des Fallbeils innerhalb der Gefängnismauern ist die Fortdauer dieser guten alten Sitte unmöglich geworden.

Nun hatte es sich zu Anfang des 17. Jahrhunderts zugetragen (jetzt kommen wir unserm Thema näher), daß bei diesem Akte ganz fatale Störungen vorgefallen waren. Rohe Volksmassen waren durch die Pforte in den Vorhof des damals weiter zurück belegenen alten Konventgebäudes eingedrungen, oder hatten die Pforte belagert gehalten, so daß nur mittelst Einschreitens der bewaffneten Macht der Becher der Barmherzigkeit, nachdem er dreimal durch freche Buben ausgesoffen war, die Lippen des armen Sünders erreichen konnte. Bei der nächsten Exekution ließ daher der Prätor zeitig vorher die Pforte durch einige seiner Diener, die sogenannten Schlupwächter, besetzen, die dann auch glücklich die ungestörte Ausübung des Brauchs vermittelten. Hierüber aber bezeigte sich die Vorsteherin des Konvents („Ehrwürdige Jungfer Mesterin" ist ihr Titel) mit ihren sämmtlichen Konventualinnen wahrhaft empört. Freilich waren jene subalternen Gerichtsdiener nicht an der Gassengrenze des Heiligtums stehen geblieben, sie hatten vielmehr den Vorhof desselben betreten, und das war just der Punkt, welcher die fromme Schwesterschaft so gewaltig entrüstete. Denn nicht nur — so erklärte dieselbe in ihrer Beschwerdeschrift dem Senat — nicht nur sei ihr Territorium, gleich einem klösterlichen, eine Freistätte und mithin privilegiert gegen den Eintritt eines jeden Gerichtsdieners, sondern es sei noch obendrein „vor eine grobe Befleckung der Ehrbarkeit des Convents zu achten, wenn Mannsbilder, und zwar so unehr-

---

[4] Einige Kenner meinen, der Labetrunk am Konventshause sei erst mit der Reformation entstanden, und mittelst einer Übertragung und Umwandlung der gedachten Erich von Zevenschen Stiftung vom Dom auf das Conventshaus in's Leben gerufen. Das Äquivalent für den geistlichen Trost, der volle Humpen Rebensafts, wäre bemerkenswert!

liche Leute wie Schlupfwächter und ihres Gelichters, sich auf dem Hofe herumtummeln, Tobackspfeifen schmauchen und gebrannte Wasser zu trinken sich unterfangen dürften, wie leider Gottes geschehen." Sie verbat sich daher, mit dem Ernste eines souveränen Status in Statu, jegliche Wiederholung einer solchen unleidlichen Profanierung ihres Hausfriedens, und ersuchte pro futuro lieber um eine Salva guardia von ehrlichen Kriegsleuten! Was war zu tun? Prätor selbst mußte (die Ehr- oder Unehrlichkeit der Schlupfwächter dahin gestellt lassend) es anerkennen, daß die ehrwürdige Jungfer Mesterin im Rechte sei, und auch Senatus fand, daß ein Kommando von 6—8 Landsknechten von der Soldateska viel schicklicher sei! Seitdem wurden denn regelmäßig bei jeder Exekution 1 Unteroffizier und 8 Kriegsmänner zum Konvent beordert, um den Pöbel in Respekt zu halten, wenn dem armen Sünder der Weintrunk dargebracht wurde.

Ebenso tapfer verteidigte die Jungfer Mesterin die Heiligkeit der Konventsmauern, als ein des Diebstahls verdächtiger, von Schlupfwächtern verfolgter Mensch sich dahin geflüchtet hatte. Der Verfolgte wurde eingelassen, vor den Gerichtsdienern aber das Tor geschlossen. Als ehrbare Frau gekleidet verließ dann der Kerl sein Asyl, bevor der Gerichtsherr Mittel zu seiner Verhaftung hatte finden können.

Um dieselbe Zeit zeigte auch ein anderer Vorfall die große Geringschätzung des Volks in Betreff der niedern Gerichtsdiener. Ein Bürger, Hein Brandes genannt, wie jener Unruhstifter von 1410, war von einem solchen aus irgendeinem Grunde zur Haft gebracht worden. Unterwegs glaubte sich Brandes (der vielleicht die ratsherrliche Eskorte seines Namensvetters vermißte) keineswegs mit denjenigen Rücksichten behandelt, die jeder Gerichtsdiener einem jeden Bürger schulde, und nannte deshalb seinen Führer einen Schlupfwächter. Obschon dieser in Wahrheit laut geleisteten Eides ein solcher war, so war ihm doch die verächtliche Bedeutung des Worts nicht unbekannt, und er empfand die hineingelegte Beschimpfung so übel, daß er sich durch einen derben Schlag an den ehrbaren Bürgerhals eine Genugtuung nahm, die wiederum die ganze Freund- und Genossenschaft des Geschlagenen auf die Beine brachte. In der desfallsigen Verhandlung vor dem Gerichtsherrn vertrat Franz Albrecht den gekränkten Bürger. Die Debatten werden so heftig, daß der Gerichtsherr gar nicht zu Worte gelangt, in dessen Gegenwart, durch das patzige Betragen des Gerichtsdieners gereizt, der feuereifrige Franz Albrecht sich hinreißen läßt, diesen überlaut als Schlupwächter anzuschreien und ihm dazu 2—3 mal in's Angesicht zu schlagen. — Die Beurteilung dieses Falles scheint dem Gerichtsherrn wie dem Senat schwer geworden zu sein; in dem erwachsenen Schriftenwechsel mag der Konflikt der Bürgerrechte mit dem gesetzlichen Schutz der Gerichtsdiener, durch deren Strafbarkeit wegen amtlicher Exzesse, wie durch eingemengte Ideen von unehrlichen Häschern und Bütteln so bunt geworden sein, daß der Senat vorerst den Rat auswärtiger Doktoren einzog. Die deshalb konsultierte Juristenfakultät zu Wittenberg fand nun in den Rechten gegründet, daß — „wenn auch der Gerichtsdiener durch sein ungebührlich Betragen, sothane Beleidigung abseiten des Albrecht etzlichermaßen verursachet, dennoch diesem ganz nicht gebühret hätte, ihm in Gegenwart seiner Obrigkeit mit Schlägen zu begegnen, weshalb er nach Gelegenheit seines Standes und Vermögens billig mit Gefängnis- oder ansehnlicher Geldbuße wohl abzustrafen sein werde." Über die Bedeutsamkeit des Ausdrucks „Schlupfwächter" schlüpfte leichten Fußes die gelehrte Fakultät hinweg, von deren Spruch man glauben möchte, Senatus hätte ihn ebenso gut selbst finden können.

Leichter kam eine fremde Standesperson davon, als dieselbe „aus Versehen" einen Gerichtsdiener geprügelt. Es war der Graf de Coulange, dänischer Contre-Admiral, welcher nebst seiner Gemahlin, Anna Charlotte, geb. Freiin Hunecken, seit Herbst 1721 zu Hamburg im Bremer Schlüssel logierte, und anscheinend stark finanzte, d. h. in Geldgeschäften machte. Der hiesige Kaufmann Joh. Zobel verklagte ihn im Januar 1722 beim Prätor wegen einer Obligationsschuld von etwa 23 Talern. Als der Gerichtsdiener Taubmann dem Grafen die erste Citation überreichte, bekam er ein starkes Brummen zu hören, aber sonst nichts Widriges zu empfinden. Als er das zweite Ladungsgebot gebracht, sah er, wie der Graf es unter noch lauteren Tönen des Zorns an die Erde warf, was er an seinen Ort gestellt sein ließ und mit langen haftigen Schritten das Weite suchte. Als er nun aber die dritte Citation in die Stubentür hineinzureichen Willens war, da ergriff ihn der Graf, zog ihn völlig in's Gemach, verriegelte die Tür, entriß ihm seinen eigenen Spazierstock, und gab ihm mit diesem 9—10 grausame Schläge „über den Puckel", wobei er rief: „Da, Canaille, hast du deinen Lohn sampt deinem Herrn Richter und Mr. Zobel!" Hierauf die Stubentür öffnend und den Stock dem Eigentümer zurückgebend, stieß er ihn recht unsanft hinaus und die Treppe hinunter. — Solche unerhörte Insolenz zog dem Herrn Grafen noch selbigen Abend den Hausarrest zu, welchem eine eingelegte Wachtmannschaft Nachdruck gab. Die gefährliche Mission, dem zornigen Grafen diese Haft anzukündigen, wollte kein Gerichtsdiener übernehmen, weshalb man den tapferen Kapitän Busch, welcher überdies des Französischen sehr mächtig war, in des Löwen Höhle sandte, den er nun sehr traitabel geworden fand. Nach verrauchter Hitze hatte der Graf sich besonnen, und als am andern Morgen zwei Senatoren ihn vernahmen, beteuerte er, daß es ihm nicht in den Sinn gekommen, den Rat oder den Gerichtsherrn zu schmähen, er entsinne sich nicht einmal, des Richters gedacht zu haben. Da er aber die Sache für eine bloße, auf Territion berechnete

Komödie seines Gläubigers Zobel, und mithin den Zettelträger für keinen echten Gerichtsdiener gehalten, so habe er sich befugt geglaubt, in seiner Weise darauf zu antworten. Nun er aber erfahre, daß die Sache ernsthaft gemeint sei, nun müsse er sich touchiert finden, nicht nur über die Formlosigkeit der Citation, die ihn ohne Titel und Charakter, bloß „de Coulange" nenne, sondern auch über den Affront, daß man ihn nicht durch eine ehrliche Person, sondern durch einen „Sloupwachter" haben zitieren lassen. Letztere kahle Retourkutsche ließ man unerörtert. Da aber nach des Grafen Versicherung, kein animus injuriandi bei jenen canailleusen Worten und den 10 Streichen obhanden gewesen, und Taubmann bereits privatim ein Wundpflaster erhalten hatte, so ließ man's wirklich mit einer Nacht Hausarrest bewenden und kommandierte die Wache wieder ab.

Ein seiner Zeit vielgenannter und geschmähter Mann war der Gerichtsdiener Jobst Schmetgen, dem man sehr viele Verbrechen nachsagte, und die Fähigkeit zu allen übrigen zuschrieb. Seine ungewöhnliche Gewandtheit und Brauchbarkeit, selbst zu den desperatesten Polizeidiensten, mag seine mehrfach drohende Kassation lange verschoben haben. Trotz der Mißachtung seines Standes wie seiner Person spielte er äußerlich mit Geschick den vornehmen Lebemann, hielt Reitpferde, ging prächtig gekleidet einher, und fand die Deckungsmittel für seinen Aufwand bei allen solchen Leuten, von welchen er kleine Vergehen wußte, deren Kunde ihm seine Spione zugetragen. So war er ein Schrecken vieler reicher junger Leute und hatte eine Menge respektabler Personen in seinem Bann. Dabei war er im Volke wegen seiner Härte und Grausamkeit so verhaßt, daß beim Tode seiner ebenso verrufenen Ehefrau, kein Mensch deren Leiche zu Grabe tragen wollte, bis einige Nachtwächter dazu befehligt wurden, welche jedoch den Pöbel nicht abhalten konnten, das Leichentuch abzureißen und den Sarg kopfüber in die Grube zu werfen. Nicht lange danach suchte der gebeugte Witwer Zerstreuung in einem der besseren Wirtslokale. Kaum gewahrt ihn ein junger Bürger, als er erklärt, die Gegenwart eines solchen „Schlupwächters" verunehre die Gesellschaft, worauf auch Andere ihn hinausweisen. Augenblicklich nachgebend, erwartet er jedoch den heimgehenden jungen Bürger draußen, stellt ihn zur Rede, fordert Genugtuung, die jener verweigert, und mißhandelt ihn dann gröblich. In dieser Tat, geringfügig gegen seine übrigen Frevel, lag doch der sein Maß zum Überlaufen bringende Tropfen, er wurde seines Dienstes entsetzt am 26. Juni 1726 und die Stadt atmete auf. Er kam im Januar 1730 in die Büttelei und erhielt im September dieses Jahres sein Urteil: Staupenschlag und 25 Jahre Spinnhausgefängnis. Es regnete nun eine Flut von gedruckten Schmähschriften wider ihn, welche zum Teil in Versen so unerhörte Dinge erzählen, daß der Inhalt gar nicht anzugeben ist, weshalb denn auch damals die meisten dieser Broschüren konfisziert worden sind.

Nicht ohne Interesse ist eine bei dieser Gelegenheit erschienene Flugschrift besseren Schlages: „Gespräch im Reiche der Lebendigen zwischen dem abgesetzten famosen Hamburger Schlupfwächter Schmetgen und dem wohlrenommierten hannoverischen Landreuter Weidemann", 1726. Letzterer kommt auf einem seiner Streifzüge, zur Sicherung der Städte und Landstraßen seines Reviers gegen Diebs- und Raubgesindel, auch nach Hamburg, und begegnet hier in einem Wirtshause einem schlanken eleganten Herrn, schwarz gekleidet, mit blonder Perücke, ein Couteau de chasse an der Seite: Schmetgen. Man macht Bekanntschaft, spricht von Amts- und Lebenserfahrungen, und tauscht das beiderseits sehr lehrreich gefundene curriculum vitae aus. Die Darstellung ist ganz moralisch: Schmetgen ist der untergehende Stern, der vom kriegerischen Ehrenhimmel in die niedere Schergensphäre gefallen, und dort in den Sümpfen und Morästen der Sündhaftigkeit nur noch als ein Irrlicht glimmen konnte, jetzt aber im völligen Erlöschen begriffen erscheint. Weidemann ist umgekehrt (freilich eine Bestätigung der obengedachten Erfahrungslehre) ein aufgehendes Gestirn: von jugendlichen Diebesgelüsten durch den Warnungsruf der Folterbank glücklich kuriert, und als Amnestierter in den Sicherheitsdienst seines Vaterlandes getreten, sucht er nun seine früheren Vergehungen in entsprechender Weise zu sühnen, indem er der ehrlichen Welt seinen fachkundigen Kopf und Arm leiht zur Entdeckung der vormaligen Komplizen aller Art. Während jener wie ein ruchloser Galgenvogel spricht, redet Weidemann wie ein Tugendspiegel und gestattet seinem interessanten neuen Bekannten die Vergleichung mit ihm nur „sans comparaison".

Die oberen Gerichtsdiener hießen Bruchvögte (Brüche — Strafe). Auch diese unterlagen dem Ehrenmangel ihres Standes vollständig, und viele unter ihnen rechtfertigten auch persönlich durch üble Conduite, Bestechlichkeit, Erpressungssucht, Vernachlässigung der Armensachen u. s. w. das gegen ihren Dienst herrschende Vorurteil. Ein roher gewalttätiger Mann war der Bruchvogt Henrich Bucking, welcher trunkenen Muts am 18. Juli 1665 mit dem tapfern Fechtmeister Noël Grantzey, aus England gebürtig, einem frommen ritterlichen Mann, in dessen eigenem Hause frevelhafter Weise Handel suchte. Ohne triftige Veranlassung zog er den Degen und drang heftig auf jenen ein, welcher zufällig sein langes Schwert von Greifenfels nicht bei der Hand hatte, und sich einzig mit seinem kleinen Spazierstöckchen verteidigen konnte. Daher kam es, daß des wilden Vogts Degen seine künstlichsten Paraden durchschlug und nach wenigen Gängen den alten Fechter tot zur Erde streckte, — worauf im Januar 1666 der Frevler öffentlich enthauptet wurde, dessen Verbrechen dadurch erschwert erschien, daß er ohne Auftrag in ein unverdächtiges Bürgerhaus eingedrungen war.

Trotz dieser persönlichen Verschuldungen vieler Bruchvögte und ihrer Substituten wollte der aufgeklärte Rat Hamburgs eine dem Dienste derselben anklebende Unehrlichkeit doch durchaus nicht einräumen. Anno 1658, als die zur Verwaltung der Accise verordneten Bürger sich weigerten, einen solchen Substituten („Jungen") als Officianten fungieren zu lassen, mußte der Senat, der ihn zu schützen suchte, es doch zugeben, daß statt seiner ein ehrlicher Bürgerssohn den Dienst erhielt. — Es war im Jahre 1697, also noch lange vor dem purifizierenden Reichsschluß, als Senatus sich bemüssigt sähe, der Erbgesessenen Bürgerschaft amtlich und feierlich zu erklären: „daß Er den Bruchvogt vor ehrlich halte." Die übertrieben delikate Korporation der Gold- und Silberdrahtzieher (obendrein keine mit ausschließlichen Rechten anerkannte Zunft) hatte sich nämlich bei der Bürgerschaft beschwert, daß man ihr ein bruchvogteiliches Familienglied aufdrängen wolle. Bei Lichte besehen war die Sache diese: Frau Gesche, des verstorbenen Bruchvogts Jacob Meyer Witwe, hatte in zweiter Ehe den Goldzieher Christian Pierfort, und zwar sonder Einspruch der Brüderschaft, geheiratet, auch neun Jahre lang unangefochten mit ihm das Gewerbe getrieben. Als nun Meister Pierfort verstarb, wünschte die abermalige Witwe das Geschäft ihres Seligen unter Leitung eines Sachverständigen fortzusetzen, wogegen nun die ganze Korporation wie ein Mann auftrat, und „die Pierfort'sche" (wie Frau Gesche in den Akten stets genannt wird), als einstmals gewesene Bruchvogtsgattin, für unehrlich und ihrer Genossenschaft unwürdig erklärte. Der Rat schützte die hilflose Witwe kräftigst, er stellte der Bürgerschaft den wahren Sachverhalt vor und replizierte endlich auch: „abgesehen davon, daß diese selbige Brüderschaft schon früher zwei Bruchvogtssöhne ohne Anstand zu Lehrjungen angenommen habe, werde auch der Bruchvogt von Ihm (dem Rate) und sonst allgemein, vor ehrlich gehalten, wie denn auch der wohlweise Gerichtsherr mit ihm zu speisen pflege"; welche Autorität durchschlug, und der Pierfort'schen Witwe einen günstigen Erfolg zu Wege brachte.

Ganz ähnlich verfuhr Anno 1699 die Schuhmacherzunft zu Eisenberg, welche der Lehrlingsannahme des Georg Sennfflinger heftig kontradizierte, weil der Großvater desselben mütterlicher Seite, der selige Braunsperger, ein Gerichtsdiener gewesen sei, — worauf jedoch der Landesherr die Zunftbegriffe zweckmäßig aufzuklären verstand.

Die Sitte übrigens, daß der Hamburger Bruchvogt sein Mittagsessen an der Tafel des ersten Prätors fand, (wie ähnlich nicht nur die Handwerksgesellen, sondern auch die Comptoirdiener die täglichen stummen Mitesser ihrer Prinzipalfamilien waren und in einigen Fällen noch sind), war entstanden aus dem alten Gebrauch, nach welchem alle Gerichtsdiener, um stets verfügbar zu sein, im Hause des Gerichtsherrn beköstigt wurden, wogegen 1603 die Oberalten sich erklärten. Als sodann die subalternen Officianten ihrem eigenen Herde überlassen wurden, behielt doch der Prätor den Bruchvogt bei sich und ließ ihn, um den separaten Tisch zu sparen, an der herrschaftlichen Tafel patriarchalisch teilnehmen, was bis in die Mitte des vorigen Jahrhunderts sich erhielt. In dem Entwurf einer Instruktion für diesen Polizeibeamten heißt es, nach sachdienlicher Ermahnung, sich der Gottesfurcht und jedweder Tugend, absonderlich der Nüchternheit zu befleißigen, auch dem öffentlichen Gottesdienste oft und gern beizuwohnen, folgender Gestalt: „bei Tische, zumal wenn der Herr Prätor seine Kinder und Comptoirbedienten mit an der Tafel hat, soll der Bruchvogt absolute von keinen Sachen sprechen, die entweder Geheimnis erfordern, oder welche jungen Gemütern zum Anstoß und Ärgernis gereichen können", — mit welcher Instruktion man sich völlig einverstanden erklären muß.

Ob nun obige authentische Deklaration, in Betreff der Ehrlichkeit des obersten der Hamburger Gerichts- und Polizeidiener, für den vorurteilsvollen täglichen Verkehr ausgereicht habe, das ist dennoch, trotz seiner würdigen wohlweisen Tischgenossenschaft, sehr zu bezweifeln. Wenigstens erregte sein toter Körper bei jeder Beerdigung viel ärgerlichen Anstoß, und erst allmählig wurde es damit besser. Am 28. Februar 1694 flehten die dem bürgermeisterlichen Amte beigeordneten Hausdiener inständigst, daß man sie doch mit der ihnen anbefohlenen Bestattung des verstorbenen Bruchvogts verschonen möchte, daß sie sonst beim dummen Volke für unehrlich gehalten, und ihre Kinder in Gilden und Zünften keine Aufnahme finden würden. Ihr Gesuch wurde vom Bürgermeister Lütkens als unstatthaft kurz abgewiesen. Desselben Tages, Abend 8 Uhr, erlitt gedachter Herr Bürgermeister, nach seinem eigenhändigen Bericht, in seinem Hausfrieden noch die Verunruhigung, daß eine Deputation von neun Bürgern, etikettenmäßig in schwarzen Mänteln, sich bei ihm zu sofortiger Audienz anmelden ließ. Auf seine Anfrage durch den Lakai: ob ihr Begehr so pressant sei? er befinde sich bereits im Nachtkleide! erwiderten die Bürger, allerdings sei periculum in mora. Drauf ließ sich der gute Herr wieder an- und mit seinem bürgermeisterlichen Habit bekleiden, und empfing die Leute in größter Spannung darüber, an welchem Ende res publica nun schon wieder brenne. Als nun aber, nach den üblichen Curialien, der Sprecher der Deputation, David Boon, mit der seligen Bruchvogtsleiche angezogen kam und mit einer Intercession für die von deren Bestattung zu entbindenden Hausdiener herausrückte, da ärgerte sich der Herr Bürgermeister nicht wenig. Regerierend sprach er seine vorwurfsvolle Verwunderung aus, daß sie 1) in so starker Anzahl, 2) bei so später Abendstunde, 3) sich zusammengetan, um ihn 4) mit dem Vortrage einer sie gar nichts angehenden unerheblichen Sache zu molestieren. Es scheine ja einreißen zu wollen, daß Jeder mit irgendeiner Decretur des Senats Unzufriedene, sich einen Anhang formiere zur Erzwingung seiner Wünsche, welchem unleidlichen Gebrauch auch die Hausdiener gefolgt zu sein schienen. Die Bürger möchten doch den Rat gewähren lassen, seinen Dienern zu befehlen, was ihm gut dünke, und sich nicht hinein melieren. Allezeit hätten vormals die Hausdiener die toten Bruchvögte getragen, wie noch neulich des Henning Helmers Tochter; es würde ihnen dadurch auch an ihren wirklich habenden Ehren kein Titelchen abgebrochen, und wenn die Zünfte jetzt deshalb ehrabbrüchig gegen sie verfahren wollten, so würden sie eine grundlose, ärgerliche Neuerung anrichten, die ihnen nicht zu gestatten. Die Hausdiener müßten parieren, denn wenn Diener ihrer Herren Befehle nicht ausrichten wollten, so könnten sie keine Diener bleiben. — David Boon replizierte nun: er für seine Person habe in der Bürgerschaft dafür gestimmt, daß die Besetzung der Hausdienerstellen den Bürgermeistern verbleibe; es könnte aber eine Zeit kommen, daß man sie ihnen nehmen und meistbietend verkaufen wolle! Worauf der Bürgermeister duplicando; er sehe wohl, man wolle durch dies demonstrieren das Ding ertrotzen, was zu weit gehen heiße, weshalb er die Bürger ersuche, sich nicht weiter drein zu mischen, und übrigens ihm jetzt seine benötigte Nachtruhe zu gönnen, — worauf man beiderseits zwar unter höflichen Kurialien, aber sehr kühl von einander schied. — Übrigens blieb es dabei, die Hausdiener trugen den seligen Bruchvogt und hörten deshalb nicht auf ehrlich zu sein.

Es mag sich in den nächsten Jahren noch mehrfach im Volke und bei den Zünften das alte Vorurteil als mächtig erwiesen haben, was Rat und Bürgerschaft bewog, ihrer Zeit und dem freisinnigen Reichsgesetz von 1731 voranzueilen. Denn schon im Jahre 1710 wurde in dem Generalreglement für die Ämter und Brüderschaften ausdrücklich bestimmt, daß alle Gerichts- und Gefängnisdiener nicht für unecht zu halten und von den Zünften keineswegs auszuschließen seien. Auch das Grundgesetz von 1712, der sog. Hauptrezess, enthält schützende und zugleich ermahnende Bestimmungen in Betreff der Amts- und Gerichtsdiener.

Aber trotz dieses Gesetzes, und selbst nach dem Reichsedikt von 1731 gab es Renitenten in Betreff der unpopulären Bruchvogtsstelle. Im Jahre 1749 wollten weder verschiedene kleinere Brüderschaften, welche sonst wohl in dieser Hinsicht Fünf gerade sein ließen, noch die auf Leichenbestattung privilegierten Reitenden Diener, den seligen Oberbruchvogt Oldenburg zu Grabe bringen. Über erstere Genossenschaften vermogte der Senat nichts; letzteren aber, seinen Trabanten, befahl er ernstlich, „das tote Corpus ohne alle Weiterung im Kammerwagen zur Kirche zu geleiten und allda einzusenken." Indessen parierten sie nicht sogleich, sie wandten vor: wenn ihre Hände sich mit Bruchvögten befasseten, die man für unehrlich hielte, so würde sich hinfort keine vornehme Leiche von ihnen anfassen lassen mögen, was der Senat unerörtert ließ, nun aber ihrer 10 namentlich dazu kommandierte bei 15 Taler Strafe für jede halbe Stunde Weigerung. Das fruchtete; „aus respectueusester Ehrfurcht" leisteten sie Folge, obschon unter Protest für künftige Fälle. Sie zogen aber Lederhandschuhe über ihre Fäuste, bevor sie „das tote Corpus" anfaßten. — Oldenburg's Nachfolger, Gert Holzkampf, starb 1758. Friedliebende Gönner in der Ratsstube vermittelten es, daß diesmal die Reitenden Diener völlig außer Spiel blieben, indem fromme Schulmeister bereit waren, die Leiche zu bestatten. Senatus vernahm daher mit Befremden Tags darnach vom Prätor: freilich hätten's die Schulmeister übernommen gehabt, auch das Geld dafür bereits eingestrichen, dennoch aber aus Furcht vor übler Nachrede die Leiche nicht selber getragen, sondern ganz ordinäre Kerle substituiert, was gar nicht fein von den Schulmeistern sei, die er deshalb mit gebührlicher Strafe ansehen werde. — Als nun endlich 1766 der Oberbruchvogt Rust starb, da fügten sich die von der Witwe requirierten Reitenden Diener ohne Widerrede. Der Rat verfügte übrigens, damit durch unnötigen Prunk kein Ärgernis entstehe, es solle der Mann nicht im vornehmsten Himmelwagen, sondern mit simplen Sargbeschlägen im simplen Jungfernwagen bestattet werden, was wahrscheinlich wiederum ein maßloses Ärgernis bei den hiesigen ledigen Frauenzimmern verursacht hat.

Seit dieser Zeit wissen wir Bewohner der Stadt Hamburg und ihrer Vorstädte und Vororte von solchen Geschichten nichts mehr, wie sie sich in kleineren, vom Kulturfortschritt unberührt gebliebenen Städten noch zu Anfang dieses Jahrhunderts ereignet haben. Fritz Reuter erzählt aus seiner Vaterstadt Stavenhagen unter vielen erlebten Ergötzlichkeiten auch vom tragischen Begräbnis des alten Amtsschließers Ferge, im fernsten Winkel des Kirchhofs. „Kein Nachbar, kein Freund folgte dem rohgezimmerten Sarge, nur die dürftig schwarz gekleidete einzige Tochter gab ihm das letzte Geleite. Er war ja unehrlich gewesen durch sein Amt!"

Aber nicht überall im Territorium der freien Stadt sah es so günstig aus für die Schließer und Konsorten. Im Städtchen und Amte Bergedorf, dem bekanntlich, in Folge des Kondominiums, von Lübeck wie von Hamburg eine Quintessenz städtischer Kultur zugeflossen kam, ist Gegenteiliges aus dem Ende des 17. Jahrhunderts bekannt, als es dem Amtsverwalter so peinlich schwer fiel, die Leiche der Gattin des Schließers zu Grabe zu bringen, da die zunächst dazu Verpflichteten sich weigerten die Leiche zu tragen, so daß der Amtsverwalter mit den Senaten zu Lübeck und Hamburg „wegen dieser nichtswürdigen Sache", die ihm schlaflose Nächte machte, korrespondieren mußte, was, da damals ein Postbrief 2 Tage gebrauchte, das Begräbnis bedeutend verzögerte.

Noch eingewurzelter war das Vorurteil der Bevölkerung des Amtes Ritzebüttel, diesem in die Nordsee vorgeschobenen verlornen Posten, dem Hamburg von jeher gern seine Sitten und Bräuche gelassen hat, und wären's Unsitten und Mißbräuche. Ein amtlicher Bericht über die dortigen Zustände aus den 1790er Jahren sagt, „der Gerichtsbote und Schließer ist hier noch immer mit einer macula belegt, weswegen keiner der Einwohner mit ihm umgehen will; ja selbst, wenn er gestorben, veranlaßt sein Begräbnis viele Schwierigkeiten, und muß der Amtmann dabei allenthalben die erste Hand anlegen."

Es kam hier also zu dem prinzipalen Unsinn, daß der Gerichtsbote und Schließer in Unehrlichkeit lebte und starb, noch als deren Folge der accessorische Unsinn hinzu, daß der Amtmann selbst Hand anlegen mußte, um den Mann unter die Erde zu bringen.

Das Vorurteil wurde aber durch diese makeltilgende Beihilfe der Obrigkeit nicht etwa besiegt, sondern nur gewissermaßen amtlich bestätigt, denn es lag ja für das Volk in der Handanlegung des Amtmanns eine Anerkennung der vorher bestandenen Unehrlichkeit. Derselbe pflegte diesen Akt der Ehrlichmachung zu vollziehen, indem er mit einer passenden Erklärung die Leiche berührte, oder indem er unter Assistenz seines getreuen Amtsactuars die Bahre mit dem Sarge hob und einen Fuß oder zwei von der Stelle rückte, dadurch symbolisch kundgebend, daß er sich am Leichentragen beteiligt haben wolle.

Nach einer Aufzeichnung des sel. Amtmanns Senators Jänisch Lt. (1803—1809) war dies Ritzebüttelsche Vorurteil deshalb so unausrottbar, weil das weibliche Geschlecht von demselben fanatisch besessen war, namentlich keine einzige Jungfrau im ganzen Amte wie im benachbarten Lande Hadeln einen Mann heiraten würde, dessen Hände sich mit der Leiche einer solchen unehrlichen Person befaßt hatten.

Neuntes Kapitel:
Vom Scharfrichter und seinen Gesellen

Allgemeiner Überblick

Nicht sonder Scheu geht Autor an dies schwierigste Kapitel seiner Aufgabe, dessen Ausarbeitung er aus Gründen natürlicher Bequemlichkeit bisher aufgeschoben, und alles Sonstige, sogar die folgenden Abschnitte, früher in die Feder gefaßt hat. Das Material zu dieser unendlich vielseitigen und genau ebenso verwirrten Materie in rechts- wie kulturgeschichtlicher Hinsicht, ist ihm dergestalt angeschwollen, daß er im Voraus um Entschuldigung bitten muß, wenn etwa seine durch mehrere Sichtungssiebe gegangene Darstellung den Gegenstand weder erschöpfend, noch mit wünschenswerter Klarheit zur Anschauung bringt. Ein im Ganzen sehr gelungenes Miniaturbild unseres

Gegenstandes bietet in gedrängter Kürze ein Aufsatz in Prutz' Deutschem Museum, 1857 Nr. 16 S. 577—583, betitelt: Der deutsche Scharfrichter.

Für den Schreckensmann, welcher die von Rechtswegen ergangenen Strafsentenzen zur Vollstreckung bringt, gibt's der Benennungen so viele, daß schon die Wahl der obigen Überschrift einiges Kopfbrechen erforderte. Erwägt man aber, daß im Scharfrichter auch der Henker steckt, und daß die von seinem obersten Knechte, dem s. v. Schinder oder Halbmeister verwaltete Abdeckerei mit seinem Dienste verbunden ist, so wird's nur der gelegentlichen Erläuterung der übrigen einschlagenden Titulaturen bedürfen, und im Ganzen das lockende Aushängeschild dieses Kapitels gerechtfertigt erscheinen.

Auf diese Vorbemerkung folge die Erklärung, daß an sich das Vollstrecken eines nach göttlichen und menschlichen Rechten ergangenen Urteils, so wenig in juristischer, wie in bürgerlicher und moralischer Beziehung ein ehrloses Geschäft sein kann. Nur krankhafte Natur- oder verschrobene Vernunftphilosophen würden hier eine Unehrlichkeit behaupten, die sonst in keinen positiven Rechten und Gesetzen erfindlich wäre. Wenn vormals allgemein der Galgen vorzugsweise „die Justiz" hieß und das Hinrichten selbst „justifizieren" genannt wurde, so kann der auf dem Justifikator lastende Makel unmöglich aus dieser seiner gewissermaßen heiligen Amtspflicht herstammen. Nnd weshalb sollte sein Tun für unehrenhafter gelten, als das der Soldaten, welche die Erschießung des kriegsrechtlich verurteilten Kameraden vollziehen, und nach wie vor der vollen Kriegerehre teilhaftig bleiben, welcher sie, gewöhnlich ausgesucht brave Männer, auch persönlich genießen. In der Tat, der mittelalterliche Scharfrichter, als solcher, wenn er nur sonst makellos gewesen, wenn er nur strenge bei der gerichtlichen Stange verharrt und namentlich mit dem verwerflichen Abdecken verschont geblieben wäre, er hätte allewege eine grundehrliche Person mit respektgebietendem Beigeschmack vorstellen können. Und die Naivität der Vorzeit würde nicht verfehlt haben, seine schwierigen Dienstverrichtungen einer höchst ehrbaren zunftmäßigen Erlernung zu unterwerfen, und die darin erlangte, Gott weiß an wie vielen Hälsen erprobte Meisterlichkeit, ganz ernsthaft zu einer „feinen, raren Kunst" erhoben haben. Es ist daher vollkommen korrekt, wenn die Reichsgesetze von 1731 und 1772, welche die Unehrlichkeit der scharfrichterlichen Nachkommen heilsam beschränken, niemals vom Scharfrichter sprechen, sondern nur von den Kindern des „Schinders" reden, womit sie die Achillesferse des gestrengen Dienstmanns der heiligen Justiz ganz treffend hervorheben. — Aber diese Dinge verdienen noch einige nähere Betrachtung. Blicken wir zurück in die vorchristliche Zeit, so finden wir bei den deutschen Stämmen wohl Verbrechen und Strafen, aber keinen Scharfrichterdienst. Der Verbrecher wurde, nach

Tacitus Zeugnis, durch Priester gerichtet, deren geweihte Hände den Beleidiger der Götter, denselben als Sühnopfer überlieferten, mittelst Aufknüpfung an eine heilige Eiche. Die diesem Verfahren zum Grunde liegenden Anschauungen waren, vom damaligen Standpunkte aus betrachtet, gewiß ebenso richtig, als sie schön und edel genannt werden müssen. Als nun aber die christlichen Priester zu solcher Justizvollstreckung die Hände zu bieten Bedenken trugen, da brachen sich manche andere Verfahrungsarten Bahn, verschieden nach Sitte, Gewohnheit und Anschauung der einzelnen Volksstämme, alle aber darin übereinstimmend: daß die Vollstreckung peinlicher Urteile keinen ehrlichen Mann beschimpfe. Hier war's der jüngste Richter, dem sie oblag, und dem daher der Name Nachrichter zu Teil wurde, dort der jüngste Bürger oder Familienvater einer Gemeinde, und er besorgte diese Funktion als Ehrenamt oder bürgerliche Pflicht so gut und gern, wie das Sammeln mit dem Klingelbeutel sein späterer Enkel vollbringt. An vielen Orten war's auch der Frohnbote, ein ehrbarer, zuverlässiger Diener des Gerichts, der das Fürgebot, die Ladung der Parteien besorgte und bei Hegung jedes Gerichts unentbehrlich war.

Nun aber kam mit dem allmählichen Eindringen des römischen Rechts auch das römische Scharfrichter-Institut in's Land. Freilich mag es fast Jahrhunderte gedauert haben, bis der gewerbsmäßige Scharfrichterdienst überall die alten volkstümlichen Exkcutoren verdrängt hatte; aber er faßte festen Fuß zunächst in den größeren Städten. Hier fand man, wegen der sich häufenden Hinrichtungen, die Bestellung eines eigenen Dienstmannes für dieselben äußerst bequem, welcher von dort aus nach und nach die kleineren Städte und die Landämter sich eroberte. Aber auch der Scharfrichter, als gewerbsmäßiger Diener der Justiz, hatte seiue römische Herkunft und die altrömische Infamie seines Standes vergessen machen, hatte sich frei halten können von der deutschen Unehrlichkeit, wenn nicht zwei Umstände seiner Reputation den Hals gebrochen hätten: die Unfreiheit der ersten bestallten Scharfrichter, und ihre Befassung mit der Abdeckerei.

Es spricht gar sehr für die durchgängige Ehrenhaftigkeit der unteren Volksklassen des Mittelalters, wenn wir erfahren, daß zur Übernahme des mit allen Vorzügen einer festen Lebensversorgung ausgestatteten Scharfrichterdienstes, sich nicht leicht ein freier deutscher Maun, weder Bürger noch Bauer, bereit finden ließ. Nicht des Aufknüpfens und Enthauptens wegen, das konnte ja (wie wir gesehen) der redliche Bürger ganz füglich ebenso unbescholten als Ehrenamt verrichten, wie es sein Ratsherr oder Gerichtsschöppe getan; das Menschentöten aber zeitlebens als Dienst zu verrichten, dagegen sperrte sich sein christlich-germanisches Unabhängigkeitsgefühl. Und da nun auch im Gefolge des römischen Rechts der ganze bisher unbekannte Apparat eines komplizierten Kriminalverfahrens, die Tortur mit ihren schrecklichen

Künsten und eine sinnreiche Vervielfachung und Verschiedenartigkeit der Todes- und anderer Leibesstrafen hinzukam, — diese Dinge aber ganz unmöglich einem Bürger als gelegentliches Ehrenamt aufzubürden waren, sondern einen schulmäßig ausgebildeten, fachkundigen Dienstmann erforderten, welcher sich als Carnifex am schicklichsten darstellen ließ: so mußten die Magistrate der Städte Gott danken, wenn sie sür diesen neuen Dienst irgend einen entlaufenen Leibeigenen oder einen an seiner Ehre beschädigten Landstüchtigen fanden, — denn anders mußten sie einem Verbrecher das Leben schenken, um ihn mit dem Scharfrichterdienste zu begnadigen. Der große Makel aber, welcher von vorn herein auf den Personen dieser neuen Beamten bereits lastete, übertrug sich von selbst auf den neuen Dienst und verstärkte dessen Verächtlichkeit, weshalb dieser Makel mächtiger und einflußreicher wurde als jeder andere Ehrenmangel. Die Kinder und Nachkommen dieser ersten leibeigenen oder verbrecherischen Scharfrichter wurden dann die Stammväter der verschiedenen „Schelmensippen" im Reiche, und durch das hinzugetretene Abdeckereigeschäft steigerte sich folgerichtig die deutsche Unehrlichkeit, auch ohne Beihilfe gelehrter Rechtstheoretiker, zur altrömischen Infamie mit alles durchdringender Kontagiosität.

Vermutlich um die dergestalt verachteten Scharfrichter gegen die Folgen einer volkstümlichen Vogelfreiheit zu schützen, wurden sie durch kaiserliche oder landesherrliche Privilegien und sogenannte Freibriefe tunlich geschirmt. Und so mag die seltsame und ihrer unfreien Herkunft widersprechende Benennung der Scharfrichter und ihrer Leute in einigen meist süddeutschen Ländern, Freimannen und Freiknechte, entweder aus ihrer vogelfreien — oder aus ihrer durch Schutzbriefe gefreiten Stellung entstanden sein. Abgesehen von diesen Freibriefen kamen ihnen aber auch die strengen Strafbestimmungen zu Gute, welche in den einzelnen Stadtrechten zum Schutz der städtischen Offizianten angeordnet waren, denn überall galt der Frohn als ein Dienstmann der Justiz. So erklärt sich auch die im Eulenspiegel erzählte strenge Bestrafung des Pfeifendrehers, der den Henker angeführt hatte, und nun für seinen schlechten Witz die nach damaligem Geldwerthe große Summe von 9 fl. zur Buße zahlen mußte.

Der Abdecker (Wasenmeister, Caviller, Filler) scheint schon vor Einführung des Scharfrichterdienstes in Deutschland, als ein notwendiges Übel längst bestanden zu haben. In den Städten war mit seinem Geschäft auch die Kloakenreinigung verbunden. Es war eine Kollection der schmutzigsten, ekelhaftesten, abscheulichsten Dienste, gegen deren Verrichtung sich eine angeborene Antipathie sträubt, wie denn die alttestamentische Ansicht vom seelischen Unreinwerden durch körperliche Schmutzzustände etwas allgemein Empfundenes ausdrückt, dessen Verleugnung nicht ohne einige Entmenschung gedacht werden kann. Deshalb fiel dies Geschäft überall nur dem Auswurfe der niedrigsten Leibeigenen, den allerverkommensten Subjekten anheim, denn ein freier Mann starb sicherlich lieber Hungers, als daß er sich zu solchen Diensten hätte gebrauchen lassen. Und hierin ist das Motiv der Unehrlichkeit des Abdeckers zu suchen, denn Justus Möser's Ansicht, daß dieselbe nichts als eine schlaue Erfindung der Beteiligten gewesen wäre, um ihr Brotgeschäft gegen fremde Konkurrenz zu schützen, ist zwar recht scharfsinnig, jedoch kulturhistorisch unerweisbar, und setzt eine so infam niedrige Gesinnung voraus, daß sie nicht eben eine patriotische Phantasie des trefflichen Verfassers genannt werden kann. Allerdings aber mögen die späteren Abdecker ihre und ihres Geschäfts Verrufenheit dann nützlich ausgebeutet haben, um ehrliche Personen vor gelegentlichen Eingriffen zurückzuscheuchen.

Das Faktum nun, daß der neue Scharfrichter überall, um besserer Nahrung willen, auch die Verwaltung der schimpflichen Abdeckerei mit in seinen Dienst aufnehmen mußte, und somit alles Odioseste hübsch in seiner Hand beisammen hielt, — das hätte ihn, auch wenn er zuvor ein freier, ehrbarer Mann gewesen wäre, unehrlich gemacht mit Kind und Kindeskindern, — das mußte die Unehrlichkeit dessen, der zuvor Leibeigener oder ein sonst Übelberüchtigter gewesen, bis zur Infamie steigern.

Es mag in Deutschland in der nicht kurzen Übergangsperiode hinsichtlich dieser Zustände bunt genug ausgesehen haben. Während in größeren Städten bereits ein bestallter und belehnter Scharfrichter, ebenso gefürchtet als verachtet, in wohlverwahrter Frohnveste residierte, und draußen vor'm Tore beim Rabenstein sein Halbmeister mit der ganzen säubern Cavillerbande in der vom Bann des Abscheus geschützten Abdeckerei sein Wesen trieb, — blieben in den entlegneren kleinen Städten und Amtsorten noch längere Zeit die alten Gebräuche in teilweiser Wirksamkeit, kraft welcher irgend ein rechtschaffener Staatsbürger ganz harmlos und unbescholten die armen Sünder vom Leben zum Tode brachte. Zu Buttstädt im Weimar'schen enthauptete noch 1470 der älteste Blutsverwandte des Ermordeten, dessen Mörder. In Friesland knüpfte vorzugsweise der Bestohlene den Dieb seiner Habe an den Galgen. In einigen fränkischen Städten, und auch in Sonderburg (nach den um 1377 geschriebenen Artikeln) lag das Blutamt dem jeweiligen jüngsten Ehemann ob, was eben nicht gerade als Verschönerung der Flitterwochen gelten kann. In Dithmarschen vollzog die Hinrichtung unglücklicher Mädchen und Kindesmörderinnen niemand anders, als der älteste Mann ihrer Familie, was beinahe wie eine sinnige Berücksichtigung des Zartgefühls der Frauenzimmer herauskommt, die sich bekanntlich ungern von fremden Mannsbildern anfassen lassen mögen. Ja sogar der Fall kommt vor, daß das schöne Geschlecht selbst sich bei einer Hinrichtungsart, und zwar beim Pfählen, zu beteiligen hatte. Dem zu dieser Todesart verurteilten Vergewaltiger der Frauenehre wurde ein wohlgespitzter Eichenpfahl auf's schwarze Herz gestellt; dann trat die schwergekränkte Dame herzu und tat mit einem wuchtigen Hammer die ersten drei Schläge auf den Pfahl, worauf der Gerichtsdiener das Werk kräftig vollendete. So erzählt Emerich, der Sammler frankenbergischer Rechte und Gewohnheiten gegen Ende des 15. Jahrhunderts.

Vielfach galt der Grundsatz: wie die Gemeinde das Urteil findet, so muß sie auch Hand anlegen zu seiner Vollstreckung, zumal wenn sie keinen Scharfrichter hält; und deshalb brachten die dithmarsischen Bauern den protestantischen Märtyrer Henrich von Zütphen selbst um's Leben, „dewile dat Land kenen Scharprichter heft." In Jütland, wo's Sitte war, „dat man keen Frohnrichter gehatt", führten die Colonen unter den Bauern den auf einen Wagen gestellten Dieb unter den Hängebaum, und legten ihm den Strick um den Hals; dann mußte jeder Hardesmann oder Vollbauer der Gemeinde den Strick anrühren, worauf man die Pferde mit Steinen bewarf, daß sie mit dem Wagen ausrissen und den Dieb am Baum hängen ließen. — In Dithmarschen „hänketen und köpfeten" die Schlüter, die Vorsteher und Richter der Kirchspiele, und die benachbarten Kollegen halfen ihnen dabei, wenn's Not tat (s. Dreyer, altdeutsche Strafen etc.). Andere Dorfgemeinden betrachteten es noch in späteren Zeiten als ihr wertvolles Vorrecht, sich durch Selbstexekution die Kosten und Förmlichkeiten des Landgerichts ersparen zu dürfen, wie die Wiesenbrunner im fränkischen Amt Kastell, welche ihre Diebe selbst an den Baum knüpften, wobei alle Einwohner an den Strick griffen, zur Konstatierung des wohlbewahrten Dorfrechts. Und selbst dort, wo später ein Scharfrichter gehalten wurde, trat dann, wenn er verhindert war oder seine Kraft allein nicht ausreichte, die Verbindlichkeit der Gemeinde zur Hilfsleistung wieder ein.

Der analoge Grundsatz: daß der Richter, welcher ein Bluturteil gesprochen, dasselbe auch müsse ausführen können, fand ebenfalls noch in vielen Gegenden seine Anwendung, und darnach mußte einer der Schoppen, häufig der jüngste, als Nachrichter die Justifikation der Maleficanten übernehmen. So war's zu Ulm, zu Reutlingen und in andern schwäbischen Städten, wo das Schöppenamt mit dem Ratsstuhl zusammenfiel, und der jüngste wohlweise Senator allemal als sorglicher Aufbewahrer und kräftiger Schwinger des Richtschwertes fungierte. So grundlos ist deshalb die alte hamburgische Sage nicht, nach welcher bei Ermangelung eines Scharfrichters nach gefälltem Todesurteil, der jüngste Ratsherr dasselbe zu vollstrecken habe. Dies wäre gewiß in grauer Vorzeit nach allgemeinen Anschauungen ganz zulässig gewesen, und hätte es recht gut passieren können, wenn gleich kein Beispiel davon uns mitgeteilt ist. — Der Ulmer oder der Reutlinger Ratsherr konnte sich übrigens mit dem ersten Prätor jeder flandrischen Stadt trösten, welchem dieselben peinlichen Pflichten oblagen. Er konnte sich noch wirksamer mit den sämtlichen Freischöppen der westphälischen sogenannten Fehmgerichte trösten, welche insgesamt gehalten waren, ihre Verurteilten mittelst des Weidenrutenstranges an den grünen Baum zu knüpfen.

Daneben kommen aber auch edle und erlauchte Dilettanten der Hinrichtungskunst vor, welche eben dadurch als eine an sich keineswegs entehrende Handlung bezeugt wird. Kein amtliches Pflichtgefühl, sondern reiner Justizeifer beseelte z. B. den Herrn Gans zu Putlitz, als er den durch Richterspruch verurteilten Raubritter Johan von Slavelestorp, vor dessen erstürmter Burg Glasin an der Elde, am Johannistage des Jahres 1298 eigenhändig aufknüpfte. Von einem flandrischen Grafen Balduin werden ebenfalls gelungene Exercitia dieser Geschicklichkeit erzählt. — Unter den deutschen Fürsten ist Pfalzgraf Otto von Wittelsbach zu nennen, welcher beständig Stricke zum eigenhändigen Aufknüpfen der ihm etwa begegnenden Verbrecher bei sich führte, wie Caesarius der Prior zu Heisterbach in seinen Dialogen erzählt. Großes Lob bei ihren Zeitgenossen erwarben sich auch die Herzoge Magnus und Heinrich von Mecklenburg, wegen persönlicher Vollstreckung standrechtlicher Todesurteile und dadurch beurkundeter promptester Justizpflege. Von Letzterem heißt es, er habe mit so vielem Fleiß das Unkraut der Buschklepperei ausgereutet, daß er selbst in den wildesten Wäldern und sumpfigsten Schlupfwinkeln die Raubgesellen aufgesucht, um sie stracks persönlich abzustrafen, weshalb er niemals ohne einen Vorrat tüchtiger am Sattelknopf hängender Stricke ausgeritten sei. Ertappte er dann seinen Mann, so fertigte er selbst die runde Schlinge, tat sie dem Kerl um den Hals, er mochte sein Herr oder Knecht, gleichviel, und sprach das Urteil: „Du most mi dorch den Ring kieken." Ein Vaterunser ließ er ihn noch beten, dann zum nächsten Baum geschleppt, die Schlinge an den Ast gehängt, das Pferd unter dem Räuber weggezogen, und vollzogen war die Justiz. Selbst aus den Kirchen holte er die Verbrecher, denn Gotteshaus, so sagte er, sei keine Räuberhöhle. Nicht einmal beichten ließ er sie, das Vaterunser sei für solche Buben genug, so meinte er; sie stürben dann immer noch besser, als wenn sie im Mordkampfe erschlagen würden, oder als die armen Kaufleute, die meuchlings von ihnen umgebracht wären. Daher bekam er als Ehrentitel den schönen Beinamen „de Henker", und hieß in gewählter Redeform Hinricus Suspensor. Desgleichen wissen wir von der ähnlichen Passion Herzogs Otto von Braunschweig-Lüneburg (um 1430), welcher wegen einer Beinverkrümmung den Beinamen „Scheevbeen" führte. Ein alter Geschichtsschreiber meldet von ihm: Der Herzog hatte einen gar großen Eifer zur Gerechtigkeit und war sehr gestrenge gegen die Übeltäter, die er auf allen Wegen und Stegen aufsuchte, in Busch und Moor und wilder Heide. Wann er einen

Straßenräuber betraf, so tat er selber den Halfter seines Pferdes ihm um den Hals, band ihn an den nächsten Baumast, und ließ dann das Pferd unter ihm wegziehen. Und wegen solcher Justizritte hieß er auch: „Herr Ott von der Haide." Sein Ohm, Herzog Heinrich führte wegen seiner erfolgreichen Heerfahrten zu Gunsten des Landfriedens, den Ehrentitel: Rex de Erica.

Wie selten nun auch in späteren Jahrhunderten die Beispiele so leuchtenden Justizeifers in jenen Regionen geworden sind, wo man auf der Menschheit Höhen wandelt, so soll die entsprechende noble Passion doch noch heutigen Tages in England vorkommen, wo einst der Sage nach ein als Scharfrichter maskierter Edelmann die Hinrichtung seines Königs Karl's I. (16. Januar 1649) vollzogen haben soll. Es berichteten vor einigen Jahren die Zeitungen, daß sehr ehrenwerte Gentlemen, welche gewohnt seien, dem Schlächter ein Stück Geld zu geben, um statt seiner den Kapitalochsen niederzuschmettern, auch gelegentlich im Lande umherzögen, und noch größere Summen für das Vergnügen zahlten, des Scharfrichters Funktionen am Galgen incognito zu übernehmen.

Am häufigsten aber, namentlich in Niedersachsen und Norddeutschland überhaupt, mag vor allgemeiner Einführung des knechtischen Scharfrichterdienstes, die Vollstreckung der Todesstrafen dem Frohnboten anvertraut gewesen sein. Sagt doch der Sachsenspiegel ausdrücklich: die freien Leute, welche Leib und Leben verwirken, soll niemand anders richten, denn der echte Fronbote. Wie ehrenhaft dieser Mann ursprünglich war, geht schon aus seinem Amtstitel hervor, denn das Wort Fron, dem mehrere Bedeutungen innewohnen, heißt auch heilig, geweiht (daher z. B. Fronleichnamsfest). Er war ein Sendbote der heiligen Justiz oder der mit dem höchsten Gerichtsbann betrauten königlichen Gewalt, welche mit dessen Ausübung wieder die Landesherren und Städte beliehen hatte. Er war mithin eine geweihte, geheiligte, unverletzliche Person. Wenn diesem redlichen Biedermann kraft besondern Auftrags die Exequierung der Todesurteile zugeteilt wurde, so mag er dieselben ebenso pflichtgetreu und sonder Skrupel seines Ehrgefühls besorgt haben, wie seine Zivilgeschäfte, oder wie der Soldat seine Waffe gebraucht. Als aber nach und nach, mit Kultivierung des romanischen Justizwesens, das Kriminalgeschäft gewohnheitsgemäß zur notwendigen Schattenseite seines Berufs geworden war, als es z. B. in großen Städten so überhand genommen hatte, daß es ihn ausschließlich beschäftigte, da teilte man wohl die Arbeit; ein neuer Beamter für Zivilsachen hieß Gerichtsbote, dem alten, auf peinliche Dinge bereits eingeschulten Frohnboten aber nahm man seine Botschafterstelle, nannte ihn kurzweg Frohn, und seine Dienstwohnung die Frohnerei. Und als man nun auch die sogenannte scharfe Fragestellung diesem Frohn auferlegte, da saß der Träger dieses einst so geachteten Amtes mitten unter den unehrlichen römischen Scharfrichtern in einer und derselben Verdammnis. Niemandem aber fiel es ein, wie unglaublich weit sich sein jetziger verachteter Titel Frohn von der ursprünglichen Fronbedeutung entfernt hatte. Sobald nun diesergestalt das Frohnbotenamt vom Pferd auf den Esel gekommen war, mag sich fortan kein freier ehrbarer Mann um ein solches beworben haben, mithin fiel es als ein knechtisches Lehn in die Hände unfreier Leute oder in die der Abkömmlinge jener ersten römisch zugeschnittenen Scharfrichter. — Ganz ähnlich erging es dem Gerichtsdiener und Boten da, wo man ihm die bittere Pille peinlicher Funktionen mit dem vornehmer klingenden Titel Pedell versüßt hatte; bald genug wurde der Bodellius in einen Büttel korrumpiert und sank in gleiche Schmach. Aus diesem Sachverhalt aber erklären sich die mancherlei Überreste höchst ehrbarer Funktionen des unehrlichen Frohns oder Schalsrichters bei Hegung der Zivilgerichte bis in die neuere Zeit. Und wie wir oben sahen, daß oftmals ein ehrbarer Schuppe von seiner Richterbank herabsprang, um einen Missetäter zu justifizieren, so sehen wir nicht minder häufig die Frohne ganz ernsthaft auf der Schöppenbank sitzen, was mit den alten Ansichten über das Botenamt sich ganz wohl vertragen hätte, jetzt aber eigentlich ein Anachronismus war. An manchen Orten, wo des Sachsenspiegels Satzungen galten, auch nach dem Dortmunder Stadtrecht von 1275 und nach dem lüb'schen Recht von 1294, blieb dem mit dem Frohnboten verwechselten Frohn die Jurisdiktion in den Bagatellsachen der Bürger ganz unanstößlich übertragen. So entschied auch der Büttelmeister zu Ulm in Streitsachen unter einem Wert von 5 Schilling Heller. Und eben daher erklärt es sich auch, daß sogar bei schwierigen Findungen in criminalibus der wohlerfahrene Frohn mit seiner praktischen Präjudikatenkunde auf die Schöffenbank berufen wurde, z. B. in Wismar 1427 bei Verurteilung zweier Ratsherren. Nach dem freiberger Statut mußte man in Betreff des Urteils über Friedebrecher und Gewalttäter „den Büttel fragen, der soll das Urteil finden und teilen mit dem Schwerte oder der Wiede" (dem Weidenrutenstrang). Bekanntlich machte die Sentenz gegen Jürgen Wullenweber, den hochfliegenden lübischen Bürgermeister, im Jahre 1537 seinen braunschweigischen Richtern viel Kopfbrechens. Endlich fand Herr Styr die Findung: das ehrliche Land findet, daß der Nachrichter die Findung finden soll. Und da fand denn Meister Hans, daß er ihn vierteilen müsse u. s. w. — Einige Jahre zuvor hatte sein Kollege in Hannover, Meister Vit, über einen Selbstmörder die kluge Sentenz erkannt: den Toten aus der Stadt zu schaffen, damit er's nicht wieder tun könne. — Das waren die verworrenen Zustände in den Übergangszeiten. Deutsche Bräuche und Rechtsbegriffe stritten mit dem eingedrungenen römischen Recht und wälscher Sitte. Und wenn das Deutschtum in diesem Kampfe allmählig unterlag, so rächte es sich desto bitterer durch die grimmige Verachtung, die es dem knechtischen

Scharfrichterdienst mit seiner römischen Infamie, seiner Torturschmach und Abdeckerschande zuwarf.

Zuweilen milderte jedoch eine acht deutsche Gutmütigkeit insofern die strenge Infamie, als sie, charakteristisch für jene Zeit, den Carnifex weniger für einen ehrlosen Mann, als vielmehr für einen der Gnade Gottes und des Mitleids seiner Mitmenschen bedürfenden, außerordentlich großen Sünder angesehen wissen wollte, dessen vielfache Blutschuld indessen durch strenge Buße zu sühnen sei. Als Hans Maurer, ein Ulmer Stadtkind, etwa um 1450 seinen Scharfrichterdienst in Heilbronn aufgab, da attestierte ihm der Rat dieser Stadt in einem Schreiben an den zu Ulm, daß Maurer sich stets „ziementlich und züchtiglich", als einem Nachrichter zukomme, verhalten habe; daß er aber nun durch Einsprache des heil. Geistes von seinem sündhaften Amte ab- und der Besserung zugewendet sei, weshalb er auch die vom Würzburger Bischöfe ihm auferlegte Buße vollbracht habe. Er wünsche nun als ein demütiger Reuer nach Rom zu pilgern, um Ablaß zu erwerben, wozu er der milden Beisteuer seiner Vaterstadt sehr bedürftig sei u. s. w. — Indessen werden sich solche Beispiele nur selten finden, allgemeiner war gewiß die strengere Ansicht von der Ehrlosigkeit des übrigens auch sündhaften Scharfrichterstandes.

Dennoch muß Hans Maurers reuige Pilgerfahrt keine vereinzelte Erscheinung gewesen sein, es dürften der büßenden Henker so viele gewesen sein, daß sie einer ganzen Gattung damaliger Gauner als lohnendes Vorbild dienten. Der gleichzeitige Matthias von Kemnat berichtet nämlich in seiner gemütlichen Chronik Friedrichs des Siegreichen umständlich von den in der Pfalz und am Rhein zur Zeit wuchernden Schmarotzerpflanzen der menschlichen Gesellschaft, von Bettlern und Gaunern, deren er 26 verschiedene Arten nennt und charakterisiert. Als 25. Klasse bezeichnet er die „Krocherer", „die da sagen, sie seint Henker und Nachrichter gewesen, hätten viel 100 Personen getödt, und begehren nun zu büßen, stehen vor den Kirchen, in einer Hand ein bloß Schwert, in der andern scharpfe Ruthen, und bitten die Leut, daß sie sie strafen, und können weinen wann sie wollen."

Anscheinend wurde die Lehre von des Scharfrichters Verworfenheit bis zu seiner Ausschließung vom heil. Abendmahl ausgedehnt. Wenigstens galt es als eine Indulgenz des Papstes, als er im Jahre 1517 dem Scharfrichter zu Worms gestattete, jährlich ein Mal ganz im Stillen das Abendmahl zu empfangen, eine Nachricht, die wir mit Pistorius zu den „Amoenitaten der Geschichte" zahlen wollen.

Solcher Indulgenzen wird es viele gegeben haben, bis der Gebrauch feststand, die Henkersleute allerdings zuzulassen zum Tische des Herrn, jedoch abgesondert von den übrigen Christen, als allerletzte Nachtmahlsgenossen.

Als nun endlich des Kampfes Wogen sich gelegt hatten, da befand sich der von unehrlichen Eltern geborene Scharfrichter im unangefochtenen Besitz seines zwar sehr verachteten, aber zugleich gefürchteten und obendrein immer einträglicher gewordenen Dienstes, welcher auch seinen Söhnen eine fast notwendige Erbfolge verhieß. Scharfrichtersöhne, durch den väterlichen Bann der Schmach von allen andern Ständen ausgeschlossen, konnten einerseits nichts anderes tun, als in ihres Erzeugers verrufene Fußstapfen treten, andererseits aber waren sie lange Zeit hindurch ein sehr begehrter Artikel, um die allmählig immer häufiger etablierten Scharfrichterdienste zu übernehmen. Provinzenweise waren mit den Scharfrichterdiensten die Angehörigen einer und derselben Familie belehnt, die man auch wohl „Schelmensippen" nannte. Das Wort Schelm soll von schälen, abschälen, stammen, und zunächst dem Abdecker gegolten haben, der dem gefallenen Vieh das Fell abzieht; die Übertragung dieser Benennung auf den Scharfrichter wäre sonach, genau genommen, etwas unkorrekt, was aber der volkstümlichen Sprachweise in ihrer Rücksichtslosigkeit keine Sorge macht. Daneben nannte man alle verbrecherisch-ehrlosen Personen voll nachdrücklichen Ernstes „Schelme", während wir gewohnt sind, dies Wort meist in neckhaft-freundlicher Weise von liebenswürdigen Schalken und Taugenichtsen zu gebrauchen. Jedenfalls aber war der vielfach vorkommende Ausdruck Schelm ein überaus starkes Schmähwort unter ehrlichen Zänkern. Eine solche Schelmensippe der Heylandt's (ein merkwürdiger Name für eine derartige Schreckensfamilie) besorgte noch um 1600 den Leipziger Kreis und das Altenburgische. Etwas später besaß die Familie der Gebhard's alle Scharfrichtereien des Saalkreises mit Halle als Residenz ihres Hauptes, von wo aus sie auch weiter nordwärts Eroberungen versuchte und wirklich einen Zweig nach Hamburg verpflanzte, der aber bald wieder abstarb, während andre Schößlinge in kurbraunschweigischen Gegenden, z. B. im Einbeck-Alfeldschen, bis jetzt grünen, obwohl zum Teil in andre Stände übergegangen. In Celle war die Familie Suhr über 100 Jahre lang im Besitz der dortigen Scharfrichtern, und Jahrhunderte lang soll die Stoeff'sche Sippschaft in Holstein nebst Nachbarlanden geherrscht haben, und allein zu Oldesloe ihrer 75 begraben liegen. In Husum soll die Familie Möller schon lange amtiert haben, bevor Hr. Augustus Giese in seinem 1687 erschienenen „Wehe schreienden Stein" (von dem später ein Mehreres) einige Dulder dieses Geschlechts verewigte. Ihrer Nachkommen lange Reihe schloß erst zu des Dichters Theodor Storms Knabenjahren mit einem letzten Scharfrichter Müller, dessen Sohn Wundarzt wurde. Von den hamburgischen Schelmensippen werden wir später ein Mehreres erfahren.

Inzwischen wuchsen diese Scharfrichter- und Abdecker-Familien mit zahlreicher Deszendenz zu einer bedenklichen Korporation heran. Bei wieder abnehmender Häufigkeit der Todesstrafen, bei zunehmender Einschränkung der Tortur, gebrach's an genügender Beschäftigung, die unversorgten Scharfrichtersühne, für die es keine neufundierten Dienste oder Lehne mehr geben konnte, mußten als Halbmeister und Knechte ihrem Vater oder ältesten Bruder dienen, — die überzähligen Kinder der Abdecker und Schinderknechte aber konnten nur gleich verhungern, wenn sie nicht etwa die Räuberprofession vorzogen.

Pflichtmäßiger Selbsterhaltungstrieb wie christliche Humanität gebot endlich, der wachsenden Sündflut der unehrlichen Leute einen Damm entgegen zu setzen, oder vielmehr ihre Zuflüsse abzuleiten. Dies geschah in dem oft zitierten Reichsgesetz vom 16. August 1731, Art. 4, wo selbst bestimmt wird, daß die Unehrlichkeit bei den Nachkommen des „Schinders" in erster und zweiter Generation stehen bleiben soll, die ferneren Generationen aber zu allen und jeden ehrlichen Handwerken und Erwerbsarten zugelassen werden sollen. Wenn aber bereits die erste Generation eine andere, nämlich eine ehrliche, Profession ergriffen und darin 30 Jahre lang mit den Ihrigen kontinuieret hatte, so soll auch die zweite Generation derselben Vergünstigung sich zu erfreuen haben. Letzterer Fall mag freilich nicht leicht vorgekommen sein, da das Abdeckerkind noch rechtlich unehrlich war, also zu keiner ehrlichen Profession zugelassen wurde, geschweige 30 Jahre lang darin kontinuieren konnte, um seinem Kinde den Ehrenstand zu verschaffen. Weit durchgreifender gebot daher das kaiserliche Patent vom 23. April 1772 § 5: „die Kinder der Wasenmeister, welche die verwerfliche Arbeit ihres Vaters noch nicht getrieben haben, noch treiben wollen", von den Handwerken nicht auszuschließen, mithin für ehrlich zu achten.

Werfen wir einen Blick auf die Zusammensetzung dieser unheimlichen Korporation der unehrlichsten Leute, so finden wir als aristokratisches Element voran die eigentlichen Scharfrichterfamilien, deren Söhne die Weise des englischen Adels befolgten, indem die ältesten des Vaters Meistertitel und Lehne erbten, während die jüngeren, sofern ihnen nicht etwa heimgefallene Lehne zu Teil wurden, in die unteren Schichten der Henkersknechte und Abdeckersleute untertauchten, und unter diesen den immer noch besseren Teil, die Halb- und Wasenmeister-Dienste, erhielten. Die ganze übrige Bande aber dieser Henkersknechte, sofern sie nicht aus degenerierten Scharfrichter-Epigonen bestand, rekrutierte sich aus ihrem eigenen Nachwuchs, wie aus den verkommensten Subjekten, die der Abschaum der Menschheit ihnen zuwarf. Nicht nur einfache Unehrliche in bürgerlicher wie moralischer Hinsicht, auch verfolgte Räuber und Mörder, entsprungene Zuchthäusler suchten und fanden Zuflucht im Kittel des Schinderknechts, und wohl selten mag und kann unter dieser verworfenen Rotte entmenschter Gesellen ein gutes, treues, wackeres Herz geschlagen haben. Dennoch waren auch diese nicht rechtlos, eine ihnen zugefügte Beleidigung zog die Bestrafung des Beleidigers nach sich. Die Hamburger Kämmerei-Rechnung von 1384 führt eine dem Fiskus zugeflossene Einnahme de excessu von 32 Schillingen auf, welche Arnold Wichman und Arnold Westfal hatten erlegen müssen, weil sie den Knecht des Abdeckers geprügelt hatten.

Der Scharfrichter-Meister, der gradlinige Nachkomme und Erbe einiger 20 Vorweser im Meisteramt, beschaute gewiß mit Stolz seinen Stammbaum, und überlieferte die Geschichte seiner Väter in getreuen Traditionen dem Sohne und Erben. Ein gewiß ganz eigentümlicher Charakter, ein durchaus fremdartiges Wesen, muß sich bei der wunderbaren Berufsart und völlig abgeschlossenen Lebensweise dieser Leute ausgebildet haben. Wenn auch aus ihrem einsiedlerischen Pariatum begreiflicherweise nicht viel in's große Publikum gedrungen ist, so darf man doch getrost die triviale Vorstellung vom blutdürstigen Wüterich und rohen Tiermenschen zu den Ammenmärchen werfen, und wird nicht sehr irren, wenn man sich unter einem Scharfrichtermeister einen in seiner Art seinen sehr klugen Mann denkt, aus dessen reserviertem Benehmen neben einiger Bildung auch eine gewisse Melancholie blickt. Hierüber wird unten noch ein Mehreres zu sagen sein. Seine Frau fand er in einer benachbarten, nah- oder ferngesippten Scharfrichterei, und gewiß würde er kein Mädchen unter dem Range einer Meisterstochter geheiratet haben. Den ältesten Sohn erzog er zu seinem Thronfolger, die jüngeren zu Halbmeisterstellen; jener heiratete wie sein Vater, diese blieben meistens ledig, wie die Hagestolzen unter den Sühnen eines altdeutschen Bauerhofes. Rätselhaft bleibt es, nach welcher Methode die Söhne die väterliche Kunst erlernten, an welchen Gegenständen sie sich z. B. auf das Köpfen einexerzierten. Man sagt: an Kohlköpfen, aufeinander gestellt und befestigt, oder an hölzernen Tellern, oder an den ihnen zum Töten überwiesenen Tieren. — Die Töchter, sofern sich kein ebenbürtiger Meister für sie fand, mögen vielfach das traurige Los einsamer Klosternonnen geteilt haben; zu stolz, um freiwillig dienende Rollen in andern Scharfrichtereien zu übernehmen (und wo sonst hätte man sie willkommen geheißen?), mag wohl nur die bitterste Not nach des Vaters Tode sie dazu gezwungen haben, sich hier mit den Verworfensten ihres Geschlechts gleich zu stellen; und besten Falls, wenn des Vaters Sammelfleiß ihnen ein auskömmliches Dasein gegründet, blühten und welkten sie hinter den Gittern der Frohnereien als betrübte Dornröschen, zu welchen kein irrender Ritter den Weg zu suchen unternahm. Liebestragödien können nur vorgekommen sein, wenn ein stadtfremder Jüngling, bezaubert von dem eigentümlich aparten Wesen eines ihm hie oder da begegnenden schönen Mädchens, zu spät ihres Vaters Namen und Stand erfuhr. Dann ward sie ihm unmöglich. Er hätte denn

Eltern, Geschwister, Familie, Genossenschaft, Stand und — Ehre aufopfern wollen für ihren Besitz. Selbst im Gebiete der Romantik erschien es allzu gewagt, solche Dornröschen zu Heldinnen empfindsamer Liebestragödien zu machen, und erst dem kecken Heinrich Heine war es vorbehalten, mit einer Jugendliebe aus diesem mißlichen Kreise Parade zu machen. Es soll dies blasse schöne Kind des Düsseldorfer Scharfrichters Nichte gewesen sein.

Rücksichtsloser in dieser Hinsicht verfuhr vor etwa 100 Jahren ein Candidatus der Theologie, welcher sich in eine junge Scharfrichters-Witwe verliebt und mit derselben verlobt hatte. Aller Abmahnungen der Seinigen, aller Erinnerungen geehrter Gönner unerachtet, blieb er seiner Liebe getreu. Vergebens drohte man ihm mit dem elterlichen Fluch, mit Enterbung, mit dem Verbot der Kanzel und Unfähigkeit zum geistlichen Amte. In letzterer Beziehung konsultierte er den berühmten Juristen Knorrius, welcher für ihn (1784) ein Gutachten dahin abgab: daß der mit einer Scharfrichters-Witwe oder -Tochter verlobte oder verheiratete Kandidat der Theologie keineswegs rechtlich unfähig sei zur Erlangung eines geistlichen Amtes. Damit hatte er allerdings seinen persönlichen Ehrenstand salviert, ein Pastorat aber wird er schwerlich je erhalten haben.

Daß die Schelmensippen unter einander zu größeren korporativen Genossenschaften zusammen getreten, davon finden wir eigentlich keine Spuren. Zwar hatten sich auch bei ihnen zunftähnliche Handwerksbräuche ausgebildet; die Scharfrichtersöhne, vom Vater in all seinen traurigen Künsten unterwiesen, hatten ihre Lehr- und Wanderjahre durchzumachen; eine Art Handwerksgruß zum Erkennen des echten Fachgenossen, eine Geheimlosung unter den verwandten Sippen wird, nicht gefehlt haben (und gewiß war der Familiensinn in diesen so völlig auf einander angewiesenen Kreisen besonders stark), — aber über die von den Gliedern derselben großen Sippschaft bewohnten Provinz wird das korporative Band schwerlich hinausgereicht haben.

Es sollen aber im vormaligen deutschen Reich vier eigene Standes-Gerichte für die Scharfrichter und ihre Gesellen vorhanden gewesen sein, eins zu Augsburg, eins zu Hamburg, eins zu Basel, und eins an irgend einem vierten Orte. In Betreff Hamburgs darf versichert werden, daß leider von einem so interessanten Institute auch nicht die geringste Spur zu erforschen gewesen ist, nicht einmal die Sage leitet auf die verschollene Existenz eines solchen in den grauesten Vorzeiten. In Betreff Augsburgs, wie des namenlosen Ortes, ist gleichfalls nichts beizubringen; nur über das zu Basel kann folgende Mitteilung gegeben werden.

Am Kohlenberge zu Basel sollen vormals nur Henkersleute gewohnt haben. Dort vor des Scharfrichters Haus stand eine alte Linde, und unter dieser Linde wurde gehegt „das Kohlenberger Gericht für Nachrichter und ihre Gespannen". Vor diesem Gericht „rechtfertigten einander die Scharfrichter und salvo honore die Schinder, und der ehrliche Mann, der mit ihnen verzwistet war, mußte sie hier anklagen." Zu den Gespannen gehörten namentlich auch die für Pestleichen angestellten Totengräber, welche gewiß aus der Hefe der unehrlichen Leute genommen wurden. Beisitzer und Urteilsfinder waren „die Fryetsknapen" (die von der Stadt verordneten — sicherlich derselben Sippschaft verwandten — Sackträger), nämlich „Sieben die da sitzen" (sieben Urteilssprecher). Der älteste war der Richter, fühlte den Stab und saß für sich allein auf der Bank, und daneben auf jeder Seite drei bei einander. Der Richter mußte, so lange die Sitzung dauerte, Sommers wie Winters, den rechten Schenkel nackt und bloß tragen, und den Fuß in einem neuen Zuber mit Wasser gestellt haben, weshalb ihm zu jedem Gerichtstag ein neuer Zuber geliefert wurde; die sechs Übrigen wurden mit solchem Fußbade verschont, jedoch mußten auch sie den rechten Schenkel entblößt zeigen. „Weil nun diese geringen Leute zum Urteilen zu unverständig, so sind geschworene Amtleute und Prokuratoren der Stadt Basel allemal zugegen, die tragen der Parteien Klag' und Einred' vor, die raten den Richtern, was sie finden sollen, und der Ordinary-Gerichtsschreiber sitzet dabei an seinem Tischlein und beschreibt fleißig alle Acta." — Dies Tribunal soll um 1500 aufgehoben sein. Es scheint, daß zuweilen die Fryetsknapen ihre Kompetenz überschritten, wie ein in einer Baseler Chronik erzählter Fall von 1474 dartut. Damals nämlich haben Richter, Beisitzer und Urteilsfinder einen lebendigen Hahn zum Feuertode verurteilt, weil sie ihn überwiesen erachteten, ein Ei gelegt zu haben.

Von dem Umfange der Unehrlichkeit des Henkers nur so viel: jede Strafe, die er vollzog, verunehrte; jede Berührung seiner Hand beschimpfte; man mied seinen Umgang, man floh seine Nähe, um zufälligen Kontakten vorzubeugen, und zwang ihn, aus solchem Grunde, zu leicht erkenntlicher, den Mann der Schmach bezeichnender Kleidung. Die Lübecker Ordnung für den Büttelmeister und seine Knechte schrieb diesen Leuten ihre Kleidung vor und verbot ihnen allen Schmuck, verbot ihnen auch, im Schrangen und auf dem Markte das Fleisch oder die Fische mit ihren unehrlichen Händen zu berühren, mit welchen sie nur hinweisen durften auf das begehrte Stück. Begegnete ein solcher einem Bürgermeister, so mußte er salutieren, das Haupt entblößen und bis über den äußersten Rinnstein ausweichen. In der Kirche war weit ab von den Plätzen der übrigen Mitchristen die demütigende Stätte seiner Gottesverehrung, wo er vernahm das schöne Wort von der Nächstenliebe, die einzig ihm nicht galt. Bei Austeilung des heiligen Abendmahls stand er abgesondert allein, und trat als der Allerletzte an des Herrn Tisch; fiel er krank zu Boden, keine Hand rührte sich ihn aufzuheben, stürzte er in's Wasser, niemand zog ihn heraus; starb er, so mochten seine Leute sehen, wie und wo sie ihn in der

Stille verscharrten, das kümmerte fürwahr keine ehrliche Seele.

Inmitten solcher Schmach, die wie ein trüber Nebel durch sein Leben ging, stand dem mittelalterlichen Scharfrichter noch obendrein das schreckliche Gespenst dräuender Todesgefahr unablässig vor seinen Augen: die Möglichkeit, bei einer Exekution einen Fehler zu begehen, in welchem Falle er dem furchtbaren Gericht der Volksjustiz verfiel. Zu dem an sich gerechtfertigten tiefen Mitleid der Zuschauer mit dem armen Sünder (und diese Seite der Dinge wollen wir gern anerkennen), gesellte sich die tiefeingewurzelte Verachtung gegen den gefürchteten Henker, den das Volk vogelfrei glaubte, sobald er nur die geringste Ungeschicklichkeit bei Verrichtung seines Amtes zeigte. Es gehörte zu derselben schon an sich ein ungewöhnliches Maß von Charakterstärke, und neben körperlicher Kraft und Gewandtheit, kaltes Blut, fester Sinn, ruhiges Auge, Eigenschaften, deren Behauptung im entscheidenden Fall gewiß den Neulingen ungemein schwer fallen mußte. Und dermaßen vertraut durch längere Gewohnheit mit allen ergreifenden Vorkommnissen einer Hinrichtung wird selten oder niemals ein Scharfrichter gewesen sein, daß das Menschentöten seinem gehärteten Herzen zur andern Natur geworden wäre, daß er jedesmal das Hochgericht sonder Anwandlung einiger Gemütsbewegung bestiegen hätte. Der Fälle, in welchen ein Fehlhauen oder sonst ein Mißgriff des Scharfrichters konstatiertermaßen aus einer plötzlichen Anwandlung von Weichmütigkeit entsprungen war, die seinen festen Blick geirrt hatte, gibt es gar viele. Und gerade solche Weichmütigkeit, solch' menschlich Rühren, war der ärgste Feind, die schwerste Gefahr des starken Mannes, weshalb es denn auch ein vom hier begreiflichen Aberglauben erfundenes oder abergläubig gebrauchtes Geheimmittel gab, ein Elixir gegen das plötzliche Erwachen des Menschenherzens in der gepanzerten Scharfrichterbrust, wenn er den Arm hob zum Todesstreiche. In eben derselben Furcht vor solcher Weichmütigkeit liegt auch der Grund, weshalb alle Scharfrichter darauf bestanden haben und bestehen, daß dem armen Sünder die Augen verbunden werden. Es ist dabei von keinem sogenannten bösen Blick die Rede, sondern von dem rein menschlichen, aus dem eine geängstete, zitternde Seele spricht. Wenn solch' ein Blick, — oder ein flehentlich bittender, oder ein verzweifelnder — in des Scharfrichters Auge fällt, so ist's um seine Fassung geschehen, sein eignes Auge trübt sich, sein Arm bebt, und eine unglückliche Exekution ist die notwendige Folge. Ebenso ist's ja auch bei den militärischen Exekutionen. Selten gestatten die dazu befehligten Soldaten einem besonders beliebten und gefaßt zum Tode schreitenden Kameraden die offenen Augen. In der Regel können und mögen sie nicht auf den Den zielen und schießen, der wehrlos und erwartungsvoll sie anblickt. Doch, wo sie es gestatten, da vermögen sie's um deswillen auch auszuführen, weil der heroisch zum Sterben bereite Krieger einen ganz andern, einen erhebenderen Eindruck macht, als die in Todesfurcht versinkende Jammergestalt auf dem Armensünderstuhle. Als Beispiel, ist der aus Thüringen gebürtige Rittmeister Joh. Andr. Sonnenbach zu nennen, welcher wegen Bigamie im Jahre 1683 in Hamburg enthauptet wurde. Zum Tode vorbereitet, schritt er im roten Rock und einen Lorbeerkranz auf dem Haupte, sehr beherzt zum Tode. Auf dem Richtplatz nahm er den Kranz ab, grüßte die Versammelten, ließ sich von den Frohnsleuten nicht anrühren, band selbst seine Haare in die Höhe, knieder nieder, hielt seinen Hals aufrecht empor, und wurde in solcher unerschrockenen Gemütsverfassung justifiziert, — „welches alles" (wie der Bericht sagt) „weil es vorher noch niemals geschehen, billig zu notiren ist." Ein anderes Beispiel gibt der hamburgische Obristlieutenant Henrich Manecke, welcher einige militärische Fehler der Kriegsführung, entschuldbar nach Gutachten seiner Vorgesetzten, dennoch am 13. März 1686 mit dem Tode büßen mußte, da die heißblütigen Schnitger-Jastramschen Machthaber in ihm einen Anhänger Meurer's aus dem Wege schaffen wollten. Im Hornwerk ward er arkebusieret. „Er ging sehr beherzt und freudig zum Tode. Nachdem er allen umstehenden Offizieren, Soldaten und Bürgern Adieu gesaget und sie um Verzeihung gebeten, tat er noch eine heroische Oration, worinnen er der Stadt Hamburg Heil und Glück wünschte und seinen Freunden dankete. Dann ging er zu den drei Unteroffizieren, welche er selbst dazu erwählet, ermahnte sie zur Herzhaftigkeit, stellte sie in Reih' und Glied, und wies ihnen das Zeichen auf seiner Brust, darauf sie zielen und losschießen sollten, sobald er die Hände würde sinken lassen. Hierauf stellete er sich ganz frei hin, da er keinen Pfahl zur Anlehnung haben wollte, auch ohne Zubindung der Augen, und also stehend hob er die Hände gen Himmel und rief mit lauter Stimme: „Herr Jesu, Dir leb' ich, Dir sterb' ich, Dein bin ich tot und lebendig", mit welchem letztern Wort er dann die Hände fallen ließ, worauf augenblicklich die drei Schüsse fielen, und er, mitten in's Herz getroffen, entseelt zu Boden sank."

Um gerecht zu sein, müssen wir aber auch einräumen, daß uns eine große Menge Beispiele männlich gefaßten Sterbens durch Henkershand überliefert sind. Joh. Jac. Moser, der berühmte württembergische Staatsrechtslehrer und Landschafts-Konsulent, hat vor 100 Jahren in einem kürzlich neu herausgegebenen Büchlein „die seligen letzten Stunden Hingerichteter Personen" beschrieben, welche von würdigen Geistlichen zur wahren Buße und Bekehrung geleitet, versühnt mit Gott und Menschen geschieden sind. Vielfach erfahren wir auch sonst, wie es den Verbrecher getrieben, noch in den letzten Sekunden seines Lebens, vom Schaffot aus, mit fester Haltung und aufrichtigen Worten die versammelte Menge anzureden, das Bekenntnis der Schuld und Reue zu wiederholen, um Vergebung zu bitten und dann getrosten Mutes dem Todesstreich entgegen zu sehen.

Von solchen schönen Todesszenen wenden wir uns wieder zu den Scharfrichtern und ihren Gefahren bei mißratenen Exekutionen. Es kamen Beispiele der schrecklichsten Ausbrüche ungezügelter Volkswut vor; unglückliche Ezequenten waren unmenschlich gemartert, endlich gesteinigt, oder buchstäblich in Stücke gerissen, anderer noch graulicherer Todesarten gar nicht zu gedenken. Wohl suchten die Obrigkeiten durch scharfe Verbote und harte Bestrafungen hinterdrein, durch Ausrufung des Friedens und sichern Geleits für den Henker und seine Leute, dem Übel zu steuern; aber wirksam gelang dies erst, als man anfing, bei jeder Hinrichtung zum Schutz des Scharfrichters eine hinreichend starke Militärmacht aufzustellen. Wo kein Militär verwendbar, da organisierte man einen berittenen Landsturm, und nannte den, gewissen Bauerhöfen auferlegten Dienst einen Galgenritt. — Aber wie häufig waren selbst einige hundert Soldaten zu Fuß und zu Roß gegen die Tausend und aber Tausend fanatisierten Zuschauer viel zu schwach. In den Hamburger Geschichten und Sagen sind Beispiele erzählt, mit wie genauer Not der geängstigte Frohn den mörderischen Händen der Volksjustiz entkam, oder gerettet wurde durch die schirmenden Schwerter der städtischen Reiterei. Den Scharfrichter Simon zu Zellerfeld, dem 5 mal sein Hieb mißlungen war, mißhandelten die wütenden Bergleute in der Frohnveste, schleppten ihn auf die Gasse und zerhackten ihn hier stückweise. —

Den fahrlässig exequierenden Nachrichter bedrohte man im alten Berlin mit „einer Königsmalter" Schläge, 32 Hieben mittelst einer frischgrünen, mannsdaumendicken Eichengerte. — Andererseits suchte man auch den Scharfrichter durch einen Eid zu binden, der ihm eine Art Verantwortlichkeit aufbürdete. Und darauf gründet sich eine nach glücklich vollbrachter Exekution früher fast allgemein gebräuchliche Zeremonie, welche durch Art. 98 der Carolina gewissermaßen bestätigt wird. Der Scharfrichter salutierte und redete vom Schaffot herab das anwesende Mitglied des Kriminalgerichts an mit der Frage, ob er recht gerichtet? Der Richter antwortete dann etwa: du hast gerichtet, wie Urteil und Recht gegeben, und wie der arme Sünder es verschuldet hat. Dann replizierte der Scharfrichter schließlich: „Davor danke ich Gott und meinem Meister, der mir diese Kunst gelernet." — Der bei jeder Hinrichtung in Frankfurt anwesende Oberstrichter antwortete auf solche Frage bei gutem Verlauf der Sache: „Du hast getan, wie Dir von Gott und Deiner Obrigkeit befohlen gewesen"; war die Exekution aber schlecht vollzogen, so gab er diplomatisch die ausweichende Antwort: „davon hab ich keine Kommission".

Das ganze oben dargestellte Verfahren ist z. B. noch am 31. Juli 1812 in Heidelberg bei Hinrichtung einiger Odenwälder Raubmörder vorgekommen. Pfister's lehrreiche „aktenmäßige Geschichte" dieses Kriminalfalles teilt das Verfahren umständlich mit, welches, obschon reichlich modernisiert, sich doch dem uralten Gerichtsbrauch anschloß. Das hochnotpeinliche Halsgericht, diese Rekapitulation der Schlußsentenz unter freiem Himmel, mit dem verhängnisvollen Stabbrechen, fand statt auf öffentlichem Markte vor dem Rathause, bei welchem Akte es beinah etwas theatralisch hergegangen zu sein scheint. Dann begab sich alles hinaus zur Richtstätte an der Mannheimer Chaussee bei Eppelheim; der Stadtdirektor gebot und verkündete dreimal den Scharfrichterfrieden, und nach glücklich vollführter Enthauptung der vier Räuber salutierte der Scharfrichter mit dem blutigen Schwerte, fragte und erhielt Bescheid, wie oben erwähnt. Gott und seinem Meister zu danken, unterließ jedoch der aufgeklärte Mann. — Manche Leser, welche sich trotz obengedachter Gutmütigkeit mancher Scharfrichter, dennoch diesen Menschen als einen brutalen Blutmenschen denken, mögen für solche Ansicht die Tortur anführen, deren Grausamkeiten beständig anzuwenden, ihn notwendigerweise hätte entmenschen müssen.

Aber auch dieser Einwurf wird milder aufzufassen sein. Man bedenke doch, daß die scharfe Frage, der Rechtsregel nach, überall gar nicht nach bloßer Willkür der Inquirenten angewendet werden durfte. Ihr letzter Grund lag eigentlich in der übergroßen Gewissenhaftigkeit des deutschen Strafrechts, das selbst überführten Verbrechern nur dann die gesetzliche Todesstrafe zuerkannte, wenn sein Geständnis; hinzukam. Das Geständnis herauszulocken erschien den deutschen Kriminalisten nicht minder als heilige Gewissenssache als den schweizerischen, welche noch vor einigen Jahrzehnten hie und da die Anwendung der sog. uneigentlichen Tortur handhabten, nämlich Hunger und Durst, hartes Gefängnis und Rutenstreich. Einzig in diesem Falle, da der Inquisit durch Zeugnisse und Tatumstände überwiesen war, jedoch eigensinnig das Bekenntnis verweigerte, — also in einem Falle, der unsere Geschwornengerichte schon zur Verhängung der Todesstrafe berechtigen würde, — erkannte das ordentliche Gericht auf Anwendung der scharfen Frage, um das fehlende Geständnis herbeizuschaffen, welches dann später, ohne Folter, wiederholt sein mußte, bevor es galt. Der Scharfrichter diente also in diesem Falle nicht einem rohen tyrannischen Gewalthaber, er führte nur dasjenige aus, was ein Tribunal gewissenhafter hochgeachteter Männer für Recht erkannt hatte. Er durfte seine etwaigen Herzensregungen während des Peinigens auch mit der Überzeugung beruhigen, daß der Inquisit ein überführter Verbrecher sei, der durch eigene Schuld leide. Und anerkannt ist es, daß die Scharfrichter einen besonderen Ruhm darin suchten, „vernünftig zu martern", d. h. so, daß die Torturleiden ohne schädliche Folgen blieben und etwaige Wunden völlig geheilt wurden, — zu welchem Zwecke sie sich einige wissenschaftliche Kenntnisse vom menschlichen Körper und Gliederbau anzueignen gewohnt waren.

Es könnte Einem dabei in den Sinn kommen, wie unendlich viele Kranke wochen-, monatelang und noch länger, eine noch viel ärgere Folterpein leiden müssen, und zwar häufig unverschuldet! Dem Arzte, der zuletzt mit ziemlicher Gelassenheit solche Schmerzenslast täglich betrachtet, die er vielleicht durch seine gutgemeinten Mittel eher mehrt als mindert, wird niemand nachzusagen wagen, daß im täglichen, stündlichen Anblick menschlicher Qualen sein Herz sich bösartig verhärte. — Und wenn dem Chirurgen etwa das Herz geblutet haben sollte beim Anblick der unsäglichen Pein, die seine Amputationssäge oder sonst eins seiner Instrumente dem Kranken verursachte, bevor das Chloroformieren erfunden war, — und wenn dann der Gedanke an die Notwendigkeit solcher Pein, um größeren Nebeln vorzubeugen, ihn trostreich beruhigt haben wird, — weshalb sollte nicht auch den Scharfrichter der analoge Ideengang begütigt haben: daß seine Operationen bestimmt seien, dem Inquisiten das schuldbeladene Gewissen zu erleichtern, und die dessen Seelenheil drohenden viel größeren Übel einer verstockten Unbußfertigkeit abzuwenden, — übrigens aber, im Namen der heiligen Justiz, der ewigen Wahrheit zu dienen.

Die Diensteinnahmen der Scharfrichter waren nach Landessitte und Ortsverhältnissen sehr verschieden. Neben der Wohnung und andern Emolumenten hatten sie nach bestimmten Taxen ihre Gebühren für ihre einzelnen Verrichtungen, welche Taxen im Laufe der Jahrhunderte oftmals erweitert und erhöht werden mußten. Außerdem aber pflegte man schon sehr früh diesem Dienste einen festen Sold beizulegen, um in den auf Gebühren allein angewiesenen Scharfrichtern „keine böse, unordentliche Begier nach Vergießung von Menschenblut" zu erwecken, wie die bamberger Halsgerichts-Ordnung sagt.

Noch wären einige Worte über die Bildungsstufe dieser Leute zu sagen. Der Scharfrichter selbst, der Sprosse alter Meistergeschlechter aus der Hautevolée dieser Pariakaste, war gewiß in seiner Art kein unebener Mann. Sein Beruf erforderte und verschaffte ihm gewandte Klugheit, umfassende Menschenkunde, praktische Tüchtigkeit. Daß er mit dem Abdeckereibetriebe sich nicht persönlich zu befassen brauchte, ist schon gesagt. Meistenteils vollzog er auch nicht die geringen Strafen des Staupenschlages und Brandmarkens etc., welche sein Meisterknecht ausführte. Ja in einigen großen Städten fielen diesem auch die Exekutionen mit Galgen und Rad anheim, wofür er den Spezialtitel Henker und ein noch größeres Maß von Ehrlosigkeit erhielt als sein Meister, welcher mit dem höheren Scharfrichtertitel charakterisiert, einzig die noblere Funktion des Schwertes ausübte. Bei solcher Teilung der Arbeit fiel dann das Stäupen und Brandmarken dem ersten der Henkersknechte zu; man sieht, Alles war wohlgeordnet nach einem durchdachten Schematismus.

Die Tötung verbrecherischer Tiere wurde hie und da nicht dem Abdecker, sondern dem Scharfrichter selbst aufgetragen. So befahl 1574 der Rat zu

Frankfurt, daß das mörderische Schwein, welches einem Sachsenhäuser Kindlein das Antlitz und den halben Hals aufgefressen hatte, durch den Nachrichter vom Leben zum Tode gebracht wurde.

Sein vom Vater ererbtes Wissen in allerlei Zweigen der Naturkunde übte der Scharfrichter, als heilkundiger Arzt erkrankter Vieh- und Menschheit, vielfach aus. Zuweilen mit obrigkeitlicher Konzession, mindestens zur Vornahme gewisser chirurgischer Kuren. In Danzig wurde 1641 dem Scharfrichter gestattet, „verrückte Glieder" (d. h. verrenkte) zu heilen. — Dem Memminger Büttel hatte dortiger Rat die ganze medizinische Praxis freigegeben, was der Chronist Dr. Schorer ein schändliches Gestatten, und die 1573 erfolgte Aufhebung dieses Mißbrauchs ein gut Werk nennt. Begreiflicherweise suchte er seine Kunde wie deren Anwendung mit dem Nimbus des Geheimnisvollen zu umgeben, und pflegte, nach damaligem Standpunkte, insbesondere der Sympathie zu huldigen. Daß er dadurch in den Ruf zauberkundigen Wissens geriet, schor ihn wenig, war ihm vielmehr lieb, da es die Zahl derjenigen vermehrte, welche zu dunkler Nachtzeit im strengsten Incognito seine Schwelle beehrten und seiner Hilfe begehrten. Ungern sah er jedoch, wenn man seine Zauberkunde als Ursache von Landplagen ansah. Dem Henker zu Kamenz in der Lausitz gab man 1609 ein Viehsterben Schuld, das ihm viele Abdeckereigebühren einbrachte. Er bekannte sein Verbrechen auf der Folterbank und wurde auf dem Markte hingerichtet. — Der zu Görlitz hatte 1582 einen Streit mit einem reichen Bauer, welcher obsiegte. Jener rächte sich, indem er dem Bauer eine schwere Melancholie an den Hals zauberte, die ihn in seine Hände brachte, denn der Bauer wurde zum Selbstmörder, und demnach hatte sein Widersacher ihn zu verscharren! —

Berühmt und reich wurde der Scharfrichter zu Passau, welcher im Jahre 1611 zuerst den Kriegern des damaligen Erzherzog Matthias einen Talisman gegen Hieb, Stich und Schuß verkaufte, kleine, mit fremdartigen Charakteren bedruckte Zettelchen, welche man dort tragen mußte, wo, nach Schillers Schlachtgesang, das Mannerherz an die Rippen pocht. Da diesen Kriegern damals wenig Widerstand, folglich auch wenig Tod und Wunden begegnete, so brachte dieser Umstand das Geheimmittel sehr in Schwung, so daß es (auch sonder Zeitungsreklame) in ganz Deutschland, ja Europa, unter dem Namen der Passauer Kunst eine ganz fabelhafte Reputation erlangte. Zwar eiferte die Geistlichkeit dawider, indem sie argumentierte: entweder sei nichts daran, und dann müsse man dem heillosen Betrüge ein Ende machen; oder aber es sei etwas daran, und dann müsse man's erst recht ausrotten, denn dann könne es nur mit Hilfe des Teufels geschehen, der sich mit dem Passauischen Scharfrichter verbündet habe. Dennoch beuteten noch des Erfinders Nachkommen das väterliche Arcanum nützlichst aus. Und erst vor dem allgemeineren Gebrauch des verbesserten Schießgewehrs, vor dem immer rücksichtsloser werdenden Ernst der Kanone, verstob die Passauer Kunst.

Gleichzeitig kommen manche verwandte Künste vor. Der Scharfrichter zu Pilsen im Jahre 1618 verstand sich z. B. auf das Gießen nie fehlender Freikugeln (aber täglich nur drei), mit welchen er pro patria das Mansfeldische Lager heimsuchte. Als freilich die Mansfelder dennoch die Stadt erstürmten, da mußte er's büßen; und da er kugel- und hiebfest war, so ging's ihm an den Hals, nämlich an einem expreß für solche Hexenmeister erbauten Galgen. Viele andere Scharfrichter verstanden sich ebenfalls auf das Festmachen, und zwar nicht nur gegen alle übliche Waffen, sondern auch gegen Feuer und Wasser; aber leider verstand der Einzelne selten mehr als eine dieser Arten, und rücksichtlich des Stranges kannte keiner eine Sympathie, vielmehr nur Antipathie. Der Profos der Hatzfeld'schen Armada im Jahre 1636 war von mehreren befreundeten Scharfrichtern äußerst fest gemacht, er war, was man nannte „ganz und gar gefroren". Dabei war leider übersehen, daß man auch mit Äxten tot geworfen werden kann. Denn als die Schweden ihn fingen und bereits verschiedene Tötungsarten vergebens an ihm probiert hatten, verfielen die klugen Leute auf obige Manier, welche sie flugs zum Ziele führte.

Eigentümlich ist das Kunststück, einen Menschen an denjenigen Ort zu locken, wo man ihn haben möchte. Nur wenige verstanden sich darauf, sonst wären die Steckbriefe nicht erfunden. Meister Hans zu Berlin aber, der verstand's, und Kurfürst Joachim ließ durch ihn den landflüchtigen Michel recte Hans Kohlhas nach Berlin zaubern, wo er ergriffen und hingerichtet wurde.

Die Welt will betrogen sein, und warum sollten die von allen Menschen verachteten Scharfrichter nicht den Triumph genießen, aufgesucht und um Rat gefragt und fast mit Gewalt zur Applikation ihrer geheimen Mittel genötigt zu werden, welche sie gewiß keinem aufzudrängen im Stande waren. Und warum sollten sie nicht auch selbst an die Heilkraft der meisten ihrer Mittel geglaubt haben, welche seit grauen Zeiten in ihren Familien als erprobte Arcana gegolten hatten?

Zu den vielen, fast noch mehr vom Volke dafür gehaltenen, als von Scharfrichtern dafür ausgepriesenen Zauber- und sympathetischen Mitteln gehörten die Stücke und Splitter des Stäbchens, welches über dem armen Sünder gebrochen und ihm vor die Füße geworfen wird. Ferner der von Entwendern fremder Habe vielgesuchte Diebesdaumen, möglichst warm dem Galgen entnommen, und jene wunderbare Wurzel, die tief in der Erde beim Rabenstein wächst, entstehend aus den letzten Tränen unschuldig Gerichteter, und deshalb so selten. Wer die glücklich aus der Erde zog, ohne durch den dabei erschallenden Wehelaut tot hinzufallen oder wahnwitzig zu werden, der besaß in dieser Wurzel ein ersehntes Alräunchen, das ihm Geld und Gut schaffte und gesund erhielt. Vorsichtige Begehrer eines solchen Spiritus familiaris, welche jenen Weheschrei fürchteten, banden einen schwarzen Hund an die unterm Galgen entdeckte Mandragora-Wurzel, verklebten sich dann die Ohren mit Wachs und jagten den Hund auf, der dann das Kleinod der Erde entriß, selbst aber tot hinfiel. Die seltenste Spezies dieser Gattung war das sogen. Galgenmännlein, ein kleines schwarzes Teufelchen, das der Besitzer in einem verschlossenen unzerbrechlichen Gläschen bei sich führte, das ihm Geld schaffte wie Heu, aber, wenn er starb, seine Seele direkt in die Hölle schleppte. Er mußte trachten, sich vor seinem Tode das Ding vom Halse zu schaffen, was nicht leicht war, denn verschenken, in's Feuer oder Wasser werfen, half nicht, er fühlte es im nächsten Augenblick wieder in seiner Tasche. Nur verkaufen konnte er es, und zwar nur um einen geringeren Preis als er dafür gezahlt hatte. Wer also nur 1 Heller dafür gegeben, der saß daran fest. Diesen romantischen Stoff behandelt die treffliche Erzählung „vom Galgenmännlein" des einst gefeierten, jetzt vergessenen Friedr. Baron de la Motte Fouqué. Das bei Enthauptungen dem Halse entspringende und sofort warm getrunkene Blut galt beim Volke als Mittel gegen die fallende Sucht; die schreckliche Krankheit mag die Abscheulichkeit des Mittels entschuldigen; vermag ein Kranker, in der Hoffnung dadurch zu genesen, doch selbst das Unsinnigste, das Widernatürlichste. Pfister erzählt, daß bei der im Juli 1812 zu Neustadt am Breuberg (im hessischen Odenwalde) stattgehabten Hinrichtung einiger Raubmörder, ein Henkersknecht bereit gestanden, um jedesmal, wenn ein Kopf fiel, von dem fontainenartig emporspringenden Blut ein Glas voll aufzufangen, welches dann von den anwesenden Patienten ausgetrunken worden sei.

Alle Scharfrichtereien standen beim Volke als Wohnstätten auch überirdischen Grauens, als Schauplätze gespenstischer Spukereien, in äußerst großem Respekt. Wer nicht mußte, besuchte sie gewiß nicht; nur die Liebe für ein krankes Kind oder die Sorge um ein leidendes Stück Rindvieh konnte solchen Besuch veranlassen, der aber niemals bis in's Innerste drang. Wer da drin und „in Frohnshänden" gewesen, der sprach natürlich nicht gern davon; daher war nichts Gewisses zu erfahren und die Phantasie des Volks erging sich im weitesten Spielraum. Man munkelte aber, daß die Geister der justifizierten armen Sünder, die der Enthaupteten ohne Kopf, die der Gehängten mit dem Strick am baumelnden Hälfe, die Geräderten mit schlotternden Gebeinen, zu gewissen Zeiten stöhnend und ächzend die Frohnereien besuchten, wobei alle Richtschwerter und Foltergeräte erklängen und polterten;—daß alle die armen Seelen, deren Leiber vormals im Marterkeller unter Frohnshänden gelitten, in den Zwölf-Nächten scharenweise durch die schauerlichen Räume zögen, wehklagend, Gott dankend, wer weiß es?

Als die Ermordung eines Fremden zu Hohenstein in Sachsen um Rache schrie, und der Täter nicht zu entdecken war, da hieß es: Das eiserne Kettenwerk im Schloßkerker rassele allnächtlich fürchterlich. Und als der Schlachter Hahn sich mit ängstlicher Miene beim Amtsvogt danach erkundigte, da ergriff man in ihm den Mörder.

Vom Aberglauben zur scharfrichterlichen Bildungsstufe zurückkehrend, beweiset uns eine solche der Meister Franz Schmidt, welcher 1573 Adjunkt seines Vaters zu Bamberg, 1578 aber nach Nürnberg berufen wurde. Dieser Mann hat ein Tagebuch seiner Verrichtungen geführt, wonach er bis 1617, also in 44 Jahren, zusammen 361 Personen mit Strang, Schwert, Rad und Wasser vom Leben zum Tode gebracht, daneben 345 Personen am Leibe gestraft mit Rutenstreichen, Brandmarken, Ohrenabschneiden und Fingerabschlagen, also durchschnittlich jährlich 16 Exekutionen vollführt hat. Darauf hat er gedacht auf seinen Lorbeeren ausruhen zu dürfen, hat seinen Dienst quittiet und ist auf Fürwort seines Rats vom Kaiser ehrlich gesprochen. Aus seinen im Jahre 1801 gedruckt herausgegebenen Aufzeichnungen erscheint er als ein für seine Verhältnisse recht gebildeter Mann. Schon daß er ein Tagebuch mit Reflexionen geführt, zeigt dies deutlich, noch mehr aber der Inhalt derselben, welche in ihm einen kritischen Kopf in Betreff der Weisheit mancher Sentenzen seiner Gerichtsherren, einen frommen, gottesfürchtigen Sinn, und ein Herz voll Kompassion für seine armen Patienten unzweifelhaft erkennen lassen. — Auch andere Scharfrichter haben Lebenserfahrungen und Denkwürdigkeiten aufgezeichnet.

Die Vorliebe der Scharfrichter für Studien und Ezerzizien der praktischen Heilkunde zu Gunsten der vernünftigen wie unvernünftigen Kreatur, vererbten sie mit ihrem Wissen auf ihre Söhne und Enkel. Und da es vor hundert Jahren noch keine Staatsexamina gab, auch der medizinische Doktorhut kein ausschließliches Privilegium erteilte für den als freies Gewerbe geltenden ärztlichen Beruf, so bot derselbe manchem strebenden Scharfrichtersohne eine erwünschte Gelegenheit, des Vaters Prosession zu verlassen und sich als Medicinae Practicus durch's Leben zu schlagen. Auf diese Weise konnte denn auch der obengedachte Reichsschluß von 1731 der zweiten Generation die Wohltat völliger Ehrlichkeit zu Wege bringen. Und in der Tat soll es manchen namhaften rite promovierten Doktor der Medizin und Chirurgie gegeben haben, dessen Vater oder Großvater noch das Richtschwert geschwungen und sich auf die Operationen der scharfen Frage verstanden.

Eine Fülle interessanter Druckschriften veranlaßte um 1766 ff. der Fall des Scharfrichtersohnes Joh. Michael Hoffmann, Dr. med. et chir., welchen das ärztliche Kollegium zu Frankfurt a. M. zu dortiger ärztlicher Präzis nicht zulassen wollte, obschon der Rat ihm das Bürgerrecht erteilt hatte. Das Nürnberger literarische Wochenblatt von 1770 Bd. 1, S. 144 enthält eine ausführliche Nachricht hierüber nebst Angabe der deshalb erschienenen Streitschriften. Als Beweise für die Ehrlichkeit des Scharfrichters werden auch einige seltene Leichenreden bekannter Geistlicher auf verstorbene Scharfrichter namhaft gemacht (1696 und 1732). Im Ganzen werden 75 Schriftsteller für die Ehrlichkeit der Scharfrichter und sogar der Schinder angeführt. Ein Näheres hierüber mitzuteilen, würde zu weit führen.

Vom hamburgischen Frohn

Das Stadtarchiv zu Hamburg besitzt eine Reihe Pergamentbände, welche die ältesten uns überlieferten Stadtrechnungen, seit 1350, enthalten, und in diesen einen bisher nur gelegentlich genutzten Schatz stadtgeschichtlichen und kulturhistorischen Materials. Ähnliche Schätze werden gewiß die Archive der meisten älteren Städte bergen. Beginnend zu einer Zeit, da man noch an keine Aktenschreiberei dachte, und fast nur obrigkeitliche oder kirchliche Verleihungen, Schenkungen und andere Kontrakte den Gegenstand der schriftlichen Aufzeichnungen bildeten, gibt es für die Kunde der innern städtischen Verfassung, der Gewerbeverhältnisse, der Wehr- und sonstigen gemeinnützigen Anstalten, sowie überhaupt für alle Beziehungen der Bürger zum Staat, kaum ein fruchtbareres Material. Durch eine umfassende geschickte Benutzung desselben, würde ohne Zweifel manche noch völlig unbekannte Lichtseite des Mittelalters sich herausstellen, und manche Nachtseite desselben eine milde Beleuchtung empfangen, abgesehen von der Bereicherung des Wissens in Betreff der Spezialgeschichten. Ein im Erscheinen begriffener vollständiger Abdruck der ältesten Kämmereirechnungen, der bedeutendsten unserer alten Städte wird sicherlich von den durch Beruf und Kenntnis dazu befähigten Männern mit Geist und Darstellungstalent ausgebeutet und kommentiert, von folgereichstem Nutzen sein.

Aus diesen hamburgischen Stadtrechnungen, geführt in der wunderlichen Latinität jener Zeit, von den wechselnden Kämmereiherren des Senats (welche, beiläufig bemerkt, obschon unstudiert, doch dieser gelehrten Kunstsprache mächtig gewesen sein müssen) oder von einem der geistlichen Ratsschreiber, — stammen nicht allein viele schätzbare, in den früheren Kapiteln dieses Buches vorkommenden Nachrichten, sondern auch manche, den jetzt vorliegenden Gegenstand erläuternde Kunden.

Schwerlich irren wir, wenn wir in dem „Woltboden" des ältesten hamburgischen Stadtrechts, von 1270, einen für die Gerichtsvollstreckung angestellten Frohnboten, mithin eine ursprünglich ganz ehrbare Person erblicken, Woltbode ist niederdeutsch für Waltbote; unter Walt aber ist Gewalt, insbesondere die königliche Gewalt, die regia potestas, zu verstehen, aus welcher alle Justizhoheit nebst Blutbann der Landesherren und Städte herzuleiten ist. Schon vor 1270, damals, als ein gräflicher Vogt den Volksgerichten präsidierte, wird solch' ein ernsthafter Gewaltbote existiert haben, dem die Vollstreckung der Strafurteile obgelegen. Sein Haus (domus praeconis oder bedelli, unbezweifelt auf derselben Stelle am Berge belegen, wo die nachmals Bödelei, dann Frohnerei genannte Scharfrichterwohnung lag) war zugleich ein Gefängnis; und zwar nicht nur für die ihr Urteil gewärtigenden Verbrecher, sondern auch für diejenigen, welche ihre Schulden oder Strafgelder nicht bezahlen konnten. Andere Freiheitsstrafen kannte man damals nicht, wie denn auch das Stadtrecht von 1270 keinen Turm oder kein sonstiges Haftlokal namhaft macht. Wenn nun zu jener Zeit ehrliche Leute, wegen Schulden oder geringer nicht peinlicher Vergehungen, in das Haus des Waltboten gesetzt werden konnten, so scheint daraus zu folgen, daß sein Dienst um 1270 noch kein entschieden unehrlicher gewesen sei, mithin der Aufenthalt in seinem Hause noch keine solche Beschimpfung nach sich gezogen habe, wie späterhin, als der scharfrichterliche Charakter seines Dienstes ausgebildet und zur Perfektion gekommen war.

Kaum 100 Jahre später finden wir, Ausweise der Stadtrechnungen, in diesem Dienst noch viele Merkmale des alten ehrbaren Walt- oder Frohnboten-Amtes. Der praeco oder bodellus läutet die Eddaghe ein, die Tage des Echtedings, an welchen den versammelten Bürgern vor dem Rathause auch das civiloquium, die Bursprake, vorgelesen wurde. Derselbe Mann bewachte und beköstigte in seiner Amtswohnung Missetäter und andere Verhaftete, wofür ihm ein Kostgeld vergütet wurde. Derselbe Mann vollzog alle Hinrichtungen und andere Strafen, nicht nur hier am Orte, sondern auch auswärts, wenn er als Sachverständiger dahin berufen wurde. Um 1371 hieß der Mann Vicko, und Peter Funcke war 1384 sein Nachfolger. Neben ihm erscheint der Magister oder Meister Hinze von Stettin als cloacarius oder Abdecker, sowie als emsiger Verscharrer der Leichen aller von jenem hingerichteten Verbrecher. Seine Wohnung nebst der Abdeckerei war in der damals sehr entlegenen sogenannten Rackerstraße, der man später, als diese Institute weiter hinaus verlegt wurden, den desto säuberlicheren Namen Lilienstraße gab, wie der benachbarten Gasse den noch duftigeren Namen Rosenstraße, um die ganze Gegend gründlich in guten Geruch zu bringen.

Wenn nun in den Stadtrechnungen um 1370 und später der cloacarius und der bedellus als ganz verschiedenartige Personen behandelt werden, so darf man wohl schließen, daß damals die Abdeckerei noch nicht mit dem Frohndienst verbunden gewesen, daß sie also mit der ihr anklebenden Verachtung seinen Makel noch nicht vergrößert hatte. Worin eine Bestätigung der obigen Annahme, daß damals der Frohndienst noch keinen so entschiedenen scharfrichterlich-unehrlichen Charakter gehabt, als nach der Reformation, da die Abdeckerei in ihm aufging. Doch aber scheint es, daß schon damals der Frohn des Bürgerrechts nicht teilhaftig werden konnte. Denn ebengedachter Vicko, der „Preco" um 1370, besaß ein ihm vielleicht erbschaftlich zugefallenes Grundeigentum, welches er 1371 veräußerte. Im Stadterbebuch erscheint nun nicht er als Eigner und Auflasser, sondern für ihn sein „Tutor", der Ratmann Hinrich vom Berge, welcher auch die Bürgschaft dem Käufer gegenüber übernahm. Wäre Vicko Bürger gewesen, so würde diese Diffizialvertretung nicht nötig gewesen sein.

Die in den ältesten Stadtrechnungen um 1370-1385 gebräuchlichen Ausdrücke bodellus und praeco, machen bald darauf gewöhnlich dem spiculator, einige Male auch dem lictor Platz. Ohne nähere Dienstbezeichnung erscheint 1394 ein hierher gehöriger Mann mit dem seltsamen Namen Ammentrost, welcher für das Vorladen und Richten dithmarsischer Friedensbrecher salariert wurde. Die späteren Inhaber des städtischen Frohndienstes, Johann Hagedorn, 1471, Michel Dannenberg, 1481, Claus Flügge, 1485, Hinrich Penningk, 1521, heißen bald bodellus, bald spiculator. Die Bezeichnung carnifex kommt 1463 nur einmal vor, wird aber ersichtlich nicht von dem bestallten Frohn gebraucht, sondern vermutlich von zweien seiner Knechte, welche zur Verfolgung einiger Räuber denselben bis in die Harkshaide nachgeschickt waren. Erst 1528 wird einmal zur Abwechslung der Frohn Claus Rose carnifex genannt, wie 1547 sein Nachfolger Henrich Wendeborn auch gewöhnlich als carnifex bezeichnet ist.

Festes Salarium hatte der Frohn damals noch nicht; es nährten ihn seine reichlichen Kostgelder und seine Gebühren für die einzelnen Dienstverrichtungen. Für das Glockenläuten zur Bursprake bekam er 8—9 Schillinge, und ebenso viel für's Köpfen, Aufhängen und Rädern. Teuerer kamen andere Hinrichtungen zu stehen. 1375 heißt es: für eine Bratpfanne, für Holz und als Lohn „do der velschere zoden ward" 10 Taler und 9 Schillinge. 1385 kostete es gar 14 ½ Taler „pro una sartagine etc. in qua falsarius monetae bulliebatur." Stäupen und Stadtverweisen brachte ihm nur 6 Schillinge ein. Pro emendatione gladii ad executionem justiciae wurden häufig Ausgaben berechnet. Anno 1563 erhielt er für Säuberung eines öffentlichen Gebäudes quartaliter 16 Schilling und „vor de Straten rein tho holden van den doden Beesten, quartaliter 1 Thaler.

Der Cloacarius oder Abdecker hatte neben manchen zufälligen auch einige feststehende Diensteinnahmen für regelmäßige Verrichtungen, wohin wohl das Fortschaffen gefallenen Viehs von den Gassen zu rechnen. Besonders bezahlt wird er „pro purgatione" verschiedener öffentlicher Gebäude und Abflußkanäle, auf deren Verbesserung er sich auch verstand, wie sein Lohn bezeugt „pro reformatione Syli ad privatum commodum" im Schafferhause (1499). Um 1481 kommt die von ihm zu verrichtende Reinigung ein turris captivorum vor, da vermutlich, die Frohnerei die Menge der Gefangenen nicht mehr fassen konnte. Um dieselbe Zeit ist ihm auch — jahrelang — die Säuberung der melancholischen Klause des Erich Wessel anvertraut, eines leichtsinnigen Bruders des Lübschen Domherrn Dr. Berend Wessel, für welchen die Stadtkasse namhafte Summen zu seiner Ernährung (an Herman vom Lo, einem ehrlichen Ratsdiener), sowie zur Bekleidung mit Linnen und Wand verausgabte.

In Lübeck verstand man unter dem Namen „Schoband" einen Knecht des Scharfrichters, Abdecker oder dergl., wie eine besondere Schobands-Ordnung von 1509 dartut. Über Entstehung und Bedeutung dieser Benennung kursieren einige Sagen, am glaubwürdigsten ist die, daß, als zu einer großen Pestzeit in Lübeck die ordentlichen Totengräber die Menge der Leichen zu bestatten nicht vermochten, die Henkersknechte dazu verwendet wurden, welche dann später im Besitz der Befugnis, Gräber für Bürger zu machen, geblieben sein mögen. Anno 1534 bei damaliger Pestilenz, bemerkt ein Chronist, die Schobande hatten damals viel Geld verdient, die Kuhlen zu graben. Erst zu Anfang des 18. Jahrhunderts ist dies abgeschafft, nach des Syndici und Dompropstes Dreyer Bericht 1769.

Die Lebensläufe und Taten der Hamburger Scharfrichter zu beschreiben, ist nicht der Zweck dieser Blätter; doch mögen folgende Notizen über einige derselben von Interesse sein.

Das Mittelalter mit seiner zügellosen Kraft spiegelt sich ab in den beiden Scharfrichtern Rosenfeld (um 1402) und Claus Flügge (um 1488). Jener, welcher nach der Volkssage die Massenhinrichtung der Störtebeker'schen Piraten mit dem Schwerte vollzog, und dabei in seinen geschnürten Schuhen bis über die Enkel im Blute stand, freute sich solcher Betätigung seiner riesigen Armkraft. Und als der am Richtplatz in corpore versammelte Rat ihm ein höflich teilnehmend Wort sagte über seine enorme Anstrengung, da hohnlachte er wild und äußerte spottisch: er habe noch Kraft genug, um Augenblicks auch den ganzen weisen Rat abzutun; welch' grausamen Affront dieser sehr übel genommen haben soll. — Claus Flügge aber war noch stärker, noch gewandter. Er verstand's (der Sage nach) mit einem und demselben Schwertstreiche je sechs Piraten zugleich zu enthaupten (1488), was ihm aber verboten wurde, da in solcher Weise die Hinrichtungen der Seeräuberbanden zu rasch von Statten gingen und die Schaulust offenbar in ihrem Genusse unbillig verkürzt wurde. — Hermann oder Hartmann Rüter (seit etwa 1560) scheint ein verbrecherischer Mensch gewesen zu sein, und nebenbei ungeschickt, da er wegen schlechten Köpfens bestraft werden mußte. Am 22. August 1575 enthauptete er einen Kerl, Wolters hieß er, dessen mitschuldige Frau ihm damals prophezeite: nun werde er bald auch sie, dann aber niemand mehr hinrichten. Am 3. Oktober traf der erste Teil der Weissagung ein, und der letzte Teil wurde auch wahr, denn die nächstfolgende Hinrichtung, 24. März 1576, galt dem Scharfrichter Rüter selbst, welcher wegen eines inzwischen verübten Totschlages durch einen auswärtigen Kollegen enthauptet wurde.

Marx Grave (1612—1621) gehörte seinem Wesen nach schon der neuen milderen Zeit an. Er war, wie die Chronik ihn nennt, ein gutmütiger gar possierlicher Kerl, der nicht nur bei der Tortur zur Erheiterung des armen Gepeinigten allerlei tröstliche Schwanke trieb, sondern auch bei den Hinrichtungsprozessionen durch lustige Erzählungen den armen Sünder, so gut es gehen wollte, zu zerstreuen trachtete. Manche seiner Witzworte gingen durch die ganze Stadt, z. B. bei Gelegenheit der Hinrichtung des flüchtig gewesenen Diebes Kayser, welchen der harburger Schiffer König wieder eingeliefert hatte, Meister Grave's Bonmot lautete: den Kaiser hat ein König gefangen und ein Grav hat ihn gehenkt, daß heiße ich eine vornehme Justiz! — Neben diesem, bei einem Scharfrichter gewiß sehr seltenen, harmlos-komischen Talent, war er auch ein geschickter Arzt. Und nicht nur heilte er die von ihm torquierten Inquisiten schnell und glücklich, wie jeden andern chirurgischen Fall, sondern er verstand sich sogar auf die Irrenheilkunde. Gerade in diesem Zweige muß er Ruf gehabt haben, denn sonst würde die Waisenhaus-Verwaltung Anno 1618 sich schwerlich veranlaßt gesehen haben, gerade ihm, dem Scharfrichter, die Kur zweier geisteskranker Mädchen anzuvertrauen, welchen man bereits einige teuflische Besessenheit beizumessen begann. Gelang ihm nun auch diese Kur nicht nach Wunsch, so brachte er jedenfalls seine Patienten so weit, daß man sie später — in's neue Zuchthaus schicken konnte. Eine nähere Aufklärung über diesen sehr wunderlichen Fall (den Kiehn in seiner trefflichen Schrift „das Hamburger Waisenhaus" erzählt) ist leider nicht zu finden. Vielleicht gelang es dem klugen Meister Grave, die beiden Kranken der Simulation zu überführen, worauf man sie an den für solche moralische Patienten passenderen Ort brachte. Vielleicht aber erkannte er sie als unheilbare Irre, für welche es damals, abgesehen von der äußerst primitiven Toren- oder Tollkiste, kein schicklicheres Asyl gab, als das Zuchthaus, da dasselbe auch eine Bewahrungsanstalt für nicht verbrecherische Hilflose in sich faßte. —

Grave's Nachfolger (1622), Balten Matz (von Duderstadt), ist bemerkenswert!) wegen seiner mehrfach bewiesenen Weichmütigkeit im Moment der Exekutionen, welche deshalb unglücklich verliefen. Das tragische Geschick eines melancholischen Karrengefangenen, der 1624 einen Mord beging, um aus Karre und Welt zu kommen, irrte ihm Auge und Arm dermaßen, daß er ihn vor lauter Mitleid ganz grausam schlecht richtete, und nur mühsam der

Rache des Volks entging. Zur Katastrophe mit ihm kam's aber erst im Jahre 1639, als er den jungen Johann Körner enthaupten sollte, diesen liebenswürdigsten aller Verbrecher, der seinen sieben Jahre früher im Jähzorn begangenen Totschlag, von innerer Gewissensmacht getrieben, freiwillig angezeigt und um die Todesstrafe gebeten hatte. Betrat er doch die Richtstätte so freudig und getrost, und lag doch auf seinem von schönen blonden Haaren umflossenen lieblichen Angesicht ein so heller Glanz, „daß man schier meinte, eines Engels Antlitz zu sehen." Und als er dem Meister Balten dankte für das, was er nun an ihm verrichten werde, und ihn anblickte mit guten treuherzigen Augen, da war's völlig aus mit des Meisters Kaltsinnigkeit, die schon längst in's Wanken gekommen war durch dieses Jünglings wunderbares Wesen. Noch hoffte er sich zu fassen, indem er ihn heftig zurückstieß und niederdrückte auf den Armsünderstuhl. Aber wie dieser nun laut betend des Todesstreichs gewärtig da saß, da brach's dem Scharfrichter das Herz, — verwirrt schwang er das Schwert, die Augen voll Tränen hieb er fehl, zweimal. Und als endlich das Werk gelungen, da warf er das Schwert weit von sich, sich verfluchend, wenn er es je wieder höbe. — Gleichgültig gegen das, was um ihn vorging, ließ er sich von seinen Leuten fortreißen und von der bewaffneten Macht schützen vor der gegen ihn heranstürmenden entfesselten Wut eines wilden Volksgerichts. Fast ein Gefecht entspann sich aus dieser unglücklichen Hinrichtung des Jünglings, der alle Herzen so wunderbar eingenommen hatte, — und nur mit größter Mühe gelang es der in Eile durch Reiterei verstärkten Soldateska, sich mit den Dienern der Justiz durchzuschlagen durch die mit Äxten, Steinen und Knitteln bewaffneten Massen des aufgeregten Volkes. — Eine Chronik sagt: Balten Matz sei darauf und deshalb vom Rate kassiert, „weil er sein Schwert weggeworfen." Gewiß ist, daß er aufhörte Scharfrichter zu sein, aber, wenn er wegen wiederholten schlechten Richtens kassiert wurde, so ließ er sich umso bereitwilliger absetzen, als er eigentlich schon durch das symbolische Wegwerfen des Schwertes seine Entlassung gefordert hatte. Er blieb indessen in Hamburg, baute sich in der damaligen Vorstadt vor dem Millerntore an, da, wo jetzt die Schlachterstraße im St. Michaelis-Kirchspiel ist, und wählte sich von nun an ein besseres Gewerbe. Er betrieb nämlich ausschließlich die ärztliche und chirurgische Praxis, er bestrebte sich, sein früheres Fehlen wieder gut zu machen, indem er heilte und Schmerzen linderte, statt zu peinigen und zu töten. Und in diesem Beruf, den der damals noch kindliche Zustand des Medizinalwesens duldete, und den sein vorstädtischer Wohnort gegen die Angriffe der zünftigen Wundärzte beschützte, wirkte er noch viele Jahre, „that feine Kuren an Menschen und Vieh, und hatte viel Respekt, selbst beim Volke." Seine Frau starb im Juni 1654 und wurde auf einem mit schwarzem Tuch behängten Wagen, unter Absingung geistlicher Lieder, begraben. — Nach

Angabe einer Chronik kam 1696 ein hinkender dienstloser Scharfrichter nach Hamburg, der in der Vorstadt wohnhaft als Arzt praktizierte, zwar starb eine seiner Patientinnen, aber das kann ja dem gelehrtesten Doktor passieren, im Übrigen tat er glückliche Kuren. Verfolgt von den zünftigen Chirurgen des Barbiereramtes, die ihm als Böhnhasen seinen ganzen ärztlichen Apparat zerschlugen, bot er dem Amte 1000 Thlr. für die Aufnahme, was das Amt als eine beispiellose Unverschämtheit abwies. Es scheint aber, daß er noch ferner praktizierte, da er von großen Herren, die er kurierte, beschützt wurde.

Doch zurück zum Jahre 1639. Dem resignierten Meister Balten Matz folgte ein Zweig der großen halleschen Scharfrichterfamilie Gebhart (hierorts Gevert genannt), zuerst der aus Ruppin gebürtige Vater, dann dessen Sohn. Letzterer jedoch machte sich und seine etwaigen Nachkommen in Hamburg unmöglich, indem er im Jahre 1653 seinen Gegner in einer Privatstreitigkeit mit einem Messerstich schwer verwundete und sofort das Weite suchte, worauf er kassiert, seine alte Mutter aber mit einem Reisegratial von 100 Talern ihm nachgeschickt wurde.

Sodann gelangte zum Regimente in der Hamburger Frohnerei der Erste der Familie Asthusen, von welcher, sowie von den neueren Scharfrichtern, weiter unten ein Mehreres berichtet werden wird.

Wenn die Reichs- und viele Particular-Gesetze stets mit einer kaum zu billigenden Härte von dem „verwerflichen" Gewerbe der Henkersleute reden, kann man der offiziellen Sprache Hamburgs solche Rücksichtslosigkeit nicht nachsagen. Unsere Gesetzgeber und Machthaber haben überhaupt mit lobenswerter Menschenfreundlichkeit von jeher dahin getrachtet, dem armen Frohn sein unehrliches schweres Amt, das ihm inmitten der großen lustigen Stadt die traurige Stellung eines trappistischen Einsiedlers anwies, nach Kräften zu erleichtern, und sein in Entbehrungen aller Art vertieftes Dasein tunlichst gehoben. Nirgendwo in älteren oder neueren Nachrichten, in den ältesten Stadtrechnungen, wie in den späteren Akten, findet man eine die Frohnsächtung bezeichnende Sprache, überall, und z. B. in allen Erlassen an ihn, herrscht, bei großem Ernst und entschiedener Zurückhaltung, ein durchaus humaner Ton, und einzig erinnert die Auslassung einer Courtoisie in den ärarischen Dienstkontrakten des Frohns, an seine reichsgesetzliche wie volkstümliche Unehrlichkeit. In allen von der Kämmerei mit den Bürgern und Einwohnern abgeschlossenen Kontrakten, welcher Art sie auch sein mögen, erhält nämlich der Kontrahent das Prädikat „Ehrbar". Und während dasselbe in Bezug auf andere dubiöse Personen vom Stande der unehrlichen Gewerbs- und Dienstleute, nicht weggelassen wurde, weil man sie als Bürger anerkannte und ihren volkstümlichen Makel ignorierte, — fehlt dies Prädikat „Ehrbar" grundsätzlich bei dem Namen des Scharfrichters in den mit ihm abgeschlossenen

Kontrakten über die Frohnerei, die Abdeckerei und seine Dienstverhältnisse, weil er als anerkannt unehrlicher Mann weder Bürger war noch sein konnte. Fast komisch erscheint dagegen die Gutmütigkeit, mit welcher die Kammerei seinen Vorweser, wenn im Kontrakte desselben erwähnt wird, allemal den „seligen Frohn" nennt. Welche Aussicht auf eine schließliche moralische Anerkennung im besseren Jenseits, nach hienieden vollbrachtem unehrlichen Lebenslauf, jeden Neubestellten sattsam getröstet haben mag.

In den alten Hamburger Curial-Titulaturbüchern der Ratskanzlei fehlt alle und jede Titulatur des Frohns, was begreiflich ist, da der Rat mit demselben niemals brieflich kommunizierte, sondern seine Befehle, Dekrete etc. ihm durch den Prätor mündlich eröffnen ließ. In anderen kleinen Staaten, wo man gelegentlich einen Scharfrichter zu einer Gastrolle einladen mußte, mag man wegen der Titulatur verlegen gewesen sein. In Offenbach z. B. entschied endlich die Erwägung, daß die christliche Liebe sich auch auf den Scharfrichter erstrecken dürfe, wenn man ihn notwendig brauche, und sonach begrüßte man den Frankfurter Gast „Lieber Brauchbarer!"

Wenn nun also, nach obigem, der hamburgische Frohn (wie sein römischer Kollege) des Bürgerrechts nicht teilhaftig werden konnte, so fehlten ihm auch folgeweise die aus diesem nach Hamburger Recht resultierenden Hauptbefugnisse jedes Menschen: eine Gattin und Grundeigentum erwerben zu dürfen. Letzteres war eigentlich ein Luxus für ihn, denn er besaß eine Amtswohnung. Wenn er aber doch liegende Gründe erworben hatte, so gestattete der Rat ausnahmsweise allemal durch besonderes Conclusum (z. B. 1765 und 1770), daß ihm dieselben in den Hypothekenbüchern auch namentlich zugeschrieben werden durften. Desgleichen verweigerte der Rat niemals seinen speziell erforderlichen Konsens zu des Frohns Heiraten als Nichtbürger, und verschaffte ihm sogar die Expedienda der Proklamation gratis. So z. B. 1771 und 1797, da einem Frohnssohne die Proklamation mit einer Bürgerstochter gestattet wurde, obschon er nicht Bürger war. Aus wohlgemeinter aber unkorrekter Humanität, — wenn nicht aus bloßem Übersehen der Kämmereibürger, kam übrigens in neuerer Zeit einmal das gedachte Prädikat „ehrbar" in einen revidierten Scharfrichterkontrakt; im Senat ignorierte man diese Neuerung, oder man übersah sie ebenfalls. Nicht so das allezeit wachende zweite „Auge der Stadt", das Oberalten-Kollegium. Wohl dasselbe fand sogleich das ungehörige Wundpflaster auf der Achillesferse des Frohns, und rügte das höchst unpassende Beiwort, worauf der Senat dieser Ansicht beitrat und dasselbe ausmerzen ließ. So blieb es weg bis zum Jahre 1830. Damals nämlich erhielt den Dienst, nach Aussterben der letzten Frohnsdynastie, ein homo novus, ein zeitheriger (übrigens sehr geachteter) Pferdehändler und -verleiher, welcher als solcher im Besitz des Bürgerrechts sich befand, was gewiß noch nicht dagewesen war. Konsequenterweise hätte man nun seinen Bürgerbrief kassieren müssen. Die Humanität war aber allbereits soweit zur Gewohnheit des Daseins geworden, daß keine Seele daran dachte. Sein Dienstkontrakt nennt ihn ohne Umstände „ehrbar" und selbst die Oberalten vergaßen zu widersprechen. Das Sachverhältnis kam auch nicht einmal dann in Erinnerung, als er bald nach seiner Ernennung um die Berichtigung eines seiner Vornamen in seinem Bürgerbriefe nachsuchte und der Senat dieselbe anstandslos verfügte. Durch diesen Vorgang scheint demnach — obschon zuverlässig ohne legislatives Bewußtsein — der am hamburgischen Frohndienst seither gesetzlich klebende Makel getilgt, und derselbe nunmehr stillschweigend mindestens für fähig erklärt zu sein, das Bürgerrecht in Anspruch nehmen zu können. Ob er dagegen für vollkommen ebenbürtig zu achten, das scheint lediglich von der Volksmeinung zu dependieren, denn an diese appelliert das Gesetz im § 12 des Bürgermilitär-Reglements vom Jahre 1854. Es heißt daselbst nämlich: „ausgeschlossen vom Dienste ist, wer ein nach allgemeinen Volksbegriffen entehrendes Gewerbe treibt," wobei vielleicht weniger an den Frohn als an gewisse Wirtsklassen, aber keinesfalls an die erforderliche Unzweideutigkeit und Bestimmtheit eines solchen Gesetzes gedacht ist.

Seinem Ursprünge gemäß stand der hamburgische Frohn zunächst vasallenartig unter den ältesten Gerichtsherrn oder Prätor, einem jährlich wechselnden Senatsmitgliede, welchem er bei dessen Abtreten vom Regimente einen Lehnsschilling, den sogenannten Scharfrichterpfennig zu überreichen hatte. Derselbe war eine häufig leicht vergoldete Schaumünze von Silber, größer als ein Doppeltalerstück, darauf einerseits das Stadtwappen, anderseits das Familienwappen des Gerichtsherrn mit dessen Namen und der Jahreszahl. Wir besitzen noch eine ganze Reihe dieser, in der Regel nur in einem einzigen Exemplare vorkommenden Denkmünzen, welche noch im ersten Jahrzehnt dieses Jahrhunderts gebräuchlich gewesen, dann aber durch das französische Interregnum spurlos in Vergessenheit gekommen sind. Manche derselben sind in unseren Vaterstädtischen Münzwerken beschrieben. Ein in des Verfassers Besitz befindlich gewesenes Exemplar hat die ungewöhnliche Größe von etwa 4 Zoll im Durchmesser und die Inschrift: „Hr. Petrus Lütkens J.U.L,. trat vom richterlichen Ampt ab Anno 1686." Übrigens stand fast überall der Scharfrichter in einem ähnlichen, meist noch schärfer ausgeprägten Lehnsverhältnis. Der zu Halle a. d. Saale dependierte noch (um 1750) als „Caviller" vom Oberst-Jägermeister-Amte, dem er einen Lehnskanon zu entrichten hatte, — als Frohn aber von dem Vorstande des Stadtgerichts, dem Stadtschultheißen, welchem er jährlich einen wunderlichen Tribut darbringen mußte, nämlich ein paar Handschuhe von Hundsleder und Pfeffer, Ingwer u. a. feine Gewürze! Gerade dieselben Vasallengaben waren an sehr vielen andern Orten gebräuchlich, und namentlich scheinen die hundsledernen Handschuhe ein sehr allgemeines Huldigungssymbol gewesen zu sein, vielleicht weil man dadurch die Eigenschaft der Treue andeuten wollte, welche bekanntlich die Hunde auszeichnet. Die erwähnten Gewürze wurden dem Frohn von den Ratsapotheken reichlich geliefert für seine Abdeckerknechte, als Abwehr gegen die schädlichen Wirkungen ihrer gefährlichen Arbeiten unter Kadavern und in Kloaken.

Für solche Diensttreue aber patronisierte ihn auch sein Herr, wo und wie er nur konnte. Der hamburgische Gerichtsherr vertrat ex officio regelmäßig Patenstelle bei allen Kindern seines Frohns, so viel ihrer auch geboren werden mochten, denn manchmal war derselbe ein sogenannter zahlreicher Familienvater. Zu solchem Gevatterstande hätten sich ohnehin nicht leicht ehrbare Bürger des guten Mittelstandes herbeigelassen, sintemal sie durch das unvermeidliche Essen und Trinken mit dem unheimlichen Angstmann (ganz abgesehen von körperlichen Berührungen mit ihm, wie vom biederen Handschlag seiner unehrlichen Faust), befahren hätten, schmählich infiziert und, von ihren Genossenschaften gemieden zu werden, — was natürlich die über solches Vorurteil erhabenen Ratsherren nicht im Geringsten anfocht. — Das herkömmliche Gevattergeschenk pflegte der Prätor mit 15 Mark aus der Gerichtskasse zu nehmen, was im Jahre 1661 die Kämmerei, bei Revision der Präturrechnung, nicht passieren ließ. Aufgeklärt aber über den Sachverhalt dieser entschieden amtlichen Ausgabe, restituierte sie später dem Gerichtsherrn das Geld, und wünschte nur, daß solche Verwendungen künftig, wie alle Ehrengeschenke der Stadt, besonders bei ihr angesprochen würden. Noch bis in die neueste Zeit findet sich Dominus Praetor fast regelmäßig als Hauptgevatter der Frohnskinder im Taufregister zu St. Petri eingetragen, neben ihm gewöhnlich auch seine Frau Gemahlin der eine ältere Verwandte, und häufig auch noch ein zweiter Herr des Rats, dessen Patenpfennige aber ex propriis gespendet wurden. Noch im Jahre 1862 standen 3 Senatoren: Rücker, Jenisch und Bartels, — 1805: Koch, Schröder und Meyer, — und 1809 Schlüter, Gräpel und Sonntag, bei Kindern des Frohns Gevatter. Hier zeichnen sich also unsere Herren vom Regimente vorteilhaft vor den Magistraten anderer Städte aus, die zwar stets mit aller ersinnlichen Anstrengung dem Frohn die erforderlichen Gevattern (meist aus den untersten Schichten ihrer Untergebenen) zu verschaffen trachteten, sich selbst aber für viel zu vornehm hielten, um sich persönlich zu solchen herrschaftlichen Liebesdiensten herablassen zu mögen.

Auch dafür, daß der Frohn nach beschaffter Tagesarbeit unangefochten zu Wein gehen und sich bei seinem Gläschen erholen konnte, war von Altersher von Staatswegen im Ratsweinkeller gesorgt. Da man doch mindestens das Menschtum des Frohns anerkennen mußte, und die Befugnis zum Kneipen sonder Zweifel zu den unveräußerlichen Menschen- und Grundrechten der

Deutschen gehört, so war eine solche oberliche Fürsorge um so billiger, als es sonst dem Frohn schwer geworden wäre, zum Genuß seines Kneiprechtes zu gelangen. In jeder andern Wein- oder Bierstube hätte er sich gefaßt machen müssen, sofort an die Luft gesetzt zu werden, sobald man seinen Charakter erkannte. Er mußte also, wollte er solche Lokale betreten, allemal in der Tür stehen bleiben, und den Hut lüftend sich als Frohn erkennen geben, geduldig erwartend, ob jemand unter den Gästen wider sein Erscheinen protestieren werde. Geschah dies, so mußte er sich lautlos wieder verziehen. Dagegen stand ihm das große allgemeine Gastzimmer des Ratsweinkellers unbestritten offen. Mit dem Hut auf dem Kopf durfte er eintreten, Platz nehmen wo er einen leeren Tisch fand, sich bringen lassen was er wollte, die Kellner mußten ihn bedienen. Wer seine Nachbarschaft nicht mochte, der konnte sich ferner setzen, wem die Luft in seiner Nähe drückend wurde, der konnte sein Glas austrinken und weggehen, ihn selbst aber durfte kein Mensch aus diesem Zimmer weisen, welches nach ihm „die Henkerstube" genannt — wurde.

In manchen andern Städten verweigerte man den Henkersleuten nicht geradezu den Eintritt in die Schenkstuben, aber man wußte ihnen deren Besuch in andrer Weise zu verleiden, indem man ihnen den Trunk in besonderen, nämlich henkellosen Krügen vorsetzte, und ihnen einen ehrenrührigen aparten Stuhl, nämlich einen dreibeinigen anwies, was gewiß so verletzend war, daß es einem direkten consilium abeundi gleichkam. Ach ja, ein Scharfrichter hatte auf seinem dornenvollen Lebenspfade der bitterlichsten Kränkungen und Zurücksetzungen so viele zu erdulden, daß ihm oft genug zu Mute gewesen sein mag, als torquierten ihn die ehrlichen Leute auf der Streckbank seiner Geduld mit moralischen Daumschrauben, und eben so häufig mag er versucht gewesen sein, à la Mephistopheles auszurufen: Wenn ich nicht selbst der Henker war, möcht ich des Henkers werden.

Wie die bruchvogteilichen Leichenbegängnisse, so zeigen auch die Beerdigungen der Scharfrichter und ihrer Angehörigen besonders deutlich die vorzügliche Verachtung, in welche die Volksstimme sie versenkt hatte. Was ehrliche Leute der mittleren und unteren Stände waren, die lebten nach ihren Gewerben in Genossenschaften, zu deren Zwecken auch das brüderliche zu Grabe Tragen der Mitglieder unter einander gehörte. Diese Leute aber hätten eher einen höllischen Pech- und Schwefelbrand angefaßt, als den Sarg, darin die sterbliche Hülle eines Frohns gelegen. Selbst die nach älteren Vorurteilen unehrlichen Gewerbe waren zahlreich genug, um zu solchen Verbrüderungen zusammen zu treten, und so gering geachtet sie von den ehrlichen Zünften wurden, so hielten sie sich doch noch für unendlich viel besser, als die Frohnsleute, welchen sie daher keinen Eintritt in ihre „Todtenladen" und Sterbekassen gestatteten, geschweige ihre Leichen zu tragen übernommen hätten. Die

Leichen aller Personen höherer Stände, welche keinen solchen Gesellschaften angehörten, bestatteten bekanntlich die darauf privilegierten Reitenden Diener, welche für kein Geld der Welt sich mit solchen Erdbestätigungen befasst hätten, davor ihren vornehmen Kunden die Haut geschaudert hätte. So stand denn der einsame Frohn mitten in der großen Stadt unter all den unzähligen Manieren in's Grab zu kommen, gänzlich verlassen und verwaiset da. Seine Knechte, mit ihm in gleicher Verdammnis, hätten ihn allerdings tragen können, aber das ließ denn doch selbst für den Frohn zu verächtlich, der auch seinen Stolz hatte und was Besseres zu sein empfand als die Schwefelbande seiner Schinderknechte! Und um so weniger konnte man ihn dazu zwingen, sich von diesen wie ein in der Untersuchungshaft verendeter Inquisit, oder wie ein mutwilliger Selbstmörder expedieren zu lassen, da bekanntlich auch von ihm, wenn er tot war, die Regel galt: „de mortuis nil nisi bene", — siehe die Kämmerei-Kontrakte! Begraben aber mußte der selige Mann werden, da schon das Gassenrecht besagte, „es ist nicht möglich, daß der Tote bei den Lebendigen bleibe."

Wie es nun in diesem höchst kitzlichen Punkte in den ältesten Zeiten gehalten, darüber schweigt die Geschichte. Etwa zur Reformationszeit und ferner 150 Jahre lang, scheint nun aber der hiesigen Krahnzieher-Brüderschaft die odiose Verpflichtung obgelegen zu haben, verlebte Frohne und ihre Familienmitglieder, sofern sie natürlichen Todes verfahren, einfach zu bestatten, was allerdings schwer zu erklären ist, da man doch nicht annehmen kann, daß deshalb, weil vielleicht einmal ein abtrünniges Mitglied buchstäblich zum Henker gegangen, die ganze Genossenschaft mit solchem Onus belastet worden sei. Denn diese, die Güterspedition zum und vom Krahn besorgenden Leute, bildeten eine ebenso kräftige als durchaus ehrenwerte Korporation, welcher man sonst nicht den leisesten Makel aufhalsen konnte. Sie waren sogar vor allen ihren Mitbürgern darin bevorrechtet, daß sie ihre toten Gespane, ohne Beihilfe des Totengräbers, selbst in die Grube legen, und dessen Gebühr sparen durften. Ob ihnen etwa als schuldige Gegenleistung für solch unerhörtes Prärogativ jene gehässige Pflicht aufgebürdet war? Zwar erst seit 1594 als Brüderschaft förmlich anerkannt, war gleichwohl ihr Gewerbe schon sehr alt. Reichlich weit griffen sie aber in die Vergangenheit, wenn sie dessen Ursprung über Adam hinauf datierten, und dies durch ein schönes (leider verloren gegangenes) Gemälde in der vormaligen St. Johannis-Klosterkirche dokumentierten. Dasselbe bildete nämlich die biblische Schöpfungsgeschichte recht natürlich ab, und zeigte auf dem vordersten Felde, also gewissermaßen noch vor dem noch nicht gewordenen ersten Menschen, drei fertige richtige hamburgische Krahnzieher in ihrer herkömmlichen Tracht, mit der Karre, den sogenannten Stangenherrn in der Mitte an der Gabeldeichsel. Dann erst folgten die eigentlichen Darstellungen der Schöpfungstage, mit der gehörigen Orts angebrachten Unterschrift „Unde God sprak: latet uns Minschen maken." Kein Wunder also, daß die alten hamburgischen Witzbolde unsere Krahnzieher die Präadamiten und Musterknaben der Menschheit zu nennen pflegten.

Im Oktober 1664 wird nun noch herkömmlicherweise von diesen Leuten der Scharfrichter Ismael Asthufen I. bestattet sein. (Beiläufig mag der gute, aber eine schwermütige Reflexion bergende Gedanke anerkannt werden: ein schon bei seiner Geburt geächtetes Henkerskind, nach Abrahams unechtem verstoßenen Sohne Ismael zu benennen.) Von seinen Nachfolgern hat Hans Barthold Deutschmann im Jahre 1674 zufällig in Glückstadt (wo er vormals die Frohnerei bediente) seine letzte Ruhestätte gefunden, Jacob Stoeff aber Gott weiß wo, denn er entfloh am 3. Nov. 1685 in die weite Welt, nachdem er sich hierorts sträflich vergangen, und aus Privatgründen einen ehrlichen Brauer durchgestäupt hatte, ein Erlebnis, welches ähnlich bereits einen seiner Vorweser, Jacob Gebhart II. von hinnen gejagt hatte. Steckbriefe flogen ihm nach, aber er entkam glücklich. Tiefe Unterbrechung veranlaßte wohl die Krahnzieher, die sich schon früher ihrer fatalen Obliegenheit zu entziehen, erfolglos versucht hatten, ihre Pflicht als aufgehoben, lächerlich veraltet oder vergessen zu betrachten. Inzwischen hatte seit Jan. 1686 Ismael Asthusen II. (des obigen Sohn) den Frohndienst für 6000 Mark gekauft und denselben exemplarisch verwaltet. Da er noch in den sogenannten besten Jahren stand, so versahen sich die Krahnzieher seines so nahen Endes gar nicht, als er am 6. April 1703 verschied. Am 6. März nämlich hatte ein Gärtner Jochim Braksieck auf dem Valentinskamp seine Ehefrau erstochen; Untersuchung und Kriminalprozeß beider Instanzen verlief so staunenswert rasch, daß der Malefikant bereits am 20sten Tage nach verübtem Morde auf dem Hochgericht stand. Meister Ismael aber hatte an diesem 26. März seinen Unglückstag; er hieb zweimal fehl, was er sich schwer zu Gemüt zog. Ein völlig gebrochener Mann kam er nach Hause, legte sich nieder und erstand nicht wieder, denn 3 Wochen darauf war er tot.

Als nun seine Witwe, Frau Engel Asthusen, die Dienste der Krahnzieher in Anspruch nahm, da weigerten sich diese jeder Beteiligung, und stellten Pflicht und Herkommen entschieden in Abrede, obschon seit 1686 ein bestimmter Artikel in ihren Dienstkontrakten sie verpflichtete, alle bei ihrem Dienste vorfallenden Obliegenheiten zu verrichten. Da periculum in mora, so mußte Frau Engel, um nur ihres Gatten Körper los zu werden, Bootsleute engagieren, welche, im Punkte der Ehre weniger skrupulös als die Landratten, sich dennoch nur vermummten Antlitzes dazu herzugeben wagten. Um alles Aufsehen zu vermeiden, wurde um Mitternacht von diesen unheimlichen Gesellen die gefürchtete Leiche des toten Schreckensmannes auf St. Petri-Kirchhof, draußen am Beinhofe, eingesenkt. Trotz aller Vorsicht kam es dennoch dabei zu einer blutigen Rauferei. Mehrere Krahnzieher wollten sich vergewissern, ob etwa von ihren Genossen sich einige Freigeister zum Leichentragen hätten einschüchtern lassen; sie rissen den Trägern Kopftücher und Mäntel ab; diese verteidigten sich und schlugen drauf los, worauf der allemal am Platze befindliche Janhagel pro et contra intervenierte u. s. w. Die gebeugte Witwe reichte hernach dem Prätor die ganze Unkostenrechnung ein; denn da sie ein Recht auf ihres Seligen Frankobestattung durch die aufsätzigen Krahnzieher zu haben vermeinte, so forderte sie billigen Ersatz: 75 Mark Trägerlohn, 11 Mark für Bewirtung, 3 Mark für's Flicken der bei der Balgerei zerrissenen Mäntel, Summa 89 Mark, welche man ihr auch vergütete. Seit dieser Zeit ist es vorbei gewesen mit des Frohns behauptetem Anrecht auf die Dienste der Krahnzieher, welche somit von der korrespondierenden Pflicht entbunden geblieben sind, woraus man lernt, wie man durch dreistes Ableugnen ein lästiges Herkommen erst durchlöchern, dann förmlich aufheben kann. Übrigens war den Krahnziehern bei dieser Gelegenheit, welche ihre vormalige Beteiligung bei den Frohnsbeerdigungen wieder zur Sprache brachte, einiger Geruch gewerblicher Unehrlichkeit angeflogen, weshalb sie es durchsetzten, daß in dem General-Reglement hiesiger Ämter und Brüderschaften vom Jahre 1710, neben den Gerichts- und Gefängnisdienern auch sie namentlich genannt wurden, als eine keineswegs von ehrlichen Zünften und Gilden ausschließbare Genossenschaft.

Obgleich nun der Frohn im Jahre 1732 ausdrücklich angewiesen war, die Begräbnisangelegenheiten seiner Person und Familie selbst in die Hand zn nehmen und den Gerichtsherrn damit ungeschoren zu lassen, so sah der arme Mann sich dennoch zuweilen gezwungen, die Vermittelung desselben in Anspruch zu nehmen. Anno 1741 war des damaligen Frohns Frau gestorben, und nicht sonder große Mühe gelang es, arme Schulmeister zum Leichentragen zu persuadieren. Sie hatten eigentlich im Stillen auf ein Douceur für solchen Dienst gehofft, sahen sich aber darin getäuscht und mußten sich mit dem schönen Bewußtsein begnügen, welches die Ausübung eines Werkes christlicher Liebe immer am sichersten belohnt. Als nun i. J. 1753 des wiederverheirateten Frohns vierjährig Kind starb, da drang bis in die Ratsstube seine Wehklage, „daß er es schlechterdings nicht zur Erde kriegen könne, inmaaßen der Marstallskutscher es nicht fahren und die Reitenden Diener es nicht tragen wollten". Nun wurden die verarmten Schulmeister wieder beschickt, sie zeigten sich aber schwierig, meinten, sie hatten viel üble Nachrede auszustehen gehabt wegen ihrer damaligen Gutmütigkeit, endlich aber übernahmen es ihrer viere für 1/2 Taler pro Mann. Der im folgenden Jahre vom Senate seinem Mitgliede Hrn. Anckelmann erteilte ehrenvolle Auftrag: „seine Gedanken ergehen zu lassen über den Punkt, wie es künftig mit der Beerdigung derer Frohnsleichen zu halten sei, um allen bisherigen Unliebsamkeiten vorzubeugen", mag den klugen Herrn sehr beschäftigt haben, ohne daß es ihm gelang, eine passende Manier zu ersinnen. Und als bald darauf des Frohns Frau starb und der Witwer wiederum offizielle Hilfe ansprach, da bezog man sich abweisend auf die Verfügung von 1732, und verbot ihm, den Herren Gerichtsverwaltern ferner mit solchen Dingen beschwerlich zu fallen. Seitdem scheint es ihm denn auch stets gelungen zu sein, eine anständige Bestattung für sich und seine Familie selbst zu beschaffen, obschon durchgängig nur eine äußerst stille. Als 1767 der Frohn starb und die Familie dringend wünschte, den Sarg, bevor er an der Mauer des Petri-Kirchhofes eingesenkt werde, ein einziges Mal, durch die Kirche tragen zu lassen, verweigerten dies die Juraten als unschicklich. Und in allen Fällen, wenn ein Frohn beerdigt wurde (z. B noch 1772), kommandierte der Rat eine genügende Militärmacht in die Gassen, durch welche der Zug kam, um Tumulte zu verhüten,

Übrigens hatte die Afthusensche Familie ihr eigenes Begräbnis auf dem Petri-Kirchhofe, am Beinhause, woselbst, an der Südseite der Kirchhofsmauer, auch der späteren Frohne Ruhestätte war. Des Meisterknechts Leiche ward gewohnheitsgemäß darin mit aufgenommen. Aber kein Henkers- oder Abdeckerknecht. Eine benachbarte Stadt fragte um 1745 bei unserem Rate brieflich an, wie es hier mit den Scharfrichterknechten in dieser Hinsicht gehalten werde. Die Antwort war nicht leicht, denn es zeigte sich, daß hierorts seit undenklichen Jahren kein solches Subjekt gestorben war; nicht als ob dergleichen Unkraut unvergänglich sei, sondern weil dieser Art Leute entweder wegen bezeigter Unbändigkeit in Stock und Eisen gelegt und sodann der Stadt verwiesen wurden, was z. B. 1701 mit 4 Frohnknechten zugleich passierte; oder weil sie in beständiger Desertion von einem Herrn zum andern zogen, und gewöhnlich irgendwo hinter'm Zaun verendeten. Sollte sich aber der Fall ereignen, respondierte der Rat, so würde man den toten Kerl von seinen Mitknechten auf dem Armenkirchhof, nach Art der unsinnigen Selbstmörder aus Melancholie, in aller Stille eingraben lassen. Ein alt und gebrechlich gewordenes Exemplar dieser verkommenen Menschenklasse war's, das sich um 1750 mühsam von einem Dorf zum andern schleppte, in Scheunen und Heidehütten übernachtete, und Tags über bettelnd und stehlend sein elendes Dasein fristete. Am 23. Mai lag er auf dem Felde bei Saaßel, hart an dem alten heidnischen Opfersteine, der dort vor einigen Jahren noch zu sehen war, nun aber zerschlagen und stückweise zu profanen Zwecken benutzt ist, und hat zu sterben begehrt. Aber die Saasseler haben ihm Branntwein zu trinken gegeben und ihn von dannen getrieben, da sie nicht gemocht, daß er auf ihrer Feldmark verende. Auf der Halde, seitwärts von Bargstedt, da hat ihn ein Schäfer gesprochen, dem hat er seine bitterliche Not geklagt, wie er so ganz verlassen sei von Gott und aller Welt, und wie er 7 Frauen gehabt, ob zwar keine einzige echte, einigen wäre er entlaufen, die andern hätten ihn im Stiche gelassen. 2 Tage darauf ist er unweit des Lothbecks bei Hoysbüttel, auf hamburgischem Territorio unter freiem Himmel tot gefunden. Des Landchirurgen Friedr. Tob. Katterfeldt Leichenbesichtigungsbericht lautete: daß der Verblichene natürlichen Todes verfahren, da „nichts Ledales" an ihm befunden sei. Der Wohldorfer Waldvogt hat ihn dann beerdigen lassen in seinen nichtswürdigen zerlumpten Kleidern; sein leerer Bettelsack und sein zerbrochener Bettelstab sind ihm mit in's Grab gelegt. —

— Obengedachte Witwe Engel Asthusen setzte übrigens damals (1703) Himmel und Erde in Bewegung, um die erledigte Frohnerei ihrem Sohne zu-, und den beabsichtigten öffentlichen Verkauf des Dienstes an den Meistbietenden unter den Konkurrierenden vom Metier abzuwenden. Denn in gesammter Christenheit, so erklärte sie, sei es unerhört, solch ein wichtiges Amt, dessen Kunst so schwer zu erlernen, irgendeinem wohlhabenden Stümper ohne Schule zuzuschlagen. Da sie nun auch sagen konnte, daß schon Vater und Großvater der Stadt getreulich gedient, und der hoffnungsvolle Enkel von Kindesbeinen an mit allen Geheimnissen der Scharfrichterei vertraut sei, auch bereits 1702 für seinen Vater „ungemein wohl" enthauptet habe, so verzichtete man auf den Verkauf und konferierte ihm den Dienst für 3000 Mark unter der Bedingung, seines Vaters Schulden zu bezahlen und seine 2 unverheirateten Schwestern ebenso auszustatten, wie der Vater die älteste dotiert hatte. Hierauf ergriff er als Ismael Asthusen III. das Schwert seiner Väter. Als er noch in jungen Jahren Anno 1722 starb, da war sein 1717 geborener Sohn Ismael das Kind, zur Succession noch viel zu jung. Der Witwe Bruder, der Kieler Scharfrichter Pickel trat als gewichtiger Kandidat auf, da er äußerst kunstreich zu arbeiten und vorzüglich „artlich mit dem Rade zu spielen" verstand, alles, laut Attestaten, „zu vornehmer Zuschauer höchstem Contentement," Ihn besiegte jedoch ein junger Parvenu hiesiger Henkerwelt, Franz Wilm Hennings, nicht nur, weil er eben so geschickt sein wollte, sondern weil er (was durchschlug) sich erbot, seines Vorwesers Witwe mit 5 Kindern zu heiraten, und somit die letzten der Asthusenschen Ismaeliter zu versorgen. Seine erste Exekution, 11. October 1723, betraf eine Kindsmörderin, die er mit dem Schwerte sehr gut, und zwar links (wie eine Chronik sagt) enthauptete. Es kam mit ihm die Dynastie Hennings zum Regiment der Frohnerei, darin sie 108 Jahre lang gesessen und mit ihren überzähligen Sprößlingen die Scharfrichtereien aller Nachbarländer versorgt hat. Hennings I. gab in Anbetracht seiner Ehelasten nur 1000 Taler für den Dienst, den er gerade 50 Jahre lang innehatte, ohne daß man dies rare Ereignis durch ein Jubelfest gefeiert hätte. Als er 1772 starb, hinterließ er eine 3te Frau, 10 lebendige Kinder (ihrer 18 hatte er gehabt) und ein Vermögen von 50,000 Mark. Von seinen Söhnen waren mehrere Scharfrichter an anderen Orten, einer lebte hier als Medicinae Practicus. Er muß gut berufen gewesen sein, denn der Senat gestattete ihm ausdrücklich, „auch seine Geschicklichkeit puncto artis Chirurgiae, von hiesigen Barbieren, Wundärzten und Badern unangefochten, zu exerzieren." Einige dieser Frohnstöchter hatten auswärtige Standesgenossen geheiratet, Hanna Elisabeth blieb aber in der Frohnerei, da sie die Adjunkten ihres Vaters zu ehelichen pflegte. Dieser hatte derselben nach und nach drei, sämtlich seine Neffen, nämlich Söhne seiner Brüder, den Scharfrichter zu Glücksstadt und Mölln: Hennings II. welcher sehr rasch starb, Hennings III. welcher auch von seinem alten Schwiegervater überlebt wurde, und Hennings IV. welcher diesen überlebte und ihm 1772 förmlich succedierte. Ihm folgte sein einziger Sohn, Hennings V., welcher 1822 starb, worauf es mit dem Geschlecht zu Ende eilte. Denn der hinterlassene, noch unmündige, aber majorenn erklärte Sohn, Hennings VI., trat allerdings das Amt seiner Vorfahren an, starb aber schon 1830 unverehelicht, und mit ihm erlosch der hiesige Hauptzweig dieser Frohnenfamilie. — Unter den 12 Kandidaten des nun erledigten Frohndienstes waren 6 praktische Scharfrichter aus Buxtehude, Lüneburg, Bremervörde, Altona, Lübeck und Bützow; 2 Scharfrichterssöhne, nämlich aus Bergedorf ein Hennings, Urenkel Hennings I., übrigens Schutzbürger und Arbeitsmann in Hamburg, und ein Schuster Stohff aus Oldeslohe, der seines vormals weit und breit berühmten Scharfrichtergeschlechts nicht ohne Stolz gedachte und sich einen Abkömmling des 1684 entwichenen hiesigen Frohns Jacob Stoeff nannte, was ihn eben nicht empfahl; sodann 4 hiesige Bürger: 1 Lohndiener, 1 Barbierer, 1 gewesener Bader, nunmehriger Schenkwirt und der Pferdeverleiher Raphael Georg Voigt, welcher den Dienst erhielt, worauf ihm, nach seinem im Jahre 1852 erfolgten Tode, sein Sohn Georg Eduard Voigt gefolgt ist.

Eine Statistik in Betreff sämtlicher in Hamburg vollzogener Hinrichtungen fehlt noch. Die gedruckten volksbuchmäßigen Berichte sind sehr mangelhaft. — In Lübeck war — wie Reimer Kock erzählt— schon im Jahre 1527 die Hinrichtung des Joachim Viede die 18,490ste, seit die Stadt den Blutbann ausgeübt, Ausweise der Gerichtsbücher.

Es leuchtet ein, daß die Scharfrichter einer großen, wegen prompter Strafrechtspflege berühmten Stadt wie Hamburg, wo man Seeräuber schockweise zu enthaupten pflegte, eine besonders lehrreiche Schule, eine Art Musteranstalt für lernbegierige Kunstjünger war, weshalb beständig einige auswärtige Scharfrichterssöhne unserm Frohn als Gesellen dienten, und die Magistrate kleinerer Städte sich häusig ihren Bedarf von hier verschrieben. Fanden die hansischen Pflanzstädte an der Ostsee ihre Rechtsbelehrungen zwar gewöhnlich an dem reinen Urburn zu Lübeck, so suchten sie doch mehrfach den geeigneten Mann zur Vollstreckung ihrer peinlichen Sprüche in Hamburg. Mit dem Meister, den unser Rat den Collegen zu Reval im Jahre 1650 auf ihr Ansuchen zugewiesen hatte, waren dieselben so zufrieden gewesen, daß sie im Jahre 1670, als er schleunigen Todes erfahren, abermals um Zusendung „eines seiner Charge capabeln Subjectes" ersuchten. Als dessen Einkommen gaben sie an: 50 Taler Salarium nebst Amtswohnung und Feuerung, 8 Tonnen Malz, 8 Tonnen Roggen, 4 Tonnen Hafer, 5 Taler Heugeld und alle 4 Jahre eine neue komplette Bekleidung vom Kopf bis zu den Füßen, nebst Scharlachmantel; ferner 1 Taler für jeden Fall der Hinrichtung, des Torquierens und Ausstreichens am Pranger; ferner in Betreff der Abdeckerei (salva venia) „vor ein groß Aas wegzubringen 1/2 Taler, vor ein klein Aas 1/4 Taler; vor Nachtarbeit (Kloakenreinigung) mit Karre und zwo Pferden, jedesmal 4 Taler, 1 Stäbchen spanischen Wein und genugsam Hafer, welches was ehrliches einträgt." Endlich: „wenn die Herrschaft ihn dazu annimmt, kann er auch, wie sein Vorweser, den Dienst auf dem Thumsturm mit jährlich 30 Silberdalern kriegen.[5]

Etwas mehr als sein Amtsbruder zu Reval hatte damals schon der hamburgische Frohn einzunehmen, nämlich (abgesehen von den erheblichen Gebühren rücksichtlich aller peinlichen Verrichtungen) freie Wohnung, und zwar recht vornehm, in 2 Gebäuden, Winters in der Frohnerei an dem Marktplatz, Berg genannt, mitten in der Stadt, und zur Sommerlust mit Garten-Vergnügen: die Abdeckerei draußen am Galgenfelde; sodann ein Salarium von 600 Mark aus der Gerichtskasse, ein reichliches Kostgeld für die seiner Obhut bereits überantworteten Malefikanten, deren beständig eine nicht kleine Anzahl in der Frohnerei die Leiden eines antizipierten Fegefeuers erduldete; ferner 600 Mark aus der Kämmerei für Wegschaffung aller Viehkadaver von den Gassen und aus den Kanälen. Für dieselbe Arbeit aus den Privathäusern 1 Taler für's Stück. Für jede „Nachtarbeit" nach Akkord, was, wie in Reval „was ehrliches eintrug", da damals noch lange keine Sielsysteme erfunden waren; ferner den Ertrag einer ihm zuständigen Haussammlung, Frohnspflicht genannt, welche aber von allen Beteiligten verwünscht wurde. Der Frohn klagte beständig über groben Empfang, unwirsche Behandlung und vielfältige Zahlungsverweigerung, — andererseits lamentierten die Bürger unablässig über diesen alten Zopf; sie mochten überhaupt nicht gern besammelt werden, aber

---

[5] Wenn vormals auch vielfach der Wärterdienst auf städtischen Mauer- und Tortürmen den Scharfrichtern zur Verwaltung durch einen Knecht als Gehaltsverbesserung eingeräumt wurde, woraus sich zum Teil die Unehrlichkeit der Türmer erklärt, so erscheint diese Assoziation in Betreff der geweihten Kirchentürme doch sehr rätselhaft.

am wenigsten vom Frohn, dessen Betreten ihrer geweihten Schwelle die Hausehre beleidigte. In Folge dieser Beschwerden und mehrfacher Reformwühlereien schaffte denn der Rat im Jahre 1732 die Frohnspflicht gänzlich ab, und entschädigte den Mann durch eine jährliche Zahlung von 500 Mark aus der Kammer. Ferner empfing der Frohn für Beschaffung des unehrlichen Begräbnisses eines Selbstmörders (Verscharrung am Galgenfelde) eine gute Gebühr, welche im Jahre 1751 auf 10 Taler bestimmt wurde.

Für Unvermögende zahlte die Präturkasse, und zwar nach Senatsbeschluß von 1762 „auch für solche quocunque modo Selbstentleibte, welche per indulgentiam Senatus nicht durch den Frohn, sondern in der Stille beerdigt werden," welche ihm also gar keine Mühe machten. Als 1680 das anatomische Theater wieder in Schwung kam, und Physicus wie Ratschirurgus für ihre Vorträge Kadaver brauchten, da wußte der Frohn aus dieser wissenschaftlichen Gier Nutzen zu ziehen. Unter 25 Rth. lieferte er keine Leiche eines unter seinen Händen verblichenen Verbrechers an jene Naturforscher aus. Natürlich gab's hier keine Konkurrenz, denn der Frohn besaß einen Eigentumstitel auf justizierte Körper. Indessen Physicus und Ratschirurg konnten das Geld wohl zahlen, da sie selbst für diesen Zweck Geld empfingen, nämlich von den Verwandten der Delinquenten, deren Leichen man in solcher Weise, per viam Anatomiae, ein halbwegs ehrliches Grab zu schaffen glaubte. — Die weitere Verwertung der Abdeckerei endlich, welche sich zu einem förmlichen Lederhandel gestaltete, war gar nicht zu berechnen. Der dagegen beim Amtsantritt vom Frohn zu erlegende sogenannte Kaufpreis seines Dienstes, 1—2000 Thaler, kann bei solchen in die Tausende gehenden Jahreseinnahmen gar nicht in Betracht kommen. — Übrigens war der Frohn von allen sogenannten bürgerlichen Lasten wie auch vom damaligen Kopfgelde befreit.

Wie mehrfach erwähnt, durfte der Frohn kein ehrliches Menschenkind, insbesondere aber keinen Bürger, anrühren. Wir haben gesehen, daß Meister Jacob Stoeff, als er einen Brauer angetastet, d. h, durchgeprügelt, Amt, Weib und Kind im Stiche ließ, um nur den Folgen seiner Übereilung zu entgehen. Da man bekanntlich von zweien Übeln stets das kleinere wählt, so dürfen wir schließen, daß er die ihm drohende Bestrafung für unendlich viel schmerzhafter als Cassation, Weibes- und Kinderverlust halten mußte, — so schwer rächte man also damals des Ehrlosen unbesonnene Selbsthilfe gegen ehrliche Widersacher. Noch i. J. 1770, als ein Henkersknecht einen Musketier hiesiger Garnison durch einen Schlag insultiert hatte, wurde der freche Täter sofort in Eisen gelegt und nach geschlossener Untersuchung der Stadt verwiesen. Aber auch zufällige harmlose Berührungen mußte der Carnifex meiden, denn in „Frohnshänden" gewesen zu sein, das war auch unter den mildesten Umständen allemal ein so großes Unglück für den Berührten, daß es sicherlich auch äußerst schmerzhaft auf den Berührer zurückgewirkt hätte, Uud wenn etwa einmal einer zärtlichen Mutter ehrliches Kind von der Zollenbrücke in's Wasser gefallen wäre, und ein hochherziger Scharfrichter wäre nachgesprungen und hätte es mit eigener Lebensgefahr gerettet und heil und gesund der händeringenden Mutter dargebracht, dann hätte er nur gleich dabei sagen müssen „den Dank, Dame, begehr' ich nicht," — denn bekommen hätte er zuverlässig keinen.

Hiermit scheinen nun zwei Tatsachen in Widerspruch zu stehen. Erstens war nämlich nach den ältesten Stadtrechten von 1270 u. f. des „Woltboten Haus" (die Frohnerei), ein Gefängnis nicht nur für Verbrecher, sondern auch für alle, die ihre Geldstrafen und Schulden nicht bezahlen konnten, ohne daß die letzteren durch solche Custodie entehrt erschienen. Indessen war damals dies Haus noch kein beschimpfendes Gefängnis, was es erst wurde, nachdem der römische Carnifex in dem vormals ehrlichen Woltboten zur Perfektion gekommen war. Allerdings ist die Frohnerei auch später, und noch im vorigen Jahrhunderte (laut Rezeß von 1529) ein Detentionslokal auch für nichtkriminelle, für bloß polizeiliche Übeltäter geblieben. Indessen ist wohl zu merken, daß niemals Bürger dieser Gattung dahin gesetzt wurden, sondern nur Vagabunden, Tumultuanten aus der Hefe des Volks, bereits bestraft gewesene Frevler und andere Subjekte, mit welchen man wenig Umstände zu machen brauchte, z. B. aufrührerische fremde Handwerksgesellen. Diese wurden nun allerdings durch solche Haft nach Volksansicht unehrlich, und ein mildherziger Kommentator des Statuts beklagt die nur Leichtsinnigen unter den Tumultuanten, die durch dies Verfahren zeitlebens ruiniert würden: „Denn, weil keiner mit dem mehr arbeiten will, der nur einmal im Halseisen gestecket, wie wird gar ein in der Frohnerei Gesessener angesehen!" Im Allgemeinen war durch Art. 22 des Rezesses von 1529 vorgeschrieben, daß zum Woltboten nur solche Gefangene zu setzen, über welche er wegen ihres Verbrechens Macht haben dürfe, nicht aber solche, welche wegen Nachtschwärmerei („wegen Nachtganges baven Glockentied") verhaftet seien. Die Bürger und Bürgerskinder unter den Tumultuanten wurden, laut Art. 65, P. IV, Stadtbuchs, zum ehrlichen Gefängnis; im Winserbaum oder Brooksturm abgeführt. Nach der Reorganisation unserer Justizpflege i. J. 1815, wurde übrigens diese Detentionsqualität der Frohnerei grundsätzlich aufgehoben. — Zweitens befand sich der hamburgische Frohn im Genusse der Kruggerechtigkeit in seiner Dienstwohnung. Man fragt mit Recht: wer in aller Welt mochte und durfte seine Erholungsstunden suchen bei Bier und Wein im Hause des Heulers, bedient von ihm und seinen verworfenen Leuten? Wer waren diese Gäste? Sicherlich niemals gute Bürger und ehrliche Gesellen! Es waren Menschen, deren guter Leumund längst schadhaft, deren Ehre bruchfällig geworden war und an unheilbaren Schäden dahinsiechte; eine vollständige Schar Geächteter, die ganze Bande aller derer, die bereits einmal in Frohnshänden gewesen, und dadurch zeitlebens unehrlich geworden waren; aller derer, die eben nur zufällig auf freien Füßen gingen, morgen aber vielleicht schon wieder eingesponnen waren; aller derer, die man als die Verstrickten in den Netzen wachsamer Polizei bezeichnen kann. Gleich und gleich gesellt sich so gern! Sie konnten hier ganz ungestört und unbeirrt von anzüglichen Stichelreden, im Kreise froher kluger Zecher ihr Gläschen in Frieden genießen, Andrerseits aber liegt eben deshalb die Vermutung nahe, daß die Konzessionierung des Frohns als Krugwirt weniger in liebevoller Begünstigung seines Dienstes, als vielmehr in damaliger Polizeipolitik ihren Grund gehabt habe. Indem man nämlich dem verdächtigen Publikum in Form eines harmlosen Asyls einen Konzentrationspunkt gab, erleichterte man sich die polizeiliche Überwachung ungemein, und konnte erforderlichen Falls in gefährlichen Zeiten die Hauptingredienzien der Grundsuppe der Gesellschaft beisammen finden. — Seit im Jahre 1685 der Frohn einen ehrlichen Brauer, der ihn wegen schmählicher Übervorteilung bei der Bierlieferung geprügelt, weshalb er hatte flüchten müssen (s. oben), verschwor sich die Brauerbrüderschaft, hinfort in die Frohnerei kein Bier zu liefern. Aber erst im Jahre 1771 wurde diese Kruggerechtigkeit förmlich abgeschafft, nachdem sie freilich schon Jahre lang, bei veränderten Zeitverhältnissen, nicht mehr ausgeübt worden war.

Ob der hamburgische Frohn vormals im gewöhnlichen Leben eine ihn und sein unehrliches Geschäft schon von fern kennzeichnende Kleidung getragen? Kaiser Karls V. Reichs-Polizei-Ordnung v. J. 1530 (welche beiläufig bemerkt, in ganzen 7 Artikeln wider das gotteslästerliche Fluchen und Schwören der verschiedenen Stände eifert) schreibt freilich ausdrücklich im 21. Artikel vor: daß alle Züchtiger, Nachrichter und Abdecker eine absonderliche Kleidung tragen sollen, damit sie desto leichter erkannt und gemieden werden können, — wie dasselbe Gesetz auch für leichtfertige Weibsbilder wie für Juden unterscheidende Merkmale an ihrer Kleidung bestimmt und das Frankfurtsche Gesetz von 1579 allen Banquerottierern gebietet, einen gelben Hut zu tragen. Wenn man nun einerseits in Hamburg gewiß großen Respekt vor allen Reichsgesetzen gehabt und deren Befolgung sich zweifelsohne hat angelegen sein lassen, so kommen doch keine Spuren solcher odiosen Livrée der Frohnsleute in Hamburg vor. In den alten Kämmereirechnungen, welche genau die nach damaligem Brauch den verschiedenen Stadtbeamten und Subalternoffizianten gelieferten Kleidungsstoffe verzeichnen, vom Secretarius und Physicus bis zum Nachtwächter, finden wir unter diesen Bewandeten niemals den Scharfrichter und seine Gesellen. Jedoch ist in den farbigen Minaturen zum Stadtrecht von 1497 (Lit. O.) der Frohn im roten Mantel und Untergewand dargestellt, — wogegen in Lübeck eine Ordonnanz von 1522 dem Büttel, Frohnmeister und dessen Knechten expreß verbietet, die rote Farbe an Mützen und Kleidern zu tragen, weil dies die reitenden Diener des Rats nicht dulden konnten. Und unzweifelhaft ist anzunehmen, daß jedenfalls schon im 17. Jahrhundert diese besondere Kleidung, wenn sie überall gebräuchlich gewesen, bereits stillschweigend wieder abgelegt war, während noch um 1750 die Scharfrichter und Caviller im ganzen hallischen Saalkreise die durch königl. Edikt v. 1734 vorgeschriebene graue Kleidung trugen, da jede andere Farbe (wie auch das Degentragen laut Patent v. 1718) ihnen bei Karrenstrafe verboten war. Selbst fraglich erscheint es, ob der hamburgische Frohn jemals bei großen Staatsaktionen den berüchtigten blutroten Mantel als Amtshabit getragen, dessen sich der Kollege zu Reval erfreute; denn erwähnt wird des Scharlachmantels niemals. Auch in Frankfurt scheint nicht der Scharfrichter, sondern der ihn bei Exekutionen zu Pferde begleitende Oberst-Richter einen roten Mantel getragen zu haben, wobei er einen rotangestrichenen Zepter in der Hand trug. Daß der Hamburger Scharfrichter dagegen einen Degen tragen durfte, erfahren wir aus einem Bericht über seine Händel mit dem Militärkommando, bei Gelegenheit einer Exekution, einige Musketiere, die ihn nicht von Person kannten (und da er keinen roten Mantel besaß, auch nicht zu kennen brauchten), wollten ihn nicht durch den von ihnen gebildeten Kreis zum Köpfelberg schreiten lassen, wo er doch eine notwendige Person war; der Frohn ergrimmte; besonnen genug, um seine Hände nicht unmittelbar zu gebrauchen, zog er gerade den Degen, als ein Offizier hinzutrat und den Streit beilegte, welcher die ehrliebende Soldateska bereits hochlich empört hatte. — Da er also den Degen tragen durfte, so konnte er zufrieden sein und des roten Prunks gern entraten. Der Amtsbruder aber, der weder Degen noch Rot tragen durfte, trachtete danach mit sehnsüchtigem Verlangen. Als der 65jährige Scharfrichter Nord zu Neustadt im Hess. Odenwalde i. J. 1812 mit sicherem Auge und festem Arm zwei Raubmörder enthauptet hatte, da eilte seine betagte Frau, die mit eben so großer Teilnahme als Weichherzigkeit dem Akte zugesehen, und nun ebenso viel Entsetzen als Freude und Stolz über das gute Verhalten ihres Mannes empfand, auf den Richter zu und sagte, nun dürfe doch wohl ihr Mann rote Hosen und einen Degen tragen!

Das Obengesagte gilt jedenfalls von den 2 letzten Jahrhunderten, in welchem Zeitraum der Frohn, wenigstens was das Äußere betrifft, durchgängig wie ein feiner Mann aus den besseren Ständen erschien und sich demgemäß betrug, mit höflichen Manieren und anspruchslosen Sitten. Ein auffälliger Ernst der Gesichtszüge, den man an fast allen Scharfrichtermeistern wahrzunehmen geglaubt hat, und das Zurückhaltende in ihrem Wesen erklärt sich genügend aus der isolierten und geächteten Weltstellung, wie aus der absoluten Notwendigkeit, ohne körperlichen Anstoß durch das Gewühl der empfindlichen Mitmenschen zu wandeln.

Dasselbe Streben nach äußerer Kultur zeigte sich auch in der Sprache und Redeweise des Frohns, ausweise vieler vorliegender Berichte, welche zwar nicht allemal vollkommen korrekt geschrieben sind, aber doch das entschiedene Trachten nach Bildung verraten und sorgsam gewählte Ausdrücke in Menge enthalten. Die Wirkungen der Tortur z. B. bespricht ein Scharfrichter etwa wie ein akademischer Dozent der Osteologie. Besonders trat diese Politur hervor in der eigentümlichen Terminologie der scharfrichterlichen Funktionen, aus welcher alle abschreckenden Ausdrücke entfernt und durch wohllautendere ersetzt waren. Den Staupbesen geben hieß in der Kunstsprache ganz unverdächtig „fegen", und wer diese Leistung gut verstand, der „fegte reinlich". Ein geschickter Meister mußte außerdem folgende Dinge können: „zierlich zeichnen", d. h. brandmarken; „vernünftig die Glieder versetzen", d, h. torquieren, auf der Streckbank u. s. w.; „einen feinen Knoten schlagen", d. h. henken; „rasch abfetzen", d. h. köpfen; „artlich mit dem Rade spielen", d. h. rädern; „nett tranchieren", d. h. vierteilen; „einem eine Hitze abjagen", d. h. verbrennen.

Einen tieferen Sinn hatte des Scharfrichters Höflichkeit gegen den armen Sünder auf dem Blutgerüste. Bevor er das Schwert schwang oder den Knoten schürzte, trat er zu ihm, und bat ihn um Verzeihung wegen dessen, was Leides er ihm nun zufügen müsse. Mit dem mehr oder weniger ähnlich lautenden Wunsche: „kurze Noth, sanften Tod, Gnade bei Gott", ging er dann an sein Amt. — Dem schon am Galgen baumelnden, aber noch lebenden armen Sünder flößte der Hamburger Scharfrichter noch einen in die Ewigkeit hinüberleitenden Gedanken in die verwirrten Sinne, indem er ihm die 3 Worte zurief: „Denket up Jesus!" Dann ließ er das Seil los.

Nachdem wir so manches Günstige vom Scharfrichter vernommen haben, gebietet die Wahrheitsliebe, auch eine schlimme Eigenschaft desselben nicht zu verschweigen. Es ist dies die allen hamburgischen Frohnen wiederholt vorgeworfene übergroße Habsucht uud Geldgier; und diese Passion für's Reichwerden, und dieselbe Klage über unleidliche Sportelmacherei und Übervorteilung des Publikums wird aller Orten gegen die Genossen dieses Standes erhoben. Wenn man nun aber, um billig zu sein, erwägt, in welcher feindlichen Stellung sie sich ihren Mitmenschen gegenüber befanden, wie diese es gewesen, die sie von sich ausgezählt, in Acht und Bann getan, — so darf man ihnen einige Shylock'sche Empfindungs- und Handlungsweise wohl zu Gute halten. Hennings IV. äußert sich in dieser Hinsicht Anno 1772 in einer untertänigen Eingabe an den Prätor, welcher die Taxen auf die alte gesetzliche, indessen bei veränderten Zeiten etwas gering gewordene Norm zurückgeführt hatte, folgendermaßen: „Ew. Hochweisheit möge doch bedenken, daß eine von Nahrungssorgen freie Subsistenz das Allereinzige ist, was ein Scharfrichter von seinem aller Freude barem Leben haben kann; daß ferner ein kleiner Sparpfennig desgleichen das Einzige ist, was er seinen Kindern zu hinterlassen vermag, da bekanntlich der Segen eines ehrlichen Vaternamens denselben versagt ist, Ew. Hochweisheit möge dahero geruhen, die schlimme Kondition meines traurigen Standes, welcher ja durch das Vorurtheil des Publikums verachtet genug ist, nicht noch unglückseliger zu machen durch hinzukommende Armuth," — Fürwahr, recht nachdenkliche Worte, welche nebenbei bemerkt, von des Frohns eigener sehr sauberer Hand geschrieben, zugleich ein Zeugnis über des Mannes Bildungsstufe abgeben können. Dieses Trachten nach Geld und Gut, nach einem soliden Sparpfennig, es hatte hier seinen sehr raisonnabeln Grund. Es war, ja das gedenkbar einzige Mittel, um mit der Zeit einmal völlig aus diesem verachteten verhenkerten Dasein herauszukommen, vielleicht im Anstände incognito ein stilles geachtetes Leben zu führen, und endlich begraben zu werden mit allen Ehren eines ehrlichen Mannes. Mindestens aber, wenn dies löbliche Ziel dem Vater unerreichbar blieb, wurde sein errafftes Vermögen für seine Kinder die Brücke, welche ihnen den Übergang in ehrliche bürgerliche Stände vermittelte. Freilich mag dieses an sich gute und vollkommen berechtigte Ziel wohl nur sehr selten durch den ersehnten Erfolg gekrönt gewesen sein. Denn es ruhte auf den in mehr als einer Hinsicht „peinlichen" Einkünften der Scharfrichter kein Segen, und namentlich den Hamburger Frohnen wurde es trotz der guten Dotation ihres Dienstes und trotz all ihrer finanziellen Kunst- und Übergriffe doch sehr sauer, sich ein kleines Vermögen zu erbeuten. Der fressende Krebs ihrer Haushaltung war ihr Gesinde. Alle unsere Frohne klagen bitterlich über ihre Knechte, die wir oben als den Auswurf der menschlichen Gesellschaft bezeichneten, Kerle, die ihrer unehrlichen Geburt einen verbrecherischen Lebenslauf beigesellt hatten, roheste, brutalste Gesellen, die sich darin gefielen, ihren Meister zu betrügen und zu bestehlen, und, sobald er Miene machte sie zur Rechenschaft zu ziehen, auf und davon gingen. Ihnen war's gleichgültig, wo sie hausten, kein Band fesselte sie. Sie bekamen sehr hohen Lohn, und für jedes außergewöhnliche Werk Extrabezahlung. Gab der Meister ihren unverschämten Forderungen nicht nach, so desertierten sie und ließen ihn in tausend Verlegenheiten im Stich. Vier bis sechs Mägde, die er halten mußte, waren würdige Seitenstücke jener Galgenstricke, wahre Kehr-, Schatten- und Nachtseiten des edeln, schönen Geschlechts, die ebenfalls alle ersinnlichen Unterschleife und Veruntreuungen trieben.

Daneben war ein altes Herkommen bei den Scharfrichtern äußerst kostspielig. Sie waren untereinander zur liberalsten Gastfreiheit verbunden. Eiserne Notwendigkeit hatte diesen Reziprozitätsvertrag vermittelt, da sonst kein reisendes Mitglied der Henkerssippen anderswo als in Diebeshöhlen und Bettlerspelunken Herberge gefunden hätte. „Mich oder meine Leute nimmt ja Niemand auch nur für eine Nacht auf", klagte Hennings V. als er, zu einer nächtlichen Galgenreparatur befehligt, um Offenhaltung des Lübecker Tors bat, damit er in dem (damals dort belegenen) Abdeckerhause Unterkunft finde. So war's denn nicht minder Brauch, daß auch alle Scharfrichtersöhne mit ihren Pferden (und sie reisten nie anders als beritten) jederzeit Aufnahme, Kost und Logis in hiesiger Frohnerei erhielten, so lange sie bleiben mochten. Es kamen ihrer aber („inmaaßen in Hamburg gar manches vor einen vom Metier zu lernen ist") immer sehr viele hierher. Reisende Knechte mußte der Frohn drei Tage umsonst beherbergen und beköstigen, und sie dann mit einem Zehrpfennig weiter ziehen lassen. Das waren sogenannte Ehrenausgaben eines ehrlosen Mannes. Hennings I. hinterließ, wie erwähnt, etwa 50000 Mark, zum Teil in Grundstücken angelegt, Er hatte aber auch mit seiner zweiten Heirat „einige Mittel bezweckt", und daneben das Glück gehabt, außer der hiesigen Bedienung auch noch die Scharfrichtereien zu Bergedorf und in mehreren holsteinischen Ämtern zu erhalten. Wie ein mittelalterlicher Feudalherr teilte er noch bei Lebzeiten diese ländlichen Lehne unter seine qualifizierten Söhne aus, welche dort blieben und neue Linien der Dynastie bildeten, während er in Hamburg saß mit seinem Alterego aus der Zahl seiner Nepoten.

Ein netter des Hamburger Frohns war um 1723 sein Altonaischer Kollege Caspar Gottfried Hennings. Beide lebten in erbitterter Feindschaft wider einander wegen Konkurrenzstreitigkeiten, welche zu schlichten der Altonaische Oberpräsident und Magistratus, sowie drei Hamburger Syndici nebst ein Prätor bemüht werden mußten.

Daß der Hamburgische Frohn auch geistliche Funktionen übte, und als ein treuer pater familias die Hausandacht seiner Gefangenen leitete, mag uralten Brauches gewesen sein. In Betreff der von ihm Beseelsorgten kann dies nicht auffallen, die waren ja bereits in Frohnshänden, woselbst ihre Ehrlichkeit keinen Pfifferling Wert mehr hatte, und mußten vorlieb nehmen mit diesen Brosamen geistlicher Speise. Er mußte morgens und abends mit ihnen singen und beten! Daneben freilich waren ordinierte Pastoren und Kandidaten als Frohnerei-, Geistliche und Katecheten angestellt, welche sonntags und donnerstags im Betsaal des Hauses Gottesdienst und Kinderlehre hielten. Freilich pflegte der Frohn die Exerzitien dieser seiner Konkurrenten zu bespötteln, und verriet dem Gerichtsherrn gern, daß dieselben ihre Betstunden oft versäumten, und bei den Gefangenen sehr unbeliebt wären, weil sie allemal die längsten Bußgesänge singen ließen, die es gebe, und niemals ihnen das sehr gedehnte Bußgebet schenkten, welches den Kerls gar nicht mundete; ihre Rede selbst dauere höchstens ¼ Stunde. Dagegen gaben sich manche Pastoren unendlich viele Mühe mit diesen verwahrlosten Leuten, teilten Gesangbücher und Katechismen aus, sorgten auch dafür, daß ein Vorsänger in der Person eines unschuldigen Waisenknaben angestellt wurde, um dem Gottesdienste doch einige Feierlichkeit zu geben.

Normalerweise mußte jährlich am Thomastage (21. Dezember) nach Verlesung der Bursprake am Rathause, der Frohn vor versammelten Rat treten. Der worthaltende Bürgermeister richtete dann einige Gewissensfragen an ihn, puncto pflichtgetreuer Verwaltung seines Dienstes. Eine derselben lautete: „Frohn, singest und betest du auch Morgens und Abends mit deinen Gefangenen?" Das Examen schloß dann mit dieser ernsten Ansprache: „Frohn, E. H. Rath ermahnt dich, daß du im bevorstehenden hohen Weihnachtsfeste dich mit deinem Hause fleißig zur Kirche und zu Gottes Wort haltest, überhaupt aber, daß du mäßig und nüchtern lebest, deine Gefangenen in guter Aufsicht habest, sie gut haltest, auch andächtig mit ihnen singest und betest." Diesen Akt fand der Rat um 1740 „nach itzigen Umbständen ganz ohnnütz und schier ohnanständig", Und schaffte ihn ab; — übrigens gelobte jeder Frohn in seinem Amtseid: daß er mit den Gefangenen der Frohnerei, sowie mit allen, die durch ihn gerichtet werden sollten, „nicht tyrannisch" umgehen wolle. So humane Wichten brauchte der Berlinische Amtsbruder um 1397 nicht zu beschwören, der dagegen geloben mußte, die Gefangenen ernstlich anzugreifen und nicht davon abzulassen weder durch Gunst noch durch Gaben.

Eine fernere, ersichtlich von dem alten Kloacariat des Abdeckers herrührende Verrichtung des hamburgischen Frohns war gassenpolizeilicher Natur. Er mußte nämlich durch seine Leute zur Winterszeit, wenn Schnee und Eis massenhaft das Pflaster bedeckte, an jeder Straßenecke dreimal laut und deutlich ausrufen lassen: „Haar van de Straaten, edder myne Herren wardt ju panden laten", womit die Einwohner gewahrschauet wurden, ihrer Reinigungspflicht alsobald nachzukommen, wenn sie nicht unnachsichtig in Strafe genommen werden wollten. „Haar", auch Haer und Har geschrieben, heißt nämlich (nach Richey u. a. Sprachforschern) soviel wie Unrat, wonach also vermutlich unsere reinliche Nachbarstadt Harburg die Bedeutung ihres Namens herzuleiten hat, und sich darüber nicht erboßen kann, da sie auch in dieser Hinsicht sich völlig gleichstellen kann mit der alten Lutetia, heutzutage Paris genannt. Die heutige Mattentwiete, vormals ein enges schmutziges Gäßlein, hieß 1851 „Haartwiete", später auch Seligentwiete, eine gleichbedeutende Benennung, denn sehlig oder söhlig ist schmutzig. Es mag bei dieser Gelegenheit daran erinnert werden, daß des sommerlichen sogenannten Heer- oder Höhenrauchs andere Benennung Haarrauch zweifelsohne denselben Ursprung hat, wie denn in der Seemannssprache „smuttig" oder schmutzig soviel wie nebelig ist. — Das „Haar van de Straaten" erscholl noch in den ersten zehn Jahren dieses Saculums, und hat, nach Aussage älterer Leute, stets willigere Befolgung gefunden, als die späteren Polizeigebote. An die sommerliche Verpflichtung unserer Vorfahren, in der heißesten Zeit (den sogenannten Hundstagen) die Gassen fleißig besprengen zu lassen, wurde nicht durch die Frohnsleute, sondern durch die Diener der Bürgermeister und in deren Namen erinnert.

Das dem Frohn als Abdecker ferner obliegende sogenannte Hundeschlagen kommt auch in andern deutschen Städten vor. Es war dies die Aufsicht auf herrenlose Hunde, welche er namentlich zur Sommerszeit in Form einer Treibjagd auszuüben befugt war, zunächst im Interesse der öffentlichen Sicherheit, zur Verhütung der Hundswut. Daraus, daß dann manche Herren ihre eingefangenen Hunde gern wieder einlöseten, wurde dies Geschäft ganz einträglich für den Frohn, weshalb er es kultivierte und Blechzeichen à 6 Schillinge ausgab, welche soviel wie ein Passe-partout für die damit behangenen Köter galten. Dies stellte sich Anno 1728 an's Licht, als die Beschwerde vieler Bürger, „daß der Frohn sich unterstehe, wider allen Gebrauch alle Tage in der Woche Hunde zu schlagen", durch die Oberalten dem Senate mitgeteilt wurde. Hierauf wurde zur Beruhigung der Gemüter jene Hundejagd nur an den drei Sitzungstagen des Rats, montags, mittwochs und freitags (weshalb gerade an diesen, ist rätselhaft geblieben) stattfinden solle. — Während man in Norddeutschland allgemein die Sommermonate hierfür bestimmt hatte, soll in vielen süddeutschen Städten das Hundeschlagen zu derjenigen Jahreszeit stattgefunden haben, „da vormahlen die bacchanalia, nunmehro aber die Fastel-Abende gefeiert werden." So erzählt Johann Peter Schmidt, Dr. und Professor der Rechte zu Rostock, in seinem Anno 1742 geschriebenen Werke „Geschichtsmäßige Untersuchung der Fastelabends-Gebräuche in Mecklenburg, darinnen die Kreuzkringel und Heetwecken, Schweinsschinken und Mettwürste, dann auch das Fastnachts-Gesöffe, die Verkleidungen, das Schreien, Spielen, Tauzen etc. erläutert wird etc." Der Autor, welcher in diesem Buche eine wahrhaft monströse Gelehrsamkeit und die fabelhaftesten Detailkenntnisse entwickelt, leitet den Gebrauch des Hundeschlagens zur Fastenzeit von den römischen Luperkalien her, „bei welchen schändlichen Festen die Imperii und andere junge Bursche die ihnen aufstoßenden Frauen und Jungfern mit Riemen von Bocksleder peitschten, und sodann durch Opferung eines Hundes ihr Fest, zum Andenken an die Romulus und Remus genährt habende Wölfin, beschlossen." Zu gelehrt, um das Hundetöten im Sommer einfach aus der alsdann häufigen Hundswut zu erklären, datiert er diesen Brauch von dem im August einfallenden Feste der Diana, „bei welchem die Hunde vielfach herhalten mußten." Nachdem der Autor dann noch eine Menge interessanter Notizen über geschichtlich denkwürdige Hunde beibringt, kritisiert er einige mit dem Hundenamen zusammenhängende Schimpfwörter, zitiert dann die gelehrten Abhandlungen über die Bedeutsamkeit des nächtlichen Hundeheulens, sowie über die tierfreundliche Frage: ob es recht sei, den Hunden die Ohren abzuschneiden, und schließt endlich diesen Paragraphen mit dem artigen Distichon auf den seligen Professor Hund in Wittenberg, welcher als Decanus „von grauen Haaren" disputierte:

„Es canis, atque canis de canis cane Decane,
Quin cane de canis cane Decane canis."

Aber wir fallen selbst in die Schmidt'schen Anfechtungen, vom Thema abzuirren, und kehren rasch zum hamburgischen Frohn zurück.

Von seinen eigentlichen Dienstpflichten gehörten einige unleugbar dem altdeutschen ehrlichen Frohnbotenamte an, aus welchem sein nachmals so verrufener Dienst entstanden war. Die feierliche Versammlung der Bürgergemeinde zum Echtding oder zur Anhörung der Burfprake hatte er einzuläuten, bis die Funktion an die Küster des Doms und der Nicolaikirche überging. Bei Hegung des (erst Anno 1784 abgeschafften) Gassenrechts über ermordet gefundene Personen, war ihm eine bedeutende Rolle zugeteilt; mit gezogenem Schwerte erhub er zu dreien Malen sein offizielles Zetergeschrei über diesen frevelichen Mord, und eschete den unbekannten Mörder in die vier Winde. Bei Hegung des ordentlichen Zivilgerichts war freilich im Laufe der Zeiten seine Mitwirkung bis auf ein Minimum zusammengeschmolzen: er mußte nämlich an den Audienztagen das Niedergericht öffnen, lüften und fegen, und letztlich schließen. Er vollführte die Öffnung wie andere Menschen dergleichen tun, dann aber nahm er, nicht wie diese, seinen Rückweg durch die Türe, sondern er sprang zum Fenster hinaus auf die Gasse, was zum Glück ungefährlich war, da das Lokal zur ebenen Erde lag, vermutlich um den gesäuberten Justiztempel nicht auf's Neue zu verunreinigen, wenn er in seiner Unehrlichkeit durch denselben zurückschritt, (Ähnlich mußte in Lübeck der Frohn, wenn ein peinlich Urteil verkündet war, mühsam durch's Fenstergitter des Gerichtssaales denselben verlassen.) Draußen schloß dann der Frohn diese Funktion, indem er laut ausrief: „Well klagen will, de klage fast." In dieser Obliegenheit (welche der Frohn übrigens zuletzt immer durch einen seiner Knechte ausüben ließ) hatte derselbe um 1799 oftmals Händel mit der benachbarten Rathauswache, welche es durchsetzte, daß er das Gericht alle Morgen und zwar ½ Stunde früher als nötig, öffnen mußte. Es kam nun zur Sprache, daß die damals von der Garnison besetzte Wache zu jener Stunde abgelöst wurde, woraus die entlassenen Soldaten ihre Röcke und Schuhe im Audienzsaale des Gerichts zu reinigen beliebten, um dann ohne Aufenthalt wohladjustiert zur Parade zu eilen. Die Prokuratoren, deren ernsthafte Amtsmäntel in demselben Saale hingen, kamen durch die massenhafte Staubablagerung zuerst hinter diese Profanatiton des Justiztempels, und schlugen so wirksam Lärm, daß Wandel geschafft wurde.

Bei Publikation der Todesurteils erster Instanz abseiten des Niedergerichts hatte der Frohn keine Verrichtung, den armen Sünder erschreckte daher seine Gegenwart nicht, und das Bewußtsein, daß sein Defensor die Berufung einlegen müsse, hielt sein Hoffen aufrecht. Nicht in Hamburg ist bei solcher Gelegenheit der Fall passiert, daß der Richter nach Verlesung des Todesurteils und Mitteilung der dawider zulässigen Rechtsmittel, dem Inquisiten die bei Erkennung von Freiheitsstrafen passende Frage vorlegte: ob er etwa geneigt sei, die erkannte Strafe vorläufig anzutreten? Was dieser jedoch dankbar abgelehnt haben soll.

Die Hegung „hochnotpeinlicher Halsgerichte" (welche Bezeichnung ebenso vielsagend ist wie pechkohlrabenschwarz) war in Hamburg (mindestens in den letzten Jahrhunderten) nicht gebräuchlich, und ein Drama, wie es Herr von Dreyhaupt in seinem Saalkreise so imposant beschreibt, auf offnen: Markte vor dem Rolandsbilde zu Halle gehalten am 5. Mai 1747 vom Schultheißen, Schoppen uud Ratsdeputierten cum Secretario Joh. Frauendienst über Anna Nöserin, die Kindesmörderin, mit dem Frohn Fritze sonder Zetergeschrei und dem Blutschreier Schneider, — dergleichen interessante Akte kannte man zu Hamburg nicht, mithin auch nicht die Zeremonie des Stabbrechens, welche fast überall in Deutschland gebräuchlich war nebst einem dazugehörigen herkömmlichen Reimspruch. — Zu Hermannsburg im Lüneburgischen kamen vormals an jedem Quatembertage die benachbarten Amtsvögte am sog. Galgenberge zusammen, um nach vorgängigem Gottesdienst unter freiem Himmel Gericht zu halten über Malefikanten. Der Vogt zu Hermannsburg hatte 2 Stäbe, einen weißen und einen bunten. Fand das Gericht den Angeklagten nicht schuldig, so zerbrach er den bunten, über den Schuldigen aber zerbrach er den weißen, wozu er sprach:

"De Staff is braken,
Dat Ordel is spraken,
Minsch, du mußt hangen."

Dann betete der Pastor loci mit ihm und dann ging's hurtig den Galgenberg hinauf.

Als ein Nachhall und Ersatz dieser altdeutschen Blutgerichte unter Gottes freiem Himmel, erscheint der in Hamburg gebräuchlich gewesene feierliche Akt der Urteilspublikation höchster Instanz, vor versammeltem Rate in öffentlicher Audienz, gehalten in der großen Rathaushalle, in deren Decke eine Öffnung war, durch welche mittelst einer dann aufgesperrten Dachluke des linken Tages Sonne und Luft hereinströmte. Daselbst saßen Bürgermeister und Ratmannen unbedeckten Hauptes, „und wenn Dominus Protonotarius das Bluturtheil verlas, so satzten sie ihre Hüte auf." Nach anderer neuerer Version nahm der präsidierende Bürgermeister beim Beginn der Urteilsverlesung seinen Hut ab, und legte denselben vor sich auf den Tisch, während alle übrigen Senatsglieder bedeckten Hauptes blieben.

Diese Akte fanden hierorts regelmäßig an Freitagen statt, worauf am folgenden Montag die Exekution vor sich ging, welche man anderswo am Freitag, oder auch an dem alten Gerichtstag, dem Dienstag, vorzunehmen pflegte. Dem Scharfrichter war bei diesem Drama, als letzte Spur seiner vormals viel bedeutsameren Stellung zu peinlichen Urteilsfindungen, eine kleine Rolle zugeteilt: ihm wurde der zur Todes- (oder entehrenden Gefängnis-) Strafe verurteilte Missetäter übergeben, und er übernahm ihn mit bezeichnenden Redensarten. War der zum Tode Bestimmte ein Hamburger Bürger, so erschien er auch zu Beginn dieses Aktes noch als ein solcher, bekleidet (zum letzten Male) mit seinem Ehrengewande, dem schwarzen Bürgermantel und ohne Fesseln. Nach Verlesung des Urteils aber, sobald das strenge „von Rechtswegen" verhallt war, nahm der Bruchvogt dem Verurteilten den Mantel von den Schultern, womit sein Bürgerrecht kassiert war. Jetzt trat der Frohn hinzu, und legte bedeutsam seine Hand auf den Arm des ihm Verfallenen. Unter den halblaut gemurmelten Worten „das Urtheil ist gesprochen, der Stab der ist gebrochen, die Unthat wird gerochen", ergriff er ihn und band ihm die Hände zusammen, wobei er laut ausrief „gebunden ist der Gefangene!" Dann übergab er den Gefesselten seinen hinter ihm wartenden Knechten zur Abführung, wozu er schließlich sprach: „Damit, daß der Gefangene erfahre, was das heiße, so ihm von E. H. Rathe zuerkannt ist, so will ich ihn am nächsten Mondtage hinausführen, und will ihn mit dem Schwerte (Strange) vom Leben zum Tode bringen, damit daß meiner Herren Recht gestärket werde und nimmer geschwächet!"

War der Missetäter kein Bürger, so fiel natürlich die des gewaltigsten Eindrucks niemals verfehlende Zeremonie der Mantelabnahme weg, welche dagegen allemal eintrat, wenn ein Bürger zu entehrender Gefängnisstrafe verurteilt wurde.

Übrigens hatte in dieser Hinsicht fast jede alte freie Stadt ihre eigentümlichen lokal gefärbten Gerichtsbräuche. Zu Köln wurde das Halsgericht auf dem Platze am Dom gehegt. Wenn dann das Stäblein gebrochen und der arme Sünder dem Nachrichter überantwortet war, dann legte dieser ihm seine Hand auf die rechte Schulter, mit welcher Berührung er „verfehmt", d. h. ihm verfallen war. Sodann führte er ihn zu dem sogenannten blauen Stein, welcher zur Seite der vormaligen Hofpfarrkirche St. Johann eingemauert war. Hier stieß er dreimal den Verurteilten mit dem Rücken gegen den gedachten Stein und

sprach dazu eine Formel in kölnischer Volkssprache, welche etwa besagt:
„Wir stoßen dich an den blauen Stein, —
Du kommst deinem Vater und Mutter nicht mehr heim!"
worauf ihn die Stadtknechte auf den Armensünderkarren setzten und sofort zum Richtplatz mit ihm von dannen zogen. So erzählt Ernst Weyden in seinem Buche „Köln am Rhein vor 50 Jahren", S. 205.

Die Tage vom Freitag bis Montag dienten in Hamburg dem armen Sünder, unter dem Beistande zweier Geistlichen, zur Vorbereitung auf sein nahes Ende, wobei als leibliche Tröstung die sogenannten Henkersmahlzeiten galten, deren Speisezettel er selbst bestimmen durfte, — In diesen Tagen hatte der Frohn wenig Ruhe: neben den vielen Zulüftungen zur Hinrichtung hatte er auch sein Gemüt zu waffnen, und genug zu tun, die innere Unruhe, die ihn in solchen Tagen zu packen pflegte, kräftig zu unterdrücken. Das waren die schwarzen Stunden der Entmutigung, der körperlichen wie geistigen Kraftlosigkeit, gegen welche dann die Scharfrichter der Vorzeit das oben erwähnte Geheimmittel einzunehmen pflegten, welches sie stärkte, daß sie Blut sehen und Blut vergießen konnten.

In alten Zeiten mag bei jeder Hinrichtung die Gegenwart einiger Ratsherren als Repräsentanten der höchsten Justizgewalt gebräuchlich gewesen sein. Wir sahen oben, daß jener Massenenthauptung der Störtebeker'schen Piraten, der Sage nach, gesammter Senat beigewohnt haben soll. Vielleicht veranlaßte Hochdenselben die damals gemachte unangenehme Erfahrung, sich fortan von solchen Akten zurückzuziehen, um sich ähnlichen Effronterien nicht auszusetzen. Genug, in neueren Zeiten waren oberrichterliche Personen weder bei dem letzten Gange des armen Sünders, noch auf dem Hinrichtungsplatze selbst gegenwärtig.

Bei allen Hinrichtungen in Hamburg mußten die mit dem Degen bewaffneten Bruchvögte und bürgermeisterlichen Hausdiener, (welche letztere als Beamte der vormaligen proconsulaischen Dielenjustiz ebenfalls einen gerichtlichen Charakter hatten), den Scharfrichter vor der Frohnerei erwarten, woselbst die traurige Prozession ihren Anfang nahm, denselben auch später bis dahin wieder zurück begleiten. Die vornehmeren Leibgardisten des Senats, die reitenden Diener aber, in diesem Falle hoch zu Roß, brauchten den Zug erst an Petri-Kichhof zu erwarten und sich dort anzuschließen, wie sie denn auch nur bis dahin den Rückzug mitmachten. Sie waren zu diesem Dienste kommandiert, seit im Jahre 1453 ein zur Exekution gehender Delinquent, von Brauerknechten aus des Frohns Händen gewaltsam befreit worden war. Es war also diese Begleitung bewaffneter Gerichtsdiener und Ratstrabanten nur zum speziellen Schutz der Justiz, des Frohns, sowie des Delinquenten gegen etwaige Pöbelangriffe angeordnet, der Frohn aber pflegte sie stets als seine ihm gebührende Ehreneskorte zu betrachten, und sich, heimgekehrt, allemal sehr freundlich wegen derselben zu bedanken, was die stolzen Salvagardisten immer ungemein verdroß. Vielfach baten sie um Enthebung von dieser ihrem Gefühl widerstrebenden Dienstleistung, fanden aber niemals Erhörung. Das den Zug deckende und den Richtplatz einschließende Militärkommando bestand (um 1780) aus 1 Major, 2 Hauptleuten, 3 Ober- und 5 Unter-Lieutenants, nebst dem Adjutanten, ferner aus 30 Unteroffiziers, 7 Tambours und 380 Mann Infanterie; außerdem noch aus 25 Dragonern unter 1 Offizier und 2 Unteroffizieren. Von dem Labetrunk, der dem armen Sünder auf seinem letzten Gange vor dem alten Beguinen-Convent in der Steinstraße zu Teil wurde, ist oben im achten Kapitel (betreffend die Gerichts- und Polizeidiener) die Rede gewesen.

Wenn nun diese Prozession die Torwache passierte, so trat die Mannschaft unter's Gewehr; dabei war es nun Herkommens, daß sie in dem Momente, wenn der Frohn mit dem armen Sünder, umringt von den Haus- und Reitenden Dienern, die Wache passierte, mittelst präziser Präsentierung des Gewehrs salutierte. Als nun im Jahre 1772 der älteste Major, Herr Peter Christian Friedrich von Loh, als Interims-Commandant die Garnison befehligte, da ließ er seine Gedanken über dies nach seiner Ansicht ganz unschickliche Verfahren ergehen. Er dachte hin, er dachte her, er konnte keinen Grund finden für das Statthaben der ehrenvollsten militärischen Begrüßung, die sonst nur den höchsten Spitzen vom Militär und Zivil, sowie dem Symbol der Kriegerehre, der Fahne, dargebracht wurde. Auf vertrauliche Erkundigung erfuhr er nun gar wunderliche Vorstellungen, welche sich die zunächst Begrüßten, sowie andere Kenner der Etikette davon gemacht hatten. Einige warmherzige Volksmänner indizierten ohne Umstände diese Ehrenbezeugung dem armen Sünder, welcher ja entschieden die Hauptperson bei der ganzen Tragödie sei. Sie hatten für ihre Ansicht auch den hiesigen Gebrauch, daß bei allen die Tore passierenden Leichenzügen die Wache in's Gewehr treten mußte (freilich ohne zu präsentieren), und meinten, der arme Sünder sei ja bereits so gut wie Leiche. Doch hielt diese Annahme nicht Stich, denn bei Rückkehr der Prozession, bei der er dann fehlte, wurde vor der Gruppe des von Reitenden Dienern umringten Frohns ebenfalls das Gewehr präsentiert. Deshalb nahm Meister Frohn die Ehre für sich ebenso unbedenklich in Anspruch, wie er ja auch die Eskorte der Dienerschaft sich zueignete; er begründete diese Distinktion nicht übel damit, daß, weil kein Mitglied des Senats oder des Obergerichts gegenwärtig, er es sei, der die höchste Justiz repräsentiere, weshalb er auch Nachrichter heiße. — Die Reitenden Diener endlich waren dazumal einer höflichen Behandlung von jedermann gewohnt. Wer ihrer Hochzeitbitter-Dienste begehrte, tat das ohnehin in einer von Freundlichkeit übersprudelnden Stimmung. Wer sie als Leichenbitter und -Bestatter gebrauchte, der konnte diejenigen, welche seinem

Angehörigen die letzte Ehre erwiesen, doch unmöglich anders, als mit rücksichtsvoller Feierlichkeit behandeln. Und wer augenblicklich nichts mit ihnen zu tun hatte, der konnte doch täglich in letzteren fatalen Fall kommen. Drum lag in seiner Artigkeit gegen obige Beamte der unbewußte Wunsch, sich ihnen bestens dahin zu rekommandieren, daß sie ihn recht lange ungeschoren lassen möchten. Wie ähnlich umgekehrt junge Frauenzimmer, die gern aber selten Briefe empfangen, die Postboten mit Auszeichnung zu grüßen pflegen, um sie zu fleißigerem Einsprechen mit netten Briefen zu bewegen. Reitende Diener also, durch eine überall genossene höftiche Behandlung verwöhnt, und obendrein als Rats-Nobelgarde einen Offiziers-Rang beanspruchend, fanden es ganz natürlich völlig außer Zweifel, daß die Gewehrpräsentierung ihnen gelte. Herr von Loh, der dies Sachverhältnis noch immer „nicht klein kriegen" konnte, vermutete richtig, daß das Salutieren den vormals etwa im Zuge befindlichen Ratsherren gegolten habe, und schlendriansmäßig beibehalten sei, als sie sich längst davon zurückgezogen hatten. Da er nun auch den (damals noch mitziehenden) Herren Pastoren höchstens eine Begrüßung durch den Schildergast vor der Wache zuerkannte, so verbot er kurz und gut die fernere Gewehrpräsentierung durch die Wachtmannschaft. Als demgemäß bei der nächsten Exekution im Januar 1772 diese Ehrenbezeugung unterblieb, stutzten die Reitenden Diener sehr, schrieben es aber einem zufälligeren Vergessen zu. Als aber die Unterlassungssünde sich wiederholte, da klagten sie. Senatus ließ den Punkt, wem eigentlich die Ehre gebühre, unerörtert, achtete aber das alte Herkommen hoch genug, um den Befehl ergehen zu lassen: daß bei solchen Gelegenheiten jedesmal, wie es sonst gewöhnlich gewesen, von den Wachen im Tore das Gewehr präsentiert werde. — Erst volle acht Jahre spater durfte der nunmehrige Oberst von Loh, als er wieder einmal als Interims-Kommandant fungierte, es wagen, in einem umständlichen Memorial diese Sache nochmals zur Sprache zu bringen. In demselben legte er seine „ohnvorgreiflichen Gedanken über diese sehr exorbitante Maßregel" dar, zeigte, wie bei dem ganzen Zuge keine einzige, weder ratsherrliche, noch gerichtliche, noch militärische Person sei, der solch' hohe Ehrenbezeugung gebühre, daß es vielmehr gegen alle wahre Soldatenehre sei, dieselbe, so wie bisher geschehen, stattfinden zu lassen. — Das half, dieser Zopf wurde abgeschnitten, und den Wachen die Ordre beigelegt: in solchen Fällen allerdings unter's Gewehr zu treten, die militärischen Honneurs aber fortan gänzlich zu unterlassen.

An einem Hinrichtungstage saßen die Herren des Rats in einer gewissen unbehaglichen Stimmung in der Ratsstube beisammen, und in älterer Zeit soll zu der bestimmten Minute der Exekution der worthaltende Bürgermeister stehenden Fußes ein Gebet gesprochen haben für das Seelenheil des Verbrechers, welcher der Barmherzigkeit Gottes empfohlen wurde. — Sonst scheint hierorts kein kirchlicher Akt bei solchen Anlässen stattgefunden zu haben, wie in anderen Städten. In Frankfurt z. B. wurde in allen Kirchen für den armen Sünder gebetet, auch 9 mal die Sturmglocke angezogen, damit die, so nicht in den Kirchen, „einen oder den anderen andächtigen Seufzer für ihn thun möchten", — wie Lersner berichtet.

Mit dem Detail der Torturverrichtungen des Frohns brauchen wir uns nicht zu beschäftigen, weshalb wir die fünf Grade der Folter, welche, ein vernünftig Gemarterter ohne bleibenden Gesundheitsschaden bestehen konnte, übergehen dürfen. Hierüber zu wachen, hielt das wohllöbliche Gericht für seine heilige Pflicht. Und glaubte dasselbe auch seine Mitglieder von der Gegenwart bei Hinrichtungen dispensieren zu dürfen, so fehlten doch bei der scharfen Frage im Marterkeller der Frohnerei die beiden Gerichtsherren oder Prätoren niemals, während der Actuarius in criminalibus inquirierte und protokollierte. Ja, auch die übrigen Mitglieder, die aus der Bürgerschaft zum Gericht deputierten Bürger, mit ihren beiden Rechtsgelehrten an der Spitze, verlangten vielfach, bei diesen so äußerst peinlichen Akten gegenwärtig zu sein, was der Rat zwar gestattete, indeß ohne ihnen ein Recht dazu einzuräumen. Noch 1787 wurden hierüber Verhandlungen gepflogen. Wär's nur erlaubt gewesen, gewiß hätten noch manche Andere gern einmal das Torquieren mit angesehen, denn die Schaulust ist groß. Aber dergleichen frevelhafte Neugier wurde nicht gestattet. Man legte es dem vielfach hochgeehrten Demagogenführer Snitker auch als kleinliche Rachsucht aus, als er, der 1685 omnipotente Held des Tages, sich eindrängte, als seine Entführer gepeinigt wurden. — Übrigens scheint selbst das Besehen der Folterwerkzeuge dem wißbegierigen Publikum Vergnügen gemacht zu haben, und der Frohn, der eine erkleckliche Entrée- und Erklärungsgebühr dafür berechnete, befriedigte solche Wünsche gern, bis der Rat es erfuhr und verbot (1787). Acht Tage darauf ersuchte ein hiesiger Advokat um ausnahmsweise Gestattung solcher Besichtigung abseiten distinguierter Personen, — und da der schwedische Herr Envoyé mit von der Partie sein wollte, so wurde der gewünschte Augenschein (auch eine Art Territion mit erläuternder Verbal-Tortur) diesen vornehmen Liebhabern nicht verweigert.

Bei den geringeren Exekutionen am „Kaak" (dem Pranger) vor der Frohnerei, führte der Scharfrichtermeister nur die Oberaufsicht, und überließ die Ausführung seinen Leuten, deren Meisterknecht hier seine Kunst zeigte. Das uralte und häufig mit Stadtverweisung verbundene Tragen des Schandsteins, wozu leichtfertige, zänkische und verläumderische Weibsbilder verurteilt wurden, gab den Frohnsleuten Gelegenheit, sich auf dem Kuhhorn vernehmen zu lassen, in dessen Geblase sich das Kesselpauken und all der Teufelslärm der Gassenjugend mischte. Seit Mitte des 16. Jahrhunderts ist es nicht weiter vorgekommen, während in Halle noch vor hundert Jahren zwar nicht der

Schandstein, doch das „Auspauken" ähnlicher Sünderinnen gebräuchlich war. Am Pranger stehend wurden sie ihres Haarschmuckes von Scharfrichterknechten beraubt, welche sie dann an einem Strick zum Tore hinaus führten, und dabei unablässig mit einem sogenannten Schinderknochen auf eine alte Trommel lospaukten. Wer aber in Halle am Pranger stand, der wurde auch ex officio mit faulen Eiern beworfen, welche der Rat zuvor aufkaufen und zur beliebigen Bedienung des Pöbels darbieten ließ. Solche Raffinerie hat Hamburg nie gesehen.

Verrichtungen nicht krimineller, sondern strafpolizeilicher Natur trug man in Hamburg nicht immer dem Frohn und seinen Knechten auf, während sie andrer Orten den gedachten Personen oblagen. So mußte in Frankfurt der „Stöcker" mit den Stöckerknechten die Strafen ausführen, welche auf Übertretung der Gewerbe- und Marktpolizei gesetzt waren. Anno 1540 hatte der Rat eine Razzia anstellen lassen gegen den sogenannten stummen, d. h, gefälschten Wein und 18 Fässer konfisziert. Am andern Tage steckte der Stöcker auf jedes Faß ein Fähnlein mit der Inschrift „gefälschter Wein, der stumme genannt", und nachdem sie so auf dem Römerplatz und am Schandpfahl gestanden und der öffentlichen Verachtung Preis gegeben waren, ließen die Stöcker den Inhalt durch die Gossen in den Main laufen. Jeder der betr. Weinwirte mußte auch 10 fl. Buße zahlen. — 1572 kamen die Stöcker mit 6 Zentnern konfiszierter Gewürze auf die Mainbrücke, ein Fähnlein auf dem Ballen besagte: „allhie bös und falsch Gewürz"; bei der Mühle wurde es in den Main geworfen.

Nach einer sehr verbreiteten Gewohnheit beansprucht der Meisterknecht eines Scharfrichters, welcher das Rutenstreichen zu vollziehen hat, das Recht dreier Schläge, die er nach Gutdünken erlassen oder hinzufügen kann. Dieses Recht nahm auch der hiesige in Anspruch, in Folge dessen er also nach Gunst und Gaben, entweder die drei letzten Streiche schenkte, oder aber sich neutral verhielt und die 9 mal 6 voll gab, oder endlich aus eigner Machtvollkommenheit und freigebigem Justizeifer noch drei hinzufügte, also in Summa 57 erteilte. Daher war denn die eigentümliche Schimpfredensart des Pöbels entstanden: „Wenn du erst an'n Kaak steihst, so will ick de Schinnerknecht syn, un di de dre nich schenken", ein Ausspruch, in welchem sich, wenn er ernst gemeint wäre, ein wahrer Abgrund des feindseligsten, bis zur Selbstverleugnung verirrten Hasses ausspricht. Am auffallendsten offenbarte sich die Gunst dieses Züchtigers bei einem Vorfall im Jahre 1694, zu einer Zeit, da die obschwebenden Priesterstreitigkeiten in ihrem das kirchliche Leben berührenden Kern, nicht nur die gebildeten und Mittelklassen, sondern sogar die untersten Schichten des Volks fanatisierten. Der Schneidergeselle Jürgen Adam Schulte (gebürtig aus Mecklenburg), ein eifriger Mayerianer, hatte den Pastor Horbius auf der Kanzel insultiert, ihn in seiner Predigt mit Schimpfreden unterbrochen u. s. w. wofür er zum Staupbesen am Kaak verurteilt wurde. Der Frohn, ein guter Horbianer, hatte vor der Exekution seinen Meisterknecht noch ermahnt: „dat du dem Keerl de dre nich schenk'st!" Gedachter Knecht aber war wiederum ein engagierter Mayerianer, der seines Meisters Wort heimtückisch verlachte, und seinen Glaubensgenossen am Kaak so über alle Beschreibung glimpflich züchtigte, daß er ihm nicht nur die drei, sondern sogar dreimal drei schenkte, und überdies seine Streiche den Kerl kaum berührten. Derselbe war deshalb seines wohlfeilen Martyriums ungemein froh, und sang während desselben fortwährend mit lauter Stimme geistliche liebliche Lieder.

Wir haben oben gesehen, wie diese Willkür des Henkerknechtes bei Ausmessung der Castigation, die kleinen Schornsteinfegerjungen der Vorzeit veranlaßt hatte, ihm die zu verabreichenden Rutenstreiche laut vorzuzählen, während das große Publikum dieselben noch lauter nachzählte. Das dadurch entstehende sinneverwirrende Geräusch diente natürlich dem Züchtiger zum erwünschten Vorwand, seine Privatgelüste dahinter zu bergen, bis endlich ein obrigkeitliches Einsehen geschah, welches ihm befahl, streng bei der Stange zu bleiben und sich kein Mehr oder Minder zu erlauben. Zu mehrerer Kontrolle ernannte man drei Gerichtsdiener, welche neben dem Kaak stehen, und mit möglichst erhobener Stimme jeden Streich im Moment seiner Applikation laut ausrufen mußten. Das war denn die dritte Manier der Berechnung. Aber noch 1796 und 1797 kamen wiederholt so auffallende Rechnungsfehler dabei vor, daß der Senat neue Befehle erteilen mußte, in welchen sowohl der Frohn, als die Gerichtsdiener für die Richtigkeit des Strafmaßes verantwortlich gemacht wurden, dem Knecht aber, der dem Urteil nicht strikt nachleben werde, mit richtigen 9 mal 6 sonder Gnade gedroht wurde.

Bei den vormals sehr häufigen Stadtverweisungen hatte der Frohn die Ausführung zu besorgen. Beim Morgen- oder Abendgrauen geleitete er den Auszustoßenden an's Stadttor und sprach zu ihm die auch an andern Orten gebräuchlichen Worte „um Deiner Bosheit willen bist Du gestraft, dess sollt Du in Rache nimmer gedenken meinen Herren, und sollt fortan meiden diese Stadt, wie Du geschworen, und Dich nimmermehr betreten lassen auf friedlosen Boden, Dir geschehe denn Gnade von meinen Herren". — In dem Urteil des Gerichts war schon die Warnung ausgesprochen: Dafern der Auszuweisende sich auf friedlosem Boden betreffen lasse, werde er gestraft werden „an seinem Freihöchsten". — Beim Abschiede händigte dann der Frohn dem Verbannten eine kleine Wegzehrung ein, ein Exemplar des hier wie in Lübeck, Holstein, Rostock etc. gebräuchlichen sogenannten Schönbrots oder Schönroggens, welches Gebäck in Hamburg wegen ebengedachter Verwendung, vom Volkshumor „Uthwiser" genannt wurde. Solch einen Ausweiser beschreibt Professor Richey in seinem Hamburger Idiotikon (1765) als ein dreieckiges mit Kümmel bestreutes Brot. Obenerwähnter Professor Schmidt verfehlt nicht bei breitspurigster Abwandlung des Fastelabendgebäcks, auch der Schönroggenbrote zu gedenken und ihre Gestalt von jenen sternförmigen Kuchen herzuleiten, welche die heidnischen Deutschen den Gestirnen und deren Lenker geopfert haben sollen, worüber Kollege Richey sich sehr erbost hat.

Noch ist des Frohns Verrichtung bei allen Verurteilungen zum sogenannten ehrlosen Block zu gedenken, den man auch eine audere Art Schandstein nennen könnte. Derselbe stand vor dem ehemaligen Niedergerichtsgebäude (welches vor der Trostbrücke neben dem Rathause lag und später mit diesem vereinigt worden ist), nahe dem in der Mauer befestigten Halseisen. Auf diesem, früher etwas erhöhten, später mit dem Gassenpflaster in gleicher Hohe liegenden Block (der aber ein Stein war), mußten vor Zeiten (laut Stadtrechts von 1605, P. IV. Art. 58) die gerichtlich dafür erkannten Verüber einerenormissimae injuriae, die boshaften Verleumder, Ehrabschneider und Pasquillanten, stehen, sich selbst dreimal auf das Lästermaul schlagen, und Widerruf nebst Abbitte und Ehrenerklärung leisten. Weigerten sie sich des Widerrufs, so ließ man diesen auf sich beruhen und dafür den Staupbesen am Kaak als ordentliche Strafe eintreten, welche Buße auch den kecken Bürger traf, der am 7. Juli 1653 auf dem ehrlosen Block stand. Er schlug sich nämlich allerdings auf das Maul, aber wie liebkosend, und sprach dazu die gänzlich unerwarteten Worte: „Mund, da du das sagtest, weswegen ich hier stehe, da redetest du wahr!" — Übrigens hielt man damals diese Strafmethode für ungemein gerecht und weise, weil sie dem verübten, nicht genug zu verabscheuenden Verbrechen sehr genau entsprach und daneben äußerst abschreckend wirkte. So stand am 3. September 1703 Johan Friedrichs, welcher in des Ratsherrn Joh. Helwig Sillem Audienz die gottlosesten Calumnien ausgestoßen und sogar die Hand an den Degen gelegt hatte wider den Herrn Prätor, auf dem ehrlosen Block und mußte widerrufen. — Die in dem kleinen Türmchen des Niedergerichts hängende Glocke wurde bei solchen Akten als Schandglocke geläutet, wie Feinfühlende meinen, ganz anderen Tones, als wenn sie zu andern Zeiten sehr ehrliche Klänge von sich gab, z. B. beim Ein- und Ausläuten der Jahrmarkttage. Noch zu Anfange dieses Jahrhunderts standen Verleumder aus den untern Volksklassen auf dem ehrlosen Block, wobei indes die unfreiwillige Selbstzüchtigung weggefallen war.— Auf demselben Block oder Stein wurden auch die noch früher von Henkershand an den Galgen genagelten Pasquille, Schmäh- und Schandschriften, gegen welche vormals die allgemeine sittliche Entrüstung sich noch viel entschiedener aussprach als jetzt, durch den Frohn öffentlich verbrannt. Das Mandat vom 22. Oktober 1755 verfügt, daß bei solchem Auto-da-fé der Name des Autors, wenn derselbe bekannt, durch den

Frohn laut ausgerufen, die Schandglocke darüber geläutet, und die dergestaltige Vollstreckung des ganzen Aktes durch die Zeitungen bekannt zu machen sei, was denn auch jedesmal geschah mit dem Zusatz „zur unauslöschlichen Schande des boshaften Urhebers und seiner Gehilfen." Unter den vielen derartig infamierten Schriften sind hervorzuheben, 1763 die frivolen „schönen Spielwerke" des Literaten Dreyer, welche nach der amtlichen Erklärung „die gröbsten Zoten und offenbare Lästerungen wider die Religion" enthielten;— und im Jahre 1782 die Einleitung zum hamburgischen Hauptrezeß, von dem titulierten schwedischen Regierungsrat und französischen Pensionair Ludwig von Heß, einem literarischen Klopffechter erster Klasse, welcher sich für diese mit der Stadtverweisung verbundene amtliche Kritik seiner Schrift rächte, indem er eine „Warnung für andere arrogante Magistrate in den Reichsstädten" schrieb und veröffentlichte. Übrigens ist er nicht zu verwechseln mit seinem etwas jüngeren Verwandten, dem mehrfach zitierten höchst ehrenwerthen Dr. Jonas Ludwig von Heß.

Die Schandglocke tönte an jener Stelle noch lange jederzeit, wenn der Name eines ausgetretenen boshaften Falliten an's schwarze Brett der Börse geschrieben wurde, bei welchem Akte sich auch der Frohn zu beteiligen hatte. Wobei es seit 1784 also zuging. An einem Sonnabend, 1 Uhr Mittags, wurde das Tags zuvor abgenommene und mit dem unehrlichen Namen des bösen Falliten bereicherte schwarze Brett wieder an seinem Börsenplatz aufgehängt, nachdem einige Pulse der Schandglocke den Akt eingeläutet hatten. Während dieses Aktes trat der Frohn an den ehrlosen Block und verlas die desfallsige gerichtliche Notifikation, worauf abermals mit der Schandglocke nachgeläutet wurde. — Auch in Lübeck gab's vorm Rathause auf dem Markte einen Schandstein für ähnliche Zwecke.

Wir haben oben mehrere Beispiele unglücklich oder ungeschickt vollzogener Hinrichtungen angeführt, deren sich übrigens noch mehrere aufzählen ließen. In allen diesen Fällen erfolgte regelmäßig ein mehr oder minderheftiger Volksangriff wider den Frohn, welcher nur mühsam durch die bewaffnete Macht geschützt werden konnte. Die an sich gewiß richtige Anschauung: daß ein übel gerichteter Delinquent mehr bekomme, als ihm zuerkannt sei, daß die schlechte Art der Vollziehung eines Urteils über dessen Absicht hinausgehe, — verführte auch in Hamburg die aufgeregten Volksmassen stets zu der Prätension, daß in solchem Falle der ungeschickte Scharfrichter ihrer sofortigen Privatjustiz anheim gegeben werden müsse. Häufig findet sich aber auch eine motiviertere Ansicht angedeutet, deren Raisonnement ungefähr so lautet: der Scharfrichter darf zur Vollziehung des Todesurteils nicht mehr als einmal sein ordnungsmäßiges Verfahren anwenden, denn so will es das Recht des Verbrechers. Tat er dies nun ungeschickt und erfolglos, so hat damit doch der arme

Sünder sein Recht ausgestanden, uud darf nicht noch einmal gerichtet werden. Er muß, wenn er am Leben geblieben, frei gegeben werden, denn seine Schuld ist gebüßt; die Justiz muß sich befriedigt finden, und tut sie's nicht, so mag sie sich für das Ungenügende der Strafe an ihren ungeschickten Exekutor halten und denselben peinigen, bis sie satt ist. Wagt es aber dennoch, nach einmal erfolglos angewandtem Verfahren, der Scharfrichter alsobald mit einem zweiten oder dritten Schwertstreiche seine Aufgabe nachträglich zu lösen, so tut er mehr als er darf, und der arme Sünder empfängt mehr Strafe als das Recht gestattete. Der das Recht frech überschreitende Scharfrichter ist sodann ebenso vogelfrei, wie der in Ausführung einer Mordtat begriffene Bandit.

Nicht von so traurigen Dingen, nein, von den glücklichen Folgen ungeschickten Richtens, vom siegreichen Durchdringen der Ansicht, daß der Verbrecher sein Recht nur einmal auszustehen brauche, davon mögen hier noch zwei Beispiele erwähnt werden, welche in Hamburg, beide im Jahre 1681, vorgekommen sind. Freilich kann die ganze Wahrhaftigkeit dieser etwas sagenhaft klingenden Geschichten nicht verbürgt werden, da weder die handschriftlichen oder gedruckten (übrigens sehr unvollständigen) Malefizbücher, noch die Mehrheit der Chroniken ihren Hergang erzählt, während wegen Lückenhaftigkeit des amtlichen Materials ihre Konstatierung nicht beizubringen ist. Der Wortlaut einer sonst sehr glaubwürdigen Chronik, mit deren Inhalt in diesem Punkte eine zweite Chronik völlig übereinstimmt, ist folgender:

„Anno 1681 d. 24. Januar war eine große Kälte, worin Einer gehenket worden. Nachts wurd er abgenommen, auf daß er folgenden Tags sollte anatomiret werden, und war ganz steif gefroren. Wie nun dieser todte Kerl in die warme Stube kommbt, und aufgedauet, da ist er wiederumb aufgelebet, und also, nach seinem ausgestandenem Recht, davon gegangen."

Diese Geschichte kann ohne alle Wissenschaft und Mitwirkung der Behörden also verlaufen sein. Wegen der großen Kälte faßte sich das Exekutionspersonal mit dem ganzen Publikum gewiß möglichst kurz, und ging geschwind wieder nach Haus, sobald es den armen Sünder starr geworden sah. Diesen mag ebenfalls die große Kälte eher erstarrt haben, als ihn der mit frostigen Händen locker umgelegte Strick hatte erwürgen können. Wohltätige Ohnmacht umhüllte ihn, bis freundliche Stubenwärme ihn erweckte; dann brachten ihn die überraschten ärztlichen Philantropen vollends wieder auf die Beine, welche sich für das ihrem anatomischen Messer freilich entgangene Opfer, durch das jedem Mediziner angenehme Bewußtsein trösteten: ein Menschenleben gerettet zu haben, hier noch gekrönt durch die Genugtuung, der Justiz eine Beute entwunden zu haben.

Die zweite Geschichte lautet also:

„Den 16. Augusti 1681 ist einer in Hamburg mit dem Schwert gerichtet, so einem Manne mit einem Bierkruge hat den Kopf eingeworfen, daß er gestorben ist. Wie nun also der Scharfrichter ihn geköpfet, hat er ihn nicht recht getroffen, sondern ihm nur die Platte des Schädels abgehauen. Da sind schnell des Justificirten seine Freunde hinzugetreten, und haben ihn zu sich genommen, mit dem Vorwenden, er habe ja nun sein Recht ausgestanden. — Als er nun von ihnen in sein Haus zurücke geleitet wird, und in die Stube kombt, da ist seine Frau darüber in Ohnmacht gesunken, bis man ihr erzählet, warumb, ihr Mann noch lebete. Darnach ist ihm die Platte auf dem Kopfe hinwiederumb gänzlich angewachsen, und vom Chirurgo wohl geheilet worden."

So schön diese Geschichte ist, so reich an dramatisch effektvollen Partien, z. B. in Betreff des heroischen Auftretens der Freunde, des siegreichen Wegführens des Halbgeköpften vom Schaffot, seines plötzlichen Wiedereintritts in die Häuslichkeit mit der vor Schreck, vor Freuden — wer weih es — in Ohnmacht fallenden Gattin, wozu sich noch ein Blick gesellen würde auf das höchst unbefangene spätere Leben dieses halbwegs Enthaupteten mit gänzlich hinwiederum angewachsener Schädelplatte unter der Wolkenparuque, — dennoch muß dies alles auf Wert oder Unwert ruhen bleiben, weil wir keine Phantasie-Schilderung liefern dürfen, und die Geschichte sich die Details dieses ungemein interessanten Gegenstandes leider hat entgehen lassen.

Hoffentlich sind durch diese erfreulichen Mitteilungen die unerquicklichen Eindrücke dieser hie und da etwas „peinlich" gewordenen Materie schon in etwas gemildert. Um dieselbe nun noch milder versäuseln zu lassen, sei hier, gegen Ende unserer Scharfrichtergeschichten, noch eines äußerst humanen Verfahrens gedacht, um dem Henker noch in der 60sten Minute der 12ten Stunde seine bereits gepackte Beute zu entreißen. Und zwar mittelst — ehrlicher Verheiratung!

Mehr in den Köpfen und guten Herzen des Volks, als im Gesetze oder in konstanter Praxis begründet, ist die vielfach vernehmbare Meinung: wenn eine ehrsame Jungfrau sich erbiete, einen Verbrecher zu heiraten, so könne sie ihn damit noch unter'm Galgen vom Tode erretten. Und umgekehrt, gehe eine ledige Malefikantin durch die Heirat mit einem Biedermann sofort straflos aus dem schlimmsten Handel. Es mag unter besondern Umständen solch' ein Erbieten, zumal wenn es mit augenblicklicher Vollziehung und schleunigster Auswanderung des jungen Ehepaars verbunden war, wohl hie und da den Grund zu Begnadigungen gegeben haben, gewiß aber nur selten, denn welche ehrliche Jungfrau, so voll Mitleids sie auch den interessanten schönen Räuberhauptmann zum Tode führen steht, wird sich selbst, ihre Familie, ihre Ehre so leichtsinnig in die Schanze schlagen. Und die Mannesehre, noch weniger von Mitleid bestochen, dürfte in solchen Fällen noch skrupulöser sein.

In Köln sollte im Jahre 1566 ein unverheirateter Mörder enthauptet werden. Zwei Mägde begehrten ihn zur Ehe, wenn er begnadigt werde. Die Schöffen willigten ein, und proponierten dem Verbrecher, eins der beiden Mädchen zu heiraten. Der verstockte Bösewicht aber, so laut er auch sonst um Gnade schrie, wollte diese Bedingung nicht eingehen, also wurde er gerichtet. So erzählt der Kölner Ratsherr Herman Weinsberg in seinem Gedenkbuch, herausgegeben vom Archivar Ennen.

In Augsburg sollte am 21. Mai 1621 eine junge, schöne Kindesmörderin hingerichtet werden. Tags zuvor erbot sich der Kammerdiener eines dort wohnenden französischen Edelmanns, sie zu heiraten und mit ihr in sein Vaterland zu ziehen. Der Rat durfte in diesem Falle um so ruhiger seine allen Magistraten angeborene Barmherzigkeit walten lassen, als der Befreier der schönen Sünderin ein Fremder war. Die Trauung des Franzosen mit der zu neuem Leben erwachten Augsburgerin wurde also an dem zu ihrer Hinrichtung bestimmt gewesenen 21. Mai vollzogen, und fort ging's, nach den Ufern der Garonne. — Auch in der Schweiz scheint dies Begnadigungsmittel gebräuchlich gewesen zu sein. Als einst zu Romont, Kanton Frybourg, ein junger Dieb gehängt werden sollte, erbot sich, nach Landessitte, ein Mädchen, noch unterm Galgen ihn zu heiraten, um sein Leben zu retten. Sogar seine Prozeßkosten wollte die Gutherzige bezahlen. Der Verbrecher aber war so roh, daß er nach kurzem Anschauen dieser edlen Jungfrau, den Galgen derselben vorzog, zum Henker sprechend: „Compère mon ami, allons seulement notre petit train", — so erzählt Osenbrüggen in seinen kulturhistorischen Bildern aus der Schweiz, wo selbst auch erwähnt wird, daß 1725 eine romanhafte Landfahrerin und Diebin in Folge der Verheiratung mit einem ehrlichen Gerber begnadigt sei, der in dankbarer Erinnerung an seinen Großvater dazu bereit gewesen, welcher seiner Zeit ebenfalls ein zum Tode verurteiltes Frauenzimmer geheiratet und mit Glück gesegnet gewesen sei.

Nebenbei darf daran erinnert werden, daß auf diesen Volksglauben an die erlösende Kraft des Ehebundes, einige kindliche Pfänderlösungsspiele zurückzuführen sind, „Ick hang, ick hang," ruft das steif an die Wand gestellte Kind, worauf ein anderes durch einen symbolischen Kuß die Errettung aus dieser peinlichen Stellung vollzieht. Auf eine Enthauptung deutet das: „ich steh, ich steh vor'm blanken Schwert." Auf das Verbrennen: „ich steh, ich steh auf dem heißen Stein." Und auch in diesen Fällen stellt, nach kindlicher Auffassung, ein Kuß am kürzesten und bündigsten den Akt der Vermählung dar.

In Hamburg scheint in dieser Hinsicht nur der folgende Versuch vorgekommen zu sein, Charlotte Dorothea Schulte bekam am 9. Oktober 1700 in öffentlicher Audienz ihr Urteil, welches auf Rutenstrich am Pranger und Stadtverweisung lautete. Kaum waren die letzten Worte der Sentenz verhallt, als aus den Reihen des Publikums ein fremder Cornet a. D. vor den versammelten Rat trat, und besagte Demoiselle Schulte zur Ehe begehrte, falls ihr Pranger und Staupenschlag erlassen werde; gegen die Trauung in der Frohnerei und sofortige Stadtverweisung ihrer Beider habe er nichts einzuwenden. Der Senat, dem solch ein Kasus noch nicht in praxi vorgekommen war, nahm die Sache ad referendum und setzte einstweilen auf acht Tage die Urteilsvollziehung aus. Dann aber beschied er das Erbieten abschläglich und meinte, wenn ein Cornet solch eine Person überhaupt zur Ehe begehre, so könne er sie auch ebenso füglich nach vollständig verbüßter Strafe irgendwo außerhalb Hamburg heiraten, — und somit fiel denn die Schulten dem Frohn in die züchtigenden und stadtverweisenden Hände.

Werfen wir nun einen Rückblick auf das Wirken des deutschen Scharfrichters der Vorzeit, und stellen wir damit seine gegenwärtige Tätigkeit zusammen, so werden wir letztere beinah auf Null reduziert finden. Man möchte ihm also zurufen: „Geh schlafen, Mann, denn deine Zeit ist um!" Dahin ist der Nimbus seiner Fürchterlichkeit! Die Reminiszenzen seiner vormaligen Frohnbotenherrlichkeit sind verschollen: die Gerichte hegen und pflegen sich selbst und die Justiz ohne sein Zutun; sein kundiges Gliederversetzen, all sein vernünftiges Martern ist abgeschafft; seine Kunstfertigkeit im Zwicken mit glühenden Zangen, im Ohrabschneiden, Hand- und Fingerabhacken sagt niemandem mehr ein Grasen ab. Sein zierliches Zeichnen bleibt verborgenes Talent, denn das Brandmarken ist längst aus der Mode, nicht einmal reinliches Fegen kann er noch präsentieren, denn an den mit der Menschenwürde unvereinbaren Staupbesen glaubt kein Strolch mehr. Vom Hitzeabjagen, Tranchieren, vom Spielen mit dem Rade ist ja ohnehin keine Rede. Hie und da in der weiten Welt darf er noch einmal seinen Knoten schlagen, und selbst bei dem Enthaupten, wo es gesetzlich noch vorkommen kann, läßt die fortgeschrittene Kultur vieler Staaten nicht mehr sein „rasches Absetzen" zu, sondern erniedrigt den kunstreichen Mann durch Handhabung des Fallbeils zum bloßen Maschinisten. Nicht einmal „Haar van de Straaten" darf Hamburgs Frohn noch rufen, und seine Hundejagden verleidet ihm bitter der Tierschutzverein. Wenn ihm die Abdeckerei nicht geblieben wäre! Und wer weiß, wie bald auch diese von irgendeiner patriotischen Aktiengesellschaft in die auf gemeinnützige Unternehmungen erpichten Hände genommen werden wird, zur Erzielung eines neuen Guano-Surrogats und artiger Dividenden.

Dafür aber ist er auch beinah völlig rehabilitiert. Die reichsgesetzlich einzig auf das für die Abdeckerei valedierende Stück seiner Person beschränkte Unehrlichkeit verliert täglich von ihrer einstigen Bedeutung. Freie Geister verkehren haufenweis mit ihm. Seine Söhne tragen das kriegerische Ehrenkleid und stehen im Heere Arm an Arm bei den ehrlichsten Staatsbürgerssöhnen. Seine Töchter können ihm Schwiegersöhne aus allen Klassen der Gesellschaft zuführen.

Und so ist denn die Zeit nahe, daß die einzigen übriggebliebenen Repräsentanten der unehrlichen Leute des Mittelalters, der Henker und seine Gesellen, sich zum Ab- und Aussterben hinlegen können. Bald wird die Lehre vom unehrlichen Scharfrichter eine aus verschollenen Sagen mühsam heraufbeschworene längst antiquierte Materie sein, welche, zu Ehren der aufgeklärten Menschheit, eigentlich besser unaufgerührt bliebe, und verharrte in dem, was sie ist, im Archivmoder!

Anhang: Der Wehe schreiende Stein Husum's

Um die in früheren Kapiteln erwähnte und durch einzelne Beispiele nachgewiesene Unduldsamkeit der Ehrlichen wider die Unehrlichen, namentlich gegen Gerichtsdiener und Henkersleute, in einem Gesamtbilde noch anschaulicher aufzufassen, werfe man einen Blick auf die Geschichte der kleinen schleswig'schen Hafenstadt Husum, welche allen in die Nordseebäder der Inseln Föhr und Sylt reisenden Inländern als ein Stationsort und unfreiwilliger Stapelplatz für mäßige Mittagsessen und unmäßige Langeweile, übrigens aber allen Literaturfreunden als Wiegen- und Grabstätte des Dichters Theodor Storm bekannt sein wird.

In Husum scheint sich nämlich im 17. Jahrhundert die Ehrlichkeitsmanie bis zu einer schwindelhaften Höhe gegipfelt und ihre Intoleranz am krassesten an den beiden Marksteinen des irdischen Daseins aller Menschen offenbart zu haben, bei der Wiege und bei dem Sarge der Unehrlichen.

Um einem Scharfrichter oder dessen Knecht ein nur halbwegs christliches Begräbnis zu verschaffen, hatte in jedem einzelnen Falle der Magistrat so unerhörte Kraftanstrengungen zu zeigen, daß demjenigen, welcher als Stadtsekretär des Rats Factotum war, darüber beinah der lebendige Atem ausgegangen wäre. Dies geplagteste Sekretariat bekleidete seit 1644 der Ratsverwandte Herr Augustus Giese, Senatorssohn, Eidam seines gelehrten Bürgermeisters Herrn Titus Axen (eines gewesenen Domherrn zu Hamburg), und Schwäher des Archidiaconi, Ehren M. Crochelius. Herr Giese war ein fleißiger, gewissenhafter Mann, Jurist von Profession, Theologe aus Liebhaberei, ein Mann, dessen Feuereifer ebenso sehr auf die Verbreitung christlicher Wahrheiten, als auf Werke barmherziger Armenpflege gerichtet war. Ein Mann, der unter vielen geistlichen Schriften auch seinem Sohne, einem angehenden Theologen, eine Belehrung über geschmackvolles Predigen erteilte, mittelst einer kleinen Satire, betitelt: „Muster und Monster einer mit alten und neuen Kirchenvätern durch und durch gespickten Predigt, über einen darin grausam gemarterten und gerumpfreckten unschuldigen Text" etc.

Dieser edle Mann hatte bereits Jahre lang mit Lammesgeduld alle spießbürgerlichen Verkehrtheiten der Husumer ertragen, welche ihn seinem Berufsleben, seinem Studien- und Familienkreise entzogen, um ihn als Leichenbesorger der Henkersleute anzustrengen. Allmählig kam aber die christmilde Gelassenheit in's Wanken. Und als nun endlich ein armes Frauenzimmer in Kindes- und Todesnöten, von aller Hilfe verlassen, schier dahin gestorben wäre, nur weil sie des Schinderknechts Eheweib, das Kind aber wirklich deshalb elend verstarb, da rissen alle Stränge der Giese'schen Geduld, da hörte er die husumschen Steine Wehe schreien, da geriet der wackere Mann in die gerechteste sittliche Entrüstung, da setzte er sich zu deren Ausströmen hin, und schrieb sein unsterbliches Werk:

„Der Wehe schreiende Stein über die Gräuel, daß man die Diener der Justiz nicht zu Grabe tragen, auch ihren Frauen in Kindesnöthen Niemand helfen wollen, — aufgerichtet zu Husum 1685, von einem Hauptparticipanten der Leiden, so der Magistrat darüber eine gute Zeitlang ausgestanden."

Dies Buch erschien zuerst anonym in Hamburg 1687. Der auf dem Titel nicht genannte Autor nennt sich unter der Vorrede „Augustus Giese, gewesener Eltister des Raths und fürstl. Gerichts-Secretarius zu Husum", später erschien es mit des Autors Namen in Schleswig 1699, und ist in mehrfacher Hinsicht eine kostbare Rarität, weshalb aus demselben die interessantesten Facta mitzutheilen, gewiß verdienstlich sein wird. „Was Herzeleid", sagte Herr Giese, „was Herzeleid der husumer Rath allemal ausgestanden, wenn solcher Justizdiener Einer verstorben, und seine Leiche hat sollen gewaschen, angekleidet, beschickt und zu Grabe getragen werden, das ist gar nicht auszusprechen, das sei Gott im Himmel geklagt mit schwerem Seufzen!" Früher waren diese Leiden niemals vorgekommen, erst seit 1630 begann die Zeit der schweren Not.

Damals nämlich, so erinnert sich Herr Giese aus seinen Knabenjahren, damals war Meister Albert Möller, Scharfrichter zu Husum, Todes verfahren. In seinem Dienste ein unsträflicher Mann, hatte er sich auch letztwillig als Freund der Armut bewiesen, um ein gut Gerüchte hinter sich zu lassen. Er wurde zu Grabe getragen, wie Herkommens, durch die sogenannten Bierträger, sechs übelberufene Subjekte, die man zum Greifen der Diebe und anderer Bösewichter zu gebrauchen pflegte. Dies Leichenbegängnis bot aber ein so jämmerliches elendes Spectacul, wie dazumal noch nie gesehen, dieweil die sechs alten, krüppelhaften, ungleich gewachsenen Kerls, welchen die starke Leiche zu schwer war, mit ihr stolperten und strauchelten, daß es eine Schande war. Einer hatte beim Ausheben der Bahre seinen Hut auf den Sarg gelegt, und konnte ihn nun nicht wieder herablangen, dahero er baarhäuptig weiter schwankte, sein alter schofler Deckel aber als lächerlicher Zierat liegen blieb auf des Henkers Sarg, zum Hohn und Spott des ruchlosen Pöbels. Und wie bitterlich hierüber Witwe und Kinder des Seligen geweint haben, das hätte die

Bierträger rühren müssen, wenn sie nicht. Klötze gewesen wären, die, bei Lichte besehen, den ganzen Skandal absichtlich herbeigeführt hatten, um künftig mit solchen Lasten verschont zu bleiben.

Der Sohn und Nachfolger, Meister Philipp Möller, ein ebenso tadelloser Dienstmann der Justiz, trachtete schon bei Lebzeiten nach besserer Bestattungsweise, als seinem armen Vater zu Teil geworden war. Um recht sicher zu gehen, sprach er ehrliche Leute aus der Bürgerschaft freundlich darum an, ob sie ihm bei seinem Tode den letzten christlichen Dienst erweisen wollten, und durch sein Wohlverhalten brachte er es auch dahin, daß ihm eine genügende Zahl Bürger auf Treu' und Glauben versprach, seine Leiche dermaleinst zu tragen. So entschlief er getrost, aber seiner Witwe wurde bald genug klar, was solch Versprechen auf sich gehabt. Als sie zur Leiche lud, da ging's wie im Evangelio, Einer hatte eben ein Weib genommen, der Andere einen Ochsen gekauft, kurz Jeder sagte: ich bitte Dich, entschuldige mich. Rasch entschlossen erwirkte sie binnen zweimal 24 Stunden ein landesfürstliches Edikt von Gottorp, welches einem jedem, der sich diesem Leichentragen entziehen würde, nachdem der Magistrat zuerst die Bahre angefaßt, sowie jeden, der einen Träger deshalb schmähen würde, mit scharfer Strafe bedrohte. Dennoch, wie verlief die Sache so ärgervoll! Titus Azenius sah's ahnungsvoll vorher, aber sein wackerer Eidam, der niemals arges von seinen Mitmenschen dachte, wollt's nicht glauben, und meinte, das müßte ja eine besondere Überraschung sein, wenn's nun wo fehlen sollte. Freilich Rat und Klerus taten das Ihrige, der Rat erschien in corpore in der Frohnerei, Bürgermeister, Senatores und Secretarius, alle stellten sich an die Bahre, huben und trugen den seligen Henker über drei Schritte weit, worauf sie niedersetzten, damit nun die bürgerlichen Träger das Werk weiter förderten. Ei ja doch! Einige traten wirklich herzu, aber stehe da, nur ihrer Drei, „Süh so, Giese", sprach Titus Azenius, „da fehlt Clas Hansen, da fehlt Hans Classen, da fehlt Nils Nilsen! Süh so, Giese, da hest du dine Oeverraschung!" Es fehlten wirklich ihrer Dreie, so sich heimlich absentiert hatten, während der Rat gerade mit der Bahre sich abgeschleppt und sie aus den Augen verloren hatte. Die übrigen drei wollten und konnten nicht vom Fleck!

Was war zu tun? Ratsherren und Pastoren gingen vorerst auf die Gasse, um daselbst einen oder den andern Vorübergehenden mühevoll zum Mitanfassen zu persuadieren. Wieviele gute Worte mußten diese edlen Herren spendieren, bis sie die drei fehlenden Nothhelfer glücklich breit geschlagen hatten, und welch ein hochverdienstlich Werk bei Gott und löblichem Magistrat meinten diese armseligen Menschen zu verrichten! Indessen, so geschah's denn doch, „daß dasmal der Leich noch so ziemlich anständig zu Grabe kam." — Aber gegen das gedachte fürstliche Edikt brachten die hochmütigen vier großen

Zünfte zu Husum, die Schneider, die Schuster etc. es richtig zu Wege, daß ihre Genossen von dieser Art Leichentragen gänzlich eximiert blieben, wodurch die ganze Anordnung ein Loch bekam, denn zu den vier großen Zünften hielten sich viele einzelne Handwerker, deren Gewerke keine eigene Korporation bildeten. Nun, das war abgemacht und schien vergessen, da verstarb ein guter ehrlicher Mann in Husum, ein Rademacher, und sollte begraben werden. Schule und Gefolge waren bereits da, aber vergebens erwartete man die Träger, diese blieben ohne Umstände gänzlich weg, und von den Anwesenden wollte niemand hilfreich hinzutreten, — so daß zuletzt, nachdem man zum puren Zeitvertreib drei Gesänge gesungen, mehrmals gebetet und geläutet hatte, schließlich die ganze Gesellschaft unverrichteter Sache wieder nach Hause gehen, und die Leiche unbegraben zurücklassen mußte! Und was hatte der Rademacher verschuldet? Ach, ein unsühnbares Verbrechen; er hatte einst als Nachbar sich vermögen lassen, dem verstorbenen Scharfrichter das Totenhemde anzuziehen! Und das war in all' den Jahren noch nicht abgekühlt, noch immer nicht vergeben und vergessen! Der Rat nahm aber diese Sache sehr ernst. Als er einen der ausgebliebenen Träger sofort bestrafen wollte, exculpierte sich der Mann damit: „es sei gerade heute sein Paaschtag", d. h. er habe Morgens das heil. Abendmahl genossen. „Ei, du Pharisäer", sagt Herr Giese, „das also war die christliche Liebesflucht deiner Passahfeier!" Ebenso dachte auch N. Crochelius, welcher Magistratum ganz unumwunden von der Kanzel zum Abstrafen der ausgebliebenen Träger encouragirte, sagend: da ein Dieb an seinem letzten Paaschtage sogar an den Galgen gehenket werde, so könne man einen solchen Barbaren, der sein bißchen Christentum um soviel mehr am Paaschtage hätte praktizieren müssen, ganz getrost in's Loch stecken. „Und", fügt Herr Giese hinzu, „meine geflügelte Rechte hätte gar gern das Ihrige dem ver— Kerl hinzugethan."

So ging's nicht länger, das sah nunmehr der Rat ein. Er verordnete also, unter landesherrlicher Confirmation, daß die deshalb bis auf 8 Mann und 1 Wachtmeister zu vermehrenden Nachtwächter pro luturo den Scharfrichter und seine Leute, wie auch die Büttel, Häscher und Schergen, zu Grabe tragen sollten. Die Nachtwächter aber galten bis dahin zu Husum, woselbst sie zum Diebesgreifen nicht gebraucht wurden, für höchst ehrliche Leute, denen kein Dienstmakel anklebte, da ihr gelegentliches Auflesen Betrunkener von der Gasse gar nicht in Betracht kam. — Die ehrlichen Nachtwächterleichen, so schloß der Magistrat, sollen dann von Handwerkern und andern Bürgern getragen werden, und so meinte er alles weise geordnet zu haben. Der Mensch denkt, Gott lenkt!

Die Nachtwächter hatten bereits einige Male willig und sehr ehrbar ihrer neuen Plicht genügt, als eines Tages ein Nachtwächterkind starb; das sollte denn nun, nach der Verordnung, von den Handwerkern getragen werden, aber, Herr du meines Lebens! wie ging da das Lärmen los! Denn die Zunftgenossen, welche die Reihe traf, weigerten sich, die Kindesleiche zu tragen, weil der Vater mit den andern Nachtwächtern mehrmals unehrliche Henkersleichen getragen hätte! Der Rat coramierte die Handwerker einzeln, stellte ihnen in der Güte, wie mit obrigkeitlichem Ernst vor: Vernunft und Unsinn, Christentum und Barbarei, Himmel und Hölle; der Rat predigte, bat, flehte, beschwur, schalt, gewitterte, — Nichts half den Starrköpfen gegenüber, als das Einsperren des Rädelsführers, eines Schuhmachermeisters, der im Bürgergehorsam so lange saß, bis dieser in ihm saß, d. h. bis er folgsamen Sinnes wurde. Indessen stand die Leiche des Nachtwächterkindes drei Wochen lang unbeerdigt; andere fromme Hände wollten sich zwar darüber erbarmen, aber der Magistrat sagte: Quod non, der Handwerker Trotz muß gebrochen werden, sie sollen endlich doch tragen. Und sie trugen. „Ach," sagte Herr Giese, „es waren schreckliche drei Wochen, Bürgermeister und Rath ärgerten sich halb todt, wünschten, auf solche Weise nicht länger zu leben, geschweige im Amte zu bleiben." Da diese Herren in solcher Ratskrisis nun ihre Entlassung in Gottorp forderten, wenn nicht sofort Wandel geschafft werde, so schritt die Regierung ein, und trieb die aufrührerischen Handwerker zu Paaren.

Dennoch, dennoch kamen immer wieder Exzesse vor. Einem fremden Fußknechte, wie man die Amtsdiener, Büttel oder Pedelle auch zu nennen Pflegte, verstarb in Husum jähen Todes seine kleine Tochter, die er auf einer Diensttour mitgenommen hatte. Ja, da war niemand, der das Kind tragen wollte, und, weil's kein husumer Stadtkind, zu tragen gezwungen werden konnte. Der gebeugte Vater wollte sich eben dazu bequemen, sein Kind selbst und ganz allein zu Grabe zu tragen, als Herr Giese ihm einen seiner Drescher zur Hilfsleistung beigab, der vom Lande war und christliche Barmherzigkeit kannte. Regelmäßig, wenn dergleichen Dinge vorkamen, hatte der Magistrat, der so gern mit seinen Bürgern in Frieden lebte, ein paar Widerspenstige zu strafen. Dann war's ein Leinweber, der sich zu vornehm dünkte für's Tragen der Leiche eines Nachtwächters, und allemal auf Reisen ging, wenn die Reihe ihn traf. — Dann war's ein Weißbäcker, der bei solcher Gelegenheit seines erforderlichen Feierkleides ermangelte, und aus Trotz im schmutzigsten Arbeitskittel bei der Bahre erschien. Natürlich wurden Beide regelmäßig mit Arrest bestraft, aber was verfing's?

Ein paar Jahre darnach verstarb ein blutarmer Mann, freilich nur ein Schinderknecht, aber wie Herr Giese versichert, ein weißer Rabe, ein christlicher frommer Mann, der gewohnt war zu segnen, wo man ihm fluchte. Was Gutes er auch getan, kein Mensch hat's ihm je gedankt, denn wer hätt' einem solchen Knecht ein Wort gönnen mögen? So verstarb er denn ganz einsam und verlassen, und lag dann tagelang uneingekleidet, bis endlich einige gutherzige Frauen vom Lande sich dazu animierten, daß sie ihrer Zwölfe das gute Werk gemeinsam verrichteten, worauf die Nachtwächter es zu Ende brachten.

Es war im Jahre 1665, gerade als dies Unwesen in Husum am üppigsten blühte, da kam ein Frauensmensch in die Frohnerei und genas daselbst mit Beihilfe der Frau des Scharfrichters eines Kindleins. Selbes mußte doch binnen drei Tagen christlich getauft werden, aber weit und breit wollte kein Mensch Patenstelle bei ihm vertreten. Denn in der Tat war dieser arme Wurm merkwürdig unehrlich, nämlich vierfach. Erstens, als unehelich geboren; zweitens von einer in Frohnshänden befindlichen Mutter; drittens, in der Frohnerei, und viertens sofort bei der Geburt in Empfang genommen von der unehrlichen Frohnsfrau. Der Kasus war deshalb verzweifelt delikat, so daß die Geistlichkeit jede Beeinflussung ihrer Beichtkinder zu Gunsten des ungetauften Kindes entschieden ablehnte. Also wiederum der Rat war's, der sich darein legen mußte, d. h. Herr Giese. Da wurde denn wieder manch vergebliches Wort verschwendet, und vieles Persuadieren blieb umsonst. Endlich trat eine bereits erwachsene Tochter derselben Mutter auf, und ließ sich bereit finden bei dem Halbschwesterchen Gevatter zu stehen. Und aber nach einer geraumen Weile kriegte der Rat auch einen Bürgersmann, der alle Ursache hatte ihm gefällig zu sein, bei den Haaren dazu, daß er zweiter Gevatter wurde. Der Rat schoß das erforderliche Patengeschenk zusammen, und somit war wieder ein gutes Werk mehr getan in Husum. Das hatte Herr Giese wiederum äußerst mühsam zu Stande gebracht, drum freute sich der treffliche Mann ausnehmend über das endliche Gelingen. Als er nun eben so recht in Gott vergnügt und still zufrieden zu Hause sitzt und sein Nachmittagspfeifchen raucht und denkt: Gott sei gelobt, daß dies so friedlich abgelaufen, was passiert? Da kommt dieses Gevatters Tochter angelaufen, mit Heulen und Greinen, rauft sich das Haar vom Kopfe vor Herrn Giese's sehenden Augen, und schreit ihn an: weshalb man ihren alten ehrlichen Vater so geschändet habe, daß er bei dem Wechselbalge in der Frohnerei habe Gevatter stehen müssen? Mit Ehren sei er grau geworden, und solle nun unehrlich in die Grube fahren, denn kein anderer als die Nachtwächter würden ihn schließlich begraben wollen, — und was des eiteln Zetergeschreis mehr gewesen ist, womit das einfältige Weibsbild Herrn Giese's Haus angefüllet. Herr Giese hatte noch seine Engelsgeduld bei der Hand; freundseligst stellte er der Verblendeten alles Vernünftig-Beruhigende vor, was nur ersinnlich und menschenmöglich; er zeigte ihr, was wahre Ehre sei, und worin sie bestünde, und wie nichtig die falsche sich erweise. Aber das alles war tauben Ohren gepredigt, das böse Frauenzimmer unterbrach ihn wohl zehnmal mit ihrem Gebell, und brach endlich in offenbares Schimpfen und Schandieren wider den Rat und insbesondere wider Herrn Giese aus. — Da aber plötzlich änderte der den Ton, da kehrte er einmal das Rauhe nach außen, da las er ihr einen Text, so derb, da kanzelte er sie ab, so donnerwettermäßig, daß sie verblüfft das Verstummen kriegte. Da schloß er seine Strafpredigt — ach es muß heraus, was Herr Giese in seinem gerechten Zorn leider etwas anstößlich geäußert hat, — da schloß er also seine Rede: sie solle flugs hingehen, wo sie hergekommen; sie solle sich geschwinde auf ihren Hintern setzen und hurtig das Spinnrad zwischen ihre Beinschienen nehmen, — sonst werde er sie dahin bringen lassen, wohin sie gehöre, nämlich in's Hundeloch!

Auf diese grausame Alteration folgte zum Glück eine Pause voll süßen Friedens. Der Rat hatte Zeit sich zu erholen und neue Kräfte zu sammeln zu dem Ereignis, welches ihm noch bevorstand, ohne daß er's wußte, „Waren doch," sagt Herr Giese, „all' die thörichten, ungereimten, ja unchristlichen Dinge, so vorher gegangen, ein wahres Kinderspiel gegen die Gräuel, so sich im Jahre 1684 mit dem andern Sexu begeben!

— Die Sache war diese:

Ein Mann, welcher „unter Denen, so der Justiz und der Gemeinde in ihrer Weise dienen, der Geringsten einer" (d. h. ein Schinderknecht), hatte eine ihm angetrauete Frau, was zufällig, so lange Husum stand, noch niemals vorgekommen war. Daß die Gesamtheit des weiblichen Geschlechts der Stadt diese Frau, welche diesen Mann geheiratet, für verächtlich unter'm Nachtwächter, was sag' ich, selbst unter ihrem Ehemann, ja für das allerverworfenste Geschöpf auf Gottes Erdboden hielt, das wußte freilich jedermann der ganzen Stadt, nur einzig dem Senat war's verborgen geblieben, vielleicht weil seine Damen Ursache hatten, es ihm sorglich zu verhehlen. Da ereignete sich nun eines Tages das bisher in Husum Unerhörte, daß es der Frau des „Rackerknechts" erging nach Frauenweise, nämlich daß sie ein Kindlein erwartete. In Senatu war von dieser Erwartung wohl gelegentlich die Rede, doch ging man stets darüber zur Tagesordnung; denn ahnungslos, wie die Herren waren, glaubten sie versichert zu sein, daß ein in solcher Dingen erfahrenes Weibsbild sich nicht entlegen würde, mit der bei der Katastrophe unumgänglichen Hilfsleistung der Benötigten beizuspringen und zwar um so gewisser, da das weibliche Geschlecht von Natur weicher und mitleidiger als das männliche, sich sonderlich stark für alle die Geburtsaffären angehenden Fälle interessiert. Aber weit gefehlt! Wie bitter fanden sich die weisen Herren getäuscht, als der kritische Moment nahte! Keine Seele wollte sich dazu hergeben, selbst das geringste Tagelöhnerweib glaubte sich zu verunehren, wenn es in die Hütte der Armen ginge zu solcher Assistenz. Man kriegte die vom Rat bestallte und salarierte Bademutter vor, welche jeder armen Frau in Kindesnöten gratis beizustehen hat, aber auch diese weigerte sich entschieden, und verriet, daß ihr von allen Frauen ihrer Kundschaft streng verboten sei, sich darein zu melieren; denn nimmermehr würden sie ihre Hilfe je wieder fordern, wenn sie sich beikommen ließe, dem bewußten Weibe dennoch zu helfen und sich dadurch zu schänden! Es vermehrte den bittern Ärger des Rats ungemein, als er erfuhr, daß unter den konspirierenden Frauen der Stadt auch seine eigenen besseren Hälften sich befanden. Was es zu Hause gesetzt hat, das verschweigt Herr Giese, aber was man in Juria beschloß, teilt er mit. Die Bademutter wurde ihres Salairs auf ein Jahr beraubt, und den Frauen der Stadt wurde erklärt: wofern sich nicht binnen 24 Stunden eine Frau fände, die der bewußten beispränge, so werde E. G. Rat überall keine Bademütter weiter dulden, sondern dafür sorgen, daß künftighin Mannspersonen des Barbieramts den Frauen die benötigte Hilfe leisten sollten. Damit war Trumpf ausgespielt. Diese Drohung klang zu fürchterlich, ein altes armes Weib ließ sich nun breit schlagen, helfend einzuspringen. Ihr gelang es dann, die Arme, welche mittlerweile in mehrtägigen Leiden um Gottes und Christi willen nach Hilfe geschrieen, und nun mehr tot als lebendig war, von einem bei diesem grausamen Handel elend hingeopferten toten Kinde endlich zu erlösen! Aber die alte Samariterin, die diese Nothhilfe so gut oder übel sie es vermochte geleistet, ist bald darnach gestorben, und hat als Lohn ihrer Guttat keinen einzigen Liebesdienst von andern Frauen empfangen, die ihre Leiche tagelang stehen ließen, bis endlich wieder der Rat seine Nachtwächter dazu kommandieren mußte.

Das sind die Gräuel, über welche in Husum die Steine seufzten, „Gräuel unter getauften Christen, daß der Himmel darüber erschwarzen möchte."

Autor schreiet Wehe über Wehe! Er wiederholt es: was er die 38 Jahre lang, da er im Rate gesessen, und mit ihm alle seine Kollegen, von dieser Ehrlichkeitswut der Husumer gelitten, das glaube kein Mensch, wenn er's auch beschreiben könnte! Immerdar saß er quasi auf einem Vulkan! Wenn nur verlautete, daß dieser oder jener Hascher, Büttel oder Scharfrichterknecht krank sei, dann ist die Angst angegangen; zwischen Furcht und Hoffnung schwebend, mehrte sich der Schrecken, je übler die täglich eingezogenen Nachrichten über des Patienten Befinden lauteten, weniger seines Todes, als seines Begräbnisses wegen. Wenn es dann hieß (sagt Herr Giese), der arme Kerl sei kränker, werde schwerlich aufkommen, liege in agone mortis, — dann ist ihm das Herz immer enger in die Presse gegangen; er wußte ja, was es auf sich hatte, solch einen Justizdiener unter die Erde zu bringen. Wenn dann endlich die Post kam: er ist tot! dann sagte Herr Giese mit kalter Verzweiflung: „Unglück, nu gah' dinen Gang!" Und dann ging der ganze Teufelsspektakel los. Niemand wollte tragen. Jeder exculpierte sich; des Überlaufs und der Querelen aller Art war kein Ende, das Intrigieren, Kabbalieren, Verleumden, Verketzern blühte an allen Ecken. In solchen Tagen mußten alle andern Officia des Rats cessieren, die Gerichtsaudienzen fielen von selbst weg, denn der Rat mußte wichtigere Dinge vornehmen, er mußte bitten, bereden, befehlen, Strafen diktieren, exequiren, alles einzig in Bestattungsangelegenheiten eines Büttelknechts, er mußte überall nachsehen, kontrollieren, aufpassen, daß keiner desertiere, — und finaliter die Leichenbahre selbst mit eigenen wohlweisen Händen anfassen, aufheben und drei Schritte weit tragen, zur Ehrlichmachung des Kondukts, sonst hätte kein Teufel angefaßt zum Tragen!

Von vorerwähntem frommen Schinderknecht (dem weißen Raben), erzählt Herr Giese eine edle kühne Tat. Als Anno 1634 bei der erschrecklichen Wasserflut so viele Menschen umgekommen, da treibt unweit des Strandes ein Mann vorüber, rittlings auf einem Gefäß sitzend, in Todesangst mit heiserer Stimme um Hilfe schreiend. Am Ufer standen viele ehrliche Leute, die fischten Strandsegen auf; sie sahen die Not des nächsten wohl, da aber Gefahr beim Retten war, so ließen sie den Halberstarrten weiter treiben, ihretwegen in des Todes offenen Rachen hinein. Eines Steinwurfs weiter stand der Abdeckerknecht, der machte keine Beute, sondern verrichtete seinen Dienst in Bezug auf das versoffene Vieh. Als der den Verunglückten winseln hört, und gewahrt, wie seine ehrlichen Mitmenschen ihm nicht beistanden, da hat er sich in's Wasser gestürzet, hat unter eigener Lebensgefahr gekämpft mit den Sturmfluten, und hat ihnen den erstarrten Mann glücklich abgerungen, den er dann bei der Morsumer Fähre an's Land gebracht. Und was war sein Dank? Ja, sagt Herr Giese weiter, er war ein braver Ehrenmann, trotz seiner schlechten Handtierung, und eben so brav wie der Stockmeister und Frohn in der Freistadt Philippi in Macedonien, (Apost. Gesch. 16) der gegen Paulus und Silas so demütig sich bezeigte, ihnen die Striemen abwusch und ihre Wunden verband, weshalb auch der heilige Apostel, der doch ein ganz anderer und verzweifelt viel besserer Mann war als ein husumer Spießbürger, es nicht verschmähet hat, an seinem Tische mit ihm zu essen und zu trinken, was kein Husumer getan hätte! Ach, ein Husumer würde zuverlässig lieber mit dem Teufel zu Abend speisen, als mit einem Apostel St. Paulus, nachdem derselbe mit dem Frohn zu Philippi zu Mittag gegessen! —

Daß endlich mittelst landesherrlicher Regierungsintervention diesen schier heidnischen Zuständen in Husum gründlich und für immer abgeholfen worden, das ist der tröstliche Schluß dieses lehrreichen raren Buches.

Zweiter Abschnitt

Von unehrlichen Dingen

Wenn man nicht nur die unmittelbare körperliche Berührung eines Aussätzigen oder Pestkranken, sondern auch die seiner Kleidung, seines Gerätes, kurz alles dessen sorgsam vermeidet, was mit ihm und seinem Krankheitsstoff im Zusammenhänge steht: so ist das eine natürliche, vernünftige Vorsichtsmaßregel. Weniger vernünftig, aber ganz analog, war nun die hypochondrische Scheu der Ehrlichen vor den Berührungen alles dessen, was irgendwie mit den Berufsverrichtungen der anrüchigsten aller Menschen, der Henkersleute, zusammenhing. Daraus erwuchs eine Klasse lebloser Dinge, deren Charakter bis zur Ansteckung unehrlich geachtet wurde, so daß man sie floh wie die Pest, um in keinen körperlichen Kontakt mit ihnen zu geraten. Dahin gehört, abgesehen von den Frohnerei- und andern Gefängnissen, vom Galgenfelde und Abdeckereiplatz, vorzüglich der Rabenstein oder das Hochgericht, der Galgen selbst, die Exekutionsgeräte, Leiter, Strick und Rad, das Richtschwert, das Abdeckermesser etc.

Ein Glück war's, daß die Theorie der Ansteckbarkeit der von unehrlichen Leuten gehandhabten Dinge beim Henker und Konsorten stehen blieb; denn wenn sie sich auch auf die von unehrlichen Handwerkern verfertigten Erzeugnisse ausgedehnt hätte, so war's fürwahr einem rechtschaffenen Deutschen blutsauer geworden, sich unangefochten durchzuschlagen in makelloser bürgerlicher Existenz, da schon das Mehl zum täglichen Brote, wie das Linnen zum Hemde, den nicht unbescholtenen Händen des Müllers, wie denen des Leinenwebers entstammt. Die verständige Beschränkung des Begriffs der unehrlichen Dinge auf des Henkers Acker und Pflug, bezeugt übrigens abermals den ungemein hohen Grad des ihm aufgebürdeten Makels, in welchem ein seltsames Gemisch altgermanischer und altrömischer Rechtsanschauungen, verbunden mit unverdauten Empfindungen des physischen Ekels und des moralischen Abscheus, seinen Ausdruck gefunden hat.

Es beschränkte sich die Unehrlichkeit der Dinge auch lediglich auf die vom Henker bei seinen odiösen Verrichtungen benutzten Geräte und Örtlichkeiten. Sonst war's auch eine Inkonsequenz gewesen, wenn z. B. der ehrbare Krämer Geld von ihm nehmen durfte, welches jener — wer weiß wie lange — in seiner verdächtigen Tasche getragen, — welches er — Gott weiß wie oft — in seinen verrufenen „Frohnshänden" umgedreht hatte. Man nahm das Geld auch gewiß nicht direkt aus der warmen Hand des Henkers, welcher es vielmehr auf den Ladentisch, oder unter freiem Himmel auf einen Stein legte. Ungesehen blies der Ehrbare auch wohl darüber hin, und ließ es jedenfalls erst etwas verkühlen und abdünsten, bevor er's einfäckelte, wenn er nicht etwa auch dazu sich anderer, ehrlicher, Hände (die er dazu persuadierte) bediente. In der Stadt der weheschreienden Steine wird's gewesen sein, wo ein Meister wegen unbarmherziger Stäupung seines Lehrlings vor Gericht stand: er hatte diesem befohlen, das vom Frohn hingezahlte Geld einzustreichen, abzuwischen und in die Kasse zu legen. Der Lehrling aber, ein Bursch von echtem Schrot und Korn, und akkurat ebenso skrupelos in puncto seiner Ehre, wie der Meister, hatte sich dessen geweigert, worauf denn die Nötigung mittelst schlagender Gründe erfolgt war. Der Richter fragte den Mann, ob er denn noch so abergläubig sei, daß er's selber nicht hätte anfassen mögen, Geld sei doch Geld! und der ehrbare Philister antwortete: „man läßt's freilich nicht liegen und verderben, aber man läßt's doch lieber erst durch einen Ehrlichen anfassen, wenn man einen dazu kriegen kann."

Bei vorfallenden Reparaturen unehrlicher Gefängnislokale mußte die Obrigkeit dieselben erst für ehrlich erklären, bevor die Handwerker an's Werk schritten. Noch im Jahre 1772 mußte man in Wien diesen Exorzismus vornehmen. Das dortige Kriminalgefängnis sollte umgebaut werden. Ein Magistratsherr zeigte nun zuvorderst allen dabei beteiligten Handwerkern, daß das Gebäude von allen Verbrechern völlig gesäubert sei, publizierte sodann ein strenges Verbot wider alle sothanen Baues wegen den Handwerkern zu machenden Vorwürfe, und erklärte in dreimal ausgerufener feierlicher Formel, unter dreimaliger Berührung des Gemäuers mit feinem Amtsstube, das Gebäude für ehrlich.

Eigentlich hätten auch solche Rat- oder Amthäuser, in deren Kellern Folterkammern sich befanden, unehrlich sein müssen. Aber die überwiegende Ehrlichkeit des größeren Raums deckte den Makel. In der mehrerwähnten Reußischen Stadt Zeulenroda war die Marterlokalität im Rathauskeller. Groß kann sie nicht gewesen sein, denn daselbst befanden sich noch: das Stadtarchiv, Malztennen, Malzdarren und ein Weinlager.

Die Verrufenheit des Rabensteins wie des Galgenfeldes ist bekannt. Beide Lokalitäten spielen in allen vorzüglichen Räuber-, Geister- und Schauerromanen ihre dankbare Rolle. Wenn auch das harmlose Betreten dieses Terrains an sich nichts Verunehrendes hatte, so machten solide Bürger doch lieber einen Umweg, als daß sie geradeaus über's Galgenfeld gegangen wären, zumal in später Abendstunde, wo einem an solcher Schädelstätte leicht ein Frösteln überlaufen kann, was freilich auch auf Rechnung der Furcht vor den Eindrücken aus der Geisterwelt zu schreiben ist. Wie denn auch ein Stolpern, Ausgleiten und Fallen aus diesem gefürchteten Fleck der „wunderschönen Gotteserde" für eine bedenkliche, gefährliche, ja recht verderblich böse Vorbedeutung galt.

Die absolute Scheu vor der Nähe des (salva venia) Schindangers mit seinen halboffenen Gruben, erklärt sich schon genügend aus sich selbst. Dort ist alles Erschreckliche mit einem Extrem von Unehrlichkeit vereinigt: pestilenzialische Ausdünstungen der ekelhaften Überreste vormaliger Quadrupeden, dazwischen zweibeinige Geschöpfe, die in Hyänen-Wildheit mit Kadavern und Entsetzen Scherz treiben und den Auswurf der Menschheit darstellen; dazu grimmige, wütige Hundebestien im Vordergrunde,— freilich da gilt's rasche Flucht und ganze Schwärme gieriger Krähen und Raben, die der norddeutsche Volkswitz des Abdeckers Tauben nennt („dem Schinder sin' Duben"), krächzen höhnisch hinterdrein. Wer jemals gefühlvollen Herzens, auf einsamen Spaziergängen verirrt, zufällig solch' einen Abort gestreift hat, der weiß, was es mit dieser Nachtschattenseite der Natur auf sich hat.

Mächtig war die Unehrlichkeit des Abdeckermessers. Es wurde seinem Träger zur wirksamen Waffe gegen die Beeinträchtiger seines Privilegii in Betreff der Bestattung alles verlebten Viehes. Wenn nämlich beim Tode eines Kettenhundes Phylax oder eines „Hinz, des Murners Schwiegervater", der sparsame Hausherr oder die empfindsame Gattin dem treuen Tiere eine Ruhestätte im eigenen Garten zugewiesen hatte, so erachtete der Abdecker diese Handlung tierfreundlicher Pietät für eine Verletzung seiner Gerechtsame, für eine böhnhafte Pfuscherei in sein privilegiertes Gewerbe. Daß seine desfallsige Klage beim Gerichte wenig verfangen würde, wußte der kluge Mann. Er half sich sicherer und kürzer selbst. Er trat vor's Haus seines Rechtsverletzers, stieß sein großes, allbekanntes Abdeckermesser tief in die Türpfosten, und ging ruhig seines Weges. Dann verstand alle Welt die stumme Sprache des Messers, die da lautete: der hier Wohnende hat dem Abdecker in's Handwerk gegriffen. Dasselbe Verfahren beobachtete der Abdecker, wenn jemand einen Hund oder eine Katze selbst getötet hatte. Und wenn auch jeder Nachbar in ähnlichen Fällen in dieselbe Lage kommen konnte, so säumten doch die Spottvögel und Lästerzungen nicht, den Skandal durch die Stadt zu trompeten und den Geschmähten zu hänseln. Für die wohlfeile Selbstbestattung seines verblichenen Mopses oder Hauskaters hatte er nun Hohn und Schmach in Fülle, und um so größeren Ärger, da er, so lange das unehrliche Messer in seiner Haustüre steckte, den Makel nicht zu tilgen vermochte. Das böse Messer nämlich konnte und durfte weder er, noch sonst ein ehrbarer Mensch herausreißen, denn solche Prozedur hätte jeden Anfassenden im Ernste unehrlich gemacht. Er mußte also wohl oder übel den Wasenmeister beschicken lassen, daß er ihn gegen gute Gebühr von dem Schandmal seines ehrbaren Hauses erlöse, was dieser denn auch willig und höflich vollführte, und damit seinen Zweck erreicht hatte. Solche gar praktische Art der Selbsthilfe war allgemein verbreitet (obschon in den höher zivilisierten großen Städten weniger, als in den kleineren), und lange Zeit erfolglos kämpften landesherrliche Verbote dagegen. Denn der Betroffene, welcher die Lacher allemal gegen sich wußte, zog es gemeiniglich vor, sich in der Stille des Morgens mit dem Messermann zu vergleichen, anstatt durch eine Denunziation den fatalen Handel an die große Glocke zu hängen. — Aber mit dem Einstecken des Messers begnügte sich nicht allemal der mit der Abdeckerei Belehnte in solchem Falle. An einigen Orten beobachtete er folgende Form. Wenn er erfuhr, daß ein Bauer sein krankes Pferd oder Rindvieh selbst getötet und die Überreste sich zu Nutze gemacht, dann rückte eines Morgens der Meister feierlichen Schrittes auf's Gehöft, trat mit einer gewissen schmerzhaften Kordialität an den Bauer heran, streckte ihm ungeniert die Rechte entgegen und begrüßte ihn kameradschaftlich mit den Worten:

„Guten Morgen, Herr Bruder,
Wo habt Ihr Fell und Luder?"

Die Abfindungsverhandlungen, die außer dem vorenthaltenen Lohn des Abdeckers auch die ihm gebührenden Reliquien des gefallenen Tieres betrafen, nahmen dann ihren Verlauf. Aber lebenslang mußte der Bauer befahren, daß ihm von boshaften oder necklustigen Leuten jener Spottreim nachgerufen wurde.

Aber endlich wird wohl das kaiserliche Edict vom 16. August 1781, wegen Abstellung vieler Mißbrauche, Wandel geschafft haben, welches Gesetz im ersten Passus des dreizehnten Artikels alle diejenigen Personen, welche „Hunde oder Katzen todt werfen, erschlagen, ertränken, oder sonst ein Aas anrühren" (NB. selbst beerdigen!), in Schutz nimmt. Diese Mißbräuche gingen so weit, daß einige besonders zimperliche Zünfte schon denjenigen, der zu seiner Defension einen bissigen Hund tötete, für unehrlich hielten, was der Weimarsche Leibmedicus Fritsch in seinen „seltsamen theolog, jurist. medicin. physical. Geschichten" (1730. I, 334) mit Recht „eine üble Gewohnheit" nennt. Oder daß sie mit demselben Makel den barmherzigen Samariter belegten, der eine Leiche aus dem Wasser gezogen hatte; woher es kam, daß man einen hineingefallenen Menschen lieber völlig verunglücken ließ, um in keine Ungelegenheit zu kommen, wenn der Herausgezogene bereits völlig tot sein sollte. Diesem Vorurteil legt das Gutachten einer Frankfurtschen Senats-Kommission im letzten Viertel des vorigen Jahrhunderts die seltenen Rettungen der in's Wasser gefallenen Personen zur Last.

Gedachtes Gesetz von 1731 wäscht nun alle diese unbillig bemakelten Personen dergestalt rein, daß ihnen aus sothanen Handlungen keinerlei „Unredlichkeit" zur Last fallen soll, und fügt hinzu, daß auch die Abdecker sich fürder nicht unterstehen dürfen, solche Personen „mittelst Steckung des Messers zu beschimpfen und sie dadurch zu nötigen, sich mit einem Stücke Geld gegen sie abzufinden." — Und dieses erste Kapitel der Gewerbefreiheit sollte billig von allen wahren Freunden der Haustiere höher geachtet werden; denn es ist kläglich, wie rücksichtslos man oft mit den emeritierten derselben umgeht.

Der Hirsch des Waldes, jegliches hohe oder niedere Stück Wild, selbst der bange Hase, wie der felderverwüstende grimme Eber, stirbt von Jägershand getroffen, eines ehrlichen Todes, gewissermaßen als Kavalier; sogar dumme Ochsen, alberne Kälber und unsaubere Schweine verenden zwar weniger vornehm, doch unter ehrlichen Händen. Aber die besten Freunde der Menschen, die guten anhänglichen Haustiere, das edle Roß, den treuen Hund, überläßt man so häufig dem schimpflichen Tode durch Henkershand! Den unbeschreiblich traurigen Blick des alten kranken Pferdes, wenn besagter Mann es zum letzten Gange hinter sich herzieht, ertrage, wer's vermag! Aber loben muß man's jedenfalls, wenn der wackere Reiter seinem Roß, der Jäger seinem Hunde den letzten Liebesdienst selbst erweiset durch einen ehrlichen Schuß mitten in's vielgetreue Herz. Zwiefach Preis daher dem wackern Bauersmann eines pommerschen Edelguts, der vor etwa 50 Jahren seinem alten treuen Hofhunde nicht nur solchen Liebesdienst erwies, sondern ihn auch aus dem Kirchhofe des Dorfs eigenhändig bestattete. Zwar befahl der Pfarrer, empört über solches Sacrilegium, den Kadaver sofort wieder auszugraben und wegzutun. Aber der feine Bauerkopf fand ein Erweichungsmittel. Er ging zum Pfarrer, erzählte ihm, wie gut, wie treu, und wie klug der selige Hund gewesen, so klug, daß er vor seinem Ende an seines Herrn Geldschrank gegangen, dann auf den Kirchhof und dann auf's Pfarrhaus geblickt habe, andeutend, daß die Stuhlgebühr für's christliche Begräbnis nicht möchte vergessen werden, „und nun ruht er da, und hier ist die doppelte Gebühr," so schloß der Bauer, indem er ein Geldröllchen auf den Tisch legte, — und der Pastor erwiderte gerührt: „Wohlan, so wollen wir den klugen Hund in Frieden ruhen lassen!" So hat der Gutsherr selbst erzählt.

Eine merkliche Stufe höher steht das Richtschwert, weil es nicht wie das Messer vom Henkersknecht, dem Abdecker, sondern von dessen Herrn und Meister, vom Scharfrichter selbst, gehandhabt wird. Des Richtschwerts entehrender Einfluß kann nur selten in's Leben getreten sein, denn es war und blieb im verborgenen Schrein der Frohnerei, und kam mit keinem ehrbaren Menschen in Kontakt. Es trat eigentlich nur gelegentlich einer Exekution in's große Publikum, wo es dann nach kurzem Blitzen ebenso schnell wieder verschwand, als es erschien. Der, dem es gegolten hatte, war nach der flüchtigen Berührung auch über alle Unehrlichkeit dieser Welt erhaben. Je weniger es nun Anlaß geben konnte zu einer Bemakelung ehrbarer Leute, desto gewaltiger war der Nimbus des Grauenhaften, der es umgab. Die mit dem Begriff „Richtschwert" verknüpften Ideenassoziationen wurden von der hierin gern schwelgenden Phantasie des Volks vielseitig ausgebeutet, und sagenhafte Gerüchte von den zauberischen Eigenschaften desselben gingen vielfach im Schwange. So hieß es, daß in Neumondsnächten die Richtschwerter im

Schreine der Frohnerei von selbst gegen einander klirrten, anzeigend, daß nächstens eine Enthauptung bevorstehe. Der bremische Scharfrichter, Meister Adelarius, besaß ein Richtschwert, das gab in solchem Fall allemal einen klingenden Ton von sich, fein, durchdringend und nachhaltig, den wußte er zu deuten und betete ein Vaterunser. Im Sommer 1539, da klang es in solcher Weise 80 Mal nacheinander, fast wie Glockenläuten, und nach einer Weile noch einmal, so schrill, daß dem Adelarius zu Mute war, als bohre sich das Eisen in sein Herz. Und nicht lange darauf mußte er 89 Seeräuber enthaupten. Aber der letzte Klang hatte ihm selber gegolten und seiner Hinrichtung als Zauberer. — Es hieß auch, daß kundige Insassen alter Scharfrichtereien ein dumpfes Schwertergerassel allemal vernehmen konnten, wenn gleichzeitig ein todeswürdiges Verbrechen begangen werde. Auch sagte man, daß dies Schwert vorher wisse, wessen Hals es dermal einst durchschneiden müsse, und daß es z. B. wehmütig ertöne, wenn ein unschuldiges Kind vor ihm stehe, das später zum Verbrecher erwachsen, ihm verfallen werde. Dann meinte der Scharfrichter, durch ein gelindes Ritzen mit demselben Schwerte rings um des Kindes Hals dessen grauses Geschick abzuwenden. Und wer weiß, wenn Schön-Annerl's Großmutter dem Scharfrichter diese Prozedur mit der kleinen Enkelin gestattet hätte, dann wäre vielleicht das erwachsene Schön-Annerl nicht mit demselben Schwerte, das vor ihm geklirret, gerichtet worden, wir aber wären dann um Clemens Brentano's unvergleichliche Geschichte gekommen. — Ebenso wird erzählt, daß ein leichtes Ritzen der Haut mit dem Richtschwerte sicherstelle gegen alle anderweitigen Hieb-, Stoß-, Stich- und Schnittwunden. Und manche Thoren mögen in der Stille der Nacht zum Scharfrichter gekommen sein, um sich von ihm gegen bare Erkenntlichkeit „fest machen" zu lassen.

Der Dichter Heinrich Heine soll, wie bereits oben erwähnt, in jungen Jahren eine poetische Bekanntschaft mit der Nichte des Düsseldorfer Scharfrichters unterhalten und u. a. von ihr erfahren haben, daß ein Richtschwert, wenn es 50 mal seinem Beruf gedient, um Mitternacht feierlich begraben werde. Ob dies in Düsseldorf Gebrauch gewesen, mag dahingestellt bleiben, allgemein üblich aber war dergleichen gewiß nicht. Denn die große Menge abgenutzter Scharfrichterschwerter, die überall in Rat- und Zeughäusern zum Teil noch jetzt aufbewahrt wird, spricht dagegen (s. unten).

Ein Scharfrichterschwert ist kein Ritterschwert, kein Reiterpallasch, keine soldatische Waffe. Es ist ein mäßig langes, breites, schweres Klingeneisen, mit beiden Händen zu schwingen, und steckt gewöhnlich in schwarzlederner Scheide. Da es sehr scharf geschliffen sein muß, so nutzt es sich im Laufe der Jahre leicht ab, worauf, um Schaden und Mißbrauch zu verhüten, die Obrigkeit es in Empfang nimmt. Daher kommt es, daß in den Rathausarchiven vieler alter Städte gewöhnlich auch eine kleine Sammlung solcher Justizwerkzeuge aufbewahrt wird. Zuweilen hat man Zettel daran geklebt, auf welchen kurze Nachweisungen über die mit denselben vollstreckten Todesurteile zu lesen sind. Da in unserm aufgeklärten Zeitalter an vielen Orten entweder die Todesstrafe ganz abgeschafft, oder das in der Volksmeinung noch immer geächtete Richtschwert durch das mechanische Fallbeil ersetzt ist, so dürfte ersteres bald überall außer Gebrauch kommen und zur kuriosen Antiquität werden, weshalb das Nürnberger Nationalmuseum vermutlich schon jetzt ein möglichst komplettes Assortiment auch dieser Reliquien des barbarischen Mittelalters anzulegen sich befleißigen wird.

Fast aller Orten trug die Klinge des Schwertes eine im Geiste und Sinne des Scharfrichters sprechende Inschrift, einen frommen Wunsch für des armen Sünders Begnadigung bei Gott, — auch wohl eine Warnung vor Missetaten, unter Erinnerung an deren Sühne durch das Richtschwert.

Schwerlich fand der Mann jedesmal, wenn er es zum Gebrauch aus der Scheide zog, die erforderliche Zeit und Muße, diese Inschriften zu lesen und zu überdenken; doch kannte er sie und ihre Bedeutung; und wohl mag selbst der flüchtige Anblick dieser Worte den tiefen Ernst seiner Seelenstimmung in solchem Momente erhöht haben.

In einem schönen altertümlichen Schreine des Rathauses der ehrwürdigen schwäbischen Stadt Memmingen in Bayern weiden, unter anderen Reliquien ihrer vormaligen reichsstädtischen Hoheit, auch drei Richtschwerter aufbewahrt, deren Inschriften also lauten:

1. Avers:
„Wenn ich das Schwert thu aufheben,
So wünsch' ich dem armen Sünder das ewige Leben."

Revers:
„Mensch, hüt' dich, thu kein Böses nicht,
Wan du wilt fliehen das Gericht." 1712.

2. Avers:
„Wan nun dem arm' Sünder wird abgesprochen sein Leben,
So wird Er unter meine Hand gegeben."

Revers:
„Hüte dich, thue kein Bosses nicht,
So kommstu nicht ins Gericht." 1734.

3. Auf dem dritten, scheinbar neueren, ohne Jahrzahl, steht auf beiden Seiten:
„Soli Deo gloria."

Zu Hamburg, woselbst im Laufe der Jahrhunderte gewaltig viel Enthauptens stattfand, wo die Seeräuber Schockweise decolliert wurden, wo mithin auch der Verbrauch der Richtschwerter nicht gering war, asservierte das Stadtarchiv eine artige Kollektion derselben. — Hätte der Verfasser dieser Abhandlung, welcher sie vor vielen Jahren zu mehreren Malen betrachtet, doch daran gedacht, ihre Inschriften und beigemerkten Taten zu verzeichnen! Leider beschäftigte er sich damals noch nicht mit unehrlichen Leuten und Dingen, und als er es tat, da war's zu spät, da war im Mai 1842 der große Brand gekommen, und hatte, nach eiliger Flüchtung der wichtigsten Schätze des Archivs, — mit unendlich vielen interessanten Denk- und langweiligen Nichtswürdigkeiten, auch die Reliquien der Bodenkammern zerstört, darunter diese Richtschwerter der Vorzeit.

Aus dem vormaligen Artillerie-Zeughause in Hamburg existieren noch heute 7 Richtschwerter, 3 mit ungewöhnlich langen spitzen Klingen mit Parierstangen am Griff und mit einem kreisförmigen rätselhaften Zeichen. Ferner ein viertes von gewöhnlicher Gestalt ohne Inschrift, aber auf beiden Seiten mit der eingravierten Figur eines Hundes oder Wolfes. Ein fünftes ist ähnlich, doch scheint die etwas verschlissene Tiergestalt etwas im Rachen zu tragen, daneben sind die Buchstaben N.A.R.M.V. erkennbar, deren Bedeutung rätselhaft. Das sechste noch kunstvollere Richtschwert mit Parierstange zeigt auf der einen Klingenseite ein wohlgraviertes Bild der Justitia, daneben die Worte: „Got sterke mich" und auf der andern Seite die Endworte dieser Legende „in diser Stunde" neben einer als Jacobus major bezeichneten Apostelfigur. Das siebte endlich soll dem vorletzten Scharfrichter aus der Familie Hennings gehört haben und vor etwa 50 Jahren dem Arsenal von einem Privatmann geschenkt sein. Es ist breit ohne Spitze, ohne Stichblatt und Parierstange. Einerseits Herkules mit der Keule, die Hyder erschlagend, gut graviert, mit der Inschrift „compelle intrare". Andrerseits die Justitia mit der scharfen richterlichen Unterschrift „Fiat justitia, pereat mundus".

Auch das allerletzte der hamburgischen Richtschwerter existiert noch. Es ist in den 1830er Jahren von der Witwe des Mannes abgeliefert worden, der es von 1799 - 1822 meisterlich geführt und die Namen seiner Patienten auf die Scheide geschrieben hatte, seitdem hat hierorts keine Hinrichtung durch das Schwert stattgefunden.

Liebhaber solcher Raritäten können es in unserem Museum hamburgischer Altertümer (Abteilung II. Nr. 45) in Augenschein nehmen. Es trägt auf der einen Seite der Klinge die Inschrift:

„Wenn ich thu dies Schwert aufheben,
Wünsch' ich dem Sünder das ew'ge Leben."

auf der andern aber die Jahreszahl seiner Verfertigung: 1705, und das fromme Stoßseufzer-Gebet des Scharfrichters: „Gott, stärke mich in dieser Stunde!"

Im Rathaus-Archiv zu Aachen fand des Verfassers Vater im Jahre 1801 ein Richtschwert, aus dessen Inschriften nicht der Eigner, sondern das Schwert selbst spricht; sie lauten:

„die Herren judiciren, ich thue exequiren."

und auf der Kehrseite:

„wenn ich mich thu erheben,
wünsch ich dem Sünder ew'ges Leben! —

In einer Abhandlung über Schwertinschriften (in der Zeitschrift für deutsche Kulturgeschichte, 1874, Heft 8, S. 470) bespricht Gottfried Böhm S. 481 - 485 auch die Inschriften der Richtschwerter.

In der Volksmeinung ist die Todesstrafe durch's Schwert entschieden weniger entehrend, als die durch Galgen und Rad. Und in der Tat gebührt sowohl in moralischer als ästhetischer Hinsicht dem Schwerte der Vorzug vor dem Galgen. Dem kühnen, sein Leben in die Schanze schlagenden Räuber, selbst dem Mörder aus Leidenschaft, zollt man eher Sympathie, als dem schleichenden, feigen Diebe. Der Tod durch's Schwert ist dem Zuschauer zwar ein schreckhaft ernster, gewaltig ergreifender Anblick; aber er ist verhältnißmäßig anständig, und keinesfalls so tief entwürdigend, als der Tod am Galgen, bei dessen Anschauen sich jedes nicht völlig Stein gewordene Herz umkehren muß vor Entrüstung, vor Ekel und Abscheu. Fürwahr, wäre keine andere Hinrichtungsart denkbar und möglich, besser schaffte man die Todesstrafe ganz ab, als daß man diese schauderhafte Manier beibehielte. Das Empörende derselben scheint freilich von demjenigen Volke, welches sich berühmt, das freieste und edelste zu sein, so wenig empfunden zu werden, daß vielmehr das Hängen die einzige und unbegreiflich häufig angewandte Art der Todesstrafe in England ist, wo während Heinrichs VIII. Regierung 72000 Diebe am Galgen geendet haben sollen. In Deutschland aber hat man es längst gefühlt und den Galgen — soviel bekannt — überall abgeschafft, seit welcher Zeit freilich das Sprichwort „Galgen zerstört, Diebstahl gemehrt" sich als wahr genug erwiesen hat. Aber das Hängen bleibt darum doch widerwärtig, und rätselhaft ist's, weshalb so manche Unglückliche (auch nicht britischer Nation) beim freiwilligen Verzicht auf dies Erdendasein, gerade diese fatale Manier wählen, um davon zu kommen. Übrigens ist es als Galanterie aufzufassen, daß man in Deutschland Frauenzimmer nicht hängen ließ, sondern lieber zum Schwerte begnadigte. In Hamburg wurde zum ersten Male 1609 ein Weibsbild gehängt, darnach 1702 ein solches zum 2ten und letzten Male.

Galgen gab's in den deutschen Urzeiten nicht, das Hängen war ein seltenes

Ereignis. Erschien den Israeliten Mosis das Aufknüpfen nach dem Tode für eine arge Beschimpfung, so galt den Germanen das Aufhängen eines Lebendigen für die allerschmählichste, entehrendste Strafe, welche deshalb anfangs nur den infamsten Verbrechern, die sie kannten, den Verrätern, den Über- und Davonläufern, zuerkannt wurde. Und dennoch, in wie höchst diskreter Weise wurde sie vollzogen! Reine Priesterhände knüpften den Übeltäter, dessen Verbrechen die Götter beleidigt hatte, an eine denselben gewidmete heilige Eiche, und ließen ihn in dem beruhigenden Bewußtsein eines Versöhnungsopfers getröstet sterben. Als mit wachsender Zivilisation durch römische Einflüsse auch der Diebstahl in Germanien bekannter wurde, zählte man dieses „scelus omnium scelerum sceleratis-simum", mit Verräterei, Fahnenflucht und Überläuferei, zu den durch die schimpflichsten Strafen zu sühnenden Verbrechen, zu deren Verbüßung man sich nach wie vor der alten heiligen Bäume bediente. Und zwar, wie wir oben sahen, ohne scharfrichterliche Hilfe, welche damals noch unbekannt war, mittelst ehrlicher Hände. Lange bevor der Landfrieden Kaiser Friedrich's I. vom Jahre 1158 für den Diebstahl den Strang bestimmte, kommt dessen Anwendung in diesem Falle vor, unter den Ottonen, nach Ditmar von Merseburg's Bericht, und im ripuarischen Gesetze. Die Fehme, welche ihren aus Weidenruten geflochtenen Strang allerdings über Gebühr verallgemeinerte, kannte nur Bäume, vorzüglich in des Freistuhls nächster Umgebung, als Exekutionsstätten und der Fehmbote nutzte ihre Eicheln, auch wenn sie auf fremdem Boden wuchsen. In Holstein wurde, nach Godings-Spruch von 1392, die Untat eines Schafdiebes „an dem nägesten grünen Boom" gerächt, und wer weiß, wie lange noch die 1426 und 1487 erwähnte „Bammel-Eeke" bei Ploen, durch die darin baumelnden Strolche die Vorüberreisenden erschreckt hat. Die Eiche blieb nach wie vor der beliebte Hangebaum, namhaft gemacht bei vielen Gerichtsstätten als „Hang-Eiche", — sogar, bei der Stadt Soest, spöttischer Weise „Bürger-Eiche" benannt. Bei Saalfeld soll vor 150 Jahren eine alte Eiche gestanden haben, worin damals noch die zum Hängen benutzte eiserne Kette im verrosteten und bemoosten Zustande zu sehen war, — und im bremischen Hollerlande kannte man ebenfalls vor 150 Jahren die alte Eiche noch, daran viele Diebe ihre schwarze Seele ausgehaucht hatten. Ganz übereinstimmend mit den Rechtsanschauungen seiner Zeit läßt deshalb der Dichter über die Verbrechen des Bannerherrn Reineke Voss das Urteil sprechen: „dat he hinghe bi siner Kehlen an enen Boom als ein Deef", und kein Henker von Profession, nein, Isegrimm der Wolf und Braun der Bär, seine Pairs,

„düsse, de em bunden und vengen,
„düsse dachten em ok uptohengen."

Mit dem Scharfrichter von Profession und dessen handwerksmäßigem Exekutionsapparat kam dann auch der starre dürre Galgen in Gebrauch, dessen Name nicht unwahrscheinlich aus dem nordischen Worte Gagl (d. h. Ast) abzuleiten ist, und schwach an den grünen Hangebaum der Vorzeit erinnert. Die mit der Ausübung des Blutbanns und der höchsten Justiz vom Kaiser begnadigten Reichsstände und -städte säumten nicht, alsbald zu sichtbarer Dokumentierung solches Vorrechts ihre Galgen aufzurichten (wie früher die Rolandsstatuen), und so gab's ihrer bald übergenug, und die Schoppen erkannten fleißig: „daß der Dieb mit dem Strange also zu richten, daß die Luft ob und unter ihme zusammen schlage." Kaum hatte 1433 Kaiser Sigismund den Gersauern am Nierwaldstättersee den Blutbann verliehen, da errichteten sie flugs ihren Galgen, wie gewöhnlich am erdenklich schönsten Punkte des Gemeinwesens. Seine 2 Pfeiler standen auf dem festen Lande am See, der dritte aber fußte in den grünen Fluten, so daß der Gehängte es kaum ergötzlicher wünschen konnte. Als einst die Luzerner nächtlicher Weile einen Strohmann in den seit Jahren leeren Galgen hingen, rächten sich die Gersauer, indem sie den Strohmann in die Luzerner Tracht kleideten.

Durchgängig hatte der Galgen seinen Platz außerhalb der Stadt, doch kam es vor, daß man die Galgenexekutionen auf dem Marktplatz mitten in der Stadt vornahm, was zur Folge hatte, daß Galgen und Insasse eine Zeit lang sehr nachdenklich an solcher Stelle verharrten, bevor sie weggeschafft wurden. Vormals soll z. B. in Braunschweig auf dem Egidienmarkte solch eine temporäre Galgenstätte gewesen sein.

Dagegen zeichnete sich durch eine gewisse ästhetische Antipathie gegen dies unschöne Werkzeug des Todes die obengedachte freie Reichsstadt Memmingen sehr vorteilhaft aus, welche überhaupt als lebhafte Handelsstadt, wie als Wohnort einer intelligenten Einwohnerschaft, den vornehmsten Reichsstädten beizugesellen ist. Als ihr Magistrat im Jahre 1402 vom Kaiser Ruprecht mit dem Blutbann beliehen war, dessen Ausübung laut Privilegii Kaiser Albrechts vom Jahre 1438 der Bürgermeister dem jeweiligen Stadt-Ammann zu übertragen hatte, da scheint sich wenig Neigung zum Bau des unvermeidlichen Galgen gezeigt zu haben. Als man sich desselben nicht länger erwehren zu können glaubte, etwa aus Furcht vor verkleinerlichen Nachreden angrenzender Reichsgrafen, da scheint die Wahl des Platzes viel Kopfbrechen gemacht zu haben. Bekanntlich ist Memmingen außerhalb seiner festen Mauern und Türme von einem stattlichen grünen Hopfenwalde und den anmutigsten Blumengärten umkränzt, woselbst die ständige Nachbarschaft des tristen Galgens den Patriziern wie Bürgern alle Lust verleidet und den herrlichen Blick auf die Alpenkette im Süden gewiß sehr getrübt hätte; und da nun überhaupt allen Memmingern ihr eigen Stadtgebiet viel zu gut und ehrlich däuchte, um durch Tragung solch' einer Strafmaschinerie verunziert zu werden, so verwiesen sie dieselbe an eine entfernte Grenzstätte an der Kemptener Straße, woselbst halb versteckt und wie verloren der Galgen auf einer Erdscholle erbaut wurde, welche bei Lichte besehen, nicht städtisches Territorium war, sondern zur buchauschen Landvogtei Aulendorf gehörte, Anfangs mögen immerhin einige Malifikanten hier gerichtet gewesen sein, denn das Instrument hatte Geld gekostet, mußte also auch verwertet werden. Allmählich aber schlug die alte Abneigung gegen das Hängen wieder durch, man enthauptete lieber auf dem Marktplatze und achtete es nicht, daß man viele Richtschwerter abnutzte (siehe oben), während der Galgen einsam stand und gänzlich verfiel, so daß er um 1760, da seit länger als 100 Jahren niemand an ihm gehangen, nicht mehr für das zu erkennen war, was er vorstellen sollte. Es würde auch damit zweifellos das Hängen in Memmingen für immer faktisch abgeschafft gewesen sein, wenn nicht Übelwollende, von der katholischen Partei in Schwaben, diesen Umstand zur Aussprengung gehässiger Insinuationen benutzt hätten. Sie spargierten fleißig: mit dem Memminger Recht der höchsten Justiz sei's nur eitel Wind, da sie nicht einmal einen Galgen auf eigenem Stadtgebiet besäßen, weshalb sie klüglich ihren alten Hängebaum verfallen lassen. Solch müßiges Geschwätz wurmte billig die Väter der Stadt, und da der Obervogt zu Aulendorf sich nicht scheute, in gedachte beleidigende Afterrede mit einzustimmen, so antworteten sie demselben hierauf, wie sich's gebührte. Und um nun Gott, aller Welt und den Katholischen zu zeigen, was es mit ihrem Blutbann auf sich habe, ließen sie 1762 ihren Galgen auf derselben Stelle neu erbauen, wobei alle Professionisten der Stadt sich beteiligten und in großer Prozession mit klingendem Spiel und fliegenden Fahnen hinauszogen. Ja, um ihr Recht noch entschiedener zu betonen und zu manifestieren, daß sie sehr wohl hängen lassen dürften, wenn sie nur wollten, griffen die Herren in Memmingen zu und ließen Anno 1766 einen Mann daselbst ausknüpfen, der sonst wohl mit dem Schwerte begnadigt worden wäre. Bei dieser Demonstration pro patria ist's aber geblieben, und bis zur Vereinigung der alten guten Reichsstadt mit Bayern im Jahre 1802 wurde dort weiter kein Armersünder mit dieser Todesart beschwert.

Bei gegenwärtiger Seltenheit eines solchen Justizgebaudes fällt es der heranwachsenden Generation gewiß nicht leicht, sich von ihm ein richtiges Bild zu entwerfen. Das war vormals anders, als noch jede Stadt, jedes Amtsgericht einen Ruhm darin suchte, mit einem wohlkonditionierten Galgen voller Früchte zu prunken und damit den Beweis prompter Justizpflege zu führen, allen Gutgesinnten zum Troste, den Bösen aber zum haarsträubenden Entsetzen. Denn die in Schottland und in der Provinz Valenzia in Spanien herrschende Sitte, jährlich an bestimmten Tagen die Galgen zu leeren, bestand in Deutschland nicht. Auf keiner älteren Städteabbildung fehlt das unerläßliche Halsgericht, fast allemal auf dem schönsten Punkte der Gegend mit weitester Umschau angebracht, und auf den Bildern gewöhnlich, zu angenehmerer Übergräsung des Beschauers, mit schreckhaften Körperfragmenten behangen. Das vortreffliche Kupferwerk der Familie Merian, die Topographie und Beschreibung der Kreise des deutschen Reiches etc. (um 1650 u. s. f.), ein „malerisches und romantisches Deutschland" in Folio, ist auch in dieser Hinsicht sehr lehrreich. In den alten Malefizbüchern und in den Lebens- und Todesgeschichten großer Sünder findet man ebenfalls akkurate Galgenbilder als passendste Illustration, und lernt die verschiedenen Arten und Formen kennen. So gab's denn vormals simple (einschläfrige) Kniegalgen, größere mit zwei bis drei gemauerten oder hölzernen Pfeilern, an deren Querbalken zwei bis sechs Personen zugleich Platz fanden. Der eigentliche große Normalgalgen, welcher für volkreiche Städte unentbehrlich war, faßte seine sieben Personen (woher der in gewählter Umgangssprache noch jetzt gebräuchliche Ausdruck „ein Galgen voll" für 7 Herren und Damen). Zwei arme Sünder trug nämlich jeder der drei Querbalken der triangelförmig stehenden drei Pfeiler, während in der Mitte an einem höher angebrachten Gebälke, der siebente oder Ehrenplatz war für den „Erzdieb", welcher, als ein solcher „zum höchsten Galgen" kondemniert war (in Hamburg schon seit 1483). Man sieht, auch hier gab's Etikette und Rangordnung. Mehr als 7 Sünder trug kein deutscher Galgen, und wenn in Frankfurt Anno 1572 wirklich 9 Diebe zugleich gehängt sind, so müssen ihrer 2 ganz aparte Kniegalgen gehabt haben, was als Notbehelf zulässig. Wie entsetzte sich der Luzerner Ratmann Hans Schürpf, als er auf seiner Pilgerfahrt nach Jerusalem 1497 in Rhodos ein Galgenungeheuer erblickte, darin 63 Türken baumelten! In Nordamerika gab's Galgenquadrate mit Mechanik für je 40 Indianer, die, wenn auf Trommelsignal der Boden der Bühne versank, ganz brüderlich Hand in Hand in der Luft schwebten, dem Tode und einem bessern Dasein entgegen.

Nach einer altgermanischen traditionellen Henker-Gewohnheit mußte der Galgen so stehen, daß das Gesicht des Aufzuknüpfenden nach Norden blickte. Denn im hohen Norden war die „grymme Hörne", die traurige grimme Ecke, nämlich Riflheim, die Hölle der alten Germanen und Nordländer, woselbst den durch Sünde dahin Verdammten nicht nur Schmach und Schande, sondern auch ewige Kälte, und (was noch schlimmer) ewiger Durst plagt. Mit dieser freundlichen Aussicht suchte man also dem Diebe sein Sterbestündlein zu verschönern.

Bei solchem Sachverhalt konnte es denn aus allen darin liegenden inneren wie äußeren Gründen nicht anders sein, als daß dem Galgen eine besonders große Unehrlichkeit beiwohnte, welche sich selbstredend auf seinen ganzen

Apparat von Stricken, Leitern etc., sowie auf sein Territorium, das berüchtigte Galgenfeld erstreckte, woselbst die dazu verurteilten, respektive begnadigten Körper der Hingerichteten, neben den boshaften Selbstmördern aus vorsätzlicher Tat, von Henkersknechten eingescharrt wurden.

Begreiflich ist's, daß Hochgericht und Rabenstein dem volkstümlichen Aberglauben, dessen Gipfel vormals das Zauber-und Hexenwesen war, eine schöne Werkstätte grauseliger Dinge darboten. Unterm Galgen tief in der Erde erwuchs aus den letzten Tränen unschuldig Gehängter jene küstliche Wurzel, welche als Alräunchen, heiß gewünscht und hochverehrt, der Gegenstand häufiger Nachgrabungen in mitternächtiger Stunde war. Alräunchen waren selten, wie ihr Entstehungsgrund. Der Daumen oder irgendein anderer Finger eines richtigen Diebes, demselben im Galgen abgeschnitten, galt gleichfalls als äußerst zauberkräftig für alle Verlegenheiten seiner lebenden Genossen. Diebesfinger waren für alles Galgengelichter leicht zu erlangen und halfen das Stehlen vervielfältigen. Schon am nächsten Morgen nach der Exekution pflegte einem Aufgeknüpften ein Daumen zu fehlen, und so ging's weiter.

Kein ehrlicher Mensch mag mit dem Galgen zu tun haben. Da aber derselbe, wie jedes Menschenwerk, der Vergänglichkeit unterworfen war, mithin zuweilen repariert oder neu gebaut werden mußte, so gab dieser Umstand zu allerlei ärgerlichen Konflikten Anlaß, indem die ehrlichen Zünfte der Zimmerleute, Maurer, Schmiede u. s. w. es ablehnten, mit einem so verwerflichen Stück Arbeit sich zu befassen. Einen neuen Galgen aus naturwüchsigem Holz zu verfertigen, das hätte der Zimmermann sich wohl noch gefallen lassen, aber die Gerichtstätte zu betreten, den alten Galgen einzureißen und den neuen dort zu errichten, dagegen sträubte sich das Ehrgefühl der wackern Professionisten bedeutend. Eine Gerichtsherrschaft hatte deshalb allemal in solchem Falle erschrecklich viel Unlust und Widerwillen zu bekämpfen, mußte kraft obrigkeitlicher Autorität vorerst die unehrlichen Dinge für ehrlich deklarieren, den Werkleuten Schutz gegen alle Angriffe und Verrufserklärungen abseiten ihrer Genossen versprechen, und es sich neben hohem Arbeitslohn auch ein gutes Stück Geld kosten lassen, um dem ganzen Werk durch pomphafte Aufzüge etc. den Nimbus einer amtlichen Feierlichkeit, mithin einen soliden Anstrich großer Ehrlichkeit zu verleihen. Demnächst suchte man, nach dem Spruch „divide et impera", durch Teilung der Arbeit das odium zu verallgemeinern und dadurch für den Einzelnen zu verringern. Zur Aufrichtung des Galgens in Berncastel hatte der Amtmann das Holz, alle übrigen Erfordernisse aber und die Arbeit selbst die Einwohnerschaft der umliegenden Ortschaften zu liefern, so, daß jede Gemeinde ein Stück lieferte, diese den Strick, jene den Knebel zum Strangulieren, andere Kamm, Schere und Besen u. s. w. In andern Gegenden war es rechtliche Gewohnheit geworden, daß zum Bauen und Bessern eines Galgens nicht jedermann, sondern nur alle dazu erforderlichen Handwerker des ganzen Distrikts zusammen arbeiteten, der Art, daß jeder Meister mit seinem Gesellen ein Stück verfertigen mußte. Bei den Erneuerungsarbeiten des Augsburger Galgens im Jahre 1530 beschäftigte man alle dazumal in der Stadt anwesenden Zimmer- und Maurerleute, „damit keiner dem andern etwas vorzuwerfen habe." Auch solchen Gewerbsleuten, deren Profession gar nichts mit Galgenbauten zu tun hatte, legte man eine Beteiligungspflicht auf, z. B. den Müllern ziemlich allgemein die Lieferung der Galgenleiter, und den unschuldigen frommen Leinwebern die Leistung von Handlangerdiensten bei Aufrichtung des Galgens, laut Zeugnisses einer Stelle in Jobst Sackmann's, des Pastors zu Limmer bei Hannover, berühmten Predigten.

Die Carolina, nämlich die Hals- oder peinliche Gerichtsordnung Kaiser Karl's V., Art. 215—217 suchte diese Rechtsgewohnheiten, wegen ihrer alles Maß überschreitenden Kosten, einzuschränken, indem sie verfügte, daß aus der Gesamtzahl der im Gerichtsdistrikt Ansässigen, die benötigten Handwerker auszulosen seien, welche dann nicht mehr als den gewöhnlichen Tagelohn für ihre Arbeit empfangen sollten; wobei jedoch dieselbe für vollkommen ehrlich erklärt, und den Arbeitern voller Schutz gegen jede Schmähung und Verachtung puncto ihrer Beteiligung am Galgenbau zugesichert wurde. Es scheint aber, daß diese Bestimmungen nicht überall zur Ausführung gekommen sind. Wenigstens dauerten an manchen Orten noch bis tief in's vorige Jahrhundert die alten Gewohnheiten, die vielfachen Differenzen, die feierlichen Aufzüge, die großen Unkosten, nach wie vor fort, wovon hier einige Beispiele folgen mögen.

In seiner Fraukfurt'schen Chronik erzählt Lersner S. 523 von dem Anno 1561 umgewehten steinernen Galgen und vom Bau eines neuen im sogenannten Brückenhofe. Mit Trommeln und Pfeifen, unter Vorantritt eines Ratmanns wurden die einzelnen Teile hinausgebracht und aufgestellt, auch mit einer Denktafel versehen, deren lateinische Inschrift dies denkwürdige Ereignis verewigen sollte. — Ein ferneres sehr lehrreiches Beispiel verbürgt ein im Jahre 1728 zu Augsburg gedrucktes lehrreiches Buch in Quart, betitelt „Res furciferorum, d. i. Diebeshändel" von Vereno Frank von Steigerswald, aus dessen zweitem Teile es geschöpft ist.

Zu Weickersheim nämlich, einem hohenlohischen Residenz-Städtlein an der Tauber, zeigte es sich im Jahre 1722 bei einer bevorstehenden Exekution, daß das alte Hochgericht „ganz verfaulet sei und auf dem Einfall ruhe." In so gefährlicher Ruhe konnte man es nicht lassen, folglich wurde der Bau eines neuen beschlossen. Nachdem die öffentliche Stimme unter Voraussetzung des Beibehalts der alten Gewohnheiten, consentiert hatte, wurden die Vorbereitungen rasch getroffen, wobei zu merken, daß im Hohenlohischen damals noch Überreste der uralten fränkischen Centgerichtsverfassung existierten. Zum 27. April wurden nun sämtliche im Amtsbezirk Weickersheim und in dem der Cent incorporierten Flecken Kollenbach subsistierenden Steinhauer, Maurer, Zimmerleute, Schmiede, Schlosser und Wagenmacher, Meister wie Gesellen, zitiert, — löbliche Bürgerschaft des Städtchens aber mittelst Trommelschlag früh vier Uhr convociert, worauf vom Marktplatz aus in festgesetzter Weise die Prozession zum Hochgerichte folgendermaßen sich ordnete: ein Fourierschütz, die Stadtmusikanten, Amtmann und Stadtschreiber zu Roß, zwei Fourierschützen, die Feldscherer, der Stadtlieutenant, die Hälfte der Bürgerschaft mit ihren Wehren, unter zweien fliegenden Stadtfahnen; der Centgraf, die Bau-Handwerker (nämlich 16 Steinhauer, 40 Maurer, 11 Zimmerleute, 41 Schlosser, Schmiede und Wagener,) — Meister, Gesellen und Jungen, zusammen 111 Personen mit ihren Gerätschaften und Handwerkszeichen; sodann ein Offizier und die andere Hälfte der bewaffneten Bürgerschaft.

An Ort und Stelle, da wo der Galgen auf dem Einfall ruhte, formierten die bewehrten Bürger einen Kreis, die Handwerker traten in die Mitte, und der Amtmann alloquierte sie feierlich. In seinem Vortrag erklärte der wackere Mann (Christoph David Müller hieß er): der hochgeborene Graf und Herr, Karl Ludwig (totus titulus) wolle zur Vollziehung der heilsamen lieben Justiz dies durch Altertum in Abgang geratene Hochgericht wieder aufführen lassen, durch Hilfe der sämtlich dazu geladenen ehrbaren Handwerker, Meister und Gesellen. Damit nun diese desto weniger Anstand nehmen möchten, solchem nützlichen Werke sich zu widmen, lasse Ihre hochgräfliche Exzellenz kraft tragender hochobrigkeitlicher Gewalt, diesen Ort und dieses alte Hochgericht für ehrlich erklären, und erkläre er, Amtmann, kraft erhaltenen Befehls, hiermit solches für ehrlich (dreimal wiederholt, Tusch der Musik); nicht minder versichere er die ehrsamen Meister und Gesellen des hochobrigkeitlichen Schutzes, der Art, daß allen, welche bis zur Vollendung Hand anlegen, darob keinerlei Gefährte entstehen, noch ein nachteiliger Ehrenvorwurf, jetzt oder künftig auf sie gebracht werden solle. Der Amtmann fährt dann fort: „wir hochgräfliche Deputirte, und mit uns die in ihrer ehrbaren Wehr gegenwärtige, aus allerlei ehrlichen Handwerkern und Professionisten bestehende löbliche Bürgerschaft der hochgräflichen Residenzstadt Weickersheim, wir legen auch zuerst Hand an mittelst Anrührung des Hochgerichtes, und Ihr, Ihr ehrsamen Meister und Gesellen, werdet hierauf nicht säumen, durch Eurer Hände Arbeit das Werk fleißig zu vollführen." Hierauf zogen unter Trommeln und Pfeifen im ernsthaften Gänsemarsch, der Amtmann, Stadtschreiber, Centgraf, Offiziere und sämtliche Bürger um das alte ehrlich erklärte Hochgericht herum, und Mann, für Mann rührte dasselbe mit seiner biedern Rechte etc. an. Nun kommandierte der Centgraf die Handwerker zum Angriff auf den alten unterwärts gemauerten Galgen, und versprach demjenigen, welcher den ersten Stein abwürfe, ein Maß Wein extra. Unter lautem Kampfgeschrei liefen die Ehrsamen nun Sturm, und der Maurer Johann Jakob Dippelmüller war's, der mit dem ersten Stein den Ehrenwein ersiegte. Somit war dem Hochgericht die fernere Ruhe unmöglich gemacht, der Einfall erfolgte prompt, und nun ging's an die regelmäßige fleißige Arbeit, wobei die Stadtmusikanten durch artiges Spiel die Werkleute vergnügten, bis sechs Uhr Abends, worauf man in Prozession wieder heimzog. Am zweiten und dritten Arbeitstag zogen die Handwerker nur in Begleitung zweier Corporalschaften der Bürger aus und ein, und brachten das Werk glücklich zu Ende. Materalia et requisita, hatten die Bauern gegen Wein und Brot herbeigeführt, das Holz zu den Querbalken schenkte die Herrschaft. Die 111 Handwerker erhielten täglich jeder „sattsam Brot und Gemüs, dabei ½ Pfund Fleisch und 2½ Maß Wein. Amtmann, Stadtschreiber, Centgraf, etliche Ratmänner, Stadtlieutenant und Fähnrich ergötzten sich zur Feier des ersten Tages an einer „mäßigen Mahlzeit".

Am 15. Mai fand dann die Exekution des armen Sünders statt, um dessen willen der alte Galgen so festlich erneuert worden war. Dazu war die ganze Centgrafschaft auf den Beinen, nämlich die Centschöppen, die Centgewöhnlichen und die Centverwandten aus zwölf Dorfschaften, deren Namen mit -bronn oder -heim endigen; sie waren teils mündlich zitiert, teils ausgerufen, teils mit Glocken geladen, alles genau nach Herkommen und Pflicht, und erschienen auf dem Markte, als gerade die Bürgerschaft, von der Trommel berufen, herbeieilte. Die peinliche Zeremonie des Stabbrechens vor dem Rathause übergehend, wenden wir uns zu der nicht weniger herzbrechenden Szene, da Hans Michel Hartmann, genannt Turm-Michel, ein im Stehlen ergrauter Erzdieb, Abschied nahm von den mit dem nackten Dasein begnadigten Genossen: seinen Schwiegersöhnen, Simon Gick und Georg Albert und seinen Töchtern Apollonia, Barbara und Rosina; erstere drei waren „zum wohlempfindlichen Staupenschlag um den Galgen herum, nebst Brandmarkung",— letztere, zwei junge Dirnen von 17 und 19 Jahren, nur „zur Stellung auf den Lasterstein mit Ruthen in der Hand", — alle fünf aber zum ewigen Exil aus hohloheschen Landen und dem Gebiet des ganzen fränkischen Kreises, verurteilt. Es heißt in der Druckschrift lakonisch: „der arme Sünder durfte sich letzen mit seinen Kindern, bis Centgraf den Harnisch angeleget." Dann ging's fort. Unter den 16 Nummern des Zugprogramms sind zu erwähnen: 6. Amtmann und Stadtschreiber zu Roß; 7. die reisigen Schultheißen zu Roß; 8. zwo Gehamischte zu Fuß mit Hellebarten; 9. der Centgraf Johann Ludwig Renck, völlig geharnischt, zu Roß; 10. zwo Gehamischte zu Fuß; die Centschöppen paarweis, in Mänteln und mit Degen; 12. Praeceptores und Schüler, singend; 13. der arme Sünder zwischen drei Geistlichen; 14. des armen Sünders Familie, vom

Scharfrichter geführet u. s. w. Inzwischen hatten die Müller die ihnen obliegende Galgenleiter herbeigeschleppt, und die Exekution ging vor sich, von der wir die Augen wegwenden wollen.

Mittags war im Rathause eine Mahlzeit für die Honoratioren, im Wirtshause für die reisigen Schultheißen à 30 Fr., in einer Kneipe für die Unteroffiziere, Tamboure und Harnischträger, jeder Bürger und jeder Centmann hatte ein Maß Wein frei. —

Der Galgen zu Halle war in früheren Zeiten nur von Holz, ohne steinerne Fundamente. Im Jahre 1534 sandte der Rat einige Herren seines Mittels mit dem Stadt-Syndicus an den magdeburgischen Kardinal-Erzbischof Albrecht ab, mit der Bitte, den neu erforderlichen Galgen nicht von Holz, sondern ihm (dem Kardinal) zu Ehren, von Stein machen zu dürfen. Se. Gnaden lehnten jedoch diese Ehrenbezeugung ab. Ebenso vergeblich suchte der Rat bei seinen Nachfolgern 1602 und 1643, statt des schnellvergänglichen Holzmaterials die solidere steinerne Konstruktion nach, welche erst der Kurfürst von Brandenburg, als nunmehriger Landesvater, im Jahre 1698 erlaubte. Bei allen hallischen Galgenbauten hatten sich übrigens sämtliche Baugewerke zu beteiligen. Zuweilen prätendierten diese, daß solches Werk durch die beiden regierenden Bürgermeister, mittelst Abhauung dreier Spähne, begonnen werden müsse, was dieselben persönlich zu tun standhaft verweigert, jedoch durch den Ratsbaumeister verrichten zu lassen, gern eingewilligt haben. Bei solchen Akten haben denn die „Hausleute oder Thürmer" mit Trommeln und Pfeifen aufwarten und fleißig musizierend die Arbeiter bei regem Fleiße und guter Laune erhalten müssen, nachdem man morgens mit klingendem Spiel und fliegenden Fahnen feierlichst ausgezogen war.

Wir kommen nun zu einigen Hochgericht- und Galgenbau-Historien, welche im hamburgischen Grund und Boden wurzeln. Aus den ältesten Zeiten ist uns nichts Hierhergehöriges überliefert, nur erfahren wir aus den Stadtrechnungen, daß im Jahre 1374 für den neuen Galgen eiserne Ketten angeschafft und 1375 bei Errichtung eines patibuli viele Ausgaben gebucht wurden, daß Anno 1464 ein patibulum auf dem Grasbrok (in palude) für Räuber errichtet wurde, bei welcher Gelegenheit für Bier und andere Unkosten 5 Taler und 15 Schillinge ausgegeben worden sind. Von andern Feierlichkeiten schweigt die Cameralnotiz. — Unter patibulum wird hier nicht die beim Rutenstrich gebräuchliche Henkergabel, auch nicht ein gewöhnlicher Galgen, sondern das Pfahlwerk zu verstehen sein, auf welchem die Köpfe der damals enthaupteten 40 Piraten befestigt wurden.

Die älteste Hochgerichtsstätte lag wohl außerhalb der damaligen Stadt, links vor dem am Spersort belegenen Tore, etwa da, wo jetzt beim Pferdemarkte die Breitestraße beginnt, welchen Stätten sich die Abdeckerei anschloß, wie die einstige „Rackerstraße", jetzt Lilienstraße genannt, andeutet.

Auch über die Gründung und Einweihung des „Köppelberges" vor dem Steintore (in der heutigen Vorstadt St. Georg, unfern des Krankenhauses und Lübecker Tores, am nordöstlichen Ende der Brennerstraße) kann nichts Näheres beigebracht werden. Das „Gericht vor dem Steinthore" wird im Jahre 1565 als vorhanden und zwar als sehr baufällig erwähnt. Deshalb wurde damals ein richtiger Dreibein aufgeführt, 3 gemauerte Pfeiler mit 3 Balken darauf; daneben ein Rabenstein, d. h. ein Köppelberg d. i. ein Hügel von Erde und Grasboden zu den Enthauptungen. 1609 wurde das Galgenholz erneuert, und bald darauf mittelst Justifikation des Übeltäters Gerd Kock seinem Zwecke gemäß zuerst verwendet. Ebenso lakonisch lauten die Notizen über den späteren Neubau des Galgens: „den 19. November 1656 ist die höchste Justiz mit Trummeln und Pfeifen hinausgebracht."

Als nun im Jahre 1680 der Fall eintrat, daß „die Justiz" einer Reparatur bedurfte, da verweigerten die zünftigen Zimmerleute und Maurer ihre Mitwirkung. Sie nannten das ihnen zugemutete Werk ein unehrlich Stück Arbeit, und meinten Schmach und Verachtung abseiten der übrigen Zünfte zu befahren, wogegen keine kaiserliche Friedensversicherung sie schützen könne. Der Rat suchte und fand einen Ausweg, indem er die Arbeiter des Fortifikations-Departements, unter welchen unzünftige Professionisten jener Gewerbe, dazu kommandieren ließ. Anfangs waren auch diese, vom bösen Beispiel angesteckt, schwierig; sie murrten laut und zauderten, das Werk anzugreifen. Rasch entschlossen traten nun der Ratsherr Lt. Peter Rover und der Fortifikationsbürger Giese Burmester hervor; sie erklärten den Arbeitern, daß sie Einfaltspinsel seien, da das Werk ein Gerechtigkeit förderndes, deshalb Gott sehr wohlgefälliges, mithin ein ihrer Arbeiterehre völlig unverfängliches sei; dessen zur Bekräftigung die beiden wackern Herren dann ungesäumt zu den Hammern und Spitzhauen griffen, und eigenhändig begannen, die alten Steine aus der gemauerten Grundlage der Galgenpfeiler herauszuschlagen. Nun wirkte das gute Beispiel, die Arbeiter folgten und brachen unter Hallo und Jubelgeschrei das alte Mauerwerk ab. Peter Rover war natürlich als Ratsherr überall keiner Bemakelung zugängig; aber auch der Bürger Giese Burmester (der uns aus dem Schulte'schen Briefwechsel bekannt ist) hatte durch seine Befassung mit dem Galgen so wenig von seiner kaufmännischen Güte und bürgerlichen Ehrlichkeit eingebüßt, daß er im Jahre 1697 zu Rate erwählt wurde. Freilich war darob die wieder einmal etwas malcontente Bürgerschaft so ungehalten, daß sie ihn zur Abdankung nötigte, aber unter ihren Gründen war kein einziger mit jener Galgengeschichte verwandt, Überdies wurde er im Jahre 1709 wieder eingesetzt und konnte 1710 mit Ehren bedeckt aus dem Dasein scheiden.

Am 2. September 1717 ereignete es sich, daß bei einein heftigen Sturmwind dies Hochgericht zusammenstürzte mit einem noch darin hängenden Missetäter, dem weiland Juden Aaron Meyer. Als ein großer Dieb im Jahre 1714 verurteilt, hatte er während der von hiesigen Geistlichen mit ihm unternommenen Bekehrungsversuche, ein so lästerliches Verfluchen des Christentums und des Heilandes losgelassen, daß man fürchtete, er werde damit noch auf seinem letzten Wege, wie unter dem Galgen, Ärgernis erregen und einen Volkstumult wider sich heraufbeschwören. Man meinte es deshalb auch mit ihm nicht böse, als man ihn scharf bedräuete, man werde ihn nicht hängen, sondern rädern, sofern er sein gottlos Lästern fortsetze. Den Scharfrichter aber instruierte man insgeheim, ihn in solchem Falle rasch zu hängen und dann den Körper auf's Rad zu setzen. Die Vermahnung aber fruchtete, er lästerte nicht laut, sondern verschied stumm, und deshalb kam sein Körper nicht auf's Rad, sondern blieb im Galgen. Dahin folgten ihm 1715 drei minder große Diebe, deren Leichen dann abgenommen und mit Einscharrung begnadigt wurden, 1716 war eins der damals seltenen Jahre, das keine Exekution in Hamburg sah. 1717 also wehte der Galgen mit Aaron Meyer's Überresten um.

Als nun ein neuer Galgen zu errichten war, da gab's freilich keine offene Widersetzlichkeit mehr, aber es bedurfte doch kluger Verhandlungen in Menge, um zum Ziel zu kommen. Man ließ vorerst den neuen Galgen nicht von zünftigen Zimmerleuten, sondern im städtischen Bauhofe zurecht zimmern. Dazu hatte man freisinnige und aufgeklärte Charaktere ausgesucht, die sich nachgerade in einer großen Stadt finden ließen. Überdies wurde dem ganzen Werk von Anfang an eine gewisse Weihe dadurch gegeben, daß der älteste Bürgermeister Herr Dr. Gerhard Schröder im vollen Amtshabite den ersten Axthieb feierlichen Schwunges eigenhändig selbst tat, nachdem er in passender Anrede an die Werkleute des Bau-Departements, denselben die höchst moralische Seite dieser so verdienstlichen als ehrlichen Arbeit überzeugend auseinander gesetzt hatte. Falls irgendein bürgermeisterliches Auge diese Zeilen lieset, so dürfte der dahinter geweckte Gedanke einem „Te Deum laudamus" verwandt sein, darüber, daß derlei Funktionen heutzutage keinem Bürgermeister mehr anzusinnen seien. Amtsornat anzulegen, wie lästig; Äxte zu schwingen, wie mühsam; in's Galgenholz zu hauen, wie unpassend; Werkleute zu alloquieren, wie lächerlich! — Aber im Jahre 1718 legten erst nach solcher (damals gewiß sehr gerechtfertigten) Zeremonie die Leute mit Vergnügen Hand an's Werk, und rasch war das rohe Galgengebälke fertig. Da die Tischler schwierig waren, so ließ man es vom Bauhoftischler glatt hobeln, und da auch das Maleramt seine Beihilfe versagte, so besorgte ein Böhnhase aus der Vorstadt die anständige Überpinselung zu aller Zufriedenheit,

Als nun im Bauhofe alles fix und fertig war, wurde der 11. August 1718 zum feierlichen Transport der Werkstücke an Ort und Stelle behufs ihrer Zufammensetzung und Aufrichtung anberaumt. Und an diesem Akte des Werkes beteiligten sich nun auch, unter der Bedingung eines prozessionsmäßigen Aus- und Einmarsches, die strengen Korporationen der Zimmerleute, Grob- und Kleinschmiede und Bleidecker, Meister, Gesellen und Jungen insgesamt. Diese erschienen an: heitern Sommermorgen früh 4 Uhr im Bauhofe am Deichtore. Um fünf traten die ehrbaren Baubürger in schwarzen Feierkleidern und Bürgermänteln mit Degen, ½ Stunde später die Bauhofsherren, nämlich die Senatoren Nicolaus Wilckens und Joachim Coldorff im vollen Ratskostüm, in den Kreis. Jener, als der älteste, trat vor die in Front aufmarschierten Zünfte, räusperte sich, und redete sie an wie folgt:

„Vorachtbare und Ehren-Wohlgeachtete, theils kunsterfahrene, theils kunstbeflissene Männer!

„Wir preisen billig des großen Gottes Güte, daß er uns diesen Tag erleben lassen, und wünschen, daß ein Jeder denselben, mit vielen folgenden, nach Herzenswunsch glücklich hinterlegen möge. Wir wissen, wozu der heutige Tag gewidmet ist, nämlich, um auf E. H. Raths Anordnung das Hochgerichte uffzurichten. Was hiebei eines Jeden Pflicht ist, brauche ich nicht vorstellig zu machen. Wir aber wollen Gott herzlich danken, daß er unserm Hamburg, wie andern vornehmen Städten, die Gnade verliehen, die heil. Justiz selbständig ausüben zu dürfen, zu deren vornehmsten Stücken ein Hochgericht gehört, so wir jetzt wieder aufrichten wollen, daran ruchlose, boshafte, Gott vergessene Leute ihre Strafe zu erwarten haben, zum Exempel, Abscheu uud Warnung aller Derer, welchen eine Aenderung ihres sündlichen Wandels annoch möglich ist. An solcher Aufrichtung der Justiz mit zu helfen, seid Ihr berufen und erschienen. E. H. Rath dankt Euch und ist erbötig, Euch kräftigsten Schutz und Sicherheit zu verschassen wider Diejenigen, so Euch deshalb etwa zu nahe treten und schmähen möchten, und hat mir aufgetragen, Euch Solches in Seinem Namen zu versichern. Und nun, indem ich Euch zu Eurer ernsthaften Verrichtung Gottes Gnade und Segen anwünsche, sage ich Euch: gehet an's Werk!"

Hierauf trat der erste Ältermann des Zimmeramtes Meister Andreas Otto Behn (ein silberhaariger Greis, auch Vorsitzender Bürger-Capitain, † 1719) vor die Fronte, redete Se. Wohlweisheit geziemend an, bedankte sich Namens aller Meister und Gesellen, daß die Herren hochgeneigt sich zu so früher Stunde hierher bemüht hätten, um persönlich allen denen, die an Aufrichtung des Hochgerichtes arbeiten würden E. H. Rats Schutz und Sicherung wider verkleinerliche Afterredner und Ehrabschneider zuzusichern, — und schloß mit der Gegenversicherung, daß Meister und Gesellen am schuldigen Fleiße nichts fehlen lassen würden, um E. H. Raths und der Herren hoher Affektion immer fähiger zu werden.

Hierauf setzte sich der Zug in Bewegung. Auf ein Detachement Soldaten folgten die zehn Wagen, welche die Gebälke des Hochgerichts, sowie die zur Aufrichtung erforderlichen Geräte transportierten. Sodann die gedachten freisinnigen Zünfte einer jeden voran, nach Trommler und Pfeifer, die Meister in schwarzen Kleidern und Bürgermänteln, mit goldbetreßten Hüten, Degen und Stock, fehl ehrbar anzusehen. Die Zimmergesellen, 180 an der Zahl, trugen ihre Äxte auf der Schulter, die Schneide nach oben. Es führte sie des Ältermanns Sohn, Andr. Otto Behn jun. Der Schmiedegesellen waren etwa 125, der Bleidecker 16. Alle Wachen, welche diese feierliche Prozession passierte, traten unter's Gewehr und präsentierten, laut expresser Ordre des Senats.

Draußen auf der Gerichtsstätte versammelten die Amtsalten ihre Gesellen, und vermahnten sie, das wichtige Tagewerk ernst, tüchtig und fleißig zu fördern, sonder Hader oder Schalkheit, auch am Feierabend friedlich und nüchtern zu bleiben. Das Werk wurde dann vor Sonnenuntergang vollendet, worauf der Zug zur Stadt hereinmarschierte. In ihren Herbergen wurden die Gesellen sodann auf öffentliche Kosten mit Butterbrot, grünem Käse, Hering und Bier herrlich traktiert.

Dieses erneuerte Hochgericht blieb dann einige Monate unbenutzt und wurde erst am 30. Januar 1719 mittelst Aufknüpfung zweier israelitischer Malefikanten eingeweiht.

Im Jahre 1744 sollte der sogenannte Kaak (der in Kämmereirechnungen schon 1373 erwähnte, unten gemauerte, oben mit Holzgerüsten versehene Pranger) am Berge, gründlich erneuert, und zu gleicher Zeit für die Soldateska ein eigenes Hochgerichte in der Bastion Nr. 4 in St. Georg errichtet werden. Bei dieser Gelegenheit zeigte es sich, daß in der öffentlichen Meinung bereits ein Umschwung stattgefunden. Während man früher die Handwerker zu solchen Arbeiten hatte überreden und ihnen Sicherheit gegen Ehrenabbrüche verheißen müssen, drängten sich jetzt ihrer viel mehrere als man brauchte, dazu. Die große feierliche Prozession von 1718 und die senatorischen Reden hatten gewirkt. Anfangs wollte der Senat die Sache ohne alle Solennitäten in's Werk richten lassen, erfuhr aber bald, daß die Zünfte darauf bestünden. Sodann wünschte er nur die zur Ausführung erforderliche Anzahl von Meistern und Gesellen und nicht mehr, zu verwenden, — aber auch dies ging nicht, die Zünfte verlangten „kraft Herkommens", in voller Anzahl die Prozession mitzumachen. Mit Mühe setzte er es dagegen durch, daß nicht zwei Festtage daraus wurden, sondern daß beide Arbeiten an demselben Tage geschahen. Am 5. August 1744 fand der Actus statt, die Prozession wurde von den Zimmerleuten, Maurern, Grob- und Kleinschmieden, Steinhauern, Malern und Bleideckern, unter Ober-Anführung des Zimmer-Ältermanns Andr. Otto Behn jun.

(desselben, der 1719 die Gesellen führte, 1722 Meister und 1739 auch Bürger-Capitain geworden war). Jedes Amt hatte wieder 1 Trommler und 1 Pfeifer von der Garnison an seiner Spitze. Bei dem Zuge der Schmiede befand sich eine mystisch-mythische Figur im weißen Hemde mit rotem Halsband, daran 2 Schlüssel: Gott Vulcanus! Überdies waren unter Major Twestreng 600 Mann Soldaten auf den Beinen. Abends war das übliche Tractement in den Herbergen. Jeder Gesell bekam für 1 Mark Weißbrot und Hering, jeder Junge für 12 Schillinge, wobei 28 Tonnen Bier ausgetrunken wurden. Die Prozession und was damit zusammenhing, kostete der Stadt über 2000 Mark. Dabei ist noch zu erwähnen, daß ein besonderer Senatsbeschluß dem Frohn und seinen Leuten ernsthaft gebot, sich an dem Tage nirgendwo auf der Gasse, am allerwenigsten an den Stätten, da Hochgericht und Kaak aufgerichtet würden, blicken zu lassen, sondern still zu Hause zu bleiben.

Jenes im Jahr 1718 hergestellte Zivil-Hochgerichte, vulgo der Köppelberg, befand sich Anno 1751 in einem, durch wühlende Schweine gänzlich ruinierten Zustande, so daß den benachbarten Eignern derselben befohlen werden mußte, „daß sie ihre Schweine in der Schnauze beringen möchten." Am 18. August 1752 erlitt auch der Galgen bei einem heftigen Gewitter starke Beschädigungen, und mußte erneuert werden. Die alten 280 Stück Pallisaden, die „kein ehrlicher Mensch kaufen wollte", wurden dem Frohn für 15 Taler überlassen. Bei der am 21. Juni 1753 stattfindenden Aufrichtung fanden ganz ähnliche Feierlichkeiten statt. Im Bauhofe, wo sich die vom ältesten Baubürger alloquierten Handwerksleute versammelten, hatten 24 Mann mit 2 Sergeanten die Ehrenwache. Zwei Compagnien mit allen Offizieren und 25 Dragonern paradierten auf der Richtstätte. Eine Eskorte geleitete die Prozession, welche sich folgendermaßen formiert hatte: 1. die Zimmerleute, 2. die Schmiede, unter Anführung eines ansehnlichen Gesellen in Gestalt und Tracht des Feuergottes Vulcan, dem man 2 artige Cupidofiguren beigesellt hatte, 3. die Wagen mit den Balken und Geräten, 4. die Bleidecker, 5. die Maler, Trommler und Pfeifer bei jeder Abteilung. Alle waren sehr sauber gekleidet, mit neuen Schurzfellen und blankem Hemdwerksgerät. Die von den Zünften gewünschte Vortragung ihrer Fahnen war ihnen glücklich ausgeredet.

Übrigens wohnten die beiden dem Baudepartement vorstehenden Ratsherren der Feierlichkeit in Person bei, und zwar laut Senatsbeschluß im vollen Rats-Habite, und viele tausend Zuschauer hielten treulich bis zuletzt aus. Auch diesmal empfingen Frohn und Frohnsleute den gemessensten Befehl, sich zu Hause zu halten und nirgendwo öffentlich sich blicken zu lassen.

Die Herren konnten dann berichten: es sei, Gott sei Dank, alles glücklich abgelaufen, bis auf eine kleine Differenz unter den Schmiedegesellen, wegen des Pfeifers und Trommlers.

Im folgenden Jahre 1754 konnte nun das neu adjustierte Hochgericht mit einem Diebe, sowie mit einer Kindesmörderin in fliegenden Haaren feierlich eingeweiht werden, und der Frohn forderte für das erste Beschreiten der neuen Stätte das herkömmliche Extrageschenk von 50 Reichstalern.

Um die hamburgischen Galgengeschichten zu Ende zu bringen, möge noch folgender Kampf der alten und neuen Zeit mitgeteilt werden. Nachdem in: Januar 1782 einer der Hauptpfeiler des Galgens umgeweht war (man sieht, wie unsolide die jüngere Zeit sich bemerklich machte), tat ein neuer not. Der Frohn, ein „Master Vorwärts", beantragte nun: einen kleinen Galgen von zwei Hauptpfählen, mit einem Querbalken darüber, wie jetzt mehrfach üblich, von ihm errichten zu lassen, und dabei alle Handwerkersolennitäten wegzulassen, was beides ungemein viel Kosten erspare. Sein Entwurf berücksichtigte die herandämmernde Aufklärung, welcher der beständige Anblick des unästhetischen Galgens höchlich zuwider ist; deshalb machte er sich anheischig, das neue Kunstwerk nach jeder Exekution rasch abzubrechen und bis zum nächsten Gebrauch in seinem Keller aufzubewahren. Diesen allerdings lockenden, aber dennoch mehrere Jahre hindurch wohl erwogenen Plan adoptierte man endlich 1787, übertrug aber die Ausführung nicht dem Erfinder, sondern dem Bauhofe, dessen lichtscheue Arbeiter indessen Bedenken dabei fanden, weshalb man sich an unzünftige Handwerker zu wenden genötigt sah. Weil man nun auch den Platz des Galgens verändern wollte, so mußte das Kollegium der Oberalten befragt werden. Wohl dasselbe, allezeit konservativ gesinnt, consentierte aber nicht, sondern wünschte einen in alter Weise gebauten, feststehenden und in permanenter Abschreckung verbleibenden Galgen, auf der geschichtlich gewordenen alten Stelle. Nun bekamen auch die Dunkelmänner im Senate die Oberhand, worauf Hochderselbe den Oberalten beitrat (1788). Man projectierte auf dem alten Platz einen von tiefen Gräben, Pallisaden und einer Dornhecke umgebenen Hügel, dessen Gipfel der vom Bauhof in gewohnter Architektur zu konstruierende Galgen, 25 Fuß hoch und 16 Fuß breit, krönen sollte. Aus Gründen staatskluger Menage suchte man die kostbaren Handwerker-Aufzüge zu umgehen, und offerierte jeder der beteiligten sechs Korporationen eine Ergötzlichkeit von 100 Mark, als Abfindung für das wegzulassende Vergnügen, Die Meister sagten, sie wären's gern zufrieden, aber ihre unruhigen Gesellen wollten einhellig nicht und forderten was Rechtens wäre bei Galgenaufrichtungen. Also wurde beschlossen, auch hier zu accediren. Man machte den Galgen fertig, und bestimmte den 18. Juni 1789 zum Aufrichtungstag; die Amtspatrone convocirten ihre Zunftgenossen (wobei der Senat beschloß, den Meistern das früher gestattete Degentragen und die goldenen Hutschnüre auch diesmal nicht zu untersagen, sondern mit Stillschweigen zu übersehen); vier Zelte waren bereits aufgeschlagen und mit Bänken versehen, kurz: alles harrte dem festlichen Tage entgegen, — da war die Rechnung ohne den Wirt gemacht, denn als am 10. Juni die Kosten (4000 Mark) in der Kämmerei eingeworben wurden, tat dieselbe entschiedenen Einspruch. Hier war wiederum die Aufklärung, mit Sparsamkeit verbunden, überwiegend vertreten, Camerarii meinten das Geld nützlicher verwenden zu können, glaubten, daß ein kleiner transportabler Galgen, falls überhaupt ein solcher annoch nötig sei, dieselben Dienste leiste, und wünschten schließlich, das ganze Galgenfeld besser zu verwerten, nämlich als nützliche Kohlgärten zu verpachten. Unsere gottseligen Vorfahren hätte freilich der Gedanke, daß ihre Enkel Gemüse vom Galgenfelde zu speisen wünschten, recta via aus ihrer ehrlichen Haut gejagt; indessen war doch 1789 die vernünftige Nützlichkeits-Theorie schon so verbreitet in Hamburg, daß die Knochenhauer ihr Schlachtvieh auf dem Galgenfelde weiden ließen, und ehrliche Leute das mit den Kräutern des Galgenfeldes gemästete Fleisch dieser Tiere keineswegs verschmähten. — Darum drang dieselbe Theorie nun auch allmählich bei Ehrbaren Oberalten durch, welche jetzt endlich consentierten, daß nach dem allerersten Projekt ein transportabler Galgen, 16 Fuß hoch, mit 3 simpeln Streben für lumpige 250 Mark vom Frohn verfertigt, ohne Sang und Klang im Anwendungsfalle aufgerichtet und in nächster Nacht wieder weggenommen werden solle!

Da nun inzwischen Peter Albers, der unverbesserliche Dieb, dem Strange entgegen gereift war, so wurde dem Frohn befohlen, sein Werk zu fördern, und in der Nacht vor der nahen Exekution (13. Dezember 1790) seinen Galgen aufzustellen. Er versprach's, bat aber flehentlich um Offenhaltung eines Torpförtchens, damit er mit seinen Leuten, die ja sonst kein Mensch für eine Stunde in sein Haus aufnehme, mindestens im alten Abdeckerhause ein Obdach finden möge. Fast rührend klingt diese stille Wehklage des Frohns über seine ausgestoßene Weltstellung in den Jubel der Fortschrittskultur puncto des transportabeln Galgens und der erlangten Menage. Dieser fiel übrigens sehr gut aus, und kostete nur 100 Mark mehr, als veranschlagt. Er war Hamburgs letzter Galgen, der nur noch zwei Mal, 1797 und 1805, benutzt worden ist. Dann hing man hierorts keine Diebe mehr.

Auch an andern deutschen Orten erhoben sich damals manche Stimmen gegen dies Rüstzeug der Todesstrafen. Das Hochgericht der Stadt Rathenow war um 1800 bereits seit Menschengedenken nicht mehr gebraucht. Mit Vergnügen sah Samuel Christoph Wagner, der menschenfreundliche Verfasser der Denkwürdigkeiten dieser Stadt, deren Galgen immer stärker vom Zahn der Zeit benagt, dann einstürzen und endlich die Ruinen abtragen. Mit bitterm Ärger gewahrte er dann, daß auf der Oesfeld'schen Karte des Havellandkreises gerade der Rathenow'sche Galgen sehr bemerkbar gezeichnet war, während er bei andern Städten fehlte. „Möge Rathenow", so schreibt er, „niemals solch ein Denkmal verleugneter Menschheit und beeinträchtigter Menschenwürde wiederherstellen!" Freilich, Zeiten und Sitten ändern sich. Hiob sagt (12, 20): „Der Herr nimmt weg die Sitten der Alten".

Zum Beschluß des Abschnitts von den unehrlichen Dingen noch eine Betrachtung über das sogenannte Eselsbegräbnis.

Der Prophet Jeremias sagt Kap. 22, V. 18—21 von einem großen gekrönten Missetäter:

„Man wird ihn nicht beklagen: ach Bruder! ach Herr! ach Edler! Er soll wie ein Esel begraben werden, zerfleischt und hinausgeworfen vor die Thore Jerusalems!"

Dieser Spruch scheint nicht nur maßgebend gewesen zu sein für die Bestattungsweise alles verlebten Viehes der Christenheit, sondern derselbe Spruch hat auch im Jahre 900 dem Concilium Remense zur Grundlage jenes Beschlusses gedient, welcher alle Ketzer und Exkommunizierten, bei ihrem Abscheiden aus dieser Welt, zu gleicher Bestattungsweise, zum Eselsbegräbnis (sepultura asinina) verurteilt. Spätere Gesetze und Rechtsgewohnheiten haben diesen Unglücklichen noch verschiedene andere Verbrecher, sowie alle in carcere verstorbenen überführten Inquisiten beigesellt; ja, zur Strafverschärfung vollzog man dies Verfahren gewissermaßen schon bei Lebzeiten einiger sehr ruchloser zum Tode condemnierter Verbrecher, indem man sie auf eine Kuhhaut legte und unter Beihilfe des Abdeckers „durch die unvernünftigen Thiere" zur Richtstatt schleifen ließ. Nach ihrer Hinrichtung verscharrte man die Überreste der justifizierten ohnehin am Galgenfelde, sofern man sie nicht auf Galgen, Rad und Pfahl vermodern ließ. Seltene Ausnahmen hiervon kommen zuweilen vor, wenn reiche Verbrecher sich die Indulgenz mit schwerem Gelde erkauften und dann in geweihter Erde ruhen durften. Bewundern muß man deshalb die zarte Fürsorge der Stadt Ulm, welche es Anno 1382 beim Bischof von Konstanz erwirkte, daß nicht nur der Stadtpfarrer den Delinquenten die Beichte abnehmen, sondern daß auch den Bußfertigen unter ihnen, unangesehen ob reich, ob arm, das Begräbnis in geweihter Erde gratis gestattet werden durfte. Das geschah freilich noch vor der Zeit der sinnreichen Vervielfältigung und Verschärfung der Todesstrafarten.

Dem Exkommunizierten war der bei Ausführung seines Verbrechens erschlagene Missetäter, sowie der ohne Beichte und Absolution verscheidende Selbstmörder um so richtiger gleichgestellt, als man demselben sonst in keiner Weise mit einer Strafe mehr beikommen konnte. Hatte Letzterer sich in einem Hause entleibt, so durfte der Leichnam nicht über die geheiligte Schwelle getragen werden: man warf ihn durch's Fenster auf die Gasse, oder zog ihn unter der Schwelle, welche man untergrub, in's Freie, von wo aus der Henker oder Abdecker ihn vor die Tore schleifte, auf's freie Feld, nach ältestem Gebrauch zum nächsten Kreuzwege, wo er ihn einscharrte. Und auch dies in eigentümlicher Weise, nämlich mit dem Kopfe in der Himmelsgegend, da eines christlich Gestorbenen Füße zu liegen pflegten. Hatte er sich erhängt, so blieb an seinem Halse der Strick, und man ließ dessen verlängertes Ende drei Fuß lang über dem Grase auf der Erde liegen. Und so gab es noch manche Vorschriften für die Modalitäten des Eselsbegräbnisses der Selbstmörder, je nach Verschiedenheit der Todesart, alle aber geschahen durch die unehrlichen Hände des „Bödels oder Rackers."

Da nach dem Volksglauben die Selbstmörder, welche natürlich keine Ruhe im Grabe finden können, da sie unchristlich gestorben und unehrlich begraben sind, ein starkes Kontingent zum Heer der Gespenster liefern, so suchten gutgesinnte Abdecker den unterm Galgen Verscharrten das Widerscheinen unmöglich zu machen. Der Abdecker zu Tondern verfuhr dabei folgendermaßen. Er band und schnürte die beiden großen Zehe der Selbstmörderleiche fest aneinander, warf dann mit einem Bannspruch dieselbe dergestalt in die Grube, daß der Rücken oben, Gesicht, Brust u. s. w, unten lag, und meinte dann: „de schall dat Wedderkamm wol bliven laten."

Auch nach der Reformation wurde das Prinzip beibehalten, wenn man auch die Manier vereinfachte. In Frankfurt a. M., wo der Stöcker vormals die Leiche des Selbstmörders unter der Türschwelle des Hauses ins Freie geschleift hatte, ließ man ihn noch 1516 kürzeren Prozeß machen; er steckte den Leichnam in ein altes Faß, malte einen Galgen darauf und warf es dann von der Brücke in den Main. Zu den bei Ausführung ihrer Missetat umgekommenen Verbrechern rechnete man später auch, in Folge der strengen Duellverbote, den im Zweikampfe Erschlagenen, welchem man ebenfalls das unehrliche Begräbnis, als einzig mögliche Strafe, zuerkannte. Ob ein solches in diesem Falle in Hamburg jemals nach dem Wortlaut des Gesetzes ausgeführt ist, steht dahin, aber der Abschreckung wegen wurde die Versagung des ehrlichen christlichen Begräbnisses, gesteigert bis zur Androhung einer positiv schimpflichen Einscharrung, noch in unsern Duellmandaten des 18ten Jahrhunderts wiederholt. Auswärts aber war man im gleichen Falle strenger. 1698 wurde in Magdeburg ein Duellant vom Militär mit dem Galgen bestraft und der von ihm getötete Kamerad zugleich mit ihm unterm Galgen eingescharrt. In Halle hatten sich am 1. Dezember 1710 zwei 17jährige Studenten duelliert. Der Theologe Valentin Zielfeld war im Kampfe geblieben, worauf seine Leiche, in Folge königlichen Befehls, vom Wortlaut des Gesetzes nicht abzuweichen, zwischen Galgen und Rad eingescharrt wurde. Oftmals wird es jedoch den Fürbitten der Familie gelungen sein, solche Schmach abzuwenden und ein stilles Begräbnis für den im Zweikampfe Gebliebenen zu erlangen.

Dagegen blieb bis in die neuere Zeit für alle vorsätzlichen Selbstmörder das Eselsbegräbnis in Anwendung; ihre Körper wurden vom Abdecker auf seiner Karre oder Schleife zum Tore hinaus, und nach späterer vielfacher Präzis auf's Galgenfeld gebracht und dort verscharrt. Es kostete den Familien vornehmer Selbstmörder stets ungemein viele Mühe und Geldopfer, den von der Carolina, Art. 135 verlangten Beweis zu führen: daß kein boshafter frevelicher Fürsatz, sondern „Krankheit des Leibes, Melancholey, Gebrechlichkeit irrer Sinne oder andere Blödigkeiten" das Motiv der Tat gewesen, um des Unglücklichen Leiche den Händen der Henkersknechte zu entwinden, und ihr ein, wenn auch nicht gerade sehr ehrliches, so doch in tiefster Stille ein einigermaßen christliches Begräbnis an der Kirchhofsmauer zu verschaffen. Wenn es übrigens vom jungen Werther heißt: „Handwerker trugen ihn, kein Geistlicher folgte seiner Leiche", so werden schwerlich „ehrliche" Handwerker die Träger gewesen sein. Und häufig genug wurde dieser Punkt zum bittern Zankapfel zwischen den weltlichen und geistlichen Behörden, indem erstere sich allemal viel leichter von der Harmlosigkeit eines Selbstmordes überzeugen ließen, zumal wenn eine bedeutende Spende an die Armen den letzten Zweifel weglöschte, während der Geistlichkeit solche Nachgiebigkeit, dem Gesetz gegenüber und im Interesse der Kirchenzucht, durchaus unerlaubt erschien. Was würden die alten Consistorien zu der jetzt üblichen Glorifikation ausgezeichneter Selbstmörder bei ihrer ehrenvollen Bestattung sagen?

An vielen ländlichen Orten, namentlich da, wo kein Galgenfeld in der Nähe war, verblieb als Verscharrungsstätte der altherkömmliche Kreuzweg, „dar sick de Feldmarken scheiden", dieser unheimliche, im Zauber- und Geisterwesen vielberufene Ort des Irrens und Fehlens, in seinen Würden, Heine dichtet:

„Am Kreuzweg wird begraben,
Wer selber sich brachte um,
Da wächst eine blaue Blume,
Die Armesünderblum'."

Diese poetische Bereicherung der Botanik dahin gestellt sein lassend, sei hier nur bemerkt, daß in hamburgischer Gegend die Kreuzwegsbestattung nicht gebräuchlich gewesen zu sein scheint. Zur hamburgischen Praxis der letzten beiden Jahrhunderte übergehend, mag zuvorderst einiges über die Verscharrung der Überreste gerichteter Personen gemeldet werden. Wie viel ist immer über diesen Punkt gestritten, gebeten, gefleht worden! Wenn längst verzichtet wurde auf eine Begnadigung zum Leben, so wurde doch noch die Gnade für die Dinge nach dem Tode angerufen! Es war der inständige Wunsch aller noch nicht völlig verhärteten Verbrecher (und häufig ein Zeichen ihres wieder erwachten menschlichen Gefühls), daß ihr gerichteter Körper nicht möge unbestattet auf Galgen und Rad liegen bleiben, sondern, wenn auch nur in der Abdeckergrube, verscharrt werden. Um Geringeres kann eigentlich kein Mensch bitten. Meistens willfahrte der Rat solchem Bitten, zumal wenn es nicht von den Verwandten des Verbrechers, sondern von ihm selbst ausging oder durch sein gutes Verhalten in den letzten drei Tagen befürwortet war. Im Jahre 1759 berichtete Pastor Rüter, der eine Delinquentin zum Tode vorzubereiten hatte, wie dieselbe sich so überaus wohl präpariere, daß er lebhaft wünsche, ihr in dieser Hinsicht den Trost geben zu können, daß ihr Körper nicht lange auf dem Rade solle liegen bleiben, sondern bald abgenommen und verscharret werden. Der Rat autorisierte den Geistlichen zu dieser Zusage, und um desto getroster ist sie ihrem Tode entgegen gegangen. Ebenso ließ 1760 eine andere Inquisitin flehentlich bitten, „daß ihr todter Kopf nicht möge auf den Pfahl gestecket werden, was ihr doch gar zu empfindlich", — und barmherzig genug nahm E. H. Rath in diesem Falle Abstand von der strengen Gesetzesvorschrift. Bei solcher Neigung zur Milde muß derselbe in einem etwas späteren Falle besonders starke Gründe zur Beibehaltung der auf Abschreckung berechneten Prozedur gehabt haben. Es handelte sich darum, ob der Körper eines Malefikanten in Ketten am Galgen hängen zu lassen sein werde oder nicht. Der Rat entschied sich dafür, verfügte jedoch aus stadtväterlichem, rücksichtsvollem Herzen: daß von diesem Umstände dem Inquisiten, zu seiner Schonung, keine Wissenschaft zu erteilen sei.

Auch von der Verscharrung der Hingerichteten auf dem Galgenfelde dispensierte zuweilen die Obrigkeit und gestattete ein stilles Begräbnis an einem dem Kirchhofsfrieden zunächst belegenen Orte. In Hamburg diente dazu ein Platz beim St. Georgshospital (dem vormaligen Leprosenhause) bei der alten Begräbnisstätte der Aussätzigen. Es war dies aber reine Gnadensache, und nur dann, wenn ein Delinquent vom Scharfrichter „übelgerichtet" oder „mißgehauen" war, nahm man an, daß er in billiger Entschädigung dafür ein stilles Begräbnis verdiene.

Endlich verschaffte auch die anatomische Wissenschaft den armen Hingerichteten, deren Leiber ihr lehrreich gedient hatten, ein halbwegs ehrliches Begräbnis. Es machte sich ganz von selbst, daß dieselben bei Nacht und Nebel irgendwo sehr still, nicht aber auf dem Richtplatz verscharrt wurden.

Diese Milde des Hamburger Rates, die wie der bekannte rote Faden durch alle Jahrhunderte seines obrigkeitlichen Amtes geht, zeigte sich überhaupt in criminalibus am deutlichsten, und schon zu einer Zeit, wo andere Obrigkeiten jedes Abweichen von strenger Rechtsvorschrift als eine fehlerhafte Schwäche nicht verantworten zu können glaubten. Früher als an andern Orten wurden hier die zur Strafe des Rades Verurteilten zuvor erdrosselt. Früher als anderswo gab der Hamburger Rat dem Scharfrichter die Ordre: „daß er, ehe der Scheiterhaufen angezündet werde, den armen Sünder zuvor erwürge." Schon vor 150 Jahren verwarf der Hamburger Rat das in Zuchthäusern gebräuchliche

Züchtigungswerkzeug, genannt das mecklenburgische Instrument; und als vor 100 Jahren ein kluger Mann den Vorschlag tat, die Fenster der Gefängnisse mit Brettern dergestalt zu verkleiden, daß wohl Licht von Oben hereinfiele, die Incarcerierten aber weder sitzend noch stehend hinausschauen könnten, — da ließ er den armen Gefangenen diese einzige kleine Unterhaltung und Zerstreuung, verfügend: daß die Fenster gerade so zu belassen, wie sie jetzt sind.

Auch die in carcere natürlich verstorbenen Verbrecher empfanden solche Milde günstiglich in Bezug auf ihre Bestattung. Noch 1707 wurde die in der Frohnerei an einem Leibesschaden verstorbene junge Frau per Schinderkarre auf's Galgenfeld geschleift und hier verscharrt; aber schon 1737 ließ der Rat einen in der Frohnerei am Schlagfluß endenden Mörder, Röhrs, zwar beim Hochgericht einscharren, jedoch in aller Stille und ohne Aufsehen. Und schon 1755 wurde in einem gleichen Falle der Körper des Verblichenen in einem abgesonderten umplankten Teil des Armenkirchhofs vor'm Steintor „eingegraben" (NB, nicht begraben, aber auch nicht eingescharrt; man begreift den Segen einer guten Distinktionsmethode). Später wurden solche Leichen oftmals der Anatomie geopfert, in welcher man einen passenden Weg fand, das Angenehme mit dem Nützlichen zu verbinden. So stritten sich einst um den wünschenswerten Körper einer Inquisitin drei Parteien: 1. deren Mutter, behufs stillchristlicher Beeidigung in der Kirche, was ganz anmaßlich erfunden wurde; 2. der Physicus Dr. Volten, welcher seine Hebammen praktisch zu unterweisen wünschte, was nicht unberechtigt, aber doch etwas unschicklich erschien; endlich 3. die Älterleute des Amts der Barbierer und Wundärzte, welche ihren Gesellen eine anatomische Belehrung zu erteilen trachteten, was man sehr passend und nützlich erachtete, und sie mit der Beute davon gehen ließ.

In Betreff der älteren Bestattungsweisen melancholischer Selbstmörder in Hamburg fehlt es an Nachrichten. — Eine billige Rücksicht auf väterliches Verdienst mag gewaltet haben, als 1621 der Sohn des sel. Ratsherrn Elard Esih sich an der Galgenleiter des Hochgerichts erhängt hatte. Er wurde ohne Assistenz des Frohns in der Stille auf dem St. Jürgensfelde, da wo das uralte Steinkreuz stand, beerdigt. Vielleicht auch erachtete man die Desperation, die dazu gehört, um sich freiwillig an der Galgenleiter aufzuknüpfen, als das sicherste Zeichen irrester Sinne. — Einem armen Schneider aus Altona, der sich 1626 am Glockenschwengel des Hamburger Domturms erhängte, widmete man das volle Eselsbegräbnis.

Vor 200 Jahren galt der kleine St. Annen-Kirchhof, von welchem jetzt auch der letzte Rest verschwunden ist, als die letzte Ruhestätte solcher Unglücklichen, welchen das stille Begräbnis in mitternächtiger Stunde gegönnt werden durfte, z. B. für den Stadtbibliothekar Dr. Blume, dessen Hypochondrie allerdings als „Gebrechlichkeit irrer Sinne" passieren konnte. Als (1661) der Dr. med. Lucas Lambeck (des berühmten Professor Petri Lambecii Bruder) sich „aus Desperation wegen Liebessachen" mit dem Federmesser die Pulsadern geöffnet, dann aber vor seinem Tode noch sehr reumütig gebeichtet und das heil. Abendmahl empfangen hatte, da konnte das geistliche Ministerium nicht umhin, dem mit Gott versöhnt Gestorbenen die stille Beerdigung zu gestatten, zu merklicher Gemütserhebung des beliebten alten Vaters Heino Lambeck, Rechnenmeisters der St. Jacobi-Kirchenschule, welcher ein Jahr darauf den für sein protestantisches Herz gewiß noch viel empfindlicheren Schmerz erleben mußte, daß sein älterer Sohn, genannter Petrus, der zänkischen Eheliebsten entfliehend, heimlich nach Wien ging, dort kaiserlicher Bibliothekar und — katholisch wurde. — Ein großer Kampf dagegen entbrannte im Dezember 1671 um die Leiche eines schönen jungen Mannes, Leonhart Marseelsen oder Marsellis, niederländischer Herkunft, aber als Generalpostmeister für Norwegen in dänischen Diensten stehend. Auch hier war unglückliche Liebe die Ursache, weshalb er sich eines Morgens am Elbdeich mit seinem Degen das allzuheiße Herz durchstach. Er war ein Vetter der Herrin von Wandsbek, Witwe Berens, welche seine Leiche reklamierte, und nach mehrtägigen Debatten, gegen Protest des Ministeriums, wirklich erhielt, — Noch heftigere Differenzen veranlaßte im Jahre 1695 des jungen Lt. Meins Beerdigung. Abermals „aus Desperation wegen Liebessachen" hatte derselbe sich erschossen, und war sonder Beichte und Absolution hinübergegangen. Der reiche Vater, dessen Hartherzigkeit man dies Unglück zuschrieb, offerierte der Stadtkasse 4 bis 5000 Taler, um von seiner Familie den herandräuenden Schimpf einer sepultura asinina abzuwenden, wogegen das Ministerium protestierte. Auch der Frohn Ismael Asthusen verlangte vom Vater eine Diskretion von 1000 Mark. Sonst würde Ersterer seine Schinderkarre dem alten Herrn Meins vor's Haus geschoben haben, „weil es so seine Privilegia mit sich bringen." Wie groß muß also die Furcht vor dem Bann der Unehrlichkeit damals noch gewesen sein, wenn sie den hartgesottenen Geizhals zu solchen Opfern bewog. Ob das Gewicht jener Summe, und seine ferneren Erbietungen zu einer frommen Stiftung den Ausschlag gab, — ob eine vom Physicus an der Leiche aufgespürte Krankheit des Leibes, oder eine sonst indizierte Melancholie samt andern Blödigkeiten, der menschlichen Sympathie mit der unglückseligen Braut und der ganzen romanhaften Geschichte der milderen Ansicht zu Hilfe kam: genug, auch ihn empfing der St. Annen-Kirchhof.

Denkwürdig ist auch der folgende Fall. Im Jahre 1662 war ein junger Lebemann an abgelegener Stelle des Walles erstochen gefunden worden. Nach einem, vermutlich von seiner Familie ausgesprengten Gerüchte nahm man an, daß er im Rencontre mit einigen durchreisenden Fremden seiner Bekanntschaft, von diesen getötet sei; und da alle sonstigen Anzeichen eines stattgehabten kartellmäßigen Duelles fehlten, so präsumierte man einen schrecklichen Mord. Man ließ also das Gassenrecht über den Toten halten, beschrie ihn nach Vorschrift, und zitierte die Mörder aus allen vier Winden herbei, natürlich vergebens. Den gebeugten Eltern zu Liebe wurde das von ihnen veranstaltete Leichenbegängnis von einem großen Gefolge vieler Ratsherren, Doktoren, Lizentiaten u. s. w. begleitet, welche dabei liebreich ein Auge zudrückten puncto des keineswegs makellosen Lebenswandels des Verbliebenen. Von der Geistlichkeit war jedoch niemand erschienen, weil jener „ein epikurisch Leben geführt und sich überall häufiger, als im Beichtstuhl habe finden lassen, wie er denn seit vielen Jahren gar nicht zum Tische des Herrn gegangen sei." Einige Tage nach der prunkvollen Beisetzung in der Domkirche wurde jedoch ruchbar, daß der Erstochene keineswegs von fremder, vielmehr von eigner frevelnder Hand gefallen sei, und nachdem dieser Sachverhalt völlig erwiesen war, verurteilte das Gericht ihn als einen fürsätzlichen, boshaften Selbstmörder zum schimpflichen Eselsbegräbnis. Der Körper wurde demnach aus seinem ehrlichen christlichen Grabe im Dom wieder hervorgeholt, dem Abdecker überliefert, und von diesem auf dem Galgenfelde verscharrt.

Gefangene Verbrecher, welche ihren Missetaten durch Selbstmord die Krone aufsetzten, wurden auch in dieser Weise verscharrt. Noch 1749 befahl der Rat, daß der Frohn die in seiner Custodie sich selbst entleibt habenden Gefangenen auf gewöhnliche Weise nach der Gerichtsstätte hinausschleifen und dort einscharren lasse. Der letzte Fall dieser Art in Hamburg mag im Oktober 1818 vorgekommen sein, als die Leiche eines Schlächters, welcher seine Ehefrau ermordet und sich dann selbst getötet hatte, auf der Schinderkarre zum Galgenfelde gefahren und dort eingescharrt wurde. An andern Orten erhielt sich das Eselsbegräbnis in Fällen dieser Art noch länger. In Frankfurt a. M. wurde 1836 ein Schneider, der seine Frau, seine 2 Kinder und dann sich selbst ermordet hatte, durch gerichtliches Urteil „eines ehrlichen Begräbnisses" unwürdig erklärt, in Folge dessen verfügt wurde, daß sein Leichnam durch die Knechte des Scharfrichters auf einem Karren nach dem Schindanger zu führen und daselbst durch deren Hände zu begraben. (Stricker, neuere Geschichte von Frankfurt.)

In Betreff der einfachen Selbstmörder, bei welchen der schlechte Lebenswandel des Entleibten notorisch und gewissermaßen die Ursache ihrer Tat war, herrschte in Hamburg die alte strenge Präzis in der Stadt meistenteils noch länger als auf dem Landgebiete, was freilich in den Persönlichkeiten einiger Landherren seinen Grund gehabt haben mag. Anno 1744 bestimmte der Rat: „daß das Corpus des dem Gesöffe ergebenen und sich selbst erhängten Hautboisten Leichenstein, mit Toröffnung durch den Frohnsknecht hinauszufahren und an der Gerichtsstätte einzuscharren." Noch 1778 wurde dieselbe Prozedur befolgt, „Anderen zum abschreckenden Exempul", in Betreff einer ganz gottlosen Weibsperson, welche sich schließlich umgebracht hatte. Um 1793 aber stand schon die mildere Praxis, selbst bezüglich der ruchlosen Selbstmörder, fest genug, um den Körper eines stadtkundigen „versoffenen Frevlers" nicht auf dem Galgenfelde, sondern auf dem Armensünder-Kirchhofe, nicht einscharren, sondern „begraben" zu lassen, und zwar nicht durch den Frohn, sondern durch die ehrliche Stadtleichenfrau, welche in Hamburg den seltsamen Titel „Gardewin'sche" führt und gewöhnlich Frau Morgenstern heißt, was später sich dahin umkehrte, daß ein Herr Morgenstern als Stadt-Leichenfrau angestellt wurde.

Seit einigen Jahren hatte man nämlich angefangen, vom Galgenfelde ganz abzusehen. Man hatte an einsamer Stelle vor dem Dammtore zwei verschiedene Begräbnisplätze für Selbstmörder eingerichtet, deren einer für ganz honett galt, während der andere sich einiger Unehrlichkeit nicht erwehren konnte. Jener war groß und stark benutzt, dieser klein und selten im Gebrauch, was genugsam zeigt, wie human man schon beim Antritt des 19. Jahrhunderts dachte.

In Betreff ländlicher Vorkommnisse dieser Art sind folgende Geschichten mitzuteilen.

Im Sommer 1750 hatte in der Wohldorfer Mühle ein alter kranker Mühlknappe Obdach gefunden, welchen der Müller Krecker als einen guten, aber wegen schwerer Gebrechen stets brotlosen Menschen kannte, der sich mühsam von Mühle zu Mühle durch's Land betteln mußte. Da der arme Mann nun sehr über seine „Wehtage" klagte, so gab er ihm noch spätabends ein Warmbier, fand ihn aber frühmorgens auf dem Hopfensack der Diele mit weitklaffender Halswunde im Verscheiden. Auf des darüber zukommenden Waldvogts Frage, ob ihn etwa der Teufel geplagt, daß er sich selbst zu nahe getan, schien er noch mit Ja antworten zu wollen, als just seine Seele entwich. Sein ordentlich zusammengeklapptes Taschenmesser war noch blutig und bewies vollends die Tat. Der aus der Stadt requirierte Ratschirurg sezierte den Körper und judizierte: daß den Verlebten die allerempfindlichsten Blasenschmerzen wohl hätten zur desperaten Tat treiben können; und darauf verfugte der Waldherr ein stilles, aber christlichehrliches Begräbnis.

Einige Jahre später ereignete sich zu Volksdorf ein tragischer Fall. Des dortigen Vogts Sohn war ein sehr wilder Bursch, dem dreifachen W leidenschaftlich ergeben, wobei er regelmäßig halbjährlich auf einige Wochen schwermütig wurde. Dann saß er über acht Tage lang tief im Walde versteckt ohne sattsame Nahrung, und rasete wie ein wildes Tier, wenn man ihm nahe kam, weshalb ihn der Vater in solchen Zeiten ungestört gewähren ließ. Man konnte an ihm begreifen lernen, wie der alte Glaube an Besessenheit hatte entstehen können. So war er nun 25 Jahre alt geworden, als er plötzlich am Weihnachtsabend aus dem väterlichen Hause und Hofe verschwunden ist. Der Vater blickt noch spät vor'm Schlafengehen hinaus in die heilige Nacht; da gewahrt er in dem großen Tannenbaum beim Hause ein seltsam Lichtlein, das leise hin und her schwankt, wenn der Wind in den Ästen seufzt. Er sieht also nach, und findet Entsetzliches: hoch oben im Baum hängt als starre Leiche sein Sohn, die brennende Laterne vor sich auf der Brust befestigt. Ob solcher grausamer Weihnachtsbescherung ist der alte Mann alsbald schwer erkrankt und gestorben. Die grauenhafte Schwermut des verwilderten Jünglings rettete seinen Körper vor dem schimpflichen Begräbnis, er wurde in der Stille von den ehrlichen Knechten des Gehöftes auf dem Kirchhofe hart an der Mauer beerdigt, und man lobte die Milde des Waldherrn sehr.

Im Jahre 1783 lautete ein landpolizeilicher Bericht über eine in der obern Alster gefundene Leiche also: „das todte Corpus war im Leben Hinrich N. N., bekannter Säufer und Herumtreiber, auch arger Frevler, zu vielen Malen bestraft wegen aller Schändlichkeit, führte ein zigeunerisch Leben, auch gotteslästerlich in Worten und Werken. In seiner Tasche ließ sich nichts finden denn ein messingner Knopf und ein schandbar Lied, gedruckt in diesem Jahr. Was ihn zu Wasser an getrieben, weiß man nicht. Man hat aber Ursach zu glauben, daß ihn kein guter Geist regieret hat." Und auf diesen Bericht erkannte der Landherr kein Eselsbegräbnis, sondern eine stille Beerdigung an der Kirchhofsmauer. —

Noch ist eines Falles vom Jahre 1748 zu erwähnen, in welchem das beabsichtigte, jedoch unterbliebene Eselsbegräbnis als Folge der freiwilligen Exkommunikation eines alten Atheisten erscheint.

Ein wohlhabender Mann, angesessen nahe bei Hamburg am Stadtdeich, hatte sich seit vielen Jahren nicht nur vom Gottesdienste, von Predigt, Beichte und Abendmahl, kurz von aller und jeder Kirchengemeinschaft entfernt gehalten, sondern auch offen sich ausgesprochen als Religionsverächter und Gottesleugner. Viele Versuche verschiedener Geistlicher, ihn wenn auch nicht zum positiven Glauben, so doch mindestens zu einer gewissen Verbindung mit der Kirche zurückzuführen und seinen unseligen Atheismus zu bekämpfen, waren gescheitert; sie hatten nur die noch unumwundenere Erklärung seines völligen Abfalls, seines Standpunktes außerhalb der christlichen Kirche, zur Folge gehabt. — Im Dezember 1748 erkrankte nun dieser Mann, gleichzeitig mit seiner etwas milder gesinnten Frau. Da beide am Tode lagen, begehrte die Frau das heil. Abendmahl und drang, vereint mit dem Geistlichen, in ihren Mann, an der Kommunion teilzunehmen. Alles Bitten und Flehen war vergebens. Die Frau starb bald nach Empfang des Sakraments, der Mann, nachdem er dasselbe nochmals zurück gewiesen, Tags darauf. —

Als die Verwandten dieses kinderlosen Ehepaars die Bestattung anordneten und das Familienbegräbnis des Mannes, in der Kirche seines Wohnortes, in Bereitschaft setzen ließen, da verweigerte der Pfarrer, nicht der verstorbenen Frau, wohl aber der Leiche des Mannes, solche Ruhestätte am heiligen Orte. Indem er die Bedeutung eines Grabes innerhalb der Kirche ganz richtig auffaßte, erklärte er: da der Verstorbene sich von aller Kirchen-, ja von aller Christengemeinschaft absichtlich und wohlüberlegt losgesagt habe, so könne sein Leib unmöglich, — so wenig wie der eines Juden, Türken oder Heiden — in christkirchlicher Gemeinschaft der Auferstehung harren. In dieser Anschauung pflichteten dem Pfarrer die Juraten bei, desgleichen der Landherr, an welchen die Sache nun zur Entscheidung gelangte. Auf die Frage: wohin denn aber mit der Leiche? scheint man anfangs den Ausweg eines neutralen, ungeweihten Gebiets übersehen zu haben. Denn der Landherr, dem vielleicht die alten Vorschriften in Betreff des Begräbnisses der im Kirchenbann Gestorbenen, der Exkommunizierten, Ketzer und Atheisten vorschwebten, verfügte: Eingrabung auf dem Anger, da man tote Tiere verscharrt, d. h. ein unehrliches Begräbnis durch den Frohn! Das war denn doch den Verwandten und Freunden allzustreng. Ihre dringende Vorstellung und duldsamerer Kollegen Fürwort brachte eine Vermittlung zu Stande, wonach der entfernteste Winkel des Kirchhofes, eine Stätte, darin und in deren Nähe noch niemand beerdigt war, zur Aufnahme dieser Leiche bewilligt wurde. Wahrend nun die christlich verstorbene Frau in üblicher Weise unter Glockengeläute in dem Erbbegräbnis der gottseligen Vorfahren beigesetzt wurde, senkte man in der nächsten Morgenstille den Körper des alten Atheisten ohne Sang und Klang in diese Gruft, welche man durch eine Dornenhecke abtrennte von dem übrigen Teil des Friedhofes.

Wie oben im Kapitel von Gerichtsdienern, so muß man auch hier den an der Welt Ende sitzenden Bewohnern des Hamburgischen Amtes Ritzebüttel den Ruhm lassen, daß sie auch in diesem Stück der Vätersitte am treuesten geblieben waren. Für den notorischen Selbstmörder gab's hier kein ehrlich Begräbnis. Wenn in des Physicus Todesbescheinigung das Wort Suicidium oder Selbstmord stand, so wußte der Herr Pastor Bescheid, daß er bei solchem Begräbnis nicht läuten lassen durfte. Und wenn das Läuten unterblieb, so wußte auch die sogenannte Nachbarschaft (d. h. die zum gegenseitigen Leichentragen etc. verbundene Ortsgenossenschaft) Bescheid, daß sie nicht zu tragen brauchte. Dann mochte tragen und folgen, wer da wollte, etwa gedungene fremde Tagelöhner oder amerikanische Matrosen, vielleicht auch der Herr Amtmann nebst Familie und Dienerschaft, und wirklich hatte einmal der Senator Abendroth sich herbeigelassen, den Eingesessenen des Amtes ein leuchtendes Beispiel solcher Art zu geben, jedoch völlig erfolglos. — Noch in neuerer Zeit ereignete sich in alter Weise ein Fall, der ein anderes Verfahren herbeiführte und den Selbstmördern eine anständige Leichenbestattung, sogar mit Glockengeläute, ehrlich und christlich, zu Wege brachte. Der damalige senatorische Amtmann, der Abendroths Exempel nicht nachahmen wollte, decretierte: 1. daß der Physicus das Wort Suicidium wegzulassen und nur den Tod zu attestieren habe, da die Todesart nicht ihn, sondern allenfalls das Gericht angehe; 2. daß das Läuten den Pastor nichts angehe, sondern Sache der Kirchenvorsteher sei; 3. daß diese zu ermächtigen, läuten zu lassen, um die Nachbarschaft zu convociren. — Zufällig war es den Vorstehern sehr erwünscht, einmal ihrem Herrn Pastor entgegentreten zu dürfen, sie opferten also gern den frommen Brauch der Väter und griffen zum Glockenstrang. Dem gewohnten Klange folgte nun anstandslos die Nachbarschaft, und so ging die Bestattung der Selbstmörderin in kompletter Ehrenfülle von Statten, — wobei wir nicht untersuchen wollen, ob in dieser Weise nicht des Guten zuviel geschehen war. — Im nächsten Falle fand jedoch der hypochondrische und zuweilen melancholische Physicus die decretirte Auslassung des Wortes Suicidium gegen sein Amtsgewissen, und nun mußte der Amtmann selbst, um das Glockenläuten zu ermöglichen, auf Grund des Physicatsberichts eine Todesbescheinigung ausstellen, in welcher er, ad vocem Todesart, den galenischen Ausdruck „asphyxia." (Aufhören des Pulsschlages) wählte, mit dem Zusatz „in aqua". Hieran stieß sich niemand, es wurde die Nachbarschaft zusammengeläutet und alles verlief sehr ehrbar!

Seltsam! Nicht gar lange darnach war der Amtmann abermals genötigt, die bedeutungsvollen Worte „asphyxia in aqua" einer Todesbescheinigung einzuschalten, welche einem Ehrenmanne galt: dem schwermütigen Physicus!

Soviel von den unehrlichen oder Eselsbegräbnissen, welche gegenwärtig wohl überall nur noch in Betreff der Tiere stattfinden.

Kleine Kinder, welche ihre kurzen Beine selten ruhig von der Schulbank herabhängen lassen können, vielmehr in angeborener Beweglichkeit mit denselben gar sehr hin und her zu baumeln den unwiderstehlichen Trieb fühlen, pflegt der Lehrer zu berufen: sie täten damit den Esel zu Grabe läuten. Sicherlich versteht den Ursprung und Sinn dieser Redensart kein Kind, und kaum einem von hundert Lehrern ist bewußt, ob er damit eine Warnung vor jedweder Beteiligung an den Formalitäten eines unehrlichen Leichenkondukts ausgesprochen haben wolle, oder was sonst. Falls aber ein Kind schon einmal das unbeschreiblich traurige Schauspiel erlebte, wenn ein altes gutes Tier vom Abdecker fortgeschleift wird, so empfindet es wahrscheinlich bei solcher Anrede des Lehrers ein sehr weiches Gefühl, welches in Worte übersetzt etwa lauten würde: „und wenn sie auch den armen toten Esel auf keinem Himmelwagen zu Grabe fahren, und auch kein Choral dabei klingt und kein Glöcklein läutet, so will ich doch gern, so gut ich's kann, ihm die letzte Ehre erweisen." Und dann blickt zweifelsohne das Kind den Lehrer etwas trotzig an und baumelt mit beiden Beinen hastig weiter.

Dritter Abschnitt

Vom Ehrlichsprechen

Nachdem wir genugsam von unehrlichen Leuten und Dingen gehandelt, kommen wir zu einem erfreulicheren Schluß: zur Tilgung des Makels, zum Ehrlichmachen der Unehrlichkeit, zur Herstellung der Ehre.

Zwei alte Sprichwörter bezeichnen völlig die dem deutschen Ehrbegriff zn Grunde liegende Auffassung dieser Dinge. Es heißt erstens:

„Gut verloren, — nichts verloren,
Muth verloren, — viel verloren,
Ehre verloren, — Alles verloren!"

Deshalb heißt es ferner:

„lieber zehn ehrlich machen, als einen zum Schelm."

Oder, wie es beim Gesellenwerden der Handwerker üblicherweise in der feierlichen Anrede heißt:

„Hilf lieber zehn ehrlich machen, als einen unehrlich."

Dieser Grundsatz mochte zunächst wohl nur für die an sich makellosen Personen gelten, welche zufällig durch Berührung unehrlicher Menschen und Dinge, in gleiche Verdammnis gefallen waren; ihre Standesgenossen durften das anstößige Factum vertuschen, oder, war es dennoch ausgekommen, durch eine Art Judicium parium ihre Rehabilitation aussprechen. Es lag ferner darin eine Warnung vor allen übereilten Verrufserklärungen einzelner Personen oder ganzer Korporationen, und gibt jedenfalls die christlich-barmherzige Lehre: lieber das Unehrlichwerden bei 10 Mitmenschen zu verhüten, als beizutragen, daß einer durch Verrufserklärung in's Verderben gestoßen werde. Daneben dürfen wir hoffen, daß auch die allmächtige Zeit, die ja so viel wichtigere Dinge in den vergessenen Hintergrund zu stellen weiß, häufig genug einen schuldlos in Makel Gefallenen rehabilitiert haben wird. War er nur sonst ein rechtschaffener Mann, so mögen seine Genossen ihn eine Weile gemieden, dann aber der Schade sich verblutet, und fürder kein Hahn darnach gekräht haben. Indessen war selbstverständlich diese rehabilitierende Macht und der Palliativ-Einfluß ehrlicher Privatpersonen nicht groß und nur im Einzelnen wirksam. Es war daher äußerst erwünscht, daß der schöne Grundsatz: „lieber zehn ehrlich machen als einen zum Schelm", auch vom Kaiser und Reichstag anerkannt und vielfach befolgt wurde. Es wirkte natürlich ganz anders, wenn durch kaiserliches Patent und Reichsgesetz ganze Zünfte und Genossenschaften, für jetzt und in alle Ewigkeit aus niedriger Unehre in den bürgerlichen Ehrenstand erhoben wurden; und dies geschah, wie wir oben gesehen haben, zu verschiedenen Zeiten sowohl in Betreff einzelner Gewerbe wie ganzer Gruppen derselben, als auch in Betreff der verrufenen Justiz- und Polizeidienste. Jedes neue Gesetz, welches gewerbliche Unehrlichkeiten aufhob, verfehlte niemals, auch zugleich die früheren Rehabilitationen einzuschärfen, und deren Nachachtung den Regierungen der einzelnen Reichsländer zu befehlen, welche dann auch mit zweckentsprechenden Edicten nicht säumten. Hierher gehört die energische Verordnung des Herzogs August von Braunschweig vom 24. April 1656. Wie mögen dann endlich auch die hannoverschen Amts-, Stadt- und Gerichtsdiener, Pfänder, Holzknechte, Flurschützen, Totengräber, Bettelvögte und dergl. zur Justiz- und Polizei-Übung unentbehrliche Bedienstete und ihre Familien sich gefreut haben, als das landesherrliche Edict vom 6. April 1734 erschien, welches sie von der auf ihnen gelasteten Quasi-Infamie erlösete, welches sie einführte in alle ehrlichen Gilden und Gesellschaften, welches ihnen die Kirchenstühle ehrlicher Mitbürger öffnete, ihnen die Mietung ehrlicher Wohnungen verschaffte, welches ihren dereinst verblichenen Körpern das volle christliche Begräbnis durch ehrliche Träger verhieß, — welches dagegen die Contravenienten und jene obstinaten Mißächter ihrer hergestellten Ehre mit den schärfsten Bußen, ja mit der Strafe des Karrenschiebens vedräuete! — Besonderer Nachhilfe bedurfte das Reichsgesetz von 1731 auch in der Stadt Dortmund, wo Gilden und Zünfte nach wie vor die Gerichtsdiener und ihre Kinder verachteten. Der Rat daselbst erließ also eine Verordnung (4. Juli 1764), in welcher er einschärfte, daß diese Personen allerdings für ehrlich zu halten und in Gilden und Zünfte aufzunehmen, — überdies auch verfügte, daß sie nach ihrem Ableben allezeit von den nächsten Nachbarn zu Grabe zu tragen seien. Ja, um der lebenden Gerichtsdiener Ehrlichkeit recht glänzend zu demonstrieren, beliebte wohlderselbe Rat, daß die verstorbenen künftig auf Stadtkosten kirchlich beläutet und bepredigt werden sollten. So weit ging, so viel bekannt, keine andere Obrigkeit in ihrem Eifer für's Ehrlichmachen.

Wir haben oben gesehen, wie die Reichsgesetzgeber sich sogar der unehrlichsten Klasse, der Scharfrichter, Henker und Schinder, tunlichst annahmen, und, wenn auch nicht sie selbst, doch mindestens deren Nachkommen, sofern sie die väterliche Profession verließen, ehrlich sprachen.

Der, in dessen Person sich der höchste Grad der Unehrlichkeit vereinigte, der Henker selbst, welcher gewissermaßen von Rechts wegen und kraft angeborener Natur unehrlich war, konnte begreiflich nur durch denjenigen ehrlich gemacht werden, in dessen Person sich der höchste Grad der Ehrlichkeit mit der höchsten Stufe irdischer Machtvollkommenheit vereinigte, nämlich durch den Kaiser, von dem ursprünglich alle Standeserhöhungen ausgingen. Eine höchst anmutige Sage, die in ihren wesentlichen Bestandteilen auf Wahrheit beruhen muß, diene als erstes Beispiel.

Als einst vor unendlich vielen Jahren, — so heißt es — bei Kaiser Friedrichs Empfangsfeierlichkeiten zu Frankfurt a. M., Bankett und Ehrentanz im Römer stattfand, da erschien im Saal auch ein ungekannter reich gekleideter Jüngling von so hoher Gestalt, so edlem Anstände, und so wunderbarer Schönheit, daß manniglich einen Fürstensohn zu sehen vermeinte. Kein Wunder also, daß die junge Kaiserin ihm einen Tanz zu gönnen Gefallen trug, welch' ehrenvollem Geschäfte er sich mit vollendeter Sittigkeit und Anmut unterzog. Nach beendeter Lustbarkeit trat der Kaiser herzu und fragte den Fremdling nach Namen und Herkunft. So bescheiden wie gelassen antwortete dieser: „Kaiserlicher Majestät gehorsamst zu dienen, ich bin der Scharfrichter von Bergen, dem Städtlein in Frankfurts Nachbarschaft." Totenstille ringsumher, — Entsetzen über Entsetzen! Sprachloses Erstarren vor Schreck und Zorn über die unerhört verbrecherische Vermessenheit! Ein Wink mit des Kaisers zusammengezogenen Augenbrauen, und sie wäre draußen gebüßt mit dem Leben. Aber der Kaiser winkte nicht. Des schönen Mannes Kühnheit, mit der er auch jetzt seinen Friedrichsblick so fest wie ergebungsvoll ertrug, fesselte ihm Aug' und Hand, bis nach langer Pause der fast wie wehmüthiges Seufzen klingende Ausruf: „also der Schelm von Bergen!" seinem kaiserlichen Mund entfuhr. Abermalige Pause; dann aber sprach der Gemeinte sittig weiter: „wohl bin ich ein Schelm und auch nicht weit her, wohl verdiene ich zu sterben, und fürwahr, ich sterbe gern, denn ich, der schlechtesten Knechte einer, habe der höchsten Ehre genossen und tanzen dürfen mit der deutschen Kaiserin, der alleredelsten, allerschönsten Frau auf Erden! Aber mein Tod macht's nicht ungeschehen, mein Blut wäscht's nicht ab, wenn's der durchlauchtigsten Kaiserin ein Fleck däucht, daß der Scharfrichter von Bergen sie berührte. Und traun, mich will's bedünken, die geheiligte Majestät der Kaiserin sei zu erhaben, als daß meine Niedrigkeit ihrer reinen Hoheit Abbruch getan haben könnte, vielmehr muß der Kaiserin Berührung mich ehrlich gemacht haben! Darum wär's wohl richtiger, Herr Kaiser, Ihr bessert den Schaden gründlich, indem Ihr mich nun ehrlich sprecht und zum Ritter schlagt!" Des schönen kühnen Mannes freisame Worte hörte jeder mit Staunen, der großherzige Kaiser aber mit tiefsinnigem Ernste an; und wieder nach einer Pause banger Erwartung sprach er, sein Schwert ziehend: „so knie nieder, du Schelm!" Fast vermeinten die Umstehenden, der Kaiser gedenke dem Vermessenen die Ehre anzutun, daß er ihn eigenhändig köpfe, — aber mit nichten! Längst hatten die stummen gnadeflehenden Blicke seiner Gemahlin den Kaiser vollends zur Willfahrung der kühnen Bitte gestimmt. Und nachdem er ihm mit dem Schwerte den Ritterschlag erteilt, (man fagt mit einer für solche Prozedur kaum nötigen Kräftigkeit, worin vielleicht der letzte Rest seines Zornes austobte) sprach er zu ihm: „nun stehe auf, Ritter Schelm von Bergen, denn also sollst du fortan heißen und dein ritterlich Geschlecht nach dir!" Und von diesem liebenswürdigen Glückskinde leitete das freiherrliche Geschlecht der Schelme von Bergen seinen Ursprung her, dessen letzter Sproß im Jahre 1844 gestorben sein soll.

Weniger sagenhaft und romantisch, aber nachweislicher sind die manchen Fälle, da die Scharfrichter größerer Städte, nach tatenreichem Leben zu einigem Wohlstände gelangt, ihr Gewerbe aufgaben, und dazu vom Kaiser eine Aufhebung ihrer Unehrlichkeit mittelst Erhebung in den bürgerlichen Ehrenstand erbaten und erhielten. Hieraus bildete sich im Volksmunde das Gerede: der Kaiser müsse jeden Henker, nach glücklicher Vollziehung der 175sten Hinrichtung, ehrlich sprechen, — woher denn Wohl wieder die von argen Betrügern übliche Redensart entstanden sein mag: „er muß Scharfrichter werden und sich wieder ehrlich köpfen".

Da war z. B. der obengedachte Meister Franz Schmidt, der Scharfrichter zu Nürnberg. Als derselbe in 44 Jahren 361 arme Sünder vom Leben zum Tode gebracht, 345 andere Malefikanten am Leibe gestraft, und vielleicht ein volles 1000 „vernünftig gemartert" hatte, — da gedachte er im Jahre 1617 sich zur wohlverdienten Ruhe zu setzen, als Emeritus. Er hat dann „seinen Dienst uffgeben", und ist auf Fürsprache seiner Ratsherren vom Kaiser ehrlich gesprochen worden. — Daß er diese Standeserhöhung — beinah möchte man sagen, diese Menschwerdung, — auch wegen seiner nicht gewöhnlichen Bildungsstufe und wegen seines guten Charakters verdiene, haben wir oben bei Anführung seines Tagebuches gesehen.

Ob Meister Balten, der hamburgische Scharfrichter, eigentlich Valentin Matz aus Duderstadt, welcher im Jahre 1639 nach einer durch seine Weichmütigkeit mißlungenen Hinrichtung sein Amt aufgab, sich in der Vorstadt ein Haus kaufte und ärztliche Praxis trieb, — kraft kaiserlichen Gnadenbriefes ehrlich geworden ist, das läßt sich nicht nachweisen. Wenn aber der vom Chronisten erzählte Umstand des Hauskaufes wahr, und selbiges Haus ihm auch eigentümlich zugeschrieben gewesen ist, so darf man schließen, daß er zuvor das hierzu erforderliche Bürgerrecht gewonnen habe, was wiederum seine mindestens vom Senat anerkannte Ehrlichkeit voraussetzt. Der Chronist fügt bei, daß Meister Balten darnach großes Ansehen genossen habe, absonderlich beim Volke. Und jedenfalls genoß seine Frau bei ihrem Tode im Jahre 1654 die Vorzüge eines ehrlichen Begräbnisses.

Ein ferneres Exempel bietet Georg Hoffmann, der Scharfrichter zu Frankfurt a. M. Dieser Künstler erlangte etwa um 1650, vermutlich in Folge und Kraft wohl- oder übelgewonnenen Vermögens bei Niederlegung seines Amtes, vom Kaiser einen Gnadenbrief. In diesem Diplom wurde er samt Weib und Kind ehrlich gemacht und „honori restituiret", es wurde dadurch alle Infamie und Schmach, in welche er seiner Standes- und Amtesverrichtung halber gefallen, aufgehoben, und dergestalt getilgt, daß er samt Weib und Kindern überall in des heiligen Römischen Reichs wie kaiserlichen Erblanden zu allen Handwerken, Zünften, Ämtern, Würden und Ehren zugelassen werden konnte. Durch diesen Akt also in den Besitz des bürgerlichen Daseins gelangt und capabel geworden zu den höchsten Ehrenstellen, trachtete der bescheidene Mann doch nach keiner höheren Würde, als der eines Schutzbürgers. Er begehrte nämlich fortan von seinen Mitteln als Beisasse in der Stadt Frankfurt fortzuexistieren. Dortiger Magistrat scheint nun trotz des kaiserlichen Gnadenbriefes, nicht gern dran gemocht zu haben; er wünschte sich Rats zu erholen und meldete also sothanen seltenen Casum den Kollegen zu Hamburg (12. Juli 1651) mit der Anfrage: ob hierorts dergleichen schon vorgekommen, und ob man hieselbst solch einen Mann zum Bürgertum zulassen würde? Was unser Rat geantwortet, ist nicht bekannt geworden, er kann aber nur geantwortet haben, daß, wenn sonst nichts wider jenen vorliege, überall kein Grund gedenkbar sei, einen vom Kaiser ehrlich gesprochenen und in den Bürgerstand erhobenen vormaligen Scharfrichter abzuweisen, — wobei er vielleicht auch Meister Valtens Beispiel angezogen haben kann. Durch dergleichen Gnadenbriefe werden manche Henkerfamilien ehrlich geworden sein, und die zu immer größerer Unabhängigkeit gelangten Reichsfürsten werden dem Reichsoberhaupte auch diese Akte der Machtvollkommenheit nachgeahmt und im Bereich ihrer Territorien ausgeübt haben. Wie übrigens später die Reichsgesetzgebung für die Kinder der Abdecker etc., „sofern sie die verwerfliche Verrichtung ihrer Väter nicht trieben", gesorgt hat, das ist schon oben erwähnt.

Für alle unehrlichen Leute waren die großen Städte erwünschte Freistätten. Hier konnten sie ungekannt bescheidene Existenzen in unzünftigen Weltstellungen gründen, und wenn sie Talent und Glück genug hatten, etwas Namhaftes vor sich zu bringen, so waren ihre Söhne unbedenkliche Ehrenmänner. Mancher stieg in kosmopolitischen Handelsstädten zum reichen Kaufherrn empor, und wer hätte dann gezweifelt an seiner Ehrlichkeit? Wen Mercur nicht mochte, dem winkte vielleicht Minerva, und man nennt Gelehrten-Familien, deren Stammbäume in den mystischen Grundvesten mittelalterlicher Frohnereien wurzeln, wie denn erweislich mancher Scharfrichterssohn, in folgerichtiger Erweiterung der väterlichen Heilkunde, als Medicinae Practicus gestorben ist. Und wen Minerva sich verbat, dem winkte Mars.

Ein gutes Mittel nämlich für diejenigen unehrlichen Leute, welche in anderer Weise ehrlich zu werden verhindert waren, bestand darin, daß sie auf dem freilich nicht gefahrlosen Umwege durch's Heerlager, vorerst in den Reihen des Kriegerstandes Aufnahme zu erhalten suchen mußten, um später, wenn sie nicht totgeschossen waren und sich brav gehalten, in ihrem Abschiede als

„ehrliche Soldaten" ein Dokument ihrer Makellosigkeit zu empfangen, womit denn alle Übeln Antecedentien ausgetilgt waren. Solche Aufnahme war aber in früheren Zeiten, nämlich zu Georg von Frundsberg's Blütetagen des frommen deutschen Landsknechtswesens, gar nicht so leicht, als man etwa denken mag.

Denn im Kriegerstande hatten sich die alten deutschen Ehrbegriffe, verstärkt durch die Einflüsse der in ihm waltenden ritterlichen Elemente, ungemein lebendig erhalten und scharf ausgeprägt. Man darf sich unter einem Fähnlein Frundsbergscher Landsknechte um's Himmelswillen keine Bande zusammengelaufener Strolche denken! Ein Regiment war eine vielfach gegliederte Korporation ehrbarer Männer, die das Kriegshandwerk so ernst und ehrenfest betrieben, wie kaum eine städtische Zunft ihre Profession betreibt. Und keine Zunft konnte so peinlich bei der Aufnahme neuer Genossen verfahren, als die Compagnie darauf hielt, daß keine räudigen Schafe in ihre Reihen traten. Und, da der Kriegerstand älter ist, als das erst mit den Städtegründungen entstandene Zunftwesen, so läßt sich annehmen, daß die Zünfte ihre Ehrbegriffe und die damit zusammenhängenden Einrichtungen dem Soldatenwesen abgelernt haben.

Wissentlich fand sicher kein Dieb, kein von der Justiz Bestrafter, kein Sohn unehrlicher Eltern Aufnahme. Alle mußten makellos mit reiner Ehre dastehen; Hauptmann, Fähndrich, Weibel und ein paar erlesene graue Kriegsknechte prüften bei der Werbetrommel die Antecedentien des Kandidaten, der in Ermanglung glaubhafter Documenta sich durch Zeugnis und Bürgschaft ehrlicher Landsknechte legitimieren mußte. Durchgeschlüpfte räudige Schafe wurden aus den Reihen der Krieger gestoßen und zum Trotz verwiesen, zu den Buben und Dirnen, unter Aufsicht des Profos. Der mehrfach erwähnte Philander von Sittewald, eigentlich Moscherosch, gibt in der Vorrede seiner Vision „Soldatenleben" ein um so gültigeres Zeugnis für die Ehrenhaftigkeit des alten Kriegerstandes, als er denselben in seiner späteren Entartung (während des 30jährigen Krieges) zu geißeln unternimmt, was viele seiner Nachschreiber übersehen, die die letztere Schilderung auch auf den Soldaten des Mittelalters beziehen. — Allerdings mag auch damals, zumal in Zeiten, da der Krieg stark aufräumte, oftmals ein Unehrlicher die ersehnte Freistätte bei der Fahne gefunden haben, aber im Ganzen blieb doch bis zum 30jährigen Kriege das Soldatenhandwerk ein vorzugsweise ehrliches, und jedenfalls so lange diese ernsten Kriegsmänner bei der Fahne waren, behielt ihr schöner Beiname der frommen deutschen Landsknechte seine richtige Bedeutung. — Sobald es zur offenen Feldschlacht ging, fielen sie nach alter Sitte zum Gebet auf's Knie und sangen ein geistlich Lied, was Paul Jovius gründlich mißversteht, wenn er meint, die Deutschen fielen aus Furcht vor Kanonenkugeln zu Boden und ermutigten sich dann durch wilde Schlachtgesänge. — Waren die Regimenter vom fußfälligen Gebet aufgestanden, so schüttelten sie nach altem Kriegerbrauch den Staub von den Wämsern und warfen eine Hand voll Erde hinter sich, als entledigten sie sich alles Schlechten und Gemeinen, bevor sie sich dem Schlachtengeschick weihten. Dann wirbelten die Trommeln, dann senkten sie die Spieße, dann rückten sie vor zum Angriff, Gott im Herzen und den heiligen Georg auf den Lippen. Auch während des Kampfes knieten zuweilen ganze Rotten nieder, den Beistand des Lenkers der Schlachten anrufend, oder Dank sagend für eben erfahrene Rettung. Das geschah zu jenen Zeiten, da deutsche Kriegsvölker, z. B. bei Ravenna, nicht des Soldes sondern der Ehre wegen fochten, und zum Staunen wälscher Kameraden, die reiche Beute hochherzig verschmähend, ausriefen: wir stehen hier um Ehre und Ruhm deutscher Nation, nicht um Gewinn. — Daher auch ihre ritterliche Sitte der Herausforderung einzelner Feinde zum ehrbaren Zweikampf, vor Beginn der Schlacht, durch einen Ehrenhold, wobei die deutschen Krieger mit Kränzen geschmückt auf dem Kampfplatz erschienen; welch' ehrlich altfränkischer Brauch allerdings mit der fortgeschrittenen Kriegführung unvereinbar wurde und aufgehoben werden mußte.

Wie groß die kriegerische Selbstachtung war, wieviel besser und höher stehend die Wehrmänner sich schätzten im Vergleich mit dem Nährstande, das geht aus allen Einrichtungen der äußerst wohl organisierten Soldatenrepublik mit absolutistischer Spitze hervor. Jede Gemeinschaft mit dem Bürger und Bauer war so anstößig, daß die Scheidung sich bis auf die Strafrechtspflege erstreckte. Der mittelalterliche soldatische Malefikant beanspruchte andere Gerichtsformen und Strafarten, als sie dem Zivilisten zu Teil wurden; keineswegs mildere, oft entschieden viel härtere, aber es waren doch andere Strafen, und, nach seinem Begriff, ehrenvollere. Der zum Recht der langen Spieße verurteilte Soldat, welcher die enge Martergasse der von 2 Reihen Kameraden ihm entgegengehaltenen Hellebarden durchlaufen mußte, an deren Ende der Fähndrich, der Träger der Kriegerehre, den Sterbenden auffing, — fürwahr, er würde nicht getauscht haben mit dem bürgerlichen Delinquenten, dem ein rascher Tod durch Henkershand bevorstand. — Während Bürger und Bauer zu Stock und Gefängnis verurteilt wurden, ließ der Soldat sich lieber in Eisen setzen. Kam in späteren Zeiten, statt des Rechts der Spieße, auch das Henken für Soldaten in Gebrauch, so war's kein gewöhnlicher Bürgergalgen, der sie aufnahm, sondern der Militärische Quartiergalgen, in Städten das Soldatenschaffot auf offnem Marktplätze (z. B. in Hamburg auf dem Pferdemarkte); eigentlich am liebsten: ein grüner Baum auf freiem Felde, wie einst in der Urzeit allen Gerichteten zu Teil wurde. Denn in der von Kameraden gesprochenen Sentenz hieß es: der Profos soll den soldatischen Malefikanten führen „zu einem grünen Baum, und ihn aufknüpfen an dessen besten Hals (an des Baumes stärksten Ast), daß der Wind unter und über ihm zusammenschlagt; und so soll ihn die Sonne 3 Tage lang anscheinen, dann soll er abgenommen und begraben werden nach Kriegsgebrauch." — Also wie ein ehrlicher Soldat!

In Frohnshände durfte kein Soldat kommen, sonst war's aus mit seiner Kriegerehre. Und als 1617 der Rat zu Hamburg einige frevelnde Landsknechte in die Büttelei hatte setzen wollen, erklärte ihr Kommandeur, Oberst Frhr. Dodo von In- und Kniphausen: „diewiel unter den Soldaten die Bodeley ein locus ignominiosus, und also diejenigen, so darin gesessen, unter der Fahne nicht können geduldet werden, so möge der Rat einen andern Ort zu der Soldaten Incarceration destinieren, wenn das delictum kein capitales. Etwa beim Profosen, wie solches in den Niederlanden bräuchlich."

Bei den Soldaten waren selbst die Profose und deren Gehilfen, die Steckenknechte, ganz andere Leute als die Henker und Büttelsknechte der Bürger und Bauern, — nämlich in viel minderer Weise unehrlich. Namentlich der Profos, den Varthold in seinem trefflichen Werke über das deutsche Kriegshandwerk zur Zeit der Reformation, eine tapfere, ernstliche, ehrliche Kriegsperson nennt, welchem die Regimentspolizei aufgetragen war, die er, zur Erhaltung makellos reiner Soldatenehre, rechtschaffen handhabte; im heißen Kampfe focht er mit und schlug drein wie ein anderer ehrlicher Krieger; und Claus Seidenstücker, der gestrenge Profos, schwang beim Sturme auf Rom 1527 sein zweihändiges Schlachtschwert im Vortreffen und war einer der Ersten derer, die bei San Spirito die Mauer erstiegen und die italienischen Knechte erschlugen. Aus dem Simplicissimus ersehen wir, daß man auch im 30jährigen Kriege alte erprobte Soldaten zu Profosen machte. Kann man nun auch so viel Ehrenhaftes den Steckenknechten unmöglich nachsagen, welche gemeiniglich wohl arge Strolche, Landfahrer und entlaufene Verbrecher gewesen sein mögen, so waren doch auch sie weniger unehrlich als die Henkersknechte. Auch sie hatten Gelegenheit genug, sich durch gutes Verhalten zu rehabilitieren, und benahmen sie sich während des Krieges nur halbwegs brav, so konnten sie beim Friedensschluß, bevor das Regiment auseinander ging, wobei Rangerhöhungen nicht ungewöhnlich, auch förmlich ehrlich gemacht werden, worauf sie ihren Freipaß als ehrliche Soldaten empfingen. Konnte also ein bürgerlich unehrlicher Mensch, z. B. ein Büttelknechtssohn, die ersehnte Ehrlichkeit nicht anders erreichen, so versuchte er als frommer Landsknecht aufgenommen zu werden; gelang auch dies nicht, so konnte er als des Profosen Steckenknecht beim Friedensschluß das ersehnte Ziel sicher erreichen. Das eben erwähnte Ehrlichmachen im Kriegerstande geschah in der eigentümlichen Form des Fahnenschwingens über den zu begnadenden Mann, und war von einem so schönen Gedanken beseelt, daß hierüber wohl noch ein Mehreres gesagt werden darf.

Die Fahne war, was sie noch jetzt ist, das voranleuchtende Symbol der Kriegerehre, und der sie trug, der Fähndrich, der hochschlanke Recke im schimmernden Waffenrock und wallenden Federschmuck, ein ritterlich Schwert an der Seite, der stellte (nach Barthold) „das tapfere fröhliche Gewissen der Kriegerschaar" vor.

War ein Verbrechen im Regimente verübt, so erlitt dasselbe einen Ehrenmakel. Sobald die Schandtat vom Ankläger der zum Gericht berufenen freien Soldatengemeinde kund getan war, durften die Fähndriche ihre Fahnen nimmer fliegen lassen, sie umhüllten sie, bis das Urteil ergangen, der Frevel gebüßt und das Regiment wieder ehrlich geworden war. Wenn dann von den Kriegsgenossen das Strafurteil gesprochen war, dann traten die Fähndriche zu ihren Haufen, und sagten Dank für „willige Stärkung der Ehrenhaftigkeit im Regimente". Bevor dann der Verurteilte seinen letzten Gang antrat, nahm er Abschied von allen Waffenbrüdern, welche er um Verzeihung bat wegen seiner Kränkung der Fahnenehre. Die Fähndriche sprachen ihm Mut ein: er dulde ja um guter kriegerischer Ehre willen, und nach letztem Gebet tat er, wie's die Soldatenehre gebot: er rannte fest und todesmutig in die Gasse voll entgegenstarrender Schwerter und Spieße, um durch Mut und Blut von jeglicher Schuld und Schande gereinigt, dem Träger der Ehre, dem Fähndrich, sterbend als ehrlicher Soldat in die Arme zu sinken. Um seine Leiche fielen die Waffenbrüder, betend für seiner Seelen Seligkeit, auf's Knie, dann gaben sie ihm die dreimalige Ehrensalve aus ihren Feuerrohren, die Trommeln wirbelten, der Gewaltiger bedankte sich für willige ehrliche Regimentshaltung, und die Fähndriche ließen ihre Fahnen wiederum frei und lustig im Winde fliegen.

Fast scheint es, daß die sinnvolle Bedeutung der Fahne, als Symbol der von sittlichen Motiven beseelten Soldatenehre, nicht besser darzustellen sei, als durch diese Skizze eines jener an erhebenden Momenten nicht armen Trauerspiele, welche man militairische Exekutionen nennt. Darnach wird man es begreiflich finden, wenn der Kriegsmann seinem Palladium, der Fahne, auch eine gewisse heiligende, mindestens heilende und reinigende Allmacht beimaß. Und so geschah's, daß die Fahne, wenn sie in milder Gnade wallte über den in Makel gefallenen Soldaten, demselben seine Ehre wiedergab.

Und dieser schöne Gebrauch des Ehrlichmachens mittelst Fahnenschwenkung war bei allen deutschen Regimentern heimisch. Natürlich waren's keine ehrlosen Verbrechen, welchen solche Gnade nach Schiedsspruch des ehrlichen Genossen zu Teil wurde, sondern leichtere Vergehen, welche einen tilgbaren Makel zurückgelassen, wozu auch wohl die unfreiwilligen oder leichtsinnigen Berührungen der anerkannt unehrlichen Leute und Dinge zu rechnen waren.

Wen im feierlichen Akte die vom Fähndrich dreimal über ihn geschwungene Fahne, dies Heiligtum des Kriegergeistes, umwallte, den durfte fortan niemand schelten, dem gab sie Leben durch Ehre zurück. Mit dem Sinken der ehrbaren, frommen Kriegsmannschaft, namentlich während des 30jährigen Krieges, büßte der Stand natürlich viel von seiner innern sittlichen Ehrenhaftigkeit ein, aber der äußern Ehre blieb noch genug, um den Makel derjenigen unehrlichen Leute zu decken, welche jetzt viel leichter erwarten durften, zum Fahneneide zugelassen zu werden. Und in der Tat kann man es als eine der nicht häufigen guten Folgen dieses verderblichen Krieges ansehen, daß er die Zahl der unehrlichen Leute im deutschen Reiche ungemein verminderte, und zwar nicht nur in einfachster Weise durch Totschlagen, sondern viel humaner durch Ehrlichmachen derselben. Ganze Scharen anrüchiger Subjekte strömten zu den Werbetrommeln, die aller Orten wirbelten, und fanden gewiß mit wenigen Ausnahmen willkommene Aufnahme. Freilich soll es auch mitten im größten Wirrsal der Kriegsunruhe einzelne Regimenter gegeben haben, welche nach wie vor das Examen rigorosum puncto der Ehrlichkeit, keinem Rekruten erließen. Darunter soll das kaiserliche Regiment Tieffenbach gewesen sein. Vielleicht war es anfangs zufällig, daß gerade unter diesem Regimente eine Menge ehrlicher Handwerksbursche Dienste nahmen, welche beim Daniederliegen der Gewerbe in den Städten keine Arbeit finden konnten und sich deshalb zur Muskete bequemen mußten. Diese mögen denn ihre, dem angeborenen Zunftgeiste entsprechenden, spießbürgerlichen Ehrlichkeitsbegriffe mit zur Fahne gebracht haben, und so kam's, daß „die Tieffenbacher, Gevatter Schneider und Handschuhmacher", keinen Unehrlichen, — „weder Bartscherers-, noch Badstövers-, noch Linnenwebers-, noch Spielmanns-Kind" unter sich duldeten, bis im Verlauf des aufräumenden Krieges die pedantische Frage nach der Herkunft verstummte vor dem immer drängender klingenden Werben der Lärmtrommel. Da zogen sie von allen Seiten herbei, die bisher am Ehrenmakel gelitten, da sprengten die Verwegenen unter den Sühnen der gemißachteten Stände aller Art, die engen Fesseln ihrer Geburtsverhältnisse und fanden in den Reihen der Krieger den freiesten Spielraum zur ersehnten Gewinnung von Ehre und Ruhm. Unter denen, welche ihn am besten ausgebeutet haben, steht wohl Hans Spork obenan, der Westphale vom Sporkhofe im delbrücker Lande bei Paderborn. Er, der leibeigene Bauernsohn, ein „verwerflicher Servitut unterworfener" junger Viehhirte, der ganz zuverlässig von jeder ehrbaren Schuster- oder Schneidergilde als unehrlicher Beflecker der Zunftehre zum Henker gejagt worden wäre, wenn er sich unterfangen hätte, als demütiger Lehrling anzuklopfen, er tat zum Glück dies nicht, sondern er folgte 1620 der lustigen Trompete eines ligurischen Dragoner-Regiments, und wurde ein Reitergeneral, wie die deutsche Kriegsgeschichte kaum einen zweiten aufzuweisen hat. Freilich brauchte er wohl zehn Jahre, bis er sich zum Offizier aufschwang, dann aber, und zumal als Obrist eines eigenen Regiments, verrichtete er die unerhörtesten Taten kühnster Reitertugend. Nach dem westfälischen Frieden trat der 48jährige Mann, der sich inzwischen auch ein schönes Fräulein aus dem edlen Geschlechte von Linsingen erobert hatte, in kaiserliche Kriegsdienste, und nun begann der rühmlichste Abschnitt seiner Heldenlaufbahn, als deren Krone sein glänzender Sieg über den Großvesir Achmed Köprili und seine 250000 Türken in Ungarn im Jahre 1664 gelten kann. „Spork", sagte damals der fromme Kaiser Leopold zu ihm, indem er auf ein Kruzifix hinwies, „Spork, wenn der es nicht gethan hätte?!" Und Spork schlug an seinen guten Degen, daß es klirrte, und erwiderte in seinem nie verleugneten westfälischen Plattdeutsch: „den Duivel ook, Majestät, de hett et dahn!" Freilich erkannte das auch der Kaiser an, und erhob seinen Spork zum Feldmarschall und zum Reichsgrafen mit Türkenköpfen im Wappen und dotierte ihn mit reichen böhmischen Gütern. Da lernte Spork denn auch die edle Schreibkunst und unterfertigte seine Befehle eigenhändig „Spork, Graf", wie gekrönte Regenten zu tun pflegten: „Karl, Herzog", oder „Friedrich, Kurfürst"; und wer das betitelte, dem sagte er: „ick was eher Spork als Graf." Und damals entließ auch der Fürstbischof von Paderborn des Herrn Reichsgrafen Bruder und dessen Nachkommen, die Bewohner des Sporkhofes, ihrer Leibeigenschaft, und machte sie zu freien ehrlichen Leuten. – Das ist, nach Levin Schückling, die Geschichte von Hans Spork, dem's beinah so gut glückte, wie weiland dem Schäferknaben David, welcher seine Rittersporen an dem Riesen Goliath verdiente, und sich dann mittelst fernerer kriegerischer Taten zum König in Israel emporgeschwungen hat.

Auch der Soldatenstand hat seine Zopfzeit gehabt, und aus eine jeweilige Verjüngung des altgermanischen Krieger- und Heldengeistes ist im vorigen Jahrhundert regelmäßig wieder eine Periode des Kamaschendienstes gefolgt. Dennoch haben sich manche Überreste alter Kriegersitten noch bis auf unsere Zeiten erhalten, und damit auch eine Art Nachklang des Ehrlichmachens durch Fahnenschwung. Es gereicht dem Verfasser zum besondern Vergnügen, daß er zum Schlusse von solcher Heilung kranker Ehre noch drei erbauliche Geschichten erzählen kann, welche sich in seiner Vaterstadt Hamburg zugetragen haben.

Es war im Februar des Jahres 1770, als bei Gelegenheit einer Staupbesen-Exekution vor der Frohnerei, ein Soldat des dabei Ordnung haltenden Militär-Detachements, in einen Konflikt geriet mit dem Henkersknecht Schwartz. Die Händel entstanden durch die Koketterie der schönen Engel Pipers, einer der Mägde des Frohns. Der Soldat (Joh. Jac. Plath, von der Leibcompagnie des

Kommandanten, Generallieutenants Freiherrn Jahnus von Eberstädt) nahm die Sache leicht und setzte dem Frohnknecht das volle Gewicht seiner verachteten Kondition entgegen, worauf diesen alle Besonnenheit dergestalt verließ, daß er sich nicht entblödete, dem ehrlichen Musketier einen Faustschlag zu versetzen. Es folgte ungeheure Aufregung, sofortiges durch den Frohn vollzogenes Festnehmen des frechen Kerls, welcher damit der Gefahr, gesteinigt zu werden, entging. Der Prätor ließ ihn in Eisen legen. Der Kommandant berichtete unmittelbar an den Senat und forderte Satisfaktion und Ehrenerklärung für seinen wackern Musketier. Der Senat ging vollständig darauf ein, Engel Pipers wurde zu vier Wochen niedrigsten Gefängnisses (in dem Turm, genannt Roggenkiste), Frohnknecht Schwartz zur Stadtverweisung verurteilt, und für den Musketier Plath die Ehrlichmachung in folgender Manier erkannt. Drei Tage nacheinander wurde auf der Wachtparade, nach vorangegangenem Trommelwirbel, unter Präsentierung des Gewehrs, vom Ober-Auditeur ein Senatsbeschluß verlesen, in welchem dieser Stadt ordentliche Obrigkeit erklärte: daß der Musketier Plath durch jenen Schlag nicht für unehrlich gworden zu achten sei, daß er vielmehr nach wie vor seiner vollen Ehre teilhaftig bleiben solle, weshalb einem jeglichen bei strenger Ahnung befphlen werde, ihm deshalb niemals den geringsten Vorwurf zu machen oder „allerhand üble Discourse dieserwegen zu halten." Ja der Senat ging in stadtväterlicher Fürsorge noch weiter, er ersuchte den ältesten Bürgermeister des Generalissimus, dem Musketier Plath zu weiterem Avancement behilflich zu sein, „damit jede Macula noch völliger von ihm genommen werde."

Die zweite Geschichte ist diese. Zu Ende des vorigen Jahrhunderts schlendert eines schönen Morgens ein rotrockiger Stadtsoldat hiesiger Garnison, dienstfrei und müßig durch die Straßen. Da gewahrt er einen Mann in schwerer Arbeit beschäftigt, um ein von der Schleife gefallenes totes Pferd wieder hinauf zu laden. Gutmütig von Natur und gefälligen Gemüts, kann er's nicht länger untätig ansehen, wie der arme alte Mann sich so arg plagen muß, und doch das Biest nicht auf die „Slöpe" bringen kann, - er besinnt sich also keinen Augenblick, sondern folgt unwillkürlich dem raschen Antrieb seines guten Herzens: greift das tote Roß mit kräftigen Fäusten an und fördert das nützliche Werk alsobald zu Ende. Durch das Bewußtsein einer guten Tat und den dankbaren Händedruck des greisen Mannes reichlich belohnt, will er seines Weges gehen, und soeben einen guten Bekannten unter den inzwischen zahlreich versammelten Zuschauern anreden, als dieser vor ihm zurückweicht, und aus dem Haufen vielfache Rügen seines Verfahrens laut werden. Da wird ihm sein Verbrechen gegen das Gesetz der Volksehre klar, welches denn auch so mächtig sich erweist, daß seine Kameraden ihn meiden, daß die ganze Compagnie einhellig beschließt, nicht länger mit dem zu dienen, der freiwillig dem Schinder bei seiner Arbeit geholfen, der dem Abdecker die Hand gegeben.

Als einst der treffliche Herzog Karl August von Weimar der Sektion eines Lieblingsrosses beigewohnt und nun dem fungierenden Scharfrichterknecht durch den Leibjäger einen Laubtaler reichen lassen wollte, legte dieser das Geldstück nicht in die bereits dargebotene Hand des unehrlichen Mannes, sondern auf eine Karre. Der edle Herzog, dies gewahrend, sagte: „Albernheit", — nahm den Taler und händigte ihn mit den freundlichen Worten: „Da, Landsmann, nimm ein Trinkgeld von mir", dem hierdurch zur Menschenwürde erhobenen Knecht ein, der dann hocherfreut in die durchlauchtige Hand griff und dazu sagte: „Ich bin nur ein sehr armer Kerl, aber dieser Thaler soll in meiner Familie vererben und niemals kleingemacht werden."

Wenn diese schöne Geschichte damals schon passiert und in Hamburg bekannt gewesen wäre, — wer weiß, vielleicht hätte einer der erleuchteten vier Bürgermeister eben so kühn dem albernen Vorurteil die Stirn geboten, um durch eine ähnliche Demonstration dem armen Soldaten die Reparation d'honneur zu verschaffen. Aber Magnifici erfuhren vermutlich von der Sache damals noch nichts. Und so schien denn der gute Mensch sonder Gnade der Weltstellung eines kastenlosen Paria anheim zu fallen, als endlich seine Offiziere, die ihn ungern entließen, seine Rettung versuchten. Es wurde also ein ordentliches Kriegsgericht über ihn gehalten. Unter dem Vorsitz eines Lieutenants erkannten 2 Sergeanten, 2 Corporale und 4 Gemeine zu Recht, daß der gute Kerl, allerdings unehrlich gewurden, dennoch, dieweil kein Makel aus keiner moralisch ehrlosen Tat entsprungen, mittelst Fahnenschwenkens über ihn nach Soldatenbrauch wieder ehrlich gemacht werden könne und dürfe. Dictum factum! Tags darauf formierten die dienstfreien Compagnien des Regiments auf dem Pferdemarkte ein Quarré. Der Kerl, ohne Waffen, mußte vortreten. Nachdem der Ober-Auditeur die Sentenz verlesen, kniete jener nieder, der Fähndrich trat vor und schwenkte dreimal die Fahne über ihn, worauf der kommandierende Major ausrief: „nunmehro stehe auf als ein ehrlicher Soldat." Und er stand auf als ein ehrlicher Mann und Soldat, die Waffen wurden ihm zurückgegeben, er trat in Reih' und Glied, und verblieb bis an sein selig Ende in allen Ehren und Würden eines Grenadiers hiesiger Garnison. Ja, er hatte aus diesem Handel noch die besondere Auszeichnung davon getragen, daß er in Hamburg unter dem Beinamen „der ehrliche Mann" eine Stadtmerkwürdigkeit geworden war. Und da außer ihm niemand in Hamburg existierte, dem die Ehrlichkeit in solcher Weise öffentlich dokumentiert war, so nannte man ihn auch wohl „den einzigen ehrlichen Mann in Hamburg".

Die dritte Geschichte ist noch neuer und hat im März 1820 in Ritzebüttel unter der Amtmannschaft des trefflichen Abendroth stattgefunden. Es sollte dort ein armer Sünder hingerichtet werden, Mitglied einer verruchten Räuberbande der Nachbarschaft, wozu, wie gebräuchlich, der hamburgische Scharfrichter (Hennings V.) mit seinen Leuten auf eine Gastrolle geladen war, da das Amt Ritzebüttel wohl einen Abdecker, aber wegen glücklicher Seltenheit hochnotpeinlicher Fälle keinen geschulten Nachrichter unterhält. Am Vorabende des großen Tages hatten die gefürchteten und dennoch mit angenehmen Grauen angestarrten Gäste sich hierhin, dorthin zerstreut, um sich das Meer und die Gelegenheit des Ländchens zu besehen. Einer der Knechte, von der salzigen Seeluft durstig geworden, tritt in eins der vielen Wirtshäuser, wo er sich von den wenigen Gästen nicht erkannt sieht, also ganz fröhlich zu kneipen beginnt. Sein Gegenüber am Tische, ein junger, vielleicht etwas angetrunkener Bauerbursch oder Dienstknecht, findet Gefallen an dem kräftigen Mann, dessen Manieren den gewandten Großstädter verraten, und der doch so leutselig mit dem ungehobelten Sohn der Haide verkehrt. Der Unglückliche rückt ihm harmlos immer näher, und der Hamburger Gast, seinerseits erfreut über sein seltenes Incognito und über die so ungewohnte reinmenschliche Berührung mit „ehrlichen" Leuten, läßt feinen Wein kommen, und ladet den Bauerburschen ein, mit zu trinken. Und der Unselige tut's, tut das Unerhörte, trinkt mit einem Henkersknecht, — ja in weinseliger Verblendung tut er noch mehr, und trinkt zur Besiegelung der Verbrüderung aus demselben Glase mit demselben. Kaum klingen zum dritten Male, unter Lebehoch und Bruder-du, die Gläser an einander, da erhebt sich unter neuangekommenen Gästen, die das Incognito des kecken Fremdlings durchschauen, ein dumpfes Gemurmel. Der, dem es zunächst galt, verstand dergleichen schon, er legte gelassen ein großes Stück Geld auf den Tisch und verschwand. Nun fiel alles über den armen betölpelten Burschen her, welcher ganz umnebelt dastand, und endlich, als ihm der Star gestochen war, im Zustande grenzenloser Bestürzung von dannen rannte.

Die Exekution war längst geschehen, das Gespräch über ihren Verlauf bereits verstummt und alles wieder im gewohnten Gleise, als der Amtmann Abendroth Kunde erhielt von einem verwilderten Menschen, der in des Amtes ödestem Revier Hause, von Wurzeln und Kräutern sich nähre wie Nebukadnezar, oder von Muscheln und Krabben wie Robinson Crusoe; der unter freiem Himmel in Moorgesträppen übernachte, und sicherlich nahe daran sei zu verschmachten. Es war derselbe Bursch, der mit dem Henker getrunken, dadurch unehrlich geworden, von seiner Familie, seiner Genossenschaft, ja von allen Dorfmarken der ganzen Nachbarschaft ausgestoßen, als ein Geächteter, fried-, echt- und rechtlos umherirrte, im Zustande allervollkommenster Verzweiflung. Der Amtmann ließ sogleich die beiden Schultheißen des Amtes rufen, und beauftragte sie, für den armen Teufel bestens zu sorgen und durch geeignete Vorstellungen bei der Familie und Dorfschaft seine Rückkehr zu bewirken. Die Schultheißen aber nahmen eine Prise nach der andern, machten äußerst bedenkliche Mienen und erklärten endlich rund heraus: das ginge nicht, das Factum wäre notorisch, und deshalb weder jenes Menschen Unehrlichkeit, noch seine Ausstoßung rückgängig zu machen. „Dummes Zeug, dummes Zeug", unterbrach sie wohl zehnmal der Amtmann (er sagte in seiner cordialen Weise diese Worte plattdeutsch: „Dumm' Tüüg!") und stellte ihnen das Törichte, ja das Unmenschliche solchen Vorurteils und dessen grausame Folgen recht energisch vor. Vergebens! Vergebens auch bewies er ihnen, daß das Reichsgesetz von 1731 (XIII, 1) das Unehrlichhalten solcher Personen, „die unwissend oder unversehens mit Abdeckern getrunken, gefahren oder gegangen sind", ausdrücklich und strenge verboten habe, — die Schultheißen mußten das zugeben, aber dennoch blieben sie dabei, daß Volksstimme und Volksurteil sich nicht ändern und durch kein Reichsmandat aufheben lasse; und als der Amtmann diese Ansicht wiederholt als Unsinn und dummes Zeug bezeichnete, replizierten sie, mit seiner Beziehung auf eine Stelle der erst kürzlich erschienenen neuesten Schrift des Amtmanns: Se. Hochweisheit habe ja selbst geäußert und drucken lassen, daß Volksstimme Gottesstimme sei, — daß man Volksbräuche und -ansichten allerdings respektieren müsse! — „Was soll denn aber aus dem armen Kerl werden?" fragte der Amtmann. „Was Gott will!" entgegneten die Schultheißen und empfahlen sich rasch in diesem Augenblick, als der Amtmann in Nachdenken versunken schien.

Dieser, bekanntlich ein ebenso praktischer und energischer als humaner Mann, hatte den einzig möglichen Weg der Hilfe bald gefunden. Er erinnerte sich des militärischen Verfahrens zur Ehrlichmachung eines in Makel gefallenen Soldaten, und traf augenblicklich Anstalten, dasselbe auf den vorliegenden Fall analogisch anzuwenden.

Vorerst wurde der halbverhungerte Sohn der Wildnis irgendwo ausgekundschaftet und in Gewahrsam der Schloßwache gebracht, allwo der Gerichtsactuar Lt. Eybe ihn verhörte, worauf der Amtmann unter das Protokoll ein motiviertes Buß- und Gnadenerkenntnis schrieb, so leserlich als er's vermochte, denn bekanntlich war er gerade kein Kalligraph.

Das erst einige Zeit vorher neu erschaffene und vom Amtmann trefflich organisierte Bürgermilitär im Amte Ritzebüttel hatte täglich neben einigen anderen Posten die Schloßwache zu besetzen. Zu deren Ablösung befahl er nun heute die 1. und 2. Compagnie mit der Bataillons-Fahne und dem übrigen Officier-Corps, unter Kommando des Bataillonschefs. Als nun diese Mannschaft in Quarréformation aufgestellt war, und eine ansehnliche Versammlung ehrbarer Amtsbürger, nebst dem nie fehlenden Janhagel der neugierigen Schuljugend sich freiwillig eingefunden hatte, da erschien der Herr Amtmann, gefolgt vom Gerichtspersonale, worauf der unehrliche Bursche, eine blasse vergrämte Leidensgestalt, vom Polizeidiener herbeigeholt wurde. Der arme Mensch zitterte wie Espenlaub, denn Angesichts der Menge bewaffneter Krieger fuhr ihm der Gedanke in die abgemagerten Glieder, er solle jetzt stracks standrechtlich erschossen werden. Es konnte ihm den schreckhaften Sterbegedanken nicht bannen, als nun der alte Actuarius mit ernster eintöniger Stimme das Protokoll nebst Erkenntnis verlas, da er dessen Sinn nicht im Entferntesten begriff. Dasselbe legte des Burschen Verbrechen unwürdiger Gemeinschaft mit einem Henkersknechte dar, bemäntelte es aber tunlichst mit Annahme sinneverwirrender Verauschtheit, fand ferner jedenfalls, nach Erteilung eines gehörigen Verweises, in billiger Anrechnung seines darauf ausgestandenen Elends, einen genügsamen Grund zur Pardonierung, und erkannte schließlich diese Begnadigung durch Gleichmachen mittelst Fahnenschwenkens.

Da der Bursch, wie gesagt, von der ganzen Prozedur nicht das Geringste begriff, so erreichte seine Todesangst den Gipfel, als es nun hieß: „knie nieder." Die Augen schließend folgte er mechanisch dem Befehl, mechanisch öffnete er sie wieder, als er ein wundersames Wehen und Wallen, wie Adlersfittige oder Engelsflügel, über sich spürte. Und höchlichst erstaunt begleitete sein Blick die Bewegungen der Fahne, welche der vorgetretene Fähndrich (der Bataillons-Adjutant) langsam und feierlich dreimal über ihn schwenkte. Kaum vom Vorgefühl wiedergewonnenen Lebens durchrieselt, erhob sich der arme Schacher und starrte den Amtmann an, als dieser nun sprach: „Stehe auf, mein Sohn, als ein ehrlicher Mann, und bleibe fortan der Ehre eingedenk, die dir jetzt widerfahren, damit du dereinst als ehrlicher Mann vor Gott treten kannst." Er fügte noch einige schöne passende Worte hinzu, die sowohl den Hergang jenes Vergehens, als den eben erfolgten Akt nachträglich erläuterten, und als er seine entschiedene Absicht verkündete, den Burschen von nun an wieder von jedermann als ehrlich anerkannt zu wissen, da verfehlte seine kräftige Sprache des besten Eindrucks auf die zahlreich Versammelten nicht. Zur Bestätigung alles Gesagten reichte er nun dem Burschen die Hand, Actuar und Schultheißen des Gerichts folgten mit vorurteilsfreiesten Händedrücken. —

Hiermit war der offizielle Akt des Dramas zu Ende. Da der Amtmann aber sah, daß der von Todesangst zur Lebenslust nur sehr langsam erwachende Bursch noch immer ganz schwachmütig da stand, und wohl einiger Stärkung bedürfe, so tat er aus gutem Herzen noch ein Übriges. Er ließ aus seinem Schloßkeller einen Pokal edeln Rheinweins kommen; den nahm er, trank daraus und ließ auch den Burschen daraus trinken, sprechend: „Nun hast Du mit einem Hamburger Senator, Deinem Amtmann, getrunken, nun wird kein ehrlicher Ritzebütteler sich weigern, wieder mit Dir zu trinken."

Und er trank, der Bursch, in langen durstigen Zügen, und der Wein goß neues Leben in die Adern des Wiedergeborenen, der dem Zauber des Überganges von tiefster Schmach zur höchsten Ehrenfülle nun endlich völlig traute. Mit einem lauten Freudenschrei sprang er baumhoch in die Luft, dann nahmen ihn zwei wiedergewonnene Freunde in die Mitte, ein ganzer Schwärm von Augenzeugen des Aktes schloß sich an, und so wurde derselbe, der noch kurz zuvor ein Gegenstand allgemeiner Ächtung war, wie im Triumphzuge in sein Heimatdorf, in sein Elternhaus zurückgeführt. Die frohe Kunde seiner Begnadigung war ihm durch die fliegende Post der Schulbuben schon vorangeeilt: er wurde fröhlich willkommen geheißen, und blieb fortan lebenslang, als ein vor allen Amtseingesessenen hoch Ausgezeichneter, der sehr geehrte Gegenstand des Stolzes seiner Markgenossen.

Diese letzte Geschichte hat dem Verfasser ein längst verstorbener, sehr ehrenwerter Mitbürger erzählt, der damals, als junger Kaufmann nach London reisend und wegen widrigen Windes in Cuxhaven weilend, des Herganges Augenzeuge gewesen ist. Und bestätigt hat die Hauptmomente dieser Erzählung ein alter ritzebütteler Ehrenmann und Würdenträger, dessen briefliche Mitteilung mit den Worten schließt: „in dem ganzen Verfahren offenbart sich die schöne Denk- und Handlungsweise des uns ewig lieben Abendroth!" Übrigens bestätigen auch die Akten des ritzebüttelschen Amtsarchiv alle wesentlichen Punkte dieser denkwürdigen Geschichte, die somit als ein höchst erquicklicher Schluß die Leser dieses unerquicklichen Tractats von unehrlichen Leuten und Dingen einigermaßen befriedigen möge.

Editorische Notiz:

Der Text der vorliegenden Edition folgt der Ausgabe:
Otto Beneke: Von unehrlichen Leuten: culturhistorische Studien aus vergangenen Tagen deutscher Gewerbe und Dienste, 2. Auflage, Berlin 1889.

Der Text wurde aus Fraktur übertragen. Die Orthographie wurde behutsam modernisiert, grammatikalische Eigenheiten bleiben gewahrt. Die Interpunktion folgt der Druckvorlage.

Bisher im SEVERUS Verlag erschienen:

Achelis. Th. Die Entwicklung der Ehe * **Andreas-Salomé, Lou** Rainer Maria Rilke * **Arenz, Karl** Die Entdeckungsreisen in Nord- und Mittelafrika von Richardson, Overweg, Barth und Vogel * **Aretz, Gertrude (Hrsg)** Napoleon I - Briefe an Frauen * **Ashburn, P.M** The ranks of death. A Medical History of the Conquest of America * **Avenarius, Richard** Kritik der reinen Erfahrung * Kritik der reinen Erfahrung, Zweiter Teil * **Bernstorff, Graf Johann Heinrich** Erinnerungen und Briefe * **Binder, Julius** Grundlegung zur Rechtsphilosophie. Mit einem Extratext zur Rechtsphilosophie Hegels * **Bliedner, Arno** Schiller. Eine pädagogische Studie * **Blümner, Hugo** Fahrendes Volk im Altertum * **Brahm, Otto** Das deutsche Ritterdrama des achtzehnten Jahrhunderts: Studien über Joseph August von Törring, seine Vorgänger und Nachfolger * **Braun, Lily** Lebenssucher * **Braun, Ferdinand** Drahtlose Telegraphie durch Wasser und Luft * **Brunnemann, Karl** Maximilian Robespierre - Ein Lebensbild nach zum Teil noch unbenutzten Quellen * **Büdinger, Max** Don Carlos Haft und Tod insbesondere nach den Auffassungen seiner Familie * **Burkamp, Wilhelm** Wirklichkeit und Sinn. Die objektive Gewordenheit des Sinns in der sinnfreien Wirklichkeit * **Caemmerer, Rudolf Karl Fritz** Die Entwicklung der strategischen Wissenschaft im 19. Jahrhundert * **Cronau, Rudolf** Drei Jahrhunderte deutschen Lebens in Amerika. Eine Geschichte der Deutschen in den Vereinigten Staaten * **Cushing, Harvey** The life of Sir William Osler, Volume 1 * The life of Sir William Osler, Volume 2 * **Dahlke, Paul** Buddhismus als Religion und Moral, Reihe ReligioSus Band IV * **Eckstein, Friedrich** Alte, unnennbare Tage. Erinnerungen aus siebzig Lehr- und Wanderjahren * Erinnerungen an Anton Bruckner * **Eiselsberg, Anton Freiherr von** Lebensweg eines Chirurgen * **Eloesser, Arthur** Thomas Mann - sein Leben und Werk * **Elsenhans, Theodor** Fries und Kant. Ein Beitrag zur Geschichte und zur systematischen Grundlegung der Erkenntnistheorie. * **Engel, Eduard** Shakespeare * Lord Byron. Eine Autobiographie nach Tagebüchern und Briefen. * **Ferenczi, Sandor** Hysterie und Pathoneurosen * **Fichte, Immanuel Hermann** Die Idee der Persönlichkeit und der individuellen Fortdauer * **Fourier, Jean Baptiste Joseph Baron** Die Auflösung der bestimmten Gleichungen * **Frimmel, Theodor von** Beethoven Studien I. Beethovens äußere Erscheinung * Beethoven Studien II. Bausteine zu einer Lebensgeschichte des Meisters * **Fülleborn, Friedrich** Über eine medizinische Studienreise nach Panama, Westindien und den Vereinigten Staaten * **Goette, Alexander** Holbeins Totentanz und seine Vorbilder * **Goldstein, Eugen** Canalstrahlen * **Griesser, Luitpold** Nietzsche und Wagner - neue Beiträge zur Geschichte und Psychologie ihrer Freundschaft * **Hartmann, Franz** Die Medizin des Theophrastus Paracelsus von Hohenheim * **Heller, August** Geschichte der Physik von Aristoteles bis auf die neueste Zeit. Bd. 1: Von Aristoteles bis Galilei * **Helmholtz, Hermann von** Reden und Vorträge, Bd. 1 * Reden und Vorträge, Bd. 2 * **Kalkoff, Paul** Ulrich von Hutten und die Reformation. Eine kritische Geschichte seiner wichtigsten Lebenszeit und der Entscheidungsjahre der Reformation (1517 - 1523), Reihe ReligioSus Band I * **Kautsky, Karl** Terrorismus und Kommunismus: Ein Beitrag zur Naturgeschichte der Revolution * **Kerschensteiner, Georg** Theorie der Bildung * **Krömeke, Franz** Friedrich Wilhelm Sertürner - Entdecker des Morphiums * **Külz, Ludwig** Tropenarzt im afrikanischen Busch * **Leimbach, Karl Alexander** Untersuchungen über die verschiedenen Moralsysteme * **Liliencron, Rochus von / Müllenhoff, Karl** Zur Runenlehre. Zwei Abhandlungen * **Mach, Ernst** Die Principien der Wärmelehre * **Mausbach, Joseph** Die Ethik des heiligen Augustinus. Erster Band: Die sittliche Ordnung und ihre Grundlagen * **Mauthner, Fritz** Die drei Bilder der Welt - ein sprachkritischer Versuch * **Müller, Conrad** Alexander von Humboldt und das Preußische Königshaus. Briefe aus den Jahren 1835-1857 * **Oettingen, Arthur von** Die Schule der Physik * **Ostwald, Wilhelm** Erfinder und Entdecker * **Peters, Carl** Die deutsche Emin-Pascha-Expedition * **Poetter, Friedrich Christoph** Logik * **Popken, Minna** Im Kampf um die Welt des Lichts. Lebenserinnerungen und Bekenntnisse einer Ärztin * **Prutz, Hans** Neue Studien zur Geschichte der Jungfrau von Orléans * **Rank, Otto** Psychoanalytische Beiträge zur Mythenforschung. Gesammelte Studien aus den Jahren 1912 bis

www.severus-verlag.de

1914. * **Rohr, Moritz von** Joseph Fraunhofers Leben, Leistungen und Wirksamkeit * **Rubinstein, Susanna** Ein individualistischer Pessimist: Beitrag zur Würdigung Philipp Mainländers * Eine Trias von Willensmetaphysikern: Populär-philosophische Essays * **Sachs, Eva** Die fünf platonischen Körper: Zur Geschichte der Mathematik und der Elementenlehre Platons und der Pythagoreer * **Scheidemann, Philipp** Memoiren eines Sozialdemokraten, Erster Band * Memoiren eines Sozialdemokraten, Zweiter Band * **Schweitzer, Christoph** Reise nach Java und Ceylon (1675-1682). Reisebeschreibungen von deutschen Beamten und Kriegsleuten im Dienst der niederländischen West- und Ostindischen Kompagnien 1602 - 1797. * **Stein, Heinrich von** Giordano Bruno. Gedanken über seine Lehre und sein Leben * **Strache, Hans** Der Eklektizismus des Antiochus von Askalon * **Thiersch, Hermann** Ludwig I von Bayern und die Georgia Augusta * **Tyndall, John** Die Wärme betrachtet als eine Art der Bewegung, Bd. 1 * Die Wärme betrachtet als eine Art der Bewegung, Bd. 2 * **Virchow, Rudolf** Vier Reden über Leben und Kranksein * **Wecklein, Nikolaus** Textkritische Studien zu den griechischen Tragikern * **Weinhold, Karl** Die heidnische Totenbestattung in Deutschland * **Wernher, Adolf** Die Bestattung der Toten in Bezug auf Hygiene, geschichtliche Entwicklung und gesetzliche Bestimmungen * **Weygandt, Wilhelm** Abnorme Charaktere in der dramatischen Literatur. Shakespeare - Goethe - Ibsen - Gerhart Hauptmann * **Wlassak, Moriz** Zum römischen Provinzialprozeß * **Wulffen, Erich** Kriminalpädagogik: Ein Erziehungsbuch * **Wundt, Wilhelm** Reden und Aufsätze * **Zoozmann, Richard** Hans Sachs und die Reformation - In Gedichten und Prosastücken, Reihe ReligioSus Band III

www.ingramcontent.com/pod-product-compliance
Lightning Source LLC
Chambersburg PA
CBHW051218300426
44116CB00006B/626